Traum statt Trauma

Tipps für lebenslanges Eheglück!

Joyce Meyer
Ministries

This edition published and arranged with
FaithWords Hachette Book Group, New York, U.S.A.
Originally published in English under the title
Making Marriage Work by Joyce Meyer

Joyce Meyer Ministries GmbH
Postfach 76 10 01
22060 Hamburg
www.joyce-meyer.de
Tel. +49 (0) 40/88 88 4 11 11

Buch ISBN 978-3-945678-02-2
eBook ISBN 978-3-945678-52-7

Bestellungen bitte an die oben stehende Adresse richten.

3. Auflage, Oktober 2016

Alle Bibelzitate wurden, wenn nicht anderweitig gekennzeichnet, folgender Bibelausgabe entnommen: *Elberfelder Bibel* © 1985/1991/2006 SCM R.Brockhaus im SCM Verlag GmbH und Co. KG, Witten.

Einige Bibelstellen wurden durch direkt übersetzte Passagen aus der im englischen Original verwendeten *Amplified Bible* ergänzt. *The Amplified® Bible*. Copyright © 1954, 1962, 1965, 1987 by The Lockman Foundation.

Hervorhebungen der Autorin sind innerhalb von Bibelzitaten durch Fettdruck gekennzeichnet.

Übersetzung: Dorothea Appel
Lektorat: Karen Gerwig, Barbara Doering – Das gute Wort
Umschlag: Sun-Ok Youk, Titelfoto Copyright: kupicoo
Satz: Satz & Medien Wieser, Stolberg
Druck: CPI Books GmbH

Traum STATT Trauma

Inhaltsverzeichnis

Einleitung

Zwei Individuen zu einer harmonischen Ehe zusammenzufügen ist ein zeitaufwendiger Prozess. Gott sagt, in der Ehe kommen zwei Menschen zusammen und werden ein Fleisch. Ich bin die Letzte, die leugnet, dass es schwer ist und manchmal sogar wehtut, wenn eine Beziehung gelingen soll. Es ist nicht immer leicht, zu tun, was Gott einem sagt, aber mein Leben ist ein lebendiges Zeugnis, dass der Gehorsam gegenüber Gott mehr bringt, als man je hätte erwarten können. Wenn Sie mir vor fünfundzwanzig Jahren gesagt hätten, eines Tages würde ich so mit meinem Mann übereinstimmen, dass wir uns auf gemeinsame Ziele ausrichten, als wären wir ein Mensch, hätte ich gelacht und gefragt, wovon Sie sonst so träumten! Aber tatsächlich sind wir ein lebender Beweis dafür, dass Gegensätze sich anziehen und gemeinsam große Kraft haben, um Gottes Plan auszuführen – sowohl für das eigene Wohlergehen als auch als Beitrag in der Welt.

Eine bekannte amerikanische Frühnachrichtensendung berichtete neulich von dem Trend in den USA, dass Paare zunehmend unverheiratet zusammenleben. Dieselbe Studie ergab auch, dass solche Paare weniger wahrscheinlich ihr Leben lang zusammenbleiben als jene, die mit der Heirat eine gegenseitige Verpflichtung eingehen. Worin besteht der Unterschied? Die Vertreter beider Gruppen behaupten, ihren Partner zu lieben, aber nur die verheirateten Paare versprechen, beständig an ihrer Liebe zu arbeiten.

Zeit und Prüfung allein können zeigen, ob sie ihr Versprechen halten und so ihre Liebe groß machen. Traum statt Trauma – um das in der Ehe zu erreichen, müssen Paare heute lernen, das Versprechen zu halten, das sie sich gegenseitig bei der Hochzeit gegeben haben. Damit entfaltet sich das Geheimnis des Ein-Fleisch-Werdens von zwei Menschen, und Gottes Plan für unsere Beziehung zu ihm wird deutlich.

In diesem Buch werden wir untersuchen, was Gott damit meinte, dass Mann und Frau ein Fleisch **werden** sollten. Die

King-James-Übersetzung der Bibel spricht in Epheser 5,31 davon, dass ein Mann und seine Frau ein Fleisch **sein** sollen, aber viele Übersetzungen verwenden statt *sein* das Wort *werden*. Gott sei Dank, dass wir eine Chance zum *Werden* haben, sonst würden sich die meisten von uns schon vor dem Ende der Flitterwochen disqualifizieren.

Eins werden braucht Zeit

Eins werden braucht Zeit. Zu viele Paare geben auf, bevor sich Gottes guter Plan in ihrem Leben entfaltet. Das Eheversprechen schafft nicht automatisch und auf übernatürliche Weise perfekte Harmonie zwischen zwei Individuen. Im Gegenteil, das Eheversprechen ist die Verpflichtung, einander nicht aufzugeben, trotz aller Unterschiede, Krankheit oder Erfolg, sondern darauf zu warten, dass sich Gottes Plan im gemeinsamen Leben erfüllt. Die Bibel nennt das Einswerden eines Mannes mit seiner Frau ein großes Geheimnis, in dem sich das Herz Christi für seine Gemeinde offenbart.

Wenn Sie die unglaubliche Entwicklung der Liebesgeschichte zwischen Dave und mir lesen, werden Sie erkennen, dass Gott ganz sicher Wunder wirken kann. Dave bat Gott, ihn zu einer Frau zu führen, die Hilfe brauchte, und als er mich sah, so behauptete er, war es »Liebe auf den ersten Blick«. Ich hielt nach niemandem Ausschau, sondern war fest entschlossen, das Leben auf meine eigene Art anzugehen. Dave biss schon auf Granit, als er mir zum ersten Mal begegnete, aber Gott sah diesen Tag gnädig an und vollendete in seiner Treue das gute Werk, das er in uns angefangen hatte.

Wir werden uns Gottes Herz und seine Absichten für die Ehe ansehen und herausfinden, dass er vertrauenswürdig ist und dass seine Pläne für uns sind, nicht gegen uns. Dann, wenn wir über seine Ziele für unsere Ehe nachdenken, werden wir verstehen, warum Gott aus Mann und Frau eine Familie machen wollte. Gott gibt klare Anweisungen, wie wir die Ziele, die er uns gibt, erreichen. Seine Wege sind nicht unsere Wege, aber er gibt uns die Kraft und die Gnade, die wir brauchen, um uns richtig zu verhalten, sodass wir sein Angesicht sehen und mit unserem Leben seine Güte widerspiegeln können.

Wir werden die Unterschiede zwischen Männern und Frauen betrachten, und wie diese Unterschiede den anderen entweder aufbauen oder fertigmachen können. Die Entscheidung, ob wir unserem Ehepartner helfen oder ihn behindern wollen, liegt bei uns. Wenn wir uns entscheiden, ihm zu helfen, müssen wir aus Gottes Quelle übernatürlicher Liebe schöpfen, die uns Tag für Tag zur Verfügung steht.

Als Beispiele werde ich meine eigenen Fehler und Mängel anführen. Wenn Sie mich bereits sprechen hörten oder meine früheren Bücher gelesen haben, dann wissen Sie, dass ich häufig nach dem Muster »So nicht!« illustriere. Ich kann aber auch beweisen, dass Gott treu ist und die segnet, die sich von ihrer Dickköpfigkeit bekehren und seiner Leitung folgen.

Ich zeige Ihnen, dass Glück nicht darin liegt, einen Ehepartner zu finden, der sich jederzeit richtig verhält. Dave weiß, dass ich manchmal der Meinung bin, er schaue zu viele Sportsendungen im Fernsehen an und spiele zu viel Golf. Doch – lassen Sie sich überraschen! Was sollen wir nach Gottes Willen tun, wenn unser Partner gar nicht findet, er verhalte sich falsch?

Ich werde dieses Thema nicht beenden, ohne Ihnen göttliche Prinzipien über faires Streiten und den Umgang mit Gefahren für Ihre Ehebeziehung aufzuzeigen. Dieses Buch ist wichtig, und ich glaube, dass Gott Ihnen geistliche Wahrheiten und hilfreiche Tipps für die Praxis zeigen will, die Ihre Ehe heilen, wiederherstellen und erneuern werden, egal, an welchem Punkt in Ihrer Beziehung Sie gerade stehen.

Ich möchte mit diesem Buch Menschen mit einer schlechten Ehe ermutigen zu glauben, dass sie geheilt werden können. Und wer eine gute Ehe führt, muss weiter tun, was nötig ist, um seine Beziehung frisch und lebendig zu erhalten. Die meisten Leute wissen nicht, wie sie das, was sie haben, erhalten können. Galater 5,1 sagt: *Für die Freiheit hat Christus uns [vollkommen] frei-*

gemacht. Steht nun fest und lasst euch nicht wieder durch ein Joch der Sklaverei belasten [das ihr doch bereits abgelegt hattet]! Wenn Ehepaare also diese Freiheit erreichen, heißt das nicht, dass sie sie automatisch behalten, wenn sie sich nicht in gesunder Weise um ihre Beziehung kümmern.

Es ist so: Wenn jemand eine wirkliche Schwäche auf einem bestimmten Gebiet hat, dann wird Satan wiederkommen und ihn genau an dem Punkt versuchen, sobald er meint, der Mensch schlafe und passe nicht auf. Aber Gott wird uns durch die Kraft seines Heiligen Geistes helfen. Wir können Segen und Gutes erwarten, das denen zuteilwird, die in Absicht, Denken und Tun seinem Willen entsprechen.

Die Liebe zwischen zwei Menschen schafft einen sicheren Ort, an den sie kommen können, wenn sie belastet sind und sich nicht völlig richtig verhalten. Liebe sieht das Beste im anderen, wenn der es selbst nicht sehen kann. Gott lässt sich nicht spotten; wir werden ernten, was wir säen. Lieben wir unseren Ehepartner, dann werden auch wir geliebt werden, wenn wir selber Gnade brauchen. Einer muss anfangen, den rechten Samen auszusäen. Lesen Sie weiter, und erfrischen Sie sich mit biblischen Grundsätzen zum Einpflanzen der Liebe in Ihre Beziehung, sodass Sie aus Gottes überreichem Vorrat Glück und Zufriedenheit ernten können.

TEIL 1

TRAUM ODER TRAUMA?

KAPITEL 1

Ein Fleisch? Sind Sie sicher?

Darum wird ein Mann seinen Vater und seine Mutter verlassen und seiner Frau anhängen, und sie werden zu einem Fleisch werden.

1. Mose 2,24

Eine Ehe beginnt mit dem Versprechen zwischen einem Mann und einer Frau, einander ein Leben lang zu ehren und nicht zu verlassen. Allzu viele Paare verlassen sich auf die Liebe als Zusammenhalt ihrer Ehe. Aber der »Klebstoff« in der Ehe ist die Hingabe. Liebe ist der Lohn dafür, dass man das Versprechen hält, einander in guten und bösen Tagen beizustehen, in Krankheit und Gesundheit, in Armut und Wohlstand. Dieses Versprechen zu halten ist ein Prozess, der die Liebe zwischen den beiden Partnern wachsen lässt.

Die Geschichte, wie Dave und ich uns begegneten, ist wahrscheinlich der vieler anderer ganz ähnlich. Aber nicht jedes Paar startet mit so vielen Problemen, wie ich sie hatte, und auch nicht jedes Paar genießt die Siege, die wir im Lauf unserer Ehe feierten. Unsere Beziehung trug nicht immer die gute Frucht, die mittlerweile sogar auf das Leben anderer überfließt. Ohne Gott wären wir in einer Tragödie gelandet, aber Gott zeigte uns Lebensprinzipien, die uns durch die Kämpfe und Schwierigkeiten hindurchhalfen, denen fast alle Paare ausgesetzt sind. Unsere Geschichte beweist, dass mit Gott alles möglich ist, und dass Liebe die Frucht ist, wenn man sich einem Versprechen gegenüber verpflichtet weiß.

Im Alter von dreiundzwanzig war ich vollkommen desillusioniert. Meine Seele war immer und immer wieder verletzt worden, und ich hatte noch nie erfahren, was es bedeutet, glücklich oder mit dem Leben zufrieden zu sein. Als ich Dave begegnete, hatte ich schon eine missbräuchliche Beziehung zu meinem Vater und eine fünfjährige Ehe mit einem jungen Mann durchlitten, der genauso viele Probleme hatte wie ich.

Ich wurde 1943 geboren, als der Zweite Weltkrieg am heftigsten tobte. Mein Vater wurde am Tag nach meiner Geburt eingezogen, und während meiner ersten drei Lebensjahre sah ich ihn nur einmal. Als er vom Krieg nach Hause kam, war er bitter, zornig und alkoholabhängig – schmerzhafte Erinnerungen für meine Familie. Ich wurde fast fünfzehn Jahre lang von ihm sexuell missbraucht, und das hatte natürlich zerstörerische Auswirkungen auf meine Persönlichkeit.

Ich verstand nicht, wie ich mich von der bösen Wurzel der Ablehnung, die sich in meiner Seele entwickelt hatte, lösen könnte, und nachdem ich sexuell missbraucht worden war, dachte ich, niemand würde mich je wollen. So heiratete ich den erstbesten jungen Mann, der mir über den Weg lief, obwohl er genauso viele Probleme hatte wie ich. Auch er stammte aus einem familiären Hintergrund, der nicht in Ordnung war, und man hatte zugelassen, dass er schon sehr jung die Schule verließ. Wir hatten eine fünfjährige Beziehung, die von Schmerz und weiterer Ablehnung geprägt war. In jenen fünf Jahren haben wir uns wohl zwanzigmal getrennt. Diese kurze Ehe endete mit einer Scheidung, und mein erster Mann, der auch mit anderen Frauen zusammenlebte, landete schließlich wegen Scheckbetrugs im Gefängnis.

Ich war zwar geschieden, hatte aber ein Kind aus dieser Beziehung, das ich nach meinem Bruder David nannte, und als mein Sohn etwa neun Monate alt war, begegnete ich Dave Meyer. Dave war der Arbeitskollege eines jungen Mannes, der über meinen Eltern wohnte.

Eines Abends wusch ich das Auto meiner Mutter, als Dave mit dem jungen Mann von oben vor unserem Haus parkte. Dave wollte einen Scherz machen und sagte: »Wenn Sie mit dem Auto fertig sind, hätten sie Lust, meines auch noch zu waschen?« Sarkastisch schnappte ich zurück: »Wenn Sie ein sauberes Auto wollen, dann waschen Sie es doch selbst!«

Dave war damals 26 Jahre alt, mit drei Mädchen gleichzeitig befreundet und ernsthaft auf der Suche nach einer Frau. Er sagt, er habe gewusst, dass keine der drei die Richtige war. Er betete um jemanden, »der Hilfe brauchte«. Als er unseren Nachbarn, mit dem er seit Jahren zusammenarbeitete, nach Hause fuhr, wurde er auf mich aufmerksam, sagte er. Erst neulich erzählte er die Geschichte in seinen eigenen Worten einem Freund.

»Sie trug knappe Shorts, und ich fand sie ziemlich hübsch, also sagte ich mir: **Ich will's mal versuchen.** Ich lehnte mich aus dem Autofenster und sagte: ›Hey, wenn Sie mit dem Auto da fertig sind, wie wär's, wenn Sie dann meines waschen?‹

Sie entgegnete bissig: ›Wenn Sie ein sauberes Auto wollen, dann waschen Sie es gefälligst selbst!‹ In dem Moment schlug der Gedanke bei mir ein: **Das ist das Mädchen für mich.** Meine innere Stimme platzte heraus: Das ist sie, das ist die, nach der du gesucht hast.«

Dave sagt, er habe immer das ursprüngliche »Feuer« in meiner Persönlichkeit gemocht.

Dieses Feuer hat oft zu Streit geführt, aber im Lauf der Jahre hat Gott uns beide verändert. Ich dachte früher, dass Dave meine Temperamentsausbrüche tatsächlich unterhaltsam fände. Ich erinnere mich, wie er mich manchmal mitten in einem hitzigen Wortgefecht lächelnd mit den Worten entwaffnete: »Hey, da ist das alte Feuer wieder, das ich so gerne habe – lass es bloß brennen!«

Ganz klar, Dave liebt die Herausforderung. Er erinnert mich an Kaleb aus dem alttestamentlichen Buch Josua, der sagte: »Gib mir den Berg«, als er und Josua das Gebiet des verheißenen Landes aufteilten. Warum einen Berg nehmen? Aber Dave liebt die Herausforderung, und ich bin überzeugt, dass die Tatsache, dass er mich wollte, ein übernatürliches Handeln Gottes in seinem Herzen gewesen sein muss. An meiner Persönlichkeit war nichts Einladendes, das mich für irgendwen begehrenswert gemacht hätte.

Ich bin dankbar, dass Dave seinen »Berg« immer weiter eroberte. Als wir das erste Mal miteinander ausgingen, spielten wir Bowling und ich schlug ihn fast. Dann besuchten wir gemeinsam ein Basketballspiel, pokerten einen Abend mit seinem Bruder, gingen ins Kino und machten einen Sonntagsausflug. Wir waren im Grunde nur fünfmal miteinander ausgegangen, da fragte er mich schon, ob ich ihn heiraten wollte. Es war wirklich eine Werbung wie ein Wirbelwind.

Als Dave mich bat, ihn zu heiraten, war ich emotional völlig kaputt und durcheinander. Ich lebte zu Hause und hatte wieder mit den Problemen durch meinen Vater zu tun. Ich wollte dieser Situation unbedingt entkommen, und ich wusste weniger denn je, was Liebe war.

Dave sagte, er liebe mich; als er mich nun bat, ihn zu heiraten, dachte ich eigentlich nur: **Tja, warum nicht? Er sieht gut aus**! Ich konnte nicht wissen, ob ich ihn liebte oder nicht, denn nach dem, wie ich vorher behandelt worden war, wusste ich nicht, was Liebe war.

Jeder, der mir je gesagt hatte, er liebe mich, hatte mich verletzt, und deshalb vertraute ich niemandem mehr. Mit sorgfältig errichteten Mauern hatte ich mein Herz geschützt. Ich hatte Angst davor, wieder verletzt zu werden, und so hielt ich einen gewissen Abstand, aber Dave schien den Grund meiner Befürchtungen zu verstehen und mich dennoch lieben zu wollen.

Als Dave mich bat, ihn zu heiraten, dachte ich eigentlich, er wollte mir einen Laufpass geben. An dem Abend, an dem er den Antrag machte, sagte er ständig: »Ich muss mit dir über etwas reden.«

Ich war unter Zeitdruck, weil mein Vater zum Trinken weggegangen war und ich vor ihm nach Hause kommen wollte. Dad wurde manchmal gewalttätig, und deshalb wehrte ich immer wieder ab: »Ich muss nach Hause.«

Aber Dave ließ nicht locker: »Ich muss mit dir über etwas Wichtiges sprechen.« Ich dachte, er wolle Schluss machen. Schließlich ließ ich ihn ausreden, damit die schlechte Nachricht endlich heraus sei. Als er mich bat, ihn zu heiraten, war ich schockiert. Ich sah alles in einem negativen Licht. Es fiel mir schwer zu glauben, dass mir einmal etwas Gutes passieren könnte.

Meine Antwort auf Daves Antrag war: »Du weißt doch, dass ich einen Sohn habe.« Und er sagte: »Ich liebe dich, also liebe ich auch alles, was zu dir gehört.« Und so beschlossen wir, sechs Monate darauf zu heiraten. Schließlich heirateten wir sogar noch früher: drei Monate nach unserer ersten Begegnung. Ich war im September von meinem ersten Mann geschieden worden, traf Dave im Oktober, und am 7. Januar des folgenden Jahres waren wir verheiratet.

Dave sagte, er hätte mir schon beim ersten Rendezvous einen Heiratsantrag machen können, aber er wusste, dass ich dann ausgeflippt wäre. Er sagte, er wusste, dass ich das Mädchen war, das er heiraten sollte. Aber seiner Liebeserklärung waren allzu viele Enttäuschungen vorausgegangen, und ich zweifelte daran, bis wir vor dem Altar standen. Während der ganzen Hochzeitsvorbereitungen rechnete ich damit, dass die Feier wahrscheinlich gar nicht stattfinden würde.

Tatsächlich kam ich zu spät zum Gottesdienst. Meine Mutter stand buchstäblich kurz vor einem Nervenzusammenbruch. Sie ärgerte sich darüber, dass ich sie nicht mehr Bilder im Haus knipsen lassen wollte, und ich war wütend über sie. Als ich schließlich in die Kirche kam, fragte sich schon jeder, wo ich bloß stecken könnte.

Wir stimmen beide darin überein, dass unsere Ehe ein übernatürliches Ereignis ist. Dave war ein geisterfüllter Christ und hatte ganz offensichtlich Gottes Reden gehört. Gott konnte das letzte Ende sehen, über die Person hinaus, die ich an dem Tag war, an dem Dave vor unserem Haus parkte. Wir heirateten und der Spaß fing an.

Dein Fleisch oder meins?

Zwei Menschen sollten ein Fleisch werden, wie es ja immer wieder in Gottes Wort heißt, und damit war klar, dass einer von uns sich ändern musste. Mir schien es damals nur richtig, dass das Dave sein müsse.

Als Dave und ich frisch verheiratet waren, hatten wir schon David, und ein paar Monate später wurde ich mit Laura schwanger. Sie wurde im April 1968 geboren; im Januar 1967 hatten wir geheiratet. Weitere eineinhalb Jahre später bekamen wir Sandy. Mit unseren drei Kindern wohnten wir in einer Zweizimmerwohnung. Es gab nur ein Wohnzimmer, ein Schlafzimmer und die Küche. Die Wohnung gehörte zu einem Vierfamilienhaus. Alle Nachbarn waren ziemlich viel älter als wir.

Wir hatten ein Auto und kaum Geld. Dave fuhr jeden Tag zur Arbeit und ich blieb mit den Kindern zu Hause. In unserer ersten Wohnung gab es Mäuse. Ich war im siebten Monat schwanger mit Laura, und das Haus wimmelte von Mäusen. Ich glaube, einmal fingen wir 17 Mäuse an einem Tag.

Einmal rief ich Dave an und erzählte ihm, dass ich eine Maus im Bad gefangen hätte. Ich hatte einen Abflusssauger über die Maus gestülpt, ein Seil an der Türklinke des Bades befestigt, das Seil durch den Flur zu einem Schrank gezogen und es von dort um den Bettpfosten geknotet. Dave brauchte eine halbe Stunde, um meine Barrikade wieder zu entwirren. Als er schließlich zu dem Sauger kam, war die kleine Babymaus gestorben und lag auf dem Rücken, alle viere in die Luft gestreckt.

Als ich mit Laura im Krankenhaus war, beschloss Dave, wir sollten aus unserer Vierzimmerwohnung in die Zweizimmerwohnung umziehen, um Geld zu sparen. Die Miete für die erste Wohnung betrug 95 Dollar pro Monat, die für die neue nur etwa 65 Dollar. Ohne mir etwas davon zu erzählen, zog Dave mit allen unseren Sachen in die Zweizimmerwohnung. Können Sie sich vorstellen, wie wütend ich war, als Dave mich aus dem Krankenhaus nach Hause holte – in eine andere, und zwar eine kleinere Wohnung? Schließlich hatten wir inzwischen alle Mäuse gefangen oder uns mit den übrigen abgefunden! Heute sagt er, er habe gewusst, dass ich wütend werden würde, aber da ich sowieso ständig wütend war, machte es seiner Meinung nach auch nichts mehr aus!

In der neuen Wohnung gab es Kakerlaken. Eine war so groß, dass wir ihr den Namen Harvey gaben. Wenn ich nachts im Bett saß und Laura stillte, kam Harvey manchmal um die Ecke geflogen. Ich hatte fürchterliche Angst vor ihm, und wenn ich ihn sah, schrie ich wie am Spieß! Nachdem ich wegen Harvey geschrien hatte, brüllte ich Dave an, weil er schuld war, dass wir in diese blöde Wohnung gezogen waren. Endlich fing Dave Harvey, und nachdem er es nicht geschafft hatte, ihn mit Feuerzeugbenzin zu verbrennen, brachte er den lebendigen Plagegeist zu seiner Schwester, die vorher dort gewohnt und Dave überredet hatte, die Wohnung zu übernehmen.

Es gab nicht viel Abwechslung in der kleinen Ortschaft, in der wir lebten. An der Ecke war ein Billigladen, eine Bäckerei, ein Lebensmittelgeschäft, eine kleine Süßwarenhandlung und auf der anderen Straßenseite ein Friseur. Ich kam nie aus dieser Gegend heraus. Jeden Freitag ging ich über die Straße, um mir die Haare machen zu lassen, und in der übrigen Zeit saß ich mit den Kindern in der Wohnung fest. Ich versuchte, mit Babysitting etwas dazuzuverdienen, aber ich war die Letzte, die es nötig hatte, auf anderer Leute Kinder aufzupassen – ich hatte mit meinen gerade genug zu tun!

Aber bei alledem hatten wir auch Spaß. Das Leben bestand nicht nur aus Albtraum und Chaos, doch diese Umstände waren eine echte Prüfung. Dave war immer gut zu mir, und er versuchte, mich aufzuheitern. Beim Einkaufen im Lebensmittelgeschäft ging er zum Beispiel in den anderen Gang und warf mir die Waren über die Regale hinweg zu! Dann jagte er mich mit dem Einkaufswagen herum, bis ich sauer wurde. Dave wollte bei allem, was er tat, Spaß haben.

Als Kind durfte ich nie Spaß haben. Ich war sehr unsicher und fühlte mich ständig von allen beobachtet. Weil ich dachte, niemand möge mich wirklich, verhielt ich mich, als sei mir das ganz egal, als mache es mir nichts aus. Doch tief in mir bedeutete es mir sehr viel, und ich versuchte, allen vermeintlichen Erwartungen zu entsprechen. Aber ich hatte keinen Frieden mit mir selbst, und so begann der Prozess des Einswerdens mit Dave sehr holprig.

Ich ging mit dem Gefühl in die Ehe, jeder von uns müsse für sich selbst sorgen. Dave tat das, was für ihn am besten war, und ich würde tun, was für mich das Beste war. Wenn Dave sonntags Football guckte, während ich etwas anderes tun wollte, hatte ich das Gefühl, er sei nicht an mir interessiert. Immer wieder nagten quälende Gedanken an mir: **Du kümmerst dich nicht um mich, ich bin dir egal.**

Und ich bekam regelmäßig Wutausbrüche. Wenn Dave sonntags Football guckte, dann putzte ich die Wohnung, knallte mit den Türen, schmiss Sachen durch die Gegend und machte Krach, damit er merkte, dass ich wütend war. Ich zerrte den Staubsauger durch die Zimmer und erging mich in Selbstmitleid, dann wieder lief ich ins Bad und weinte. Mit all dem versuchte ich ihn dahin zu bekommen, dass er tat, was ich wollte. Solche Art Benehmen nenne ich heute »emotionale Manipulation«.

Ich verhielt mich so oft in dieser Weise, dass Dave gegenüber meinem Lärmen immun wurde. Er sah sich das Footballspiel an, weil ich ja sowieso einen Wutanfall bekommen würde. Manchmal spielte er mit den Kindern, wenn er wusste, dass ich zornig auf ihn war. Sie kugelten dann auf dem Fußboden umher, die Kinder steckten Dave Lockenwickler ins Haar – und keiner kam meinem Verlangen nach Beachtung nach. Das macht einen einfach wahnsinnig, wenn man vor Wut fast platzt und niemand lässt sich davon beeindrucken.

Ich suchte meinen Wert immer in dem, was ich tat. Schon im Beruf hatte ich versucht, auf der Karriereleiter nach oben zu kommen. Und in der Gemeinde wollte ich immer zu den richtigen Gruppen gehören und Vorsitzende hier und Leiterin dort sein.

Es ist klar, dass ich von Natur aus zum Leiten befähigt bin, aber meine Persönlichkeit war so kaputt, dass ich all dies aus falschen Gründen wollte. Ich versuchte nicht, Gott zu dienen, sondern suchte nach Möglichkeiten, wichtig auszusehen. Mein Bemühen, Gutes zu tun, war nichts als »Schein« aus einer Werkmentalität heraus, und mein sarkastisches Mundwerk half mir nicht gerade, zu bekommen, was ich wirklich wollte.

Etwa sechs Jahre nach unserer Heirat war Daves Geduld fast

erschöpft. Voller Optimismus hatte er immer versucht mir zu helfen, über meine Situation hinaus zu sehen. Aber ich konnte nicht verstehen, warum meine Anstrengungen, ihn zu manipulieren, nicht fruchteten, und natürlich war unser Sexualleben durch meinen ganzen Groll völlig verkorkst. Schließlich sagte Dave eines Tages: »Weißt du, Joyce, du hast mich fast an dem Punkt, wo ich dich kaum noch ertragen kann.« Und er fügte hinzu: »Ich sage dir nur das eine: Wenn du so weitermachst, dann kann ich nicht mehr dafür garantieren, was ich tun werde.« Das wirkte in mir die Furcht des Herrn, und ich dachte ernsthaft darüber nach, wie wichtig mir Dave und unsere Ehe waren.

Während all dieser Zeit gingen wir zur Gemeinde. Ich liebte Gott wirklich. Ich war wiedergeboren und wusste, dass ich bei meinem Tod in den Himmel kommen würde. Aber ich war nicht geisterfüllt. Dave gehörte zu den Ältesten der Gemeinde, und ich saß im Kirchenvorstand. Wir zogen jede Woche los, klingelten an Türen und erzählten Menschen von Jesus. In der Gemeinde waren wir als Leiter angesehen. So wirkte unser Leben von außen, aber hinter verschlossenen Türen war es eine ganz andere Welt, eine ganz andere Existenz.

Ich brauchte wirkliche Antworten von einem wirklichen Gott. Natürlich wollte ich die Antworten auch wirklich schnell. Aber eines der ersten Dinge, die ich lernte, war, dass man nicht glücklich wird, wenn man das Richtige aus falschen Motiven heraus tut. Man kann nicht tun, was richtig ist, um etwas für sich selbst dabei herauszuholen. Man muss tun, was richtig ist, einfach nur aus dem Grund, weil es richtig ist. Dann wird Gott es einem lohnen. Mit dem Motiv: »Okay, ich mache das, damit du dich änderst, aber wenn du dich nicht änderst, dann höre ich auch wieder auf« werden wir niemals den Lohn genießen, der von Gott kommt. Er sieht unser Herz und weiß, ob wir versuchen, andere zu manipulieren, oder ob wir ihm gehorchen, nur weil wir ihn lieben.

Dave wollte, dass ich mich änderte, und ich wollte, dass er sich änderte. Ich musste aber dahin kommen, zu verstehen, dass ich mich in jedem Fall richtig verhalten musste, egal ob Dave sich je ändern würde oder nicht. Auch wenn er bis ans Lebensende jeden Samstag Golf spielen und jeden Sonntag Football gucken würde, musste ich mich endlich richtig verhalten, unabhängig von Dave.

Es ist erstaunlich, wie Gott Dinge verändert. Neulich hatte Dave vor, Golf spielen zu gehen, aber ich wollte etwas mit ihm gemeinsam unternehmen. Er meinte: »Das kannst du doch auch alles allein machen!«

Ich erwiderte: »Ich hätte dich wirklich lieber dabei.«

Er antwortete: »Okay.«

Vor fünfzehn Jahren hätte er das nie getan. Damals nörgelte und wütete ich die ganze Zeit gegen ihn, und er hatte gelernt, mich zu ignorieren. Jetzt aber kann er meistens tun, was er will, und das ist kein Problem. Wenn ich aber dann einmal möchte, dass er etwas anderes mit mir zusammen unternimmt, hat er die Freiheit zu entscheiden. Er wusste, ich wäre nicht wütend auf ihn, wenn er wirklich lieber Golf spielen würde, aber er wusste auch, dass es mir wichtig war, ihn diesmal bei mir zu haben, denn sonst hätte ich ihn nicht darum gebeten.

Worum es geht: Hätte er gesagt: »Nein, ich will Freitag wirklich lieber Golf spielen gehen«, dann wäre meine Reaktion gewesen: »Okay, dann wähle ich die Sachen, die wir für das Haus brauchen, allein aus, und du musst meiner Entscheidung vertrauen.« Und damit wäre er einverstanden gewesen.

Die Bedingungen, die früher Distanz und Streit unter uns bewirkten, sind immer noch dieselben, aber jetzt haben sie nicht mehr diese Auswirkungen. Wir haben gelernt, unseren Gefühlen gegenüber ehrlich zu sein, ohne die Sicherheit des anderen zu bedrohen. Wir haben gelernt, die rechte Zeit zu finden, in der wir den anderen mit Themen konfrontieren, die uns früher in die entgegengesetzten Bande des Boxrings geworfen hätten.

Dave und ich haben gelernt, einander zu lieben, und aus unserer Liebe wurde ein weltweites Werk geboren. Es war nie mein Ziel, eine riesige Organisation zu gründen; ich liebte einfach Gott und versuchte zu lernen, Dave zu lieben, weil Gott genau das von mir wollte. Gott hat unser Leben sehr verändert.

Wir lernten, gute Verwalter zu sein, als wir damals die 65-Dollar-Miete für unsere kleine Wohnung zahlten. Heute sorgt Gott für alle Gelder, die Monat für Monat für eine weltweite Arbeit nötig sind. Das sage ich Ihnen nur, um deutlich zu machen, wie Gott ganz einfache, normale Leute wie Dave und mich durch gigantische Glaubensschritte führen kann.

Ich war eine Hausfrau, die nur zwölf Jahre Schulbildung hatte, und machte die Betten in einer Stadt, die kein Mensch kennt, Fenton in Missouri, als Gott mich berief, dies hier zu tun. Ich war nicht auf einen großen Dienst aus; ich versuchte, sexuellen Missbrauch zu überleben, gescheiterte Beziehungen, verwirrte Denkmuster und emotionales Chaos. Aber ich liebte Gott.

Unglaublich, was Gott für einen tut, wenn man ihn nur liebt. Wir verkomplizieren das Christentum bis dahin, dass wir die Freude an unserer Erlösung verlieren. Als Erstes und Wichtigstes müssen wir die Liebe Gottes empfangen, lernen, wie wir selbst in ausgeglichener Weise leben, Gott wiederlieben und dann diese Liebe durch uns in eine Welt voller verletzter, sterbender Menschen fließen lassen.

Gott wird uns nicht nur das zurückgeben, was wir herschenken, sondern noch viel Freude dazu. Die Welt ist voller reicher Menschen, die »Sachen« haben, aber elend dran sind. Materieller Wohlstand ist gut, aber es ist noch besser, zusätzlich glücklich und nach biblischen Maßstäben gesegnet zu sein.

Wir staunen, welche Türen Gott vor uns geöffnet hat. Ich kann es mir gar nicht erklären, aber ich bin entschlossen, so lange ich atme, weiter durch diese Türen zu gehen und so vielen Menschen wie möglich zu helfen, Gottes Freude für ihr Leben zu empfangen. In unserer heutigen Gesellschaft herrscht ein Riesenchaos und die Menschen erkennen nicht, dass sie Gott brauchen!

Sehr viele haben ein Gottesbild, das einfach nicht der Wahrheit entspricht, und sie wissen nicht, wie sie sich an ihn wenden können, um ihre Probleme zu lösen. Gott berief Dave und mich zu einer Organisation, mit der wir der Welt einen begeisternden Gott zeigen können, mit dem zu leben Spaß macht, der großzügig und wunderbar ist und der die Probleme der Menschen lösen kann. Wir bekommen Tausende von Briefen, die bestätigen, dass unsere einfache Botschaft über gehorsames Gottvertrauen die Menschen erreicht.

Eine Frau, die seit fünfzehn Jahren mit einem Mann zusammenlebte, schrieb mir. Sie waren nicht verheiratet, sie hatten einen achtjährigen Sohn, waren drogenabhängig und beide in der Kindheit missbraucht worden. Mit fünfzehn war sie von zu Hause weggelaufen. Sie schrieb:

> *Wir glaubten an Gott, lebten aber in Sünde. Eines Morgens sah ich zufällig Ihre Fernsehsendung »Das Leben genießen«. Ich weiß gar nicht, warum ich nicht umschaltete. Dann aber begann ich, Ihre Sendung jeden Morgen bei der Hausarbeit anzusehen, und es kam mir vor, als sprächen Sie direkt zu mir.*
>
> *Jetzt freue ich mich jeden Tag schon beim Aufstehen auf die Sendung. Erst sehe ich Sie an, danach lese ich meine Bibel, dann bete ich. Mein Freund, mein Sohn und ich gehen jetzt zu der Gemeinde, zu der ich als Kind gehörte. Vor zwei Wochen wurden wir beide errettet. Joyce, wir haben die Drogen aufgegeben und werden nächsten Monat heiraten.*
>
> *Ich wollte Sie wissen lassen, dass Sie mich erreicht und mir und meiner Familie geholfen haben, unser Leben komplett zu ändern. Bitte machen Sie weiter mit dem, was Sie tun.*

Als Dave und ich den nächsten Satz lasen, standen wir beide im Schlafzimmer und weinten. Sie schrieb:

> *Jetzt wird unser Sohn in der Gemeinde aufwachsen und von Christen erzogen werden, nicht von Drogenabhängigen.*

Es gibt viele Menschen wie diese Frau, die an Gott glauben, aber in Sünde leben. Christsein erschöpft sich nicht in dem einen Gebet um Sündenvergebung. Es ist mehr als der Gottesdienstbesuch am Sonntag, ein Fischaufkleber am Auto, Predigtkassetten und Jesus-Sticker. Christsein muss sich in einem Lebensstil zeigen, der Probleme löst. Wir müssen lernen, unserem Ich zu sterben und wie Christus zu leben.

Eine andere Frau schrieb uns:

Mein Mann war spielsüchtig. Eines Abends hatten wir einen Streit, weil er wieder ausgehen und noch mehr von unserem Geld verspielen wollte. Wir steckten schon unglaublich tief in Schulden. Wir stritten uns, und er wollte gerade aus dem Haus hinaus. Er kam ins Schlafzimmer, um den Schlüssel von der Kommode zu nehmen. Ich stellte den Fernseher an. Da waren Sie gerade auf dem Bildschirm und sagten: »Du mit deiner Spielsucht ...« Er war wie vom Donner gerührt.

Diese Sendungen werden Monate vor ihrer Ausstrahlung aufgenommen, nur Gott konnte also so etwas zusammenführen. Ist Gott nicht mächtig? Die Frau schrieb weiter, ihr Mann arbeite immer noch gewisse Dinge durch, aber er gehe jetzt zu den Anonymen Spielsüchtigen und gebe sich ernsthaft Mühe, von seiner Sucht frei zu werden.

Eine Frau, die angefangen hatte, meine Sendung zu sehen, sagte, sie hielt noch nicht einmal etwas von weiblichen Predigern, weil man ihr beigebracht hatte, eine Frau dürfe nicht predigen oder lehren. Sie sah die Sendung nur deshalb, weil ihr meine Kleider so gut gefielen. (Ich meinte zu Dave: »Siehst du, Dave, meine Kleider sind der Sache Christi dienlich. Was soll ich machen – da muss ich doch einfach shoppen gehen!«)

Die Frau, der meine Kleidung gefiel, war Näherin, und sie ging und kaufte sich einen Skizzenblock. Jeden Abend um elf setzte sie sich vor den Fernseher und zeichnete das, was ich gerade trug. Sie schrieb:

Ich fügte all die Verzierungen hinzu und sah mir die Rückseiten Ihrer Ärmel an und zeichnete sie, um sie nachnähen zu können. Ich habe keine Ahnung, wann ich anfing, Ihnen auch zuzuhören, aber irgendwann berührte Gott mich ganz tief. Ich bin ihm jetzt näher als je zuvor.

Ich bin seit dreißig Jahren Christ, aber meine Beziehung zu Gott war nie sehr eng. Was Sie sagten, brachte mir Gott so nahe. Mein

Mann hält nichts von weiblichen Predigern, aber er sah solch eine Veränderung in mir, dass er heute, wenn ich mal ein bisschen schlechte Laune habe, sagt: »Du solltest heute Abend unbedingt Joyce Meyer gucken.«

Mein liebster Brief kommt von Rick Renner, der einem Werk in Litauen vorsteht. Ich habe das Vorrecht, dort im Fernsehen sprechen zu können, was in dem ganzen Gebiet der früheren Sowjetunion empfangen werden kann. In dem Brief stand, wie mächtig Gott im Leben einer Frau gewirkt habe durch die Pastoren, die sie im Fernsehen gesehen habe. In vielen kleinen russischen Dörfern, in denen die Menschen scheinbar nicht viel besitzen, schaffen es die meisten Familien doch irgendwie, einen Fernseher zu haben.

Rick schrieb: »Ich glaube, diese Geschichte wird dir guttun, Joyce.« Er erzählte, wie ein ukrainischer Pastor mit einem Team zum Evangelisieren in ein kleines russisches Dorf gereist sei, von dem man ganz sicher wusste, dass es dort nie eine Gemeinde oder einen evangelistischen Einsatz gegeben habe. Sie glaubten, unberührtes Terrain zu betreten und erwarteten gewaltige Möglichkeiten.

Sie klopften an die Tür des ersten Häuschens in dem Dorf, und eine kleine Frau öffnete. Als sie anfingen, ihr das Evangelium zu erzählen, sagte sie: »Oh, wartet, wartet, wartet; kommt herein. Ich will euch erzählen, was mir passiert ist.«

Sie traten ins Haus, und die Frau berichtete, dass sie die Sendung »Gute Nachricht mit Rick Renner« gesehen habe, und wie sie vor dem Fernseher errettet worden sei. Sie sagte, dass sie am unteren Rücken einen Tumor in der Größe einer kleinen Melone gehabt habe, dessen Entfernung zu gefährlich gewesen wäre. Der Tumor, den sie die meiste Zeit ihres Lebens hatte, beeinträchtigte sie beim Gehen. Sie trug nur ganz weite Kleider, damit er nicht auffiel. Der Tumor war sehr lästig und hatte Auswirkungen auf ihr ganzes Leben.

Einen Monat nach ihrer Errettung sah sie einen Pastor im Fernsehen, der auf den Bildschirm zeigte und sagte: »Heilung ist für dich.« Sofort glaubte sie. Sie hörte einen lauten Knall an ihrem Rücken, lief ins Bad und sah, dass das ganze Zeug, das in dem Tumor gewesen war, an ihrem Rücken und hinten an ihren Beinen hinunterlief. Am Abend war das Ding völlig verschwunden – spurlos.

Ein weiterer Monat verging. Sie sah die Sendung eines anderen Pastors, der über die Taufe im Heiligen Geist sprach. Die Russin sagte, sie habe die Taufe im Heiligen Geist empfangen und begonnen, sofort dort in ihrem kleinen Haus in dem russischen Dörfchen im Geist zu beten. Sie war wiedergeboren, geheilt und im Heiligen Geist getauft, aber sie hatte das Gefühl, etwas fehle immer noch. Dann sagte sie ihren Zuhörern: »Jetzt habe ich ›Das Leben genießen‹ mit Joyce Meyer entdeckt. Meine Seele wird heil und ich reife heran als Christ.«

1999 hatten wir die seltene Gelegenheit, ein bekanntes asiatisches Sendernetz namens »Starworld« zu nutzen. Es ist ein säkulares Netz, aber ein englischsprachiger Kanal, der bis zu einer halben Milliarde Haushalte von Menschen erreicht, die ihre Englischkenntnisse aufbessern wollen. Auf diesem Kanal wurde noch nie irgendetwas Religiöses ausgestrahlt. Dieser Brief kommt aus Asien, wo wir jeden Morgen die Gute Nachricht predigen:

> *Eines Morgens stand ich zufällig früh um sechs Uhr auf und stellte den Fernseher an. Ich sah Sie zum ersten Mal. Seit zehn Jahren schaue ich Starworld, und nie hat mich eine Sendung so inspiriert wie Ihre Lehre. Es hat mir großen Spaß gemacht.*
> *Ich bin seit vielen Jahren depressiv; manchmal hatte ich sogar das Gefühl, ich müsse explodieren, obwohl das meine Studenten niemals mitbekommen würden. Ich ließ es mir nie anmerken.*

Haben Sie eine Ahnung, wie viele Menschen unglücklich sind, ohne es sich anmerken zu lassen? Sie führen ein gefälschtes Leben, setzen jeden Tag ein Plastiklächeln auf und versuchen mit aller Kraft, ihr Elend vor jedermann zu verbergen. Jesus starb für uns, damit wir mehr haben als ein gefälschtes Leben.

Auf der Arbeit, das kann ich wohl sagen, bin ich eine gute Professorin, aber als Person fühlte ich mich innerlich immer unglücklich. Ich versuchte mich zu analysieren – versuchte herauszufinden, welche psychologischen Probleme ich hatte –, scheiterte damit aber immer wieder. Es ging mir wirklich sehr schlecht.
Aber in der Sendung sagten Sie: »Ich möchte Ihnen etwas mitteilen, das Ihnen helfen kann, zur Ruhe zu kommen.« Sie sagten: »Frustration kommt aus den Werken des Fleisches.« Nie werde ich Ihre so eindrückliche Beschreibung der Samen in Ihrer Hand vergessen.
Ihre Beispiele sind so erstaunlich, dass ich mich einfach nicht davon losreißen kann. So habe ich seit dem ersten Mal nie die Gelegenheit verpasst, Sie jeden Tag um sechs Uhr früh zu treffen, seit jetzt fast zwei Wochen. Ich bin ganz besessen von Ihren Lehrvorträgen. Ich werde Ihren Kurs sicher absolvieren.
Um Ihren Lesungen zu folgen, habe ich eine Bibel auf Englisch leihen können. Ich habe keine Buchhandlung in meiner Nähe gefunden, die das Buch verkauft. Als Sie uns baten, das Buch bei 1. Petrus, Kapitel 5 aufzuschlagen, öffnete ich das geliehene Buch. Es war nicht Ihr Wortlaut.

(Das liegt daran, dass ich aus der *Amplified Bible* lese.)
Sie fährt fort:

Um die Wahrheit zu sagen, bevor ich Ihre Lehrvorträge hörte, habe ich nie gedacht, dass ich mich für irgendeine Religion interessieren würde, weil ich zu wenig darüber wusste. Ich denke, dass die, die ich geliehen habe, vielleicht nicht dieselbe Ausgabe ist wie die, die Sie haben. Meine heißt: »Holy Bible placed by the Gideons« [»Gideonbibel«].
Könnten Sie mir bitte mitteilen, wo und auf welche Weise ich das Buch bekomme, das Sie verwenden? Vielen Dank.
Mit freundlichen Grüßen
Ihre Zuhörerin ...

Natürlich sandten wir ihr »das Buch« sofort zu, und wir glauben, dass sie errettet werden wird. Es ist erstaunlich, wie viele Menschen nie von den göttlichen Prinzipen für ihr Leben gehört haben.

Das Christentum hat den Menschen so viel zu bieten. Es ist ein Lebensstil. Christsein muss im Alltag gelebt werden, wenn wir andere Menschen beeinflussen wollen.

Nachdem ich mich entschieden hatte, Christ zu werden, musste ich lernen, als Christ zu leben. Ich lernte, dass Gottes Segen nicht genossen werden kann, wenn der eine Fuß in der Welt, in Dickköpfigkeit, Angst und Rebellion steht und der andere Fuß versucht, in das Reich Gottes zu reichen. Ich lernte auch, dass Gottes Segnungen nicht nur für uns sind. Wenn wir tun, was richtig ist, dann hat das Auswirkungen auf das Leben anderer.

Das gehört zu dem Wunder, das Gott zwischen zwei Menschen wirkt. Sein Plan ist, die Beziehung zwischen ihm und uns wiederherzustellen, und dann die Beziehungen der Menschen untereinander. Er hat unseren individuellen Stil oder die Herangehensweise an das Leben nicht verändert; er veränderte einfach unsere Herzen, sodass wir einander mehr akzeptierten. Er lehrte uns, uns aneinander anzupassen und uns um die Bedürfnisse des anderen zu kümmern, so weit das nur möglich ist. Er lehrte uns, uns um den anderen so zu kümmern, wie wir uns um uns selbst kümmern würden.

Wenn Ehemänner und -frauen diese Fähigkeit praktizieren könnten, einander zu Hause zu akzeptieren und sich umeinander zu kümmern, könnten diese Beziehungsstandards sich ausbreiten und auf den Umgang mit Mitarbeitern, mit Nachbarn und allgemein mit den Mitmenschen ausweiten. Dann würde sich das Beziehungs*geheimnis*, von dem Gott in Epheser 5,32 sprach, zu entfalten beginnen.

KAPITEL 2

Aber tut das nicht weh?

Denn niemand hat jemals sein eigenes Fleisch gehasst, sondern er nährt und pflegt es, wie auch der Christus die Gemeinde. Denn wir sind Glieder [Teile] seines Leibes. »Deswegen wird ein Mensch Vater und Mutter verlassen und seiner Frau anhängen, und die zwei werden ein Fleisch sein.«
Epheser 5,29-31

Was dachte sich Gott dabei, zwei einzigartige Individuen zu schaffen, die es so nie wieder geben würde, auf wundersame Weise herrlich, mit eigenen Visionen, Träumen und Zielen, und ihnen dann zu sagen: »Jetzt werdet ihr ein Fleisch!«? Und welcher von uns beiden soll es sein, der »wir« wird? Soll er so werden wie ich, oder soll ich so werden wie er? Was will Gott hier wirklich von uns, und was bezweckt er mit all dem?

Zunächst einmal müssen wir verstehen, dass die Anweisung, dass Eheleute eins werden sollen, denen gegeben ist, die mit Gott Gemeinschaft haben. »Eins werden« war nichts, was uns zu **tun** aufgetragen wurde, sondern etwas, von dem Gott sagte, dass es an uns **geschehen** würde in einem von ihm vorgesehenen Prozess.

Gott möchte von christlichen Paaren, dass sie sich einander unterordnen, und zwar zur Ehre Christi. Seiner Absicht liegt die Tatsache zugrunde, dass wir Glieder (Teile) seines eigenen Leibes sind. Christliche Paare sollen in ihren Zielen und Entscheidungen wie ein Fleisch werden, um der Welt im Kleinen die Macht des Einsseins zu demonstrieren, die eine persönliche Beziehung zu Gott widerspiegeln sollte. Sehen Sie sich den Vers an, der auf die Aussage folgt, dass Paare ein Fleisch werden würden.

Dieses Geheimnis ist groß, ich aber deute es auf Christus und die Gemeinde [auf die Beziehung zwischen Christus und der Gemeinde].

Epheser 5,32

Ehepaare, die sich Gottes Leitung unterordnen, sind ein Beispiel für die Liebesbeziehung, die zwischen einem Christen und Jesus bestehen kann. Mit anderen Worten, Ungläubige, die Christus nicht erkennen können, sollten in der Lage sein, an der Beziehung zwischen christlichen Partnern seine Liebe zu sehen. Als Gläubige sollen wir unsere Aufmerksamkeit auf den Herrn richten. Aber wenn wir uns auf Christus ausrichten, gibt er uns immer die Kraft, den Wunsch unseres Herzens zu erlangen oder zu empfangen.

Habe deine Lust am Herrn, so wird er dir geben, was dein Herz begehrt.
Befiehl dem Herrn deinen Weg [wirf alle deine Sorge auf ihn und lass sie da] und vertraue auf ihn [stütze dich auf ihn, verlasse dich auf ihn, sei zuversichtlich], so wird er handeln.

Psalm 37,4-5

Wenn eine Ehefrau an ihrem Mann »ihre Lust hat« wie am Herrn, dann wird der Herr ihr auch geben, was ihr Herz begehrt. Ebenso hat Gott den Ehemann angewiesen, seine Frau zu nähren und sorgfältig zu schützen, wie er es für sich selbst tun würde. Gott beruft uns nicht in Gebundenheit, sondern in das Geheimnis seiner Wege, die zur Freiheit führen. Gottes Bestes wird uns gegeben werden, wenn wir ihm vertrauen und sein Wort tun.

Gott sagte, die *zwei **werden** eins sein.* In Gottes Wort ist eine Finalität, die mehr auf das Ende als auf den Entstehungsprozess hinweist. Er verheißt, dass Mann und Frau eins sein **werden**, ebenso wie Christus mit der Kirche eins ist. Gott vollbringt dieses Werk in uns. Es ist nichts, was wir aktiv **machen**; sondern es ist etwas, was wir geschehen **lassen**, wenn wir vertrauen, dass Gott tut, was er in uns zu tun verheißen hat.

Einer muss anfangen

Damit Gottes Plan funktionieren kann, muss wenigstens einer der beiden Beteiligten anfangen, dem Plan zu vertrauen. Entweder muss die Frau Gott genug vertrauen, um ihrem Mann ihre Aufmerksamkeit zuzuwenden, oder der Mann muss seine Frau lieben und sich um ihre Bedürfnisse kümmern, wie Christus sich um uns kümmert. Welch ein tiefes Geheimnis, dass Christus als Diener zu uns kam! Dennoch finden wir es schwer, einander zu dienen. Je mehr wir ihm ähnlich werden, desto mehr wird sein Segen unser Leben erfüllen.

Gott hat uns zuerst geliebt, und wir lieben ihn wieder. Er bestätigt uns in seiner Liebe, und wir fangen an, andere zu lieben. Und schließlich wird die Liebe so sehr Teil unserer selbst, dass es nichts mehr ausmacht, wer angefangen hat zu lieben. Epheser 5,1 fährt fort:

> *Seid nun Nachahmer Gottes [kopiert ihn und folgt seinem Beispiel] als geliebte Kinder [so wie geliebte Kinder ihren Vater nachahmen]!*

Der Epheserbrief erklärt diese Lektion über Liebe, indem er sagt, wir sollten gütig und hilfreich und nett zueinander sein, freundlich, mitleidig und verständnisvoll. Wenn wir wie Christus werden, nehmen wir die Nöte anderer ganz automatisch wahr.

Weder Mann noch Frau legen fest, wie der andere werden sollte. Nur Christus ist das Rollenvorbild, dem wir ähnlich werden sollen. Eins miteinander zu werden ist ein täglicher Prozess, ebenso wie es ein lebenslanger Lernprozess ist, Christus ähnlich zu werden. Es bereitet Schmerzen, an einer Beziehung zu arbeiten, aber es ist viel schmerzhafter, Versagen, Meinungsverschiedenheit und Trennung von denen, die wir lieben, zu ernten, nur, weil wir sie schlicht vernachlässigt und eine schlechte Saat ausgestreut haben.

Um also miteinander eins zu werden, müssen wir erst mit Gott übereinstimmen, indem wir Christus nahekommen und ihm ähnlich werden. Wenn wir Jesus in unsere Beziehungen einladen und tun, was er uns sagt, werden wir in Gedanken und Taten wie er, folglich auch liebevoll, wie er ist, und wir werden gute Beziehungen entwickeln und erhalten.

Da ist nicht Jude noch Grieche, da ist nicht Sklave noch Freier, da ist nicht Mann und Frau; denn ihr alle seid einer in Christus Jesus.
Galater 3,28

Liebe wächst, wo sie gesät wird

Als ich Dave begegnete, war er schon ziemlich weit darin, sein Denken dem Denken Christi anzupassen. Er war bereit, mich zu nehmen wie ich war, so wie Gott bereit ist, uns alle anzunehmen wie wir sind, wenn wir ihn finden. Gott liebt uns mitsamt all unseren Fehlern, und man könnte wohl sagen, dass Dave meine übersah. Aber wie Gottes Liebe uns verändert, dass wir ihm ähnlicher werden, kann seine Liebe zwischen zwei Menschen bewirken, dass sie sich aneinander anpassen und miteinander in Frieden leben, wenn sie in der Gegenwart des anderen Christus ähnlicher werden.

Wenn Dave nicht mit Gott gelebt hätte, hätte unsere Ehe noch länger gelitten oder vielleicht gar nicht überlebt. Er war all die Jahre hindurch sehr geduldig mit mir, als ich so viele Schwierigkeiten hatte. Die Tatsache, dass ich wiedergeboren war, half – wenigstens gab ich mir ein klein wenig Mühe, Gott zu gefallen. Ich wollte das Richtige tun, aber entweder wusste ich nicht, was es war, weil ich keine gute biblische Lehre bekommen hatte, oder ich war unwillig und wegen all der Bindungen und Festungen in meiner Persönlichkeit oft nicht in der Lage, mich für das richtige Verhalten zu entscheiden.

Ich wurde wiedergeboren, als ich neun Jahre alt war. An jenem Abend musste ich mich aus dem Haus stehlen, um mit Verwandten, die zu Besuch waren, zur Kirche zu gehen – mein Dad hätte es uns nicht erlaubt, wenn wir ihn gefragt hätten. Ich wusste, dass ich dorthin ging, um an dem Abend erlöst zu werden, aber ich habe keine Ahnung, woher ich überhaupt wusste, dass ich Erlösung brauchte.

Der Pastor machte an dem Abend keinen Aufruf. Ich war sehr ängstlich, ging aber dennoch am Ende des Gottesdienstes nach vorn, begleitet von zwei Cousinen. Ich sah den Pastor an und fragte: »Können Sie mich erretten?«

Es tat ihm leid, dass er keinen Aufruf gemacht hatte, doch ich erfuhr an jenem Abend die wunderbare Reinigung meiner Seele. Ich wusste, dass ich wiedergeboren war. Aber am nächsten Tag schummelte ich beim Versteckspiel mit meinen Cousinen – ich guckte heimlich, wo sie sich verstecken wollten – und dachte, jetzt hätte ich meine Errettung wieder verloren! Erst mit über zwanzig erkannte ich, dass Jesus verheißen hatte, mich nicht zu verlassen. Hebräer 13,5b bestätigt diese Verheißung: *Denn er [Gott] hat gesagt: »Ich will dich* nicht *aufgeben und dich nicht verlassen. [Ganz sicher werde ich dich nie auch nur ein wenig loslassen!].«*

Im Rückblick erkenne ich, dass ich seit meinem Bekehrungserlebnis entschlossen war, mich aus der Situation, in der ich lebte, zu lösen und zu mehr zu werden als das, wofür mein Vater mich hielt. Heute erkenne ich: Als ich den Herrn empfing, kam seine Kraft in mich, um diese Situation zu überwinden. Als Teenager betete ich immer wieder zu Gott, wenn ich in verschiedenen Situationen Hilfe brauchte.

Gott war in all diesen Jahren bei mir, und er half mir auszuhalten und aus den Umständen, die mich gefangen hielten, herauszukommen. Ich hatte immer gehofft, dass meine Mutter meinen Dad verlassen würde, aber sie tat es nie, und ich konnte nicht verstehen, warum sie bei ihm blieb. Einmal, als ich nach Antworten suchte, zeigte mir Gott, dass Eltern eine gewaltige Macht über das Leben ihrer Kinder haben und dass mein Vater eine Menge schlechter Entscheidungen traf – und mich hatte er genau im Visier.

Wenn Gott jemandem ein Kind schenkt, dann gibt er den Eltern die Autorität, Entscheidungen für dieses Kind zu treffen, gute oder schlechte. Aber das Wunderbare ist, dass Gott ein Kind, dessen Eltern schlechte Entscheidungen getroffen hatten, nehmen und sein Herz verwandeln kann, dass es so rein wird, als sei ihm nichts passiert. Es gibt nichts, was Gott nicht zum Guten wenden kann, wenn wir ihn lieben und ihm gehorchen. Gott hat all das Schlechte in meinem Leben genommen und verwendet, um viele Menschen mit seiner Liebe und verändernden Macht zu erreichen. Ich möchte Sie ermutigen: Versuchen Sie nicht Ihr Leben lang zu verstehen, warum die Dinge so laufen, wie sie laufen, sondern schließen Sie einfach die Tür zur Vergangenheit zu und lassen Sie sich von Gott in eine wunderbare Zukunft führen.

Verletzte Menschen verletzen. Satan will, dass der Verletzte den Rest seines Lebens damit verbringt, den zu hassen, der ihm wehgetan hat, aber Gottes Plan ist genau das Gegenteil. Gott lehrt uns, durch Glauben zu vergeben, ihm zu vertrauen, dass er unsere Emotionen heilt, und dann weiterzuleben. Das Leben ist nicht immer fair, aber Gott ist immer fair. Er ist der Gott der Gerechtigkeit und er wird denen Vergeltung schaffen, die verletzt wurden, wenn sie auf ihn vertrauen, statt die Dinge selbst in die Hand zu nehmen.

Liebe wendet zum Guten

Gott verheißt, wenn wir ihn lieben, wird **er** uns alles zum Guten wenden. Welch eine herrliche Verheißung! Lesen Sie Gottes Verheißung der Erfüllung unserer Hoffnungen in Römer 8,24-28:

Denn auf [diese] Hoffnung hin sind wir errettet worden. Eine Hoffnung aber, die [deren Gegenstand] gesehen wird, ist keine Hoffnung. Denn wer hofft, was er sieht?
Wenn wir aber das hoffen, was wir nicht sehen, so warten wir mit Ausharren.
Ebenso aber nimmt auch der [Heilige] Geist sich unserer Schwachheit an; denn wir wissen nicht, was wir bitten sollen,

wie es sich gebührt, aber der Geist selbst verwendet sich für uns in unaussprechlichen Seufzern.
Der aber die Herzen erforscht, weiß, was der Sinn [die Absicht] des [Heiligen] Geistes ist, denn er verwendet sich [vor Gott] für Heilige Gott gemäß.
Wir wissen aber, dass [weil Gott ein Partner in ihrem Bemühen ist] denen, die Gott lieben, alle Dinge [als Teil eines Plans] zum Guten mitwirken, denen, die nach seinem Vorsatz berufen sind.

Hilft es Ihnen, sich vor Augen zu halten, dass der Heilige Geist für Sie betet, auch wenn Sie nicht wissen, wofür Sie beten sollen (siehe Römer 8,27)? Er betet, dass wir durch Gottes Wirken und Planen dahin kommen, seinen Willen zu tun. Das bedeutet, dass auch unser Ehepartner zu Gottes vollkommenem Plan findet, wenn wir Gott lieben und unsere Hoffnung auf seine Verheißungen setzen.

Als Dave und ich frisch verheiratet waren, hatte ich viele Probleme, aber ich wusste nicht, dass ich einen Weg eingeschlagen hatte, der zu wirklich heftigsten Schwierigkeiten führte. Dave hingegen war geisterfüllt – unerhört in der protestantischen Gemeinde, zu der er damals gehörte. Als Viertklässler wurde er wiedergeboren, und schon mit achtzehn Jahren empfing er die Taufe im Heiligen Geist, auf die ich in einem späteren Kapitel näher eingehen werde. Er berichtet, wie er als kleiner Junge den Herrn einmal außerordentlich stark erlebte. Als Teenager hatte er dann das Gefühl, er müsse eine Mauer hochklettern, um Gott besser kennenzulernen. Er wollte mehr vom Leben, als er bekam, und war lange Zeit auf der Suche.

Eines Tages ging er in der Arbeitspause in dem Ingenieurbüro, in dem er arbeitete, zur Toilette und sagte zu Gott: »Hier komme ich nicht wieder heraus, bis du mir gegeben hast, wonach ich suche.« Ich finde es recht witzig, dass er da auf der Herrentoilette saß, als Gott ihm Antwort gab. Das zeigt doch, dass Gott bereit ist, uns überall dort zu begegnen, wo wir sind.

Dave war es ganz ernst damit. Er wollte die Toilette auf keinen Fall verlassen, bis Gott ihm gegeben hätte, was er suchte, und dort passierte es dann. Dave strahlt immer, wenn er die Geschichte erzählt, wie Gott ihn gerade dort erfüllte. Vorher hatte er ziemlich schlecht sehen können, und Gott heilte seine Augen! Gott begann, sich Dave zu offenbaren und ihn über Gnade zu belehren. Tagelang lernte Dave von Gott über das Thema Gnade. Dann unterrichtete Gott Dave über Liebe, und im Lauf der nächsten paar Jahre wuchs Dave zu einem sehr starken, reifen Christen heran.

Gottes Liebe ist der Beginn von Romantik

Ich möchte Ihnen noch mehr von Daves Geschichte erzählen, weil ich überzeugt bin, dass eine Ehe gelingt, wenn wenigstens einer der beiden Partner Gottes Leitung sucht. Einer muss den Anfang machen – egal ob Mann oder Frau. Aber einer von beiden muss wissen, wie man in den Konflikten und Herausforderungen der Ehe von Gott hört, und bereit sein, die Veränderungen vorzunehmen, die Gott anordnet, damit die Liebe in der Beziehung wächst. In unserem Fall war es Dave, der es verstand, von Gott zu hören.

Durch übernatürliche Ereignisse und merkwürdige Zusammentreffen zeigte Gott Dave, wie er seinen Lebensrhythmus verlangsamen sollte, fast bis zum Zeitlupentempo, um mit Gott synchron zu gehen. Als Dave das verstand, verlangsamte er seinen Rhythmus ganz bewusst, um mit Gott im Gleichschritt gehen zu können, und konzentrierte sich tagelang darauf, auf Gott zu hören. Dave sagt, dass er in dieser Erneuerungszeit fast in Zeitlupe funktionierte. Danach beschleunigte Gott sein Leben wieder zu einem normalen Rhythmus. Aber nun fühlte sich Dave auf Gott abgestimmt.

Jesaja sprach von einem ähnlichen Erlebnis mit Gott in Kapitel 50, Vers 4:

[Der Diener Gottes spricht:] Der Herr, Herr, hat mir die Zunge eines Jüngers gegeben, damit ich erkenne, den Müden durch ein

> *Wort aufzurichten. Er weckt mich, ja Morgen für Morgen weckt er mir das Ohr, damit ich höre, wie Jünger [die belehrt werden] hören.*

Nach diesem Erlebnis bemerkte Dave, dass er bei allem, was er tat, zu wissen schien, was Gott von ihm wollte. Er war nicht länger zufrieden damit, eine **gute** Antwort zu bekommen; jetzt war ihm bewusst, dass Gott für jede Situation eine **perfekte** Antwort hatte. Es war eine übernatürliche Offenbarung, und damals erkannte Dave gar nicht, welch ein großes Wunder es war.

Als er dann zur Armee ging, hatte er schon einige Jahre in enger Verbundenheit mit Gott gelebt, aber er nahm Gottes übernatürliche Stimme schon als selbstverständlich, weil sie so ein vertrauter Teil seines Lebens war. Sein Verständnis des Willens Gottes war aus enger Gemeinschaft mit Gott erwachsen, mehr als durch Bibelstudium. Als Dave dann in der Armee diente, erlebte er eine Zeit, in der er das Gefühl hatte, als habe ihm Gott seine Gegenwart entzogen.

Gottes Wort richtet seine Liebe in unserem Herzen auf

Dave verstand nicht, warum Gott nicht mehr so wie vorher zu ihm sprach. Aber seit wir verheiratet sind und beide im vollzeitlichen Dienst stehen, kann Dave Gottes Absicht darin erkennen, dass er ihn diese Zeit der Stille erleben ließ. Als er sich ganz allein fühlte, musste er wieder ganz neu lernen, wie man zu leben hat, denn er hatte sich völlig und in allem von Gottes Stimme abhängig gemacht. Als sich seine Gefühle änderten, musste er eine Sicherheit suchen, die über »Gefühle« hinausging. Er musste lernen, dass Gottes Verheißungen wahr sind, egal was unsere fünf Sinne aufnehmen.

Gott wollte, dass Dave die Beziehung zu ihm im Wort Gottes gründete, das ihm gegeben war. Dave musste die Verheißungen entdecken, die ihm in Gottes Wort gemacht wurden, und lernen, dass Gott seine Versprechen in Treue hält, ganz unabhängig von Gefühlen. Diesmal musste er lernen, allein durch das Wort und den Glauben eine innige Nähe zu Gott zu finden.

Als er dann Gottes Verheißungen studierte, sah er, dass Gott ihm immer noch so nahe war wie in der Anfangszeit seiner Liebe zu Gott. Gefühle schwanken, doch Gottes Wort steht fest, wie auch Jesaja ausdrückt (Kapitel 40, Vers 8):

Das Gras ist verdorrt, die Blume ist verwelkt. Aber das Wort unseres Gottes besteht in Ewigkeit.

Gott wollte, dass sich Dave auf sein Wort verlässt – seine Verheißungen. In der Zeit wurde Dave mit den Bibelstellen vertraut, die bestätigten, was Gott ihm über Gnade und Liebe beigebracht hatte. Drei Jahre nach seiner Armeezeit begegnete er mir und heiratete mich. Gott hatte ihn gut auf alle meine Probleme vorbereitet. Er hatte wirklich gelernt, **nicht** nach seinen Gefühlen zu handeln. Dave sagt, durch Gottes Gnade konnte er inmitten meiner Schwierigkeiten Geduld und Liebe für mich haben.

Wenn ich wütend war, ließ sich Dave davon nicht die Freude rauben. Er wusste, dass Gott in uns wirkte, und ließ sich von unseren Streitigkeiten nicht herunterziehen. Durch Gottes Gnade und im Glauben an Gottes Wort hatte Dave während unserer ersten Ehejahre Spaß am Leben, auch wenn ich Wutanfälle bekam. Seine Fröhlichkeit während meiner Schwierigkeiten machte mich wütend und ärgerlich, aber gleichzeitig zog sie mich an. Ich wollte haben, was er hatte.

In Dave sah ich eine Stabilität, die ich nie im Leben in irgendjemand anderem gesehen hatte. Egal was ich tat, er blieb sich treu. Mit den Jahren konnte Dave im Rückblick erkennen, dass Gott ihn die ganze Zeit schon auf unsere Ehe vorbereitet hatte. Als Gott sich mir in diesen ersten Jahren offenbarte, erkannte ich nicht, dass er mein Denken dem seinen ähnlicher machte. Und als es so aussah, als habe Gott mich verlassen, da warb er in Wirklichkeit um mich und zog mich zu sich, damit ich sein Wort suchte und mich auf sein Wort verließe.

Lassen Sie niemanden Ihre Freude rauben

Dass Dave sich von mir nicht herunterziehen ließ, war ein Schlüsselfaktor für das Gelingen unserer Ehe. Viel Uneinigkeit ließe sich vermeiden, wenn wir nicht davon abhängig wären, dass uns unser Ehepartner glücklich macht. Daves Zufriedenheit gründete in Gottes Verheißung, nicht in meinem Entgegenkommen.

Wenn ich in Vorträgen darüber spreche, hilft das den Leuten sehr. Viele meinen, sie seien quasi verpflichtet, unglücklich zu sein, wenn sie ein Problem haben. Ich war eine abhängige Person mit irrationalem Verhalten, und ich wollte Dave von mir abhängig machen, um ihn kontrollieren zu können. Ich hielt es nur für fair, dass er auch nicht glücklich sein sollte, wenn ich es nicht war!

Dave war für mich ein Rollenvorbild, er zeigte mir neue Wege auf, mit Enttäuschung und Missverständnissen umzugehen. Ich forderte Daves Stabilität bis ins Extrem. Manchmal sprach ich zwei oder drei Wochen kein Wort mit ihm. Ich sagte einfach überhaupt nichts. Aber Dave liebte mich und zeigte mir die Agapeliebe Gottes. Ich sah Gottes bedingungslose Liebe in ihm; wenn ich wollte, konnte ich sie empfangen, wenn aber nicht, dann hinderte ihn das nicht, mich zu lieben. Ich staunte über seine Stabilität. Manchmal wurde er zornig über mich, aber irgendwie konnte er mir dennoch immer seine Liebe zeigen, obwohl er mit meinem Verhalten nicht einverstanden war. Dave kam dem am allernächsten, was ich mir unter Frieden oder Liebe eventuell vorstellen konnte.

Wichtig für Menschen, die mit jemandem verheiratet sind, der in großen Schwierigkeiten steckt oder der Probleme hat oder der nicht errettet ist oder wie auch immer: Sie müssen sich unbedingt um Stabilität in Gott bemühen. Das kann ein schmerzhafter Prozess sein, aber es ist der direkte Weg, der schließlich zu Frieden und Freude führt. Das Verhalten eines problembeladenen Ehepartners darf nicht die eigene Freude bestimmen. Man sollte darum ringen, stabil und solide zu sein, damit das eigene Verhalten dem anderen als Zeugnis dienen kann.

Als ich aufwuchs, erlebte ich nie, dass Situationen anders als mit Zorn, Gewalt und Manipulation gehandhabt wurden. Meinungsverschiedenheiten »klärte« man mit dem Versuch, den anderen mit Wutanfällen zu beherrschen. Mit anderen Worten: »Ich bin wütend auf dich und ich bleibe wütend, bis du tust, was ich von dir will.« Und genau so kämpfte ich um das, was ich wollte. Ich wuchs in einer negativen Atmosphäre auf, wo ich lernte: »Du kannst niemandem trauen. Jeder, der für dich vielleicht sogar etwas Nettes tun will oder darüber spricht, etwas Nettes für dich tun zu wollen, hat irgendwelche Hintergedanken.«

Ich benutze das Beispiel der Menschen, die auf meine Kindheit Einfluss hatten, nicht aus mangelndem Respekt, sondern weil ich meine Überzeugung verdeutlichen will, dass Menschen wiederholen, was sie als Kind gelernt haben – es sei denn, Gott wirkt in ihnen. Später will ich besprechen, wie wir lernten, uns auf gesunde Art miteinander zu konfrontieren. Aber in den jungen Jahren meines Lebens brachte man mir bei, negativ zu sein.

Glücklichsein liegt in der eigenen Verantwortung

Nachdem wir sechs Jahre verheiratet waren, wurde Dave des Kämpfens langsam müde. Als ich merkte, dass Dave mich nicht mehr auf seine »peppige« Weise ansprach, erkannte ich, dass ich jetzt dran war, etwas wegen meiner Unzufriedenheit zu unternehmen. Wenn es möglich ist, dass ein Ehepartner alles tut, um es dem anderen recht zu machen, dann war Dave so einer. Er hat für unser Eheglück alles richtig gemacht. Aber ich konnte nicht in Harmonie mit ihm leben, bevor ich mit Gott in Harmonie war.

Damals war mir nicht bewusst, wie schmerzlich meine Unzufriedenheit für Dave war. Er blickt auf diese herausfordernde Zeit mit guten wie mit schlechten Erinnerungen zurück. Wenn ich ihn ans Ende seiner Kraft gebracht hatte, ging er alleine aus dem Haus und betete und weinte. Anfangs versuchte er mit mir über bestimmte Dinge zu sprechen – »Du musst dich ändern« oder

»Dies oder das muss sich ändern«. Nie passierte etwas. Es machte alles eher schlimmer mit mir. Da erkannte Dave, dass ich mich nicht von außen nach innen verändern konnte. Es musste von innen nach außen geschehen. Von der Zeit an war ihm klar, dass er nur beten konnte, wenn ich sarkastisch oder aggressiv war. Dann rief er zu Gott: »Herr, ich kann hier nichts verändern! Nur du kannst sie in ihrem Inneren erreichen und ändern.«

Und genau um diese Zeit herum fing ich an, das Wort Gottes mit neuem Interesse und Enthusiasmus zu lesen. Es begann für mich Sinn zu machen und bewirkte in mir den Wunsch, Gott in meinem Leben mehr zu erfahren. Ich weiß, dass die Menschen nicht gerne einfache Antworten auf alle Lebensfragen mögen, aber die Gute Nachricht, das Evangelium, ist sehr einfach. Ich denke, dass jeder die Bibel nehmen und bereit sein soll zu tun, was sie sagt, egal was andere Menschen tun. Und man muss es für den Herrn tun. Nur dann findet der einzelne Mensch den wahren Weg zu Glück und Ganzheit.

KAPITEL 3

Vor Beginn auszuprobieren

Seid um nichts besorgt, sondern in allem sollen durch Gebet und Flehen mit Danksagung eure Anliegen vor Gott kundwerden; und der Friede Gottes [sei euer, jener stille Zustand der Seele, die ihrer Erlösung durch Christus gewiss ist und somit nichts von Gott fürchtet und zufrieden ist mit ihrem irdischen Los, was auch immer das ist], der allen Verstand übersteigt, wird eure Herzen und eure Gedanken bewahren in Christus Jesus.

Philipper 4,6-7

Wenn mehr Menschen tatsächlich für ihre problematischen Beziehungen beten würden, ich glaube, dann würden sie friedliche Veränderungen in ihrer Ehe erleben. Allzu oft denken Menschen die ganze Zeit über ihre Probleme nach statt über ihre Beziehung zu Gott. Und so verpassen sie den Frieden, den Gott ihnen geben will.

Am Anfang unserer Ehe war Frieden noch nicht einmal ein Konzept. Nach den ersten sechs Ehejahren war Dave vielleicht an einem Punkt, wo er, hätte er die Möglichkeit einer zweiten Chance gehabt, Gott noch eine Rippe angeboten und gesagt hätte: »Herr, wie wäre es mit einem neuen Modell; mit diesem hier klappt es nicht!« Zum Glück hat mich Dave nicht gegen eine neue Frau eingetauscht. Aber er bat Gott, mich in den Bereichen zu verändern, die so viel Schmerz für uns verursachten, und nach einer gewissen Zeit begann ich mich in diesen Bereichen wirklich zu verändern. Tatsächlich war es während seiner Fürbittezeiten, dass ich anfing, das Wort Gottes zu lesen und zu studieren.

Ich fing an, das Wort Gottes zu studieren, aber – typisch für Veränderungen! – zunächst schien es schlimmer statt besser mit mir zu werden. Das Wort überführte mich, und zum Glück hörte Dave nicht auf, für mich zu beten. Wenn wir von dieser Zeit in unserem Leben erzählen, sagt Dave manchmal: »Wenn Sie für jemanden beten und mit demjenigen wird es schlimmer statt besser, dann sollten Sie nicht mit dem Beten aufhören. Dann sollten Sie ermutigt sein! Die meisten geben auf, wenn es jemandem, für den sie beten, schlechter geht, weil sie denken, ihr Beten bringe nichts. Aber in Wirklichkeit beginnt Gott, an dem Menschen zu arbeiten, und sein Fleisch ärgert sich darüber.«

Es wird eine Übergangszeit geben. Wenn Sie also während dieser Phase weiterbeten, kommt die Person durch und wird in dem bestimmten Bereich verändert. Allzu oft geben Christen das Beten auf, weil sie sofort Erfolg und augenblicklich Ergebnisse sehen wollen.

Jesus gebietet uns zu bitten und immer wieder zu bitten, zu suchen und immer wieder zu suchen und anzuklopfen und immer wieder anzuklopfen, bis die Tür aufgeht, durch die wir eintreten wollen. Matthäus 7,8 verheißt eine Antwort:

> *Denn jeder Bittende empfängt, und der Suchende findet, und dem Anklopfenden wird [die Tür] geöffnet werden. [In der im Original verwendeten Amplified Bible kommt der angesprochene Aspekt des Nichtnachlassens besser zum Ausdruck: Everyone who keeps on asking ..., d. Üs.]*

Als Gott an mir arbeitete, fühlte ich mich verbohrter denn je, bis ich anfing, mich zum Guten zu verändern. Es kann einen wahnsinnig machen, wenn man merkt, dass man selber derjenige ist, der sich ändern muss, und nicht der Partner, den man immer für den Störfaktor im eigenen Leben hielt. Als Dave sah, wie reizbar ich wurde, ermutigte ihn das, statt ihn zu entmutigen.

Es ist so wichtig zu verstehen, dass ein Prozess Zeit braucht, und Zeit ist etwas, wovon Gott reichlich hat. Er ist nicht in Eile, wenn es darum geht, Dinge durchzuarbeiten. Er weiß, dass die

Ewigkeit immer noch länger währt als die heutige Langlebigkeit. Er wird mit uns arbeiten, bis das Werk getan ist, egal wie lange das dauert. Wenn Sie sehen, dass Gott an dem Menschen, den Sie lieben, arbeitet, dann geben Sie nicht auf, sondern freuen Sie sich und beten Sie weiter.

Segen zu empfangen braucht Zeit. Viele Leute wollen alles jetzt, in diesem Moment, groß haben. Es wird nicht sofort groß sein. Sie werden einen Lernprozess oder eine Veränderung, eine Metamorphose durchlaufen müssen wie die Raupe, die zum Schmetterling wird. Viele Dinge müssen in diesem Prozess geschehen. Wenn Gott das Werk in Ihrer Ehe vollendet, dann werden Sie den Prozess kein bisschen bedauern, der nötig war, um dorthin zu kommen, wo er Sie haben will. Ihr Glück wird so vollkommen sein, dass der Prozess nicht mehr zählt. Geben Sie aber nicht mitten im Prozess auf. Mit der Verheißung, sie würden eins werden, hat Gott für beide Ehepartner etwas Großartiges auf Lager. Wenn Sie in Ihrer Ehe Probleme haben: **Geben Sie nicht auf!**

Stehen Sie fest

Ich glaube, viele Paare lassen sich nach langer Ehe scheiden, weil sie nicht richtig angewiesen werden, wie sie sich gegen die Feinde der Ehe zur Wehr setzen können, von denen Stolz und selbstsüchtige Ichbezogenheit zwei der schlimmsten sind. Es gibt einige gute Rollenvorbilder, aber wir müssen nach ihnen suchen: Menschen mit liebevollen, stabilen Beziehungen, die bereit sind, Geduld zu zeigen und ihre Schwierigkeiten durchzuarbeiten, die erkennen, dass das Gras auf der anderen Seite nicht immer grüner ist, wie wir so häufig versucht sind zu denken. Die Gemeinde sollte der Welt demonstrieren, wie eine gottgefällige Ehe auszusehen hat, aber stattdessen sind die Scheidungsraten unter Christen jetzt so hoch, dass sie sich von denen der Welt kaum unterscheiden.

Weil wir in einer Gesellschaft leben, in der alles sofort erwartet wird, wollen die meisten Menschen, dass alles sofort gut ist. Aber es muss erst ein Prozess stattfinden, damit etwas fest werden kann. Deshalb mag ich das Motto in unserem Werk, nämlich: **Langsam und fest, schnell und zerbrechlich.** Was schnell geht, wird nicht sehr lange halten und nicht sehr effektiv sein. Aber was langsam geht, wird auch sehr fest sein.

Der Epheserbrief hat viel über den Prozess zu sagen, der sowohl bei der Familien- wie bei der Gemeindegründung nötig ist. Paulus lehrt deutlich, dass böse geistliche Mächte gegen uns kommen werden, wenn wir stark werden im Herrn (Epheser 6,10-12), und wenn sie das tun, dann sollen wir die volle Waffenrüstung Gottes anlegen.

> *Deshalb ergreift die ganze Waffenrüstung Gottes, damit ihr an dem bösen Tag [der Gefahr] widerstehen und, wenn ihr alles [was die Krise erfordert] ausgerichtet habt, [fest an eurem Platz] stehen bleiben könnt!*
> *So steht nun [gebt nicht nach], eure Lenden umgürtet mit Wahrheit, bekleidet mit dem Brustpanzer der Gerechtigkeit.*
>
> Epheser 6,13-14

Wenn Sie einmal überlegen, wann es so ausgesehen hat, als habe Gott sofort Antworten gegeben, werden Sie herausfinden, dass irgendjemand lange gebetet und gefleht hat. Gott erhört durch einen Prozess von Ereignissen, und wir dürfen die Hoffnung nicht aufgeben, bevor wir seine Antwort bekommen. Es kann passieren, dass Gottes Antwort plötzlich kommt, aber hinter den Kulissen ist wahrscheinlich über lange Zeit viel Arbeit vorausgegangen. Vielleicht ermutigt es Sie, sich vor Augen zu halten, dass Gott an Ihrer Situation wirkt, wenn Sie vertrauen und beten, auch wenn Sie bis jetzt noch nichts davon erkennen. Darum geht es beim Glauben: Er ist die Gewissheit des Unsichtbaren.

Als ich anfing, mich mit dem Wort Gottes zu beschäftigen, tat mir Gott einen großen Gefallen, indem er mich zum Predigen berief. Ich bin nämlich ein engagierter, verantwortungsvoller Mensch, und wenn ich etwas mache, dann richtig. Das bedeutet, ich musste viel studieren. Für die Heimbibelkurse, die ich lehrte, studierte ich sechs, sieben, acht Stunden täglich, um dann eine Stunde zu lehren.

Nach und nach fing ich an, mich zu verändern und dem Wort Gottes gemäß zu leben. Eins der ersten Dinge, die ich lernen musste, war, Menschen zu respektieren. Autorität anerkennen zu lernen und mich unterzuordnen war ein weiteres wichtiges Geschehen in meinem Leben. Es fiel mir sehr schwer, weil ich nie jemandem vertraut hatte. Ich konnte nicht glauben, dass Dave eine Entscheidung in meinem Interesse treffen würde. Das hatte vor Dave nie jemand getan, ich hatte also keine positive Erfahrung, auf die ich Vertrauen gründen konnte. Ich musste Vertrauen lernen.

Im Wort Gottes entdeckte ich dann, dass Gott einen Plan hat, wie er mich segnet, und nicht, wie er mich verletzt. Die Ehe war seine Idee, und er hat sie mit einer Absicht eingerichtet, die größer war, als ich verstehen konnte. Er sagte, er sei gekommen, um uns Frieden zu bringen.

> *Dies habe ich zu euch geredet damit ihr in mir Frieden habt. In der Welt habt ihr Bedrängnis; aber seid guten Mutes, ich habe die Welt überwunden.*
>
> Johannes 16,33

Mir aber mangelte es an Frieden und die Heilige Schrift wies auf die Tatsache hin, dass es Gott beim Schaffen von Autorität und Beziehungen um das eine Ziel geht: um Frieden. Ich hungerte so sehr nach Stabilität und Frieden. Und da fasste ich einfach den Entschluss, Frieden haben zu wollen, egal, welche Veränderungen in mir erforderlich wären. Ich verstand, dass ich nur Frieden haben könnte, wenn ich in Christus wäre und Christus in mir leben lassen würde. Von da an hörte ich auf, so viel mit Dave zu streiten. Endlich war ich an den Punkt gekommen, wo sich Streiten einfach nicht mehr lohnte.

Die Verheißung im Auge behalten

Beim Bibelstudium konnte ich sehen, dass Gott das Endresultat im Blick hat, nicht den Prozess, den wir durchlaufen. Unsere Hoffnung ist in seiner Antwort, nicht in unseren Schwierigkeiten oder der Wartezeit. Mit der Zeit begann Gott Bereiche in mir zu verändern, und Dave sagte, es war, als sei ich eine ganz neue Person geworden.

Je mehr ich Jesus liebte, desto mehr wollte ich ihm gehorchen. Je mehr ich dem Herrn gehorchte, desto mehr wollte ich mit ihm zu tun haben. Je mehr ich mit ihm zu tun hatte, desto mehr liebte ich ihn, und bald suchte ich eifrig nach Möglichkeiten, ihm zu gehorchen. Deshalb sagte Jesus: »Wenn ihr mich liebt, tut ihr, was ich sage.« So ist es wirklich: So sehr wir ihm gehorchen, so sehr lieben wir ihn.

Ich begann mich nach Frieden zu sehnen und erkannte, dass der Mangel an Frieden meiner Salbung als Diener Gottes abträglich war. Damals empfing ich eine Offenbarung über Streit und wie ich ihn aus unserer Ehe und unserem Leben heraushalten konnte.

Zwischen Sein und Tun trennen

Neben diesem tiefen Wunsch nach Frieden gab es einen weiteren großen Durchbruch für mich, als ich nämlich begriff, dass ich eine Wurzel der Ablehnung hatte, worüber ich in meinem Buch *Freiheit trotz Ablehung* (Asaph-Verlag) berichte. Wegen dieses Problems kommunizierte ich nicht mit Dave. Ich hatte keinen blassen Schimmer, was mit mir nicht stimmte. Solange wir über ein Thema einer Meinung waren, war alles in Ordnung, aber wenn Dave anders als ich über etwas dachte, dann meinte ich, er demütige mich.

Er versuchte mir zu sagen: »Ich will dich nicht demütigen. Ich habe eine Meinung, und du hast eine Meinung. Wir haben das Recht auf unterschiedliche Meinungen.« Aber ich konnte das aufgrund der Art und Weise, wie ich behandelt worden war, nicht verstehen. Wenn er meine Meinung ablehnte, dann **fühlte** ich mich selbst von ihm abgelehnt.

Obwohl ich all das nicht mit dem Verstand erfasste, wusste ich ehrlich nicht, warum wir nicht miteinander reden konnten. Wenn wir versuchten, über irgendetwas zu sprechen, dann verwirrte mich das. Ich wurde so verwirrt, dass ich noch nicht einmal wusste, was wir taten, und es war furchtbar. Immer und immer wieder erlebten wir das.

Zur selben Zeit lehrte ich tatsächlich in der Bibelgruppe bei uns zu Hause über das Thema Ablehnung! Einige andere Dinge geschahen in unserer Beziehung zu dieser Zeit. Gott sagte zu mir: »Du reagierst so auf ihn, weil er nicht mit dir übereinstimmt und du das Gefühl hast, er lehne dich ab. Du trennst nicht zwischen deinem Sein und deinem Tun. Dave liebt dich, aber in dieser Angelegenheit hat er eine andere Meinung als du. Du musst ihm seine Meinung zugestehen.« Es war ein wichtiger Wendepunkt für mich.

Gott möchte, dass Eheleute an den Hindernissen, die sie voneinander trennen, arbeiten. Leider gibt es wenige Vorbilder, die zeigen, wie Gott die Einheit von Mann und Frau will. Rebellion, Angst, Unsicherheit und Ungeduld halten uns ab, den Segen zu genießen, den Gott Mann und Frau gemeinsam zugedacht hat.

Ich musste lernen, mich der Autorität Gottes unterzuordnen und zu vertrauen, dass er Gutes für mich im Sinn hat. Ich musste lernen, dass Gott mich genug liebt, um mich zu Taten anzuleiten, die Segen und nicht Gebundenheit bewirken. In seinem Wort wies er mich an, meinen Mann zu lieben – Dave zu lieben. Ich konnte Gottes Vertrauenswürdigkeit nur prüfen, indem ich tat, was er sagte. Heilung setzte ein, als ich gehorsam nach Gottes Anweisungen handelte.

Gott wollte von mir, dass ich Dave eine andere Meinung zugestand, ohne dass das mein Selbstwertgefühl bedrohte. Ich musste lernen, Gott an den Unterschieden zwischen uns arbeiten zu lassen, während ich lernte, Daves Andersartigkeit und seine Persönlichkeit zu respektieren. Darauf werde ich in einem späteren Kapitel näher eingehen.

Frieden kommt, wenn man zuallererst Gott vertraut. Ich musste lernen, Gott zu vertrauen, wenn Dave und ich unterschiedlicher Meinung waren. Indem ich Gott mitten in meine Anliegen hineinließ, begann ich einen neuen Respekt für Daves Ansicht zu bekommen. Als erst einmal nicht mehr meine Angst vor Ablehnung unsere Kommunikation bestimmte, fing mein Herz an, sich zu ändern. Der Lohn meines Gehorsams war wachsende Bewunderung für meinen Mann.

Gott kann alles neu machen

Gott braucht zum Bauen nicht gutes Material; er ist bereit, alles Verpfuschte, das wir ihm geben, zu nehmen und in Wunder zu verwandeln. Er kann alles neu machen.

In Hesekiel 36,26 verspricht Gott denen, die zu ihm kommen: *Und ich werde euch ein neues Herz geben und einen neuen Geist in euer Inneres geben; und ich werde das steinerne Herz aus eurem Fleisch wegnehmen und euch ein fleischernes Herz geben.* Gott kann einen Menschen sanft und zart machen, dessen altes Herz durch die Härten des Lebens verwundet und geschlagen war.

Diese Verheißung wird in 2. Korinther 5,17 wiederholt: *Daher, wenn jemand in [dem Messias] Christus [eingepflanzt] ist, so ist er [ganz und gar] eine neue Schöpfung; das Alte [die vorige moralische und geistliche Bedingung] ist vergangen, siehe, Neues ist geworden.* Gott macht die Vergangenheit nicht existent, als sei sie nie geschehen, damit wir uns der Zukunft ohne quälende Erinnerungen zuwenden können. Für unsere Ehen hat er herrliche und wunderbare Verheißungen, wenn wir ihm vertrauen und tun, was er von uns will.

KAPITEL 4

Es ist nicht gut, dass der Mensch allein sei

Die Ehe sei ehrbar in allem, und das Ehebett unbefleckt! Denn Unzüchtige und Ehebrecher wird Gott richten.

Hebräer 13,4

Gott hat eine Absicht für die Ehe. Und was Gott sich für die Ehe gedacht hat und was die meisten von uns davon halten, sind zwei völlig unterschiedliche Dinge. Alles, was Gott geschaffen hat, war gut. Als er aber den Menschen ansah, sagte er, es sei nicht gut für ihn, allein zu sein, deshalb schuf er die Frau und sagte, die zwei sollten eins werden. Er segnete sie und wies sie an, fruchtbar zu sein, sich zu mehren und sich die Erde untertan zu machen.

Es hilft, Gottes Plan zu vertrauen, wenn man seine Absicht versteht. Gott fängt immer mit etwas Gutem und Kraftvollem an, aber der Feind braucht nicht sehr lange, bis er hereinkommt und es pervertiert in dem Bemühen, zu stehlen und zu zerstören, was Gott uns geben wollte.

Das *Merriam-Webster's Collegiate Dictionary* definiert »Ehe/Heirat« als »1.a: den Zustand des Verheiratetseins, b: die gegenseitige Beziehung zwischen Ehemann und Ehefrau ..., c: die Institution, in der Männer und Frauen in einer besonderen Art sozialer und legaler Abhängigkeit zum Zwecke des Gründens und Erhaltens einer Familie zusammengefasst werden, 2: einen Akt der Eheschließung oder das Ritual, durch welches der Zustand des Verheiratetseins erreicht wird; besonders die Hochzeitsfeier und diesbezügliche Festlichkeiten und Formalitäten, 3: eine innige und enge Verbindung, ›die Vermählung von Malerei und Dichtkunst – J. T. Shawcross‹«.[1]

Ehe oder Heirat ist sicherlich mehr als die Hochzeitsfeier, aber für viele Menschen heutzutage ist sie auf einen Tag voller Blumen und Festlichkeit reduziert. Unsere Scheidungsrate ist extrem hoch.

Früher betraf Scheidung nur Nichtchristen und den Gläubigen war es sehr ernst mit der Qualität ihrer Ehe. Scheidung stand für Christen gar nicht zur Debatte, weil das Wort Gottes ein Beenden der Ehebeziehung überhaupt nur unter gewissen Bedingungen vorsah. Die Menschen gaben sich früher mehr Mühe, dass ihre Ehen funktionierten, aber mehr und mehr Gläubige, Christen, die Gott lieben und die Bibel kennen, geben heutzutage ihre Ehe auf. Sie werfen das Handtuch und sagen: »Ach, vergiss es. Wir kommen einfach nicht miteinander klar.«

Ich kenne eine Frau, die den Herrn liebt, dennoch verließ sie ihr Mann nach dreiundzwanzigjähriger Ehe. Eine Scheidung hängt mit vielen verschiedenen Umständen zusammen, und sie weiß, dass sie selbst an vielen ihrer Probleme Schuld hat. Er war bereit, es zu versuchen. Sie wusste, wenn sie ihn anrufen und sagen würde: »Okay, es tut mir leid, lass es uns noch einmal versuchen«, dann gäbe es eine gute Chance, dass er zurückkommen würde. Aber sie sagte: »Ich weiß noch nicht einmal, ob ich mir die Mühe machen will. Ich weiß einfach nicht, ob ich ihn wirklich liebe oder ob ich ihn je richtig geliebt habe.«

Niemand liebt einen anderen wirklich, wenn nicht Gott diese Liebe in sein Herz gelegt hat. In 1. Johannes 4,8 heißt es: *Wer nicht liebt, hat Gott nicht [nie] erkannt, denn Gott ist Liebe.*Das bedeutet doch, wenn Gott Liebe ist, dann müssen wir zulassen, dass er uns über den Umgang mit Menschen belehrt. Ich bin mir gar nicht sicher, wie viele Paare sich bei der Eheschließung wirklich lieben. Meistens heiraten junge Leute, weil sie sich körperlich zueinander hingezogen fühlen. Manche heiraten einfach nur, weil sie einsam sind. Es gibt alle möglichen verschiedenen Gründe.

Ich kann es Ihnen ganz genau sagen: Als ich Dave heiratete,

hatte ich nicht die geringste Ahnung, was Liebe war. Ich wusste nicht, wie man Liebe gibt; ich wusste nicht, wie man Liebe empfängt. Ich hatte nie erlebt, dass mir echte Liebe entgegengebracht worden wäre. Ich wusste nicht, was das war. Als Dave anfing, mir zu sagen, dass er mich liebte, schien ich die Worte einfach nicht aussprechen zu können, die ihm gesagt hätten, dass ich ihn auch liebte.

Im Lauf der Jahre, in denen ich mit ihm lebe, ist meine Liebe zu Dave gewachsen. Indem ich ihn beobachtete, mit ihm verletzt wurde, mit ihm lachte, mit ihm weinte, Kinder mit ihm großzog, mit ihm stritt, mich mit ihm versöhnte, gemeinsam mit ihm arbeitete und gemeinsam mit ihm Golf spielte, kann ich jetzt sagen: Ich weiß, dass ich ihn sehr tief liebe.

Vielleicht geht es Ihrer Ehe im Moment gar nicht schlecht, aber das bedeutet nicht, dass der Teufel nicht in fünf Jahren einen Angriff auf Ihre Ehe starten könnte, und dann müssten Sie sich an etwas erinnern, was ich in diesem Buch bespreche. Glauben Sie mir, der Teufel greift die Familie und das Heim an.

Wenn diese Zweifel anfangen, denkt man: **Ich weiß gar nicht, ob ich dich überhaupt je geliebt habe. Das wird nie klappen. Wir streiten immer nur.** Und dann wirft man vielleicht ein Auge auf jemand anderen. Vergessen Sie nicht, dass diese Person vermutlich mehr Probleme hat als Sie selber. Wie gesagt, das Gras auf der anderen Seite des Zauns ist nie grüner.

Die Bibel sagt, dass Ehe eine Verbindung, eine Einheit ist. Nun ist **Einheit** ein interessantes Wort. Es bedeutet ein Zusammenfügen von zweien, sodass sie eins sind. Mit diesem Ausdruck wirft man ein bisschen schnell um sich. Wir wissen, wir sollten eins sein mit Gott, der Leib Christi sollte eins sein, und zwei Menschen, die heiraten, sollten eins sein. Aber wir scheinen nicht ganz zu verstehen, was das bedeutet.

Stellen Sie sich vor, dass ich ein leeres Glas in der Hand halte. Und hier stehen eine Tasse Kaffee und ein Glas Wasser, der Kaffee ist natürlich ganz dunkel und schwarz, und das Wasser ist klar. Wenn Menschen heiraten, sind sie oft so unterschiedlich wie Kaffee und Wasser. Ab und zu kommt es einmal vor, dass zwei Menschen heiraten, die sich sehr ähnlich sind, aber meistens sind die Menschen ganz unterschiedlich, wenn sie zusammenkommen.

Wenn ich diese Tasse Kaffee und dieses Glas Wasser in dem leeren Glas zusammengieße, besteht dann irgendeine Möglichkeit, sie wieder zu trennen? Dave und ich waren anfangs so unterschiedlich, dass man meinen würde: **Wie in aller Welt habt ihr es nur über dreißig Jahre miteinander ausgehalten?** Wir waren fast wie eine Tasse Kaffee, die versucht, ein Glas Wasser zu heiraten. Aber wenn Gott die beiden zusammenschüttet, dann kann man beobachten, was passiert.

Gott beabsichtigte, dass Sie und Ihr Ehepartner eine Mixtur werden, als er Sie zusammenstellte. Bei dem Kaffee mit Wasser kann man gar nicht mehr richtig sagen, ob es jetzt Kaffee oder Wasser ist. Es sieht aus wie eine neue Substanz. Und wir können uns überhaupt nicht vorstellen, wie man sie je wieder auseinanderbringen könnte. Wir werden eine neue Person, zusammengefügt in Christus Jesus. Das ist es, was Gott in unseren Ehen tun will. Er will uns so zusammenfügen, dass eine Trennung überhaupt nicht infrage kommt. Wir sind eins.

Wie wertvoll ist Liebe?

Sehen Sie sich noch einmal Hebräer 13, Vers 4 an, weil das eine sehr starke Schriftstelle ist, die noch ein paar Mal genannt werden wird: *Die Ehe sei ehrbar in allem [wertgeschätzt, kostbar ...].* Die Ehebeziehung sollte im eigenen Zuhause geachtet, die Ehe in Ehren gehalten werden. Sie ist etwas, was Gott schuf. Ehe ist nicht eines Menschen Idee. Gott war es, der Adam sagte, er brauche eine Gehilfin. Gott war es, der ihm eine Frau gab, und er fügte die beiden zusammen und sagte, dass sie ein Fleisch werden sollten.

In der Minute, in der Sie heirateten, wurden Sie vor dem Gesetz eins, aber in Ihrem Erleben waren Sie noch nicht eins. Wir machen einen Fehler, wenn wir den Unterschied zwischen Gesetz und Erleben nicht erkennen. Nach dem Gesetz war ich in der Minute meiner Wiedergeburt, als ich Jesus als meinen Herrn und Erlöser annahm, eine neue Kreatur geworden. Aber da verhielt ich mich noch nicht wie eine neue Kreatur.

Wenn wir also heiraten, sind wir vor dem Gesetz als eins aneinander gebunden. Aber die Bibel sagt, dass die zwei ein Fleisch *werden*. Sie sind im Prozess des »Werdens«. Während des Prozesses sollte die Ehe in Ehren gehalten und Ihre Beziehung miteinander als wertvoll und kostbar geschätzt werden. Sie sollten einander wie feines Porzellan behandeln.

Es ist höchst erstaunlich, wie Leute vor der Heirat miteinander umgehen, verglichen mit danach. Als Dave und ich miteinander ausgingen, wusste ich überhaupt nicht, dass dieser Mann Golf spielte. Nicht ein einziges Mal bekam ich seine Golfschläger zu Gesicht. Er hatte nur Augen für mich. Dave hat praktisch sein ganzes Leben lang Gewichtheben gemacht; noch heute tut er es ungefähr jeden zweiten Tag. Als wir uns kennenlernten, war er sechsundzwanzig, und er hatte noch nie ein Mädchen seiner Mutter vorgestellt. Seiner Mutter sagte er immer: »Wenn ich mal eine Frau mit nach Hause bringe, dann ist das die, die ich heiraten werde.«

Aber als er zum ersten Mal nicht zum Gewichtheben nach Hause kam, wusste seine Mutter, dass unsere Beziehung etwas Ernstes war. Selbst das Gewichtheben vernachlässigte er einige Abende lang um meinetwillen. Ich wusste noch nicht einmal, dass er Golf spielte. Ganz plötzlich, etwa fünf Tage nach unserer Hochzeit, wurde er es wohl müde, mir Vorhangstangen aufzuhängen, und er beschloss, seine Golfschläger aus dem Schrank zu holen. Er sagte: »Ich fahr mal zur Driving Range und schlage ein paar Bälle.«

Ich fragte: »Was hast du denn da für Dinger, und was ist eine Driving Range?«

Von dem Moment an stritten wir über Golf – die ersten drei Jahre unserer Ehe lang. Der Mensch behandelt das Objekt seiner Wünsche so erstaunlich unterschiedlich, je nachdem ob er etwas versucht zu bekommen oder ob er es bereits hat. In der »Werbungsphase« achten wir sehr sorgfältig auf unsere Manieren, unser Benehmen und Tun.

Sobald diese Sache oder dieser Mensch zu uns gehört, handeln wir anders als vorher. Das ist doch traurig, nicht wahr? Ich lege Ihnen ans Herz, Ihren Ehepartner so zu behandeln, als würden Sie immer noch um ihn werben, denn eigentlich tun Sie das. Wenn Sie an Ihrer Ehe nicht arbeiten, dann werden Sie keine gute haben.

Wir sollen die Ehe ehren, als wertvoll und kostbar schätzen. Denken Sie einen Moment darüber nach. Die Ehe ist kostbar. Sie ist ehrbar in Gottes Augen und sie soll wertgeschätzt werden. Verlieren Sie diese Tatsache nicht aus den Augen!

Passen Sie auf, dass Ihre Einstellung zur Ehe nicht nachlässig wird. Wir fangen an, einander zu behandeln wie ein altes Sofakissen, das irgendwo in die Ecke geworfen wird. Wenn wir es gemütlich haben wollen, dann holen wir es uns, aber sonst beachten wir es nicht weiter. Gemäß Gottes Wort müssen wir die Ehe als wertvoll und ganz besonders kostbar achten.

Eines Morgens betete ich, weil ich nicht wusste, was Gott mich bei dem anstehenden Paarkurs lehren lassen wollte. Ich bat den Herrn um Führung und fand, dass Maleachi, Kapitel 2 bestätigt, dass es Gott wichtig ist, wie Eheleute miteinander umgehen. Wenn wir uns nicht mehr so behandeln würden, wie wir uns gerade fühlen, sondern anfingen, uns in der Art wertzuschätzen, wie Gott es uns sagt, würden wir Gottes Segen in unser Leben kommen sehen.

Wir müssen verstehen, dass wir Türen für den Teufel öffnen, durch die er hereinkommen und töten, stehlen und zerstören kann, wenn wir nicht Gottes Wegen folgen. Aber wenn wir die Dinge auf Gottes Weise tun, dann werden wir seinen Segen haben. Eine gute Ehe ist ein gewaltiger Segen, aber eine schlechte ist ein Fluch. Es gibt nichts Schlimmeres, als mit jemandem unter einem Dach zu wohnen, den man hasst und verachtet und ablehnt.

Wenn man immer aneinander herumnörgelt, kämpft und streitet, dann macht man sich gegenseitig kaputt. Auch wenn man nach außen hin nicht streitet, lässt man vielleicht ständig Gedanken durch den Kopf kreisen über all das, was man angetan bekommt und wovon man wünscht, man müsse es nicht erleiden. Ich kenne mich damit aus, ich habe nämlich so gelebt, und meine Ehe war krank. Aber Gott kann überaus wunderbar an unseren Beziehungen wirken, wenn wir ihn lassen. Doch wir müssen unsere Ehe auf Gottes Weise leben.

Es erstaunt mich, wie viele Christen denken, ihr Heim und ihr Leben müssten gesegnet werden, obwohl sie nicht aufhören, in Zwietracht zu leben. So geht es nicht.

Zwischen uns und unserer Fähigkeit, Gottes Willen zu tun, steht nur unser Fleisch. Unser Herz ist in Ordnung, denn sonst würden wir Gott nicht suchen und keine Eheratgeber lesen. Es ist offensichtlich, dass wir etwas verbessern wollen, aber unser Fleisch steht zwischen uns und dem Tun von Gottes vollkommenem Willen.

Stolz erhebt sich und hält uns davon ab, den ersten Schritt zu tun. Dieser seelische Bereich blockt uns von dem vollkommenen Willen Gottes ab. Was wir **wollen**, was wir **denken** oder was wir **fühlen** – darum geht es nicht.

Worum es geht, ist das Wort Gottes. Was sagt das Wort Gottes über unsere Ehe? Die Bibel hat viel darüber zu sagen, wie Männer ihre Frauen behandeln sollen. Sie spricht auch davon, wie Frauen ihre Männer behandeln sollen. Diese Schriftstelle in Maleachi 2,10-14 wendet sich zunächst an die Ehemänner:

> *Haben denn nicht alle einen Vater? Hat nicht ein Gott uns geschaffen? Warum handeln wir treulos aneinander, um den Bund unserer Väter [mit Gott] zu entweihen?*
> *Juda hat treulos gehandelt, und ein Gräuel ist in Israel und in Jerusalem verübt worden; denn Juda [d. h. jüdische Männer] hat das Heiligtum des Herrn entweiht, das er liebt, und hat die Tochter eines ausländischen Gottes geheiratet [und sich von seiner jüdischen Ehefrau scheiden lassen].*
> *Dem Mann, der das [Böse] tut, wird der Herr alles ausrotten, was lebt und antwortet, aus den Zelten Jakobs, selbst wenn er dem Herrn der Heerscharen eine Opfergabe darbringt.*
> *Und zweitens tut ihr dies: Ihr bedeckt mit Tränen [vergossen von*

euren unschuldigen Frauen, von denen ihr euch scheiden ließt, um heidnische Frauen zu heiraten] den Altar des Herrn, mit [eurem eigenen] Weinen und Stöhnen, weil er sich eurer Opfergabe nicht mehr zuwendet und sie nicht mehr mit Wohlgefallen aus eurer Hand annimmt.
Ihr sagt: Weswegen? Deswegen weil der Herr Zeuge [des Bundesschlusses bei eurer Heirat] gewesen ist zwischen dir und der Frau deiner Jugend, an der du treulos gehandelt hast, wo sie doch eine Gefährtin ist und die Frau deines Bundes [geschlossen durch euer Eheversprechen].

Nun geht es hier nicht darum, ob Sie jüdisch sind oder nicht. Was Gott hier sagt, ist: »Hör zu, du hast dich von der Frau deiner Jugend scheiden lassen, und du hast jemand anderen geheiratet, und das gefällt mir nicht.« Ganz einfach.

Dennoch fragten die Leute: »Warum weist er unsere Opfergaben zurück?« Manchmal muss man staunen, wie albern wir denken können. Die Männer von Juda waren Gott ganz platt ungehorsam gewesen, und jetzt wies Gott ihre Opfergaben zurück, dennoch kamen sie wieder zum Altar und fragten: »Aber Gott, warum bist du denn zornig über uns? Warum weist du unsere Opfergaben zurück?« Und Gott antwortet einfach: »Weil ihr nicht getan habt, was ich euch sagte.« Ganz einfach.

Ich meine damit nicht, dass es keinerlei Grund geben kann, sich scheiden zu lassen. Natürlich gibt es Fälle, wo Scheidung die einzige Chance ist, aber sicherlich nicht so oft, wie wir heute in unserer Gesellschaft sehen und erleben. Viele Ehen enden heutzutage in einer Scheidung, einfach weil die Menschen nicht bereit sind, durch das zu gehen, was nötig ist, damit eine Ehe gelingt. Gott hasst Scheidung. Er hasst nicht den Geschiedenen, aber wir sollten unter keinen Umständen eine nachlässige Haltung zur Scheidung einnehmen.

Wie erwähnt, wurde ich mit dreiundzwanzig geschieden, nach einer fünfjährigen Beziehung zu einem Mann, der untreu war und gegen das Gesetz verstieß. Er hatte mich auch regelmäßig über lange Zeiträume verlassen. Er verschwand einfach ohne ein Wort darüber zu sagen, wo er hinging. Nach mehreren Monaten tauchte er dann wieder auf, bettelte um eine neue Chance und erzählte mir, wie sehr er mich liebte. Mein Hunger nach Geliebtwerden ließ mich lange auf ihn hereinfallen, aber nach der Geburt meines ersten Kindes wusste ich, dass mein und sein Leben nicht länger solch unstabilem Verhalten ausgeliefert sein durften. Meine Geschichte ist der Beweis, dass es »ein Leben nach der Scheidung« gibt, aber lassen Sie mich noch einmal betonen, dass die Ehe geehrt und wertgeschätzt werden soll. Wir sollten nie eine Scheidung anstreben ohne biblische Begründung und ohne alles nur irgend Mögliche getan zu haben, um die Ehe gelingen zu lassen.

Wenn Sie bereits geschieden sind, vielleicht sogar mehrfach, hilft es nichts, sich den Rest des Lebens schuldig zu fühlen. Kommen Sie jetzt zu der Überzeugung, dass eine Ehe für das ganze Leben gedacht ist. Wenn Sie inzwischen schon wieder verheiratet sind, dann arbeiten Sie an dieser Ehe; wenn nicht, dann heiraten Sie nicht wieder, bevor Sie sicher sind, dass Sie eine lebenslange Hingabe eingehen können.

Ein glückliches Leben führen und Segen empfangen ist nicht annähernd so kompliziert, wie wir es machen. Wir müssen nur tun, was Gott sagt. Es ist wirklich nicht so schwer. Unser Denken wird ganz verdorben. Wir drehen uns um uns selbst und wollen alles nach unserem Willen haben, aber es gibt keinen besseren Weg als Gottes Weg.

Wir können uns nichts Besseres einfallen lassen als Gott, und wir können auch keinen besseren Plan entwerfen als er. Jahrelang dachte ich, ich wüsste es besser als Gott, wenn es um mein eigenes Glücklichsein ging. Gott brauchte einen Großteil von zwölf Jahren, um mich zu überzeugen, dass meine Vorstellung nicht besser war als seine.

Beachten Sie, warum der Herr die Opfergaben der jüdischen Männer abwies. In Vers 14 von Maleachi 2 heißt es: »... weil der Herr Zeuge [des Bundesschlusses bei eurer Heirat] gewesen ist ...« Als Sie heirateten, war Ihnen da bewusst, dass Gott dabei war? Er sah, er beobachtete, und er nannte Ihre Verbindung

»Bund«. Es war nicht nur eine Zeremonie, die Sie mit ein paar Zeugen abhielten. Gott nahm an Ihrer Eheschließung teil.

... weil der Herr Zeuge [des Bundesschlusses bei eurer Heirat] gewesen ist zwischen dir und der Frau deiner Jugend, an der du treulos gehandelt hast ... So, gleich wird es hier ganz schön ernst. Die Bibel sagt, dass es Gott gar nicht gefällt, wenn ein Mann an seiner Frau treulos handelt. ... *wo sie doch eine Gefährtin ist und die Frau deines Bundes [geschlossen durch euer Eheversprechen]*.

Und nun sehen Sie sich genau an, wie Vers 15 auf Gottes Absicht für die Ehe hinweist:

> *Und hat er sie [dich und deine Frau] nicht zu Einem gemacht? Zu einem Fleisch, in dem Geist ist. Und was erstrebt das Eine? Nachkommenschaft von Gott. ...*

Also das, denke ich, ist interessant. Warum machte Gott aus Ihnen beiden eins? Weil er göttliche Nachkommenschaft aus dieser Einheit wollte. Nun, ich glaube, hier ist die Rede von Kindern, aber ich glaube auch, dass es um viel mehr als um Kinder geht. Ich denke, es geht um göttliche Frucht.

Welche Frucht tragen Sie?

Ich glaube, dass es Gott verherrlicht, wenn Dave und ich einander guttun. Wir haben morgens eine kleine Routine. Erst umarme ich ihn fünf Minuten lang von hinten, dann drehe ich mich um, und er umarmt mich fünf Minuten lang von hinten. Und wir stellen uns den Wecker eine Viertelstunde früher, weil wir diese Zeit so sehr genießen.

Das ist etwas ganz Persönliches, aber verheiratete Paare müssen einander lieben. Wir können nicht nur dann zueinander kommen, wenn wir etwas wollen. Wir müssen gewohnt sein, einander zu lieben und mit unserem Ehepartner liebevoll umzugehen. Wir hatten einmal ein Wasserbett und es war schwierig, daraus aufzustehen. Also stand Dave normalerweise vor mir auf und kam dann herum und zog mich aus dem Wasserbett hoch. Hört sich komisch an, nicht? Ich fiel dann irgendwie in seine Arme und hing noch einmal ein paar Minuten an ihm. Seit einigen Jahren haben wir eine Haushaltshilfe, aber früher hat Dave den Kaffee gemacht, während ich duschte.

Ja, mein Mann kochte den Kaffee! Ich musste meine Haare waschen, und das Föhnen dauerte einige Zeit, und so schämte er sich nicht, für mich Kaffee zu kochen. Das war ein Segen für mich, und er machte es gern. Ich glaube, all das gehört zu der göttlichen Nachkommenschaft unserer Einheit.

Gott sucht nach Dingen auf der Erde, die ihn ehren. Er sucht nach Dingen, durch die er gelobt wird. Und ich glaube, Gott wird verherrlicht, wenn wir einander lieben. Darum sagt die Bibel, dass wir im Leib Christi eins werden sollen. Darum will Gott, dass wir einander lieben, ermahnen und erbauen und nicht eifersüchtig aufeinander sind. Diese Einheit und Einigkeit ist die Gegenwart seiner Macht, die Gott Ehre gibt.

Warum machte der Herr aus Ihnen beiden eins? Weil er göttliche Nachkommenschaft aus Ihrer Einheit will. ... *So hütet euch bei eurem Leben!* ...(Vers 15). Gott sagt: »Ihr müsst euch beobachten. Nehmt das ernst. Es wird nicht einfach so automatisch passieren.«

... *Und an der Frau deiner Jugend handle nicht treulos!* Der Ausdruck »treulos handeln« heißt so viel wie »plündern«, »betrügen«. Es gibt so viel Betrug in Ehen heutzutage, weil es an geradliniger Wahrhaftigkeit und Ehrlichkeit mangelt.

Frauen kaufen Sachen und verstecken sie vor ihren Ehemännern. Männer gehen aus und tun Dinge, von denen sie ihren Frauen nichts erzählen. Die Bibel sagt, wir sollen nicht betrügerisch, nicht treulos handeln. Wir sollen einander nicht kränken oder verlassen. In Vers 16 heißt es: *Denn ich hasse Scheidung, spricht der Herr, der Gott Israels* ... Sehen Sie, Gott hasst Scheidung.

Wie gesagt, mir ist klar, dass Menschen manchmal sogar meinen, Gott habe ihnen gesagt, sie sollten sich scheiden lassen. Eigentlich geht es mir nicht um das Thema Scheidung. Ich glaube tatsächlich, dass sie mitunter der einzige Ausweg ist. In manchen Fällen bleiben Menschen mit ihrem Ehepartner zusammen und letztlich ruiniert das ihr Leben und das ihrer Kinder. Ich glaube, dass es manchmal durchaus Gründe gibt, sich scheiden zu lassen, obwohl Gott Scheidung hasst.

Niemand sollte eine leichtfertige Einstellung zu Scheidung haben. Wir sollten alles in unserer Macht Stehende tun, um sie zu vermeiden. Wenn Sie in der Vergangenheit eine leichtfertige Einstellung zu Heirat und Scheidung hatten, rate ich Ihnen dringend, darüber bewusst Buße zu tun und Gott um Vergebung zu bitten. Vielleicht hatten Sie diese Einstellung, weil Sie es nicht besser wussten, aber es ist sehr wichtig, jetzt mit sauberem Gewissen und einer neuen Einstellung weiterzuleben.

Eine Ehe erfordert, dass beide Partner sich Gott unterordnen, aber einer muss vielleicht anfangs größere Anstrengungen unternehmen. Später werden beide Opfer bringen müssen. Wenn die Ehe gelingen soll, müssen beide nachgeben und ihr Herz verändern lassen.

Denn ich hasse Scheidung, spricht der Herr, der Gott Israels, ebenso wie wenn man sein Gewand [seine Frau] mit Unrecht bedeckt ... (Vers 16). Ich finde es interessant, dass die Bibel sagt, das Gewand eines Mannes sei seine Frau. Sowohl im Epheserbrief als auch im ersten Petrusbrief lehrt die Bibel, dass die Frau des Mannes Ehre ist. Wie seine Frau auf andere Menschen wirkt, lässt Rückschlüsse auf den Ehemann zu und auf die Art und Weise, wie er seinem Haus vorsteht. Wenn der Mann seiner Frau guttut, dann kann man das sehen, und er steht vor seinem Umfeld gut da. Er trägt gute Frucht.

Aufgrund unserer Arbeit müssen Dave und ich oft außer Haus essen, und es wird langweilig, immer in dasselbe Lokal zu gehen. Einmal sah ich beim Durchblättern einer Zeitschrift die Reklame für ein Restaurant und sagte: »Ach, warum führst du mich nicht einmal dorthin aus?«

Völlig überraschend holte er ein Stück Papier aus der Tasche und sagte: »Gib mir mal die Telefonnummer, ich will sie mir aufschreiben.« Und ich dachte: »Meine Güte, er macht es wirklich!«

Wie oft sagen Sie Ihrem Ehepartner, was Sie brauchen? Wie oft sagt Ihnen Ihr Ehepartner, was er braucht? Ist es möglich, dass Sie es einfach nicht hören? Hören Sie wirklich zu? Man muss lernen, einander zuzuhören. Haben Sie eine Ahnung, wie glücklich Sie sind, wenn Sie sich vornehmen, die Bedürfnisse des anderen zu erfüllen, und aufhören, sich um Ihre eigenen Bedürfnisse zu kümmern?

Das Spiel, das in der ganzen Bibel gespielt wird, heißt: geben, geben, geben. Das eigentliche Prinzip von Liebe ist: sich selbst vergessen, sich selbst und alle seine eigenen Interessen ignorieren und die Beziehung leben, um den anderen glücklich zu machen. Vorrangiges Ziel bei einer Eheschließung sollte sein, den anderen so glücklich wie nur irgend möglich zu machen. Mein Lebensziel – natürlich abgesehen von der Beziehung zu Gott – ist, Dave glücklich zu machen, und Daves Ziel sollte es sein, mich glücklich zu machen.

Das Wichtigste in unserem Leben ist Gott, und danach kommt, dass wir darauf achten, einander glücklich zu machen. Aber meistens wollen wir erreichen, dass andere uns glücklich machen. Die Bibel sagt: Wer gibt, dem wird gegeben.

Jesus kam als Diener zu denen, die er liebte. Es ist etwas ganz Neues zu denken: **Oh, ich soll dich glücklich machen? Ich dachte, du solltest mich glücklich machen**. Wir müssen unser Denken ändern.

Denn ich hasse Scheidung, spricht der Herr, der Gott Israels, ***ebenso*** *[Trennung in der Ehe] wie wenn man sein Gewand [seine Frau] mit Unrecht bedeckt, spricht der Herr der Heerscharen. So hütet euch bei eurem Leben [bei eurem Geist, dass er beherrscht werde von meinem Geist] und handelt nicht treulos [an eurem Ehepartner]!* (Vers 16). Interessant, nicht wahr? ... *Hütet euch bei eurem Leben [bei eurem Geist, dass er beherrscht werde von meinem Geist]* ... Mit anderen Worten, wenn wir vom Heiligen Geist beherrscht sind, dann werden wir immer tun, was der Liebe entspricht, richtig?

Wir müssen also darauf achten, dass unser Geist vom Heiligen Geist beherrscht wird. Lassen wir zu, dass unser Fleisch uns beherrscht, dann werden wir an unserem Ehepartner treulos und betrügerisch handeln. Lassen wir uns aber vom Heiligen Geist beherrschen, werden wir überrascht sein: Wie oft kommt es vor, dass wir uns aufmachen, um etwas Bestimmtes zu tun, dann aber vom Heiligen Geist angewiesen werden, einen anderen Weg einzuschlagen? Wir dürfen uns nicht vor Gottes Wegen verschließen, sonst wählen wir den selbstsüchtigen Weg, der uns zu Einsamkeit statt zur Verbundenheit führt.

Es ist praktisch unmöglich, eine gute Ehe zu führen und immer seinen Willen zu bekommen. Mir hat es sehr geholfen, mir das klarzumachen. Zu lernen, mich anzupassen, zu entscheiden, Kleinigkeiten nicht aufzublähen, aufzupassen, dass ich mich nicht selbstsüchtig verhalte – all das hat wesentlich dazu beigetragen, dass ich heute ehrlich sagen kann: **Ich habe eine großartige Ehe!**

KAPITEL 5

Vor dem Reden bis zehn zählen

(... dass ihr) ... dagegen erneuert werdet in dem Geist eurer Gesinnung und den neuen Menschen angezogen habt, der nach Gott geschaffen ist in wahrhaftiger Gerechtigkeit und Heiligkeit.
Epheser 4,23-24

Manchmal sagt man Kindern, die sich nicht angemessen ausdrücken, sie sollen vor dem Reden bis zehn zählen. Das ist ein guter Ratschlag, aber er hilft nichts, wenn der Ärger bei Nummer zehn immer noch in ihnen steckt. Als Christen sollen wir, wie der Herr es tat, Leben in Situationen hineinsprechen, aber allzu oft platzt unsere alte, auf Verteidigung gepolte Natur mit ihrem selbstsüchtigen Standpunkt heraus. Ohne Hilfe des Heiligen Geistes ist es schwierig, die Zunge zu beherrschen. Epheser 5,18 sagt, wir sollen vom Heiligen Geist erfüllt und angeregt werden. Dafür müssen wir den Heiligen Geist um die Kraft bitten, die wir brauchen, um Ehe und Beziehungen so aufzubauen, dass Gott sich über sie freut.

Ich habe bereits darauf hingewiesen, dass die Ehe mehr ist als eine Institution vor dem Gesetz, die aus zwei Leuten zu gleichen Teilen Besitzer der von ihnen zusammengetragenen Güter macht. Ehe ist das gegenseitige Versprechen zweier Menschen, zusammenzubleiben und für die Bedürfnisse des anderen zu sorgen. Ehe ist ein Symbol für Gottes Versprechen und Versorgung uns gegenüber. Deshalb müssen wir, um das Eheversprechen zu halten, mit dem Heiligen Geist erfüllt sein. Wir müssen uns von Gott mit seiner Treue und Selbstlosigkeit stärken lassen, um uns um die Bedürfnisse unseres Ehepartners kümmern zu können.

Gott wird uns mit seinem eigenen Wesen erfüllen. Johannes der Täufer lehrte, dass Jesus nach der Wassertaufe kommen und uns mit dem Heiligen Geist und mit Feuer taufen werde (Matthäus 3,6+11). Als ich anfing, die Bibel zu studieren, las ich über diese Taufe des Heiligen Geistes, und weil ich immer mehr mit Gott erleben wollte, betete ich um diese Erfahrung.

In Apostelgeschichte 1,5-8 steht, dass Jesus sagte, wir würden Kraft, Fähigkeit, Effizienz und Stärke empfangen, wenn der Heilige Geist auf uns kommt. Durch diese Kraft würden wir Zeugen für Jesus werden. In der Apostelgeschichte werden mehrere Beispiele erzählt, wo die Jünger die Kraft hatten, etwas anscheinend Unmögliches zu tun, als der Heilige Geist auf sie kam. Wenn wir an Jesus glauben, kommt sein Geist, um **in** uns zu leben, aber die Taufe des Geistes kommt **auf** uns, um uns Kraft zu geben, damit wir als Christen leben und Gott seinem Willen gemäß dienen können.

Viele Paare versuchen, eine christliche Ehe zu führen, indem sie die Gesetze in Gottes Wort befolgen, um Liebe hervorzubringen, aber sie brauchen eine »geisterfüllte« Ehe, wo Liebe ihr Zusammenleben bestimmt. Wenn wir mit Gottes Geist erfüllt sind, haben wir die Kraft und Stärke, so zu lieben wie er.

Im Februar 1976 empfing ich die Taufe im Heiligen Geist in meinem Auto als souveränes Wirken Gottes in meinem Leben. Ich hatte zu Gott gerufen, dass er mir mehr von sich gäbe. Ich sagte: »Gott, es muss mehr geben am Christentum als das, was ich erlebe.« Ich wollte Sieg über meine Probleme, und den hatte ich nicht. Ich war schon seit vielen Jahren Christ, aber immer noch bestimmten Frustration und Traurigkeit mein Leben.

An jenem Abend taufte mich Jesus im Heiligen Geist. Ich sprach nicht sofort in Zungen, wie es in den Berichten in der Apostelgeschichte erwähnt wird, hauptsächlich deshalb, weil ich damals überhaupt nichts über diese Dinge wusste. Es hätte mir vermutlich Angst gemacht, weil ich nie darüber belehrt worden war. Aber ab dem Zeitpunkt empfing ich von Gott viel Kraft, Verständnis, Fähigkeiten und die Ausrichtung auf ein Ziel. Während der nächsten paar Wochen führte Gott mich zu Radiosendungen und Büchern, durch die ich mehr über die Geistestaufe lernte.

Später erfuhr ich, dass die Zungenrede Christen als eine Gebetssprache gegeben wird, in der sie mit Gott kommunizieren und sich selbst aufbauen und zum Guten verändern. Wenn Ihnen die Lehre über die Taufe im Heiligen Geist neu ist, dann lesen Sie doch die Verweisstellen am Ende des Buchs. In 1. Korinther 14,1-4 können Sie über Sinn und Zweck des Zungenredens nachlesen. Wenn Sie Schwierigkeiten im Leben, in Ihrer Ehe, haben, wenn Sie Kraft, Fähigkeit, Stärke und Wunder in Ihrem Leben brauchen und Gott noch nie gebeten haben, Sie mit seinem Geist zu taufen, dann ermutige ich Sie, innezuhalten und jetzt zu beten. Am Ende des Buches gebe ich Informationen, wie man das tut.

Es ist viel effektiver, im Geist zu beten, als vor dem Reden bis zehn zu zählen. Doch schon, wenn Sie den Heiligen Geist um die richtigen Worte bitten, wenn Sie Ihrem Ehepartner gegenüber Gefühle ausdrücken, werden Sie sehen, wie seine Kraft positive Veränderungen in Ihrer Ehe bewirkt. Er wird Ihnen Weisheit geben, wie Sie mit den Konflikten, die Ihre Einheit bedrohen, umgehen, und Ihnen Wege zeigen, wie Sie Ihre gegenseitige Liebe aufbauen.

> *Wenn aber jemand von euch Weisheit mangelt, so bitte er Gott, der allen willig gibt und keine Vorwürfe macht, und sie wird ihm gegeben werden.*
>
> Jakobus 1,5

Wir müssen nicht versuchen, unsere Ehe selbst erfolgreich zu machen. Gott verspricht uns zu helfen, und wir sollten täglich, ja minütlich zu ihm gehen und ihn um Hilfe bitten. Ich wusste nicht, wie ich zu Gott gehen konnte, und ich war gefangen in meiner alten, schäbigen Gewohnheit selbstsüchtiger Genugtuung, auch wenn es überhaupt nicht befriedigte. Dave, der geisterfüllt war, wusste, wie man Schwierigkeiten zum Herrn bringt, und als ich schließlich die Taufe im Heiligen Geist empfing, veränderte sich unsere Beziehung zu dem, was Gott für uns vorgesehen hatte.

Gebet verändert uns von innen nach außen. Wenn ich Zeit mit Gott verbrachte und im Heiligen Geist betete, hörte ich, wie mir Gott über unsere Ehe Weisheit zusprach. Ich lernte, dass ein Haus, das mit sich selbst uneins ist, nicht bestehen kann. Ich musste lernen, **mit** Dave zu leben und nicht ständig **gegen** ihn.

Als ich mit dem Heiligen Geist erfüllt wurde, sprach ich mehr darüber, als Dave es je getan hatte, und wir mussten unsere protestantische Gemeinde verlassen. Wir verloren fast alle unsere Freunde, die zu der Gemeinde gehörten. Als wir begannen, charismatische Glaubenslehre zu hören, dachten unsere früheren Freunde, wir seien verrückt geworden. Gott führte es so, dass ich eine Bibelgruppe bei uns zu Hause eröffnete. Damals fing ich an, so viele Stunden täglich in Gottes Wort zu lesen.

Ich hatte sehr viele Probleme mit meiner Persönlichkeit, und nachdem ich die Taufe im Heiligen Geist empfangen hatte, begann Gott mich mit der Wahrheit zu konfrontieren. Die Wahrheit befreit immer von Bindung und Verzweiflung, aber es war eine lange, schwere Schlacht, weil ich rebellisch, voller Angst und furchtbar unsicher war. Ich verhielt mich, als hätte ich niemanden nötig, aber ich selbst wusste, dass das nicht stimmte. Ich tat so, als wäre ich hart im Nehmen, aber eigentlich war ich das nicht. Ich benahm mich rau und ruppig, und vieles musste überwunden werden. Aber von dem Moment an, als ich anfing, die Bibel zu studieren, konnte ich auch lehren. Gott legte den Wunsch und die Fähigkeit, anderen sein Wort zu erklären, einfach in mich.

Ich konnte mich schon immer gut sowohl mündlich als auch schriftlich ausdrücken. Als ich erst einmal geisterfüllt war, brauchte ich nicht länger Rebellion, Angst und Unsicherheit zu kommunizieren, sondern konnte stattdessen Zustimmung, Liebe und Zuversicht zum Ausdruck bringen. Meine Gabe war nicht viel wert gewesen, bis Gott mein Wesen veränderte.

Wer beherrscht Ihren Geist?

In Maleachi 2,16 werden wir aufgefordert, auf unseren Geist zu achten und vom Heiligen Geist beherrscht zu sein. Wir können nicht erwarten, dass etwas gut geht, wenn wir nicht auf Gott hören. Hören wir nicht auf Gott, führen wir keine gute Ehe. Das ist ziemlich geradeheraus und einfach ausgedrückt, nicht wahr? Wenn wir aber auf Gott hören, werden wir eine großartige Ehe führen. Deshalb: Lassen Sie sich von Gottes Geist beherrschen. Lesen wir nun Maleachi 2, Vers 17:

Ihr ermüdet den Herrn mit euren Worten. Doch ihr sagt: Womit ermüden wir ihn? ...

Gott wird uns immer und immer und immer und immer wieder sagen, was wir verkehrt machen, und dann gehen wir wieder zu ihm und fragen: »Also, was mache ich falsch?« Gottes Antwort auf unsere Frage, womit wir ihn ermüden, ist: *... Damit dass ihr sagt [durch euer Verhalten zum Ausdruck bringt]: Jeder, der Böses tut, ist gut in den Augen des Herrn und an solchen hat er Gefallen oder [indem ihr fragt]: Wo ist der Gott des Gerichts?* (Vers 17). Wir ermüden den Herrn mit unseren Worten und unserem Tun.

Er sagt, anders ausgedrückt: »Es ermüdet mich, wenn ihr euch so verhaltet, als ob das, was ihr tut, alles richtig sei, obwohl mein Wort euch bereits gesagt hat, dass es nicht in Ordnung ist.« Das ermüdet den Herrn.

Wenn wir unseren Kindern sagen, was sie tun sollen, und sie tun es ganz einfach, dann freuen wir uns sehr. Wenn sie gerne gehorchen, dann wollen wir ihnen Gutes tun. Wenn sie aber rebellieren und ihren eigenen Kopf durchsetzen wollen und so tun, als ob alles okay wäre, obwohl wir ihnen das, was sie da tun, verboten hatten, dann ermüdet uns das auch.

Manche Menschen meinen, Gott sei doch perfekt, deshalb könne er eigentlich nicht müde werden. Dennoch sagt er, dass wir ihn mit unseren Worten ermüdet haben. Stellen Sie sich vor, wenn wir unseren geduldigen und liebevollen Gott mit dem, was wir sagen, ermüden, wie viel mehr ermüden wir einander? Gott will, dass sich Ehepartner gegenseitig dienen, als Licht in der dunklen Welt, in der die Scheidungsrate unglaublich hoch ist, als Licht auf einem Hügel. Das Pflegen einer Ehe kann für andere Menschen buchstäblich ein Beispiel der Liebe Gottes sein.

Ich glaube, Dave und ich führen eine Ehe, die ein Beispiel für Gottes Liebe zwischen zwei Menschen ist, ohne dass wir auch nur je aufstehen und anderen über unsere gute Beziehung erzählen müssen. Wer uns beobachtet, weiß, dass wir einander lieben. Wenn Ehepaare als neue Mitarbeiter in unsere Organisation kommen, dann dauert es nicht lange und man weiß, ob sie so tun als ob, oder ob sie einander wirklich lieben. Wahre Liebe lässt sich nicht verstecken. Es wird schnell deutlich, ob jemand selbstsüchtig und egoistisch ist oder ob er wirklich liebt.

Wenn wir Menschen lieben, zeigt sich das als ausdrucksstarkes Ausströmen unseres Wesens. Sind wir »in Christus«, dann demonstriert unser Handeln Liebe. Sind wir »in uns«, dann demonstriert unser Handeln Gier und Selbsterhaltung. Man kann »Ich liebe dich« sagen, ob man in Christus ist oder nicht, aber der Unterschied an Auswirkung und Kraft dieser Worte ist gewaltig. Fehlt Christus in dem Herzen, das Zuneigung gibt und auch empfängt, kann wahre Liebe nicht gefühlt und nicht ausgedrückt werden.

Ja, im Geben empfangen wir, und Christus gibt uns sogar unsere Liebe für andere. Wenn wir wollen, dass die Liebe voll erblüht und ihre vielfältigen Segnungen unserer Familie zugute kommen, dann müssen wir den Heiligen Geist täglich an uns wirken lassen.

Epheser 5 unterstützt, dass Frauen ebenso gut zu ihren Männern sein sollen wie, gemäß Maleachi, Männer ihren Frauen treu. Vers 21 beginnt: *Ordnet euch einander unter in der Furcht Christi [des Messias, des Gesalbten]*. Wir sollen uns einander aus Respekt vor Jesus unterordnen. Vers 22 sagt: *die Frauen den eigenen Männern als [ein Dienst an] dem Herrn!* Die Männer unter den Zuhörern sagen immer »Amen«, wenn ich das bei Eheseminaren lehre. Sie hören, was sie von Anfang an hören wollten. Passt euch an! Ordnet euch unter!

Aber, sehen Sie, diese Sache mit Anpassung und Unterordnung

hat zwei Seiten. Mir ist das so klar. Es ist schon einige Jahre her, dass Dave mich bat, Platz zu nehmen und mir anzuhören, welche Offenbarung er aus dem Epheserbrief bekommen hatte. Manchmal versteht jemand ein bestimmtes Thema, aber egal, wie viel er darüber mit einem anderen redet, der kapiert es einfach nicht. Und als Dave mir zum ersten Mal sagte, was ich Ihnen gerade erzähle, war er ganz begeistert über das, was Gott ihm gezeigt hatte, aber ich kapierte nicht ganz, was er da erkannt hatte. Ich nickte nur und sah ihn mit leerem Gesichtsausdruck an.

Aber heute verstehe ich, worüber er so begeistert war. Dave sagte: »Das ist es! Die vollkommene Einheit in der Ehe besteht darin, dass der Mann seine Frau liebt, wie Christus die Kirche liebt.« Wir reden nicht darüber, dass der Mann seine Frau so liebt, wie der Typ von nebenan seine Frau liebt. Es braucht natürlich eine Weile, bis zu dem Thema alles gesagt ist, aber eins habe ich schon verstanden: Dass ein Mann seine Frau liebt wie Christus die Kirche, bedeutet nicht, dass alles nach ihrem Kopf geht. Ich glaube, es fiel mir damals so schwer, Daves Einsicht nachzuvollziehen, weil ich immer noch starrköpfig war und wollte, dass immer alles nach meiner Pfeife tanzte. Ich dachte, wenn Dave mich wirklich liebte, dann würde er mich glücklich machen wollen. Ich hatte so sehr damit zu tun, über mich selbst nachzudenken und um mich selbst zu kreisen, dass es mir natürlich nie in den Sinn kam, ihn glücklich zu machen, indem ich ihm Dinge auf seine Art zugestand. Ich weiß nicht, wer *ihn* meiner Meinung nach glücklich machen sollte, aber dass es sich dabei um mich hätte handeln können, das wäre mir ganz sicher nie in den Sinn gekommen.

Die Reaktion einer Frau auf rechtes, liebevolles Sorgen und Kümmern sollte also sein, dass sie sich unterordnet und an ihren Mann anpasst, wie die Gemeinde an den Herrn. Das ist der andere Hauptpunkt in Epheser – eine Frau soll ihren Mann achten und ehren. Das heißt nicht, dass sie sich wie das Heimchen am Herd verhält und nie eine eigene Meinung hat oder, falls sie eine hat, sie nicht zu äußern wagt. Ehe ist eine Partnerschaft, aber letztlich muss jemand eine endgültige Entscheidung treffen, wenn zwei

Menschen nicht derselben Meinung sind. Bei eher unwichtigen Dingen entscheiden Dave und ich irgendwie abwechselnd. Bei wichtigen Themen hat er das letzte Wort.

Der Mann soll seine Frau lieben wie Christus die Kirche liebt, und die Frau soll sich ihrem Mann unterordnen und ihn achten. Wenn beide ihren Anteil leisten, dann kommt eine herrliche Beziehung dabei heraus. Manchmal ist einer der Ehepartner nicht bereit, seinen Teil zu tun. Das schafft Distanz. Der Streit beginnt so: »Wenn du es nicht tust, dann tue ich es auch nicht«, und geht weiter: »Ich mache es nicht, wenn du es nicht machen willst«, und schon haben wir das Riesenchaos.

Einer muss irgendwo beginnen. Ich hoffe zwar, dass beide Partner bereit sind anzufangen und genau das zu tun, was Gott sagt, möchte Sie aber ermutigen, voranzugehen und den ersten Schritt zu tun. Aber auch wenn einer von Ihnen immer eher bereit zu sein scheint als der andere, machen Sie weiter, was richtig ist – vor dem Herrn. Liebe muss irgendwo anfangen. Wenn es nicht gut ist, wie Sie gerade leben, dann haben Sie nichts zu verlieren. Alles wird beim Alten bleiben, bis einer eine Veränderung vornimmt. Wenn Sie sehen wollen, was Gott tun kann, dann, liebe Ehefrauen, ordnen Sie sich unter und passen Sie sich »als dem Herrn« an Ihren eigenen Mann an.

Niemand könnte wohl besser qualifiziert sein, Frauen etwas über Unterordnung und Anpassung beizubringen als ich. Ich war nämlich die Letzte, die sich unterordnen wollte. Und als ich zum ersten Mal in der Bibel las, dass sich eine Frau ihrem Mann unterordnen soll, bekam ich fast zu viel! Allein schon der Gedanke an Anpassung war mir unangenehm.

Es ist erstaunlich, wie elend wir es uns selbst machen können, weil wir uns nicht im kleinsten, harmlosesten Rahmen anpassen wollen, wenn wir darum gebeten werden. Aber wir sind stolz und rebellisch und fest entschlossen, keinen Meter Boden aufzugeben und das Leben auf unsere Art zu leben. Bald geht es uns schlecht damit, und jedem, der mit uns zu tun hat, ebenso. Ich erwähnte bereits, dass ich mit Dave drei Jahre lang über sein Golfspielen gestritten habe. Wir stritten und stritten und stritten und stritten.

Es war mir absolut ernst: Er sollte nicht mehr spielen. Und ihm war es absolut ernst: Er würde weiter spielen. Aber als ich anfing, den Herrn an mir wirken zu lassen, fanden Dave und ich zu Frieden und Übereinstimmung, was Freude freisetzt.

Du hast mir kundgetan Wege des Lebens; du wirst mich mit Freude erfüllen vor deinem Angesicht.

Apostelgeschichte 2,28

Die große Distanz zwischen Menschen ist unvermeidlich, wenn nicht der Herr eingreift und ihre Herzen mit Liebe füllt. Dave und ich stritten immer und immer wieder, aber wir beteten auch immer und immer wieder. Wenn Sie weiterlesen, finden Sie heraus, wer diese Schlacht gewonnen hat.

KAPITEL 6

Etwas habe ich ja vielleicht auch falsch gemacht

Dem aber, der euch ohne Straucheln zu bewahren und vor seine Herrlichkeit tadellos mit Jubel [mit unaussprechlicher, ekstatischer Freude] hinzustellen vermag ...

Judas 24

Wenn zwei Menschen bewusst Zeit miteinander verbringen, gleicht sich ihre Sicht auf das Leben an. Aber wenn sie Rücken an Rücken stehen und in entgegengesetzte Richtungen sehen, dann haben sie kaum die Chance, eine gemeinsame Sicht von Dingen zu bekommen. Wenn es sich um zwei Menschen mit festen Überzeugungen handelt, und *sie* ist fest entschlossen, er solle nicht irgendwohin gehen, *er* aber ist fest entschlossen, wohl zu gehen – dann haben sie ein Problem. Später werden wir gesundes Streiten behandeln, aber zunächst einmal möchte ich darauf hinweisen, was es für die Beziehung ausmachen kann, wenn man Zeit miteinander verbringt.

Ich habe mir drei Jahre lang selbst das Leben schwer gemacht, als ich mich über Daves Golf spielen ärgerte. Ich habe ihm das Leben schwer gemacht, weil ich mich weigerte, mich an seine Liebe zu diesem Spiel anzupassen. Natürlich habe ich auch unseren Kindern das Leben schwer gemacht, weil sie mich mit ihrem Dad darüber streiten sahen. Es beunruhigt ein Kind, wenn es seine Eltern streiten sieht, weil es die Schuld für den Streit oft bei sich selbst vermutet. Kinder fühlen sich sehr verunsichert, wenn sie ihre Eltern immer streiten sehen, und natürlich baute es auch nicht gerade eine gesunde Beziehung zwischen Dave und mir auf.

Mit drei kleinen Kindern, die uns zwischen den Beinen herumwuselten, stritten Dave und ich weiterhin über Golf. Ich war oft wütend und schmollte ständig. Dave wollte nicht aufhören und ich war wild entschlossen, ihn genau dazu zu bewegen. Je mehr ich nörgelte, desto mehr spielte er.

Dave sagte, wer ein guter Golfspieler sein wolle, müsse ständig üben. Also spielte er Golf, und auch während der Woche ging er zum Üben. Ich war den ganzen Tag mit den Kindern allein zu Hause, und mehrmals die Woche geschah es, dass Dave nach Hause kam, zu Abend aß, seine Golfschläger nahm und zur Driving Range fuhr, um Bälle zu schlagen. Ich konnte nicht verstehen, warum er darauf bestand, das zu tun, und ich war nicht bereit zu glauben, dass es eine gültige Erklärung für solch einen Wunsch geben konnte. Für mich ergab keine irgendeinen Sinn.

Der Herr kann uns vor Stolpern, Ausrutschen und Fallen bewahren, obwohl wir manchmal fest entschlossen sind, frontal auf einen Zusammenprall mit dem ungeliebten Plan für unser Leben zuzurasen. Ich glaube, dass Gebete dazwischenkamen und uns die Tragödien ersparten, die sich ergeben hätten, wenn ich meinen destruktiven Weg von Zorn und Ärger weitergegangen wäre.

Als ich in der Bibel las, dass eine Frau sich ihrem Ehemann unterordnen soll, dachte ich: *Eher würde ich sterben. Ich kann das einfach nicht.* Kennen Sie solch eine Rebellion in Ihrem Fleisch, dass Sie ganz ehrlich denken, Sie müssten welken und sterben, wenn Sie nachgeben würden? Ich hatte das Gefühl, es würde mich umbringen, wenn ich mich demütigen und tun müsste, was Dave von mir wollte.

Gerne suchte ich Bibelstellen, die Dave anhören sollte. In 1. Petrus 3,7 sagt das Wort Gottes: *Ihr Männer ebenso, wohnt bei ihnen mit Einsicht als bei einem schwächeren Gefäß, dem weiblichen, und gebt ihnen Ehre als solchen, die auch Miterben der Gnade des Lebens sind, damit eure Gebete nicht verhindert werden!* Ich war überzeugt, dass Dave doch verstehen müsse, wie schwer es für mich war, mit den Kindern den ganzen Tag zu Hause zu sein, tagein, tagaus. Er war schließlich unterwegs und mit Erwachsenen zusammen, mit normalen Menschen, die nicht sabbern und Grimassen schneiden. Wie andere Hausfrauen mit kleinen Kindern sehnte ich mich danach, aus dem Haus zu kommen und mich mit Erwachsenen zu unterhalten.

Nur du und ich, wir beide zusammen

Es ist für ein Paar wichtig, gemeinsam Dinge zu unternehmen. Gemeinsam verbrachte Zeit lässt uns Ansichten und Bedürfnisse des anderen besser verstehen. Zu dieser Zeit in unserer Ehe war es so schwer, mit mir auszukommen, dass Dave wahrscheinlich viel häufiger Golf spielen ging, als er es sonst getan hätte, nur damit er mir entfliehen konnte. Die Bibel sagt, dass eine zänkische, nörgelnde Frau ebenso nervt wie Regen, der durch ein undichtes Dach tropft (Sprüche 27,15). Armer Dave!

Weil ich wirklich nicht glaubte, dass mich irgendjemand lieben könnte, wollte ich, dass Dave mich die ganze Zeit über anhimmelte, damit ich meiner selbst sicher sein könnte. Ich wollte, dass er lieber bei mir als auf dem Golfplatz wäre. Ich wollte, dass er die ganze Zeit ein Aufhebens um mich machte. Es ging immer um mich und mein verzweifeltes Elend, was die Wurzel der Ablehnung in meinem Leben nur stärkte. Ich brauchte ständig neu Sicherheit. Ich wollte nicht die Kontrolle über das verlieren, was mir ein Gefühl der Sicherheit gab, so versuchte ich, ihn mit Wutanfällen zum Bleiben zu bewegen.

Dave lud mich immer ein, mit ihm zu kommen. Es ging ihm nicht darum, dass er ohne mich weggehen wollte. Er lud mich ein, mitzukommen, aber ich war zu dickköpfig, um das zu tun. Ich wollte nicht Golf spielen, und er sollte auch nicht spielen, und deshalb gab ich nicht nach. Mindestens zwei- oder dreimal die Woche war ich so wütend über Golf, dass ich das Spiel hasste.

Schließlich fuhr ich eines Nachmittags zum Golfplatz, um ihn zu suchen. Ich weiß noch nicht einmal mehr, wie ich dorthin gekommen bin, vielleicht hatten wir mittlerweile zwei Autos oder vielleicht war er mit jemand anderem hingefahren. Ich schmollte in meiner dunklen kleinen Ecke in der Wohnung, weinte und war unglücklich mit unseren drei Kindern, und er spazierte draußen über den Golfplatz und ließ es sich in der Sonne gut gehen. Durch Gottes große Gnade schaffte ich es irgendwie, meinen Stolz hinunterzuschlucken. Ich setzte die drei Kinder ins Auto und fuhr raus zu diesem Golfplatz. Ich ließ sie aussteigen, ging dorthin, wo Dave war, und stellte die Kinder hinter seinem Tee in einer Reihe auf. Er beugte sich gerade vor, platzierte seinen Golfball auf das Tee, und als er wieder aufsah, fragte er mich: »Was ist passiert? Ist das Haus abgebrannt?« Ich blickte in sein überraschtes Gesicht und sagte: »Nein, ich gebe einfach auf. Hier bin ich. Bring mir Golf bei.«

Sich ergeben heißt »aufgeben«

Ich gab einfach auf. Gottes Gnade brachte mich an den Punkt, wo ich erkannte, dass ich Dave nicht ändern würde. Wir hatten so viel Ärger über dieses Golfen – es war gewiss ein Akt der Gnade Gottes, dass ich mir jetzt wünschte, mit Dave Golf zu spielen. Dieser Konflikt hätte uns leicht äußerst ernste Probleme bereiten können.

Drei Monate lang brachte Dave mir die Grundlagen bei, bevor ich ein richtiges Spiel versuchte. Im Endeffekt lernte ich richtig gut spielen. Aber als wir zum ersten Mal ein Neun-Loch-Spiel machten, war ich am ersten Tee, und es standen eine Menge Männer herum und warteten, dass sie an die Reihe kämen.

An diesem ersten Tee holte ich mit dem Schläger aus – und verpasste den Ball. Dreizehn Mal hintereinander. Ich war nervös. Als er sah, dass es mir peinlich war, kam Dave zu mir und sagte freundlich: »Nimm dir Zeit, nimm dir Zeit.« Drohend zischte ich aus dem Mundwinkel: »Wenn ich jetzt noch einmal danebenschlage, dann nehme ich diesen Ball in die Hand und werfe!«

Damit schlug ich ihn vom Tee, und das war der Beginn meiner Golflaufbahn.

Seit vielen Jahren genießen wir es, miteinander Golf zu spielen. Wenn ich nicht bereit gewesen wäre zu tun, was Gott mir sagte, und mit Dave Golf spielen gegangen wäre, hätte ich den Spaß verpasst, den die beiden für mich vorgesehen hatten. Beim Golfen kann man über nichts anderes nachdenken als über seinen Stand, Griff und die Fahne. Je klarer der Kopf, desto besser der Schwung. Es ist eine gute Unterbrechung von der Geschäftigkeit des Alltags.

Ich musste mein altes Denken aufgeben, um Daves Art zu entspannen auszuprobieren. Ich musste meine Ängste, ungeliebt zu sein, aufgeben, um mich der Liebe meines Lebens in einem Spiel anzuschließen, das wir beide genießen konnten. Ich musste meine Sturheit und Rebellion gegen Gottes Wort ablegen, um die Freude seiner Gegenwart zu empfangen. Aber mit Gott ist es möglich, sich von der alten Natur zu lösen und eine neue Kreatur zu werden.

Es ist möglich, großartige Beziehungen und eine wunderbare Ehe zu haben. Es geht einfach nur darum, dass man sich hingibt und sich von Gott zu dem Schönen leiten lässt, das er für uns vorgesehen hat. Beides gleichzeitig ging nicht: Ich hätte es nicht sowohl auf meine als auch auf Gottes Art haben können.

Ich erinnere mich gut an die erste Konfrontation beim Bibelstudium, nachdem ich mit dem Heiligen Geist erfüllt war. Ich betete eines Tages, dass Dave sich ändern möge, und tatsächlich sprach Gott zu mir und sagte: »Dave ist nicht das Problem.«

Das konnte ja wohl nicht wahr sein! Ich hatte eine ganze Liste von Sachen, die besser wären, wenn Dave dieses und unsere Kinder jenes täten. Ich war unglücklich und es war schwer mit mir auszukommen, weil sie mich nicht richtig behandelten. Denken nicht die meisten Menschen so? Fast jeder lastet sein schlechtes Benehmen, seine Vergangenheit und seinen Geldmangel anderen an.

Als Gott sagte: »Dave ist nicht das Problem«, war es, als würden mir die Augen geöffnet und ich konnte endlich sehen, wie es war, mit mir zusammenzuleben. Ich erkannte, dass ich nörgelnd und kritisch war und wie schwer es war, mit mir auszukommen. Ich weinte drei Tage lang.

Dem eigenen Ich sterben

Ich fühlte mich, als ob mich niemand liebte, und konnte nicht verstehen, warum. Hatte ich nicht schließlich all das getan, was ein guter Christ tun sollte? Studierte ich nicht das Wort und lehrte über Gottes Wege? Jetzt schien sogar Gott auf Daves statt auf meiner Seite zu sein.

Jakobus 1,26 und 27 sind zwei grundlegende Schriftstellen für jeden, der das Gefühl hat, sein Leben und Werk seien wertlos, vergeblich und unfruchtbar. Es könnte für diese Gefühle einen guten Grund geben, und diese Schriftstellen geben uns einen Hinweis auf das, was mit unserem Leben vielleicht nicht in Ordnung ist. Lesen wir sie aufmerksam:

> *Wenn jemand meint, er diene Gott, und zügelt nicht seine Zunge, sondern betrügt sein Herz, dessen Gottesdienst ist vergeblich [wertlos, unfruchtbar].*
> *Ein reiner und unbefleckter Gottesdienst vor Gott und dem Vater ist dieser: Waisen und Witwen in ihrer Bedrängnis zu besuchen, sich selbst von der Welt unbefleckt zu erhalten.*

Das ist eine ganz schön heftige Aussage. Es bedeutet: Wenn wir denken, wir seien »fromm« und erfüllten all diese äußerlichen Pflichten, die unser Glaube mit sich bringt, halten aber unsere Zunge nicht im Zaum, dann sind alle unsere Anstrengungen nutzlos und nichts wert. In 1. Korinther 13 steht, wenn wir nicht wirklich in der Liebe leben, dann können wir den ganzen Tag lang in Zungen reden und machen damit doch nichts als Geräusche! Wir können einen so großen Glauben haben, dass wir Berge versetzen, aber wir sind nichts, wenn wir die Menschen nicht wirklich lieben.

Und auch wenn wir unsere Zunge nicht im Zaum halten, sagt Gott, ist unser geistlicher Dienst wertlos. Er sagt nicht, er würde das alles für uns tun. In Bezug auf das, was wir sprechen, müssen wir Selbstdisziplin üben.

Ich erinnere mich, wie Gott mir beibrachte, dass ich tatsächlich die Kontrolle über meine Worte habe. Ich bekam oft »Anfälle«, einfach allgemeine, umfassende Wutausbrüche, mit denen ich mein Unglücklichsein an meinen Kindern ausließ. Erst wurde ich wütend auf Dave, dann meckerte und schimpfte ich den ganzen Tag die Kinder aus. Ich ärgerte mich über das Durcheinander ihrer Spielsachen, also schrie ich sie an, dass sie aufräumen sollten. Dann putzte ich die Wohnung, inzwischen machten sie neue Unordnung und ich bekam meinen nächsten Wutausbruch.

Eines Tages führte ich mich wieder wie gewohnt auf und schrie: »Hebt das Zeug auf! Ich putze und putze hier und ihr macht immer wieder alles durcheinander! Ihr behandelt mich, als wäre ich euer Sklave!«

Natürlich fühlte ich mich später, als die Kinder weinten und jeder seinen eigenen Anfall hatte, schuldig dafür, dass ich solch eine Atmosphäre verbreitet hatte. Machen wir uns nichts vor: Der Teufel, der Sie in Versuchung führt, ist derselbe, der um die Ecke kommt und Sie für die Versuchung, in die er Sie geführt hat, verdammt. Dann bekannte ich meine Sünde: »Oh Gott, es tut mir so leid, aber ich kann einfach nicht anders! Ich will mich nicht so verhalten, aber ich gerate einfach außer mir! Ich kann wirklich nicht anders, Gott!«

Ich bekam eine Vision, Gott zeigte mir etwas. Er sagte: »Joyce, wenn du mitten in so einem Wutanfall siehst, dass dein Pastor sein Auto vor dem Haus parkt, dann hast du dich schon in dem Moment wieder in der Hand, wenn er an der Tür klingelt.« Er sagte: »In seiner Gegenwart würdest du dich vollkommen diszipliniert verhalten. Du würdest die Tür aufmachen und sagen: ›Ach, Herr Pastor, Preis dem Herrn! Wie schön, Sie zu sehen. Ach, die Kinder! Ja, unsere kleinen Lieblinge, sie spielen in ihrem Zimmer, die süßen Kleinen. Bitte, kommen Sie doch herein. Preis dem Herrn!‹« Diese Wahrheit lehrte mich etwas ganz Wichtiges.

Wenn wir mit Leuten zusammen sind, die wir beeindrucken wollen oder die nicht schlecht über uns denken sollen, dann können wir uns erstaunlich gut benehmen. Wenn wir wollen, dass uns die Leute lieben, dann zeigen wir jede Menge »Selbstdisziplin«, damit sie unsere liebenswerte Seite sehen. Auch wenn wir im Blick haben, dass wir andere lieben wollen, üben wir in Reden und Handeln Selbstdisziplin, damit wir die, die wir lieben, nicht verletzen.

Vers 27 in Jakobus 1 besagt, dass unser Gottesdienst und unser Glaube sich auch nach außen ausdrücken müssen, damit andere sie sehen können. Man spricht auch von den »guten Werken«, doch müssen diese guten Werke aus den rechten Motiven getan werden. Wenn Gutes aus falschen Motiven getan wird, dann nennt Gott es nicht ein gutes Werk. Er nennt es »Werke des Fleisches«, die ihm in der Nase stinken. Jakobus erklärt, dass Gottesdienst, der sich im Handeln nach außen ausdrückt, rein und unbefleckt sein sollte in den Augen Gottes, des Vaters. Beispiele sind: Witwen und Waisen in ihrer Not besuchen, ihnen helfen und für sie sorgen und sich selbst von der Welt unbefleckt halten. Das ist ein annehmbarer Gottesdienst in Gottes Augen.

Wenn Sie also wollen, dass Ihre Religion echt ist, muss es drei äußerliche Ausdrücke Ihres Glaubens geben:

- Sie halten Ihre Zunge im Zaum,
- Sie helfen verletzten Menschen,
- Sie führen ein heiliges Leben.

Wenn Sie sich auf diese drei Dinge ausrichten, werden Sie sich selbst Gutes tun, Ihrem Ehepartner, Ihrer Familie und Ihren Freunden. Sie werden erleben, wie der Segen Gottes in Ihren Beziehungen ausgegossen wird. Freude wird überfließen, und was Sie tun, wird von Erfolg gekrönt sein. Gottes Wege sind einfach und wahr. Gehorsam gegen seine Anweisungen führt zu radikalen, außergewöhnlichen Segnungen. Drehen Sie nicht Däumchen, wenn Sie Segen erlangen wollen. Gehorchen Sie einfach Gottes Prinzipien, und Gott wird Sie segnen.

Wie man heilig lebt

Heilig leben fängt damit an, dass man seine Selbstsucht ablegt. Das Paradoxon des Glücks ist, dass es kommt, wenn man sich selbst vergisst und lebt, um jemand anderem zu helfen. Ich habe herausgefunden, dass man nicht glücklich sein kann, wenn man ständig über sich selbst nachdenkt. So viele Jahre lang war ich ein unglücklicher Christ. Wenn wir nicht Gerechtigkeit, Frieden und Freude haben, dann haben wir das Reich Gottes verpasst.

Wohlstand, Heilung, Erfolg und Weiterkommen im Beruf sind gute Dinge, die Gott für uns will. Er zeigt uns in der Bibel, wie wir sie bekommen, aber diese guten Dinge sind nicht das Reich Gottes. Das Reich Gottes ist nicht Essen und Trinken, so sagt die Bibel, es ist *Gerechtigkeit und Friede und Freude im Heiligen Geist* (Römer 14,17). Wir sollen zuerst das Reich Gottes suchen und seine Gerechtigkeit, und dann wird uns *dies alles* hinzugefügt werden (Matthäus 6,33).

Unsere Prioritäten müssen also immer mit Gottes Wort übereinstimmen. Wir müssen die Dinge in Gottes Reihenfolge tun. Und Gott wird müde von Leuten, die nur seine Hand und nicht sein Angesicht suchen. Wir müssen nicht wegen dem zu Gott kommen, was er für uns tun kann, sondern wegen dem, wer er ist, und weil wir ihn brauchen, um jeden Tag zu überleben. Ich habe keine Freude, keinen Frieden, keine Gerechtigkeit außer in Jesus.

Das Reich Gottes ist in uns, und das heißt: Wir müssen einen anderen Umgang mit dem Alltag lernen, als die Welt ihn hat. Diesem inneren Leben, das uns durch Jesus zur Verfügung steht, müssen wir mehr Aufmerksamkeit widmen. Was andere über uns denken, bedeutet uns zu viel. Wie wir aussehen, was wir besitzen, welches Auto wir fahren, ob auf unserem Türschild ein Titel steht, in welcher Kirchenbank wir sitzen und welche Position wir in der Gemeinde innehaben – all das macht uns viel zu viel aus. Es muss uns viel mehr ausmachen, welche Art von Gedanken wir haben.

Wenn Sie nicht glücklich sind, dann untersuchen Sie sich selbst. Fragen Sie sich:

- Was lebt in mir, das Gott nicht gefällt?
- Welche meiner Einstellungen »stinkt zum Himmel«?
- Bin ich eifersüchtig, bitter, verbittert?
- Von wie vielen Menschen fühle ich mich beleidigt?
- Wie vielen Menschen habe ich nicht vergeben?
- Wie viele Menschen hasse ich?
- Auf wie viele Menschen bin ich eifersüchtig?

Ihre Traurigkeit hat wahrscheinlich nichts mit Ihrem Ehepartner zu tun. Unzufriedenheit ist höchstwahrscheinlich ein Resultat Ihrer Einstellung zum Leben.

Wenn Ihr Herz nicht voll Gerechtigkeit, Frieden und Freude im Heiligen Geist ist, werden Sie nirgends und durch niemanden Glück finden. Es sind nicht Ihre Umstände, die Sie unglücklich machen, sondern dass in Ihrem Herzen nicht alles in Ordnung ist.

Jesus sagte, wir könnten mitten im Sturm Frieden haben (Matthäus 8,26). Als Petrus sagte, wir könnten *unaussprechliche und verherrlichte Freude* haben (1. Petrus 1,8), steckte er mitten in der Verfolgung durch Neros Regierung in Rom. Paulus sprach wiederholt von seiner Freude, und zwar, dass inmitten all seiner Schwierigkeiten seine Freude grenzenlos sei (2. Korinther 7,4).

Wie der Bibellehrer Jerry Savelle sagt: »Wenn der Teufel Ihre Freude nicht stehlen kann, dann kann er auch Ihren Besitz nicht stehlen.« Er kann Sie nur darum bitten, und nur Sie können sie hergeben. Ich habe das unglückliche, selbstsüchtige, ichbezogene, das fleischliche Leben geführt, ich habe Gott wegen all dem gesucht, was er für mich tun konnte, ich wollte, dass mein Werk wächst, versuchte dies zu bekommen, versuchte jenes zu bekommen, versuchte mit allen mitzuhalten. Ich hatte jede Woche ein neues Projekt, und immer war es irgendein Glaubensprojekt, um etwas anderes zu bekommen, was ich wollte. Und schließlich war ich es so leid, ein unglücklicher Christ zu sein, dass ich dachte: **Lieber Gott, ich bin nicht Christ geworden, um mein weltliches Elend in ein christliches Elend einzutauschen. Da stimmt etwas nicht.**

Vielleicht kommen Ihnen diese Gefühle bekannt vor. Ich muss Ihnen sagen, so etwas wie einen Instantdurchbruch gibt es nicht. Es gibt keine Instantsiege bei Gott. Veränderungen werden Sie nur sehen, wenn Sie lernen, was Gottes Wort sagt, und, ob es Ihnen passt oder nicht, anfangen zu tun, was es sagt, zuverlässig, Tag für Tag für Tag für Tag für Tag. Ihre Umstände verbessern sich, wenn Sie allein Zeit mit Gott haben, sich dem Teufel entgegenstellen und Siege erringen, die kein Teufel der Hölle Ihnen wieder nehmen kann.

Das Leben, das Gott für Sie geplant hat, wirklich zu genießen, erfordert Reife und Selbstdisziplin. Sie müssen wissen, wer Sie in Christus sind und Frieden und Freude im Heiligen Geist suchen.

Aus meinem selbstsüchtigen, ichbezogenen Leben heraus rief ich zu Gott: »Was läuft hier falsch?« Gott zeigte mir vieles. Zunächst einmal, dass ich Gottes Hand suchte, nicht sein Angesicht. Ich musste Gottes Gegenwart suchen, nicht nur das, was er für mich tun konnte. Dann zeigte er mir, wie selbstsüchtig ich war. Die Verse in Jakobus sagen, dass wir jemandem helfen müssen, sonst ist unser Gottesdienst nicht rein.

Die Wahrheit hat mein Herz verändert. Heute will ich einfach Menschen helfen. Das ist der einzige Grund, warum ich schreibe, reise und spreche. Ich mache nichts mehr, um Menschen zu beeindrucken; ich möchte nur Gott gefallen. Er weitet unsere Organisation immer mehr aus, aber wir versuchen nicht, irgendetwas zu tun, um »groß« zu sein. Ich schreibe dieses Buch, um Menschen zu helfen.

Welch ein Werk hat der Herr in meinem Herzen getan! So lange ich lebe, werde ich tun, wozu er mich berufen hat, und andere zum Mithelfen suchen. Wenn wir unsere kleinen Wehwehchen und Schmerzen, unsere kleinen persönlichen Schwierigkeiten vergessen können, wenn wir aufhören können, in Gedanken um uns selbst zu kreisen, und stattdessen überlegen, wem wir helfen können, dann wird es uns besser gehen. Das ist eine wunderbare Entdeckung.

Auch wenn ich vielleicht in einer Lage bin, wo ich mir nicht selbst helfen kann, salbt Gott mich zur gleichen Zeit, anderen zu helfen. Sie werden merken, dass das stimmt. Wenn man sich selbst nicht befreien und ermutigen kann, kann man immer noch hingehen und andere ermutigen. Manchmal, wenn man wegen der Schwierigkeiten, in denen man steckt, Gott nicht glauben kann, dann kann man trotzdem andere ermutigen, Gott zu glauben. Und im Austausch mit ihnen ermutigt man sich selbst, Gott zu glauben.

Es ist einfach, dem Niedergeschlagenen zu sagen: »Sei doch nicht niedergeschlagen – sei nicht entmutigt.« Warum macht Gott uns so? Er hat uns so geschaffen, dass wir anderen von uns selbst geben. Dabei säen wir eine Saat, die wir wachsen lassen müssen, damit Gott in unserem eigenen Leben eine Ernte einbringen kann. Wenn Sie jemand anderem helfen, dann hilft Gott Ihnen. Vergessen Sie nie: **Was Sie für jemand anderen geschehen lassen, wird Gott für Sie geschehen lassen.**

Haben wir eine Vorstellung davon, was dabei herauskäme, wenn jeder täglich betete: »Gott, zeige mir heute jemanden, dem ich helfen kann!«? Wir lassen uns Freude entgehen. Wenn wir täglich in dieser Liebe leben würden, müssten wir nicht Kummer und Depression bekämpfen. Unsere Liebe zu anderen wäre wie ein Schild gegen die Pfeile, mit denen uns der Feind zu belästigen versucht.

Ich lernte alles über geistliche Kampfführung, hatte aber trotzdem keine Autorität über die feurigen Pfeile des Feindes, und ich verstand nicht, was mit mir nicht in Ordnung war. Ich ging auf Seminare, kaufte die Kassetten und schrie den Teufel an, bis mir die Stimme versagte. Ich fastete mich fast zu Tode, betete in Gruppen, dennoch blieb ich ohne Sieg. Was war verkehrt?

Ich hatte eine Methode, aber keine Kraft, die durch diese Methode strömte. Man kann alle möglichen Methoden haben, aber es sind leere, tote Werke, nach denen man erschöpft und ausgebrannt ist in seinem Christsein. Menschen werden müde, weil sie denken: **»Ich muss bekennen, was ich glaube; ich muss dies tun und muss jenes tun, und ich muss den Teufel anschreien.«** Sie tun all das ohne eine persönliche Beziehung zu Jesus. Jesus ist nicht gekommen, um uns über Regeln, Bestimmungen und Methoden zu belehren; er kam, um uns zu lehren, wie man mit dem allmächtigen Gott und dann mit anderen eine persönliche Beziehung hat.

Auf die Frage nach dem größten Gebot und Gesetz antwortete Jesus:

> *»Du sollst den Herrn, deinen Gott, lieben mit deinem ganzen Herzen und mit deiner ganzen Seele und mit deinem ganzen Verstand.«*
> *Dies ist das größte und erste [wichtigste, Haupt-] Gebot.*
> *Das zweite aber ist ihm gleich: »Du sollst deinen Nächsten lieben wie [du] dich selbst [liebst].«*
>
> Matthäus 22,37-40

In Matthäus 7,12 sagt Jesus: *Alles nun, was ihr wollt, dass euch die Menschen tun sollen, das tut ihr ihnen auch! Denn darin besteht [wird zusammengefasst] das Gesetz und die Propheten.*

Um also Gott und seinen Plan für unser Leben zu erfahren, müssen wir auf die Bedürfnisse anderer achten und tun, was wir können, um ihnen zu dienen. Unser Gottesdienst ist nicht rein, wenn er mit Egoismus verschmutzt ist. Unsere Ichbezogenheit hindert uns daran zu merken, was andere durchmachen. Wir müssen unsere Bedürfnisse, Wünsche und Begierden aus dem Weg räumen.

Die Bibel sagt klar, dass wir uns am Herrn freuen sollen, und er wird uns geben, was unser Herz begehrt. Unsere Wünsche müssen wir nicht verjagen, nur die Selbstsucht. Psalm 37,4 sagt: *Habe deine Lust am Herrn, so wird er dir geben, was dein Herz begehrt.* Wenn wir ihm unser Leben anvertrauen, ihm unsere Last übergeben – ihm vertrauen, auf ihm ruhen und uns voller Zuversicht auf ihn verlassen – wird er die Wünsche unseres Herzens erfüllen.

Ohne Streit leben

Jakobus 4,1 stellt die Frage: *Woher kommen Kriege und woher Streitigkeiten unter euch? Nicht daher: Aus euren Lüsten, die in euren Gliedern streiten?* Vers 2 beantwortet die Frage so: *Ihr begehrt und habt nichts; ihr tötet und neidet und könnt nichts erlangen ...*

Was führt zu Streit? Eifersucht und unerfüllte Wünsche führen zu Streit. Gemeinden, Firmen, Schulen und Ehen sind voller Streit; Brüder und Schwestern kommen nicht miteinander aus, und so weiter und so weiter. Als ich die obige Schriftstelle fand, war mein Leben erfüllt von Streit. Jakobus 4 erklärt, dass Konflikte und Kämpfe mit den Lüsten, die in unseren Gliedern streiten, beginnen.

Streit fängt an wegen all dem, was wir wollen, von dem wir aber nicht wissen, wie wir es bekommen. Und so strengen wir uns an, um all das möglich zu machen. Ich mühte mich mit dem Versuch ab, mich selbst, meinen Mann, meine Kinder zu verändern. Ich mühte mich ab, geheilt zu werden, wohlhabender zu werden, mein Werk wachsen zu sehen. Ich arbeitete ständig in irgendwelchen »Glaubens«-Projekten, die ich angefangen hatte. Ich machte immer alle Pläne, und erwartete dann von Gott, dass er sie segnete.

Jesus ist der Anfänger und Vollender unseres Glaubens, aber er ist nicht verpflichtet, alles zu vollenden, was er gar nicht angefangen hat. Gott sagte, wenn wir unsere Lust an ihm hätten, dann würde er sich um das kümmern, was unser Herz begehrt.

Jakobus 4,2 erklärt weiter die Konsequenzen unserer Handlungen, wenn wir neiden, was andere haben: ... *Ihr tötet [– was das Herz angeht, ist Hassen und Töten dasselbe –] und neidet und könnt nichts erlangen [weder Befriedigung noch Zufriedenheit oder Glück, das ihr erstrebt]; ihr streitet und führt Krieg ...*

Und dann kommt diese einfache Aussage in Gottes Wort, die vor zwanzig Jahren mein Leben verändert hat. Im Rest von Vers 2 steht: ... *Ihr habt nichts, weil ihr nicht bittet ...*

Aber dann in Vers 3: ... *[oder] ihr bittet [Gott darum] und empfangt nichts, weil ihr übel bittet, um es in euren Lüsten zu vergeuden.*

Das sind also die Gründe, warum wir nicht bekommen, was wir wollen: Zuerst einmal versuchen wir, es selbst hinzubekommen, statt Gott zu bitten, und das führt zu Streit in unserem Leben. Dann bitten wir Gott, aber unsere Motive sind falsch. Er kann unsere falschen Motive nicht belohnen. Unser Leben muss einen Reinigungsprozess durchlaufen.

Ich versuchte, alles Mögliche zu bekommen und bestimmte Dinge geschehen zu lassen, ließ aber Gott dabei aus dem Spiel. Ich hätte Gott nur um das bitten müssen, was ich wollte, und wenn es das Richtige für mich gewesen wäre, hätte er es mir auf seine Art und zu seiner Zeit gegeben. Wenn es nicht das Richtige gewesen wäre, und ich klug gewesen wäre, dann hätte ich besser gehofft, dass er es mir sowieso nicht geben würde. Letzten Endes fand ich heraus: Entweder es läuft auf Gottes Art oder ich bin ganz elend dran. Ich kann Ihnen jahrelange Qualen ersparen, hören Sie also auf »Mama Joyce«. Wollen Sie ein schönes Leben haben, dann beten Sie am besten regelmäßig: **Gott, hilf mir, in deinem Willen zu bleiben. Ich will nichts haben, was du mir nicht geben willst. Wenn du es nicht bist, Gott, dann schlag die Tür ganz fest zu.**

Ich liebe Davids Gebet in Psalm 26,2: *Erprobe mich, Herr, und prüfe mich; läutere meine Nieren und mein Herz!* Was würde passieren, wenn wir jeden Tag so beten würden? **Prüfe mich, Gott, teste mich. Checke mich durch, Gott, erprobe mich. Und wenn irgendetwas Böses in mir ist, zeig es mir.** Wir brauchen keine Angst davor zu haben, im Licht der Wahrheit Gottes zu leben. Licht lässt alle Käfer und alle Ratten im Zimmer sichtbar werden, und wenn man das Licht anmacht, dann rennen sie in die Ecken, um sich zu verstecken. Genau das passiert, wenn das Licht des Wortes Gottes auf uns fällt. All die kleinen Käfer und Ratten wollen am liebsten wegrennen, bis das Licht wieder ausgeht.

Jakobus 1,2-3 sagt uns, dass wir uns freuen sollen, wenn wir in alle Arten von Prüfungen und Versuchungen fallen, weil wir wissen, dass die Prüfung des Glaubens Geduld bewirkt. Aber bevor die Schwierigkeiten Geduld in mir bewirkten, kam erst eine Menge anderer Dreck heraus, zum Beispiel Wut, Eifersucht, Ärger und meine schlechte Laune. Erst dachte ich, das Wort Gottes funktioniere nicht, aber so ist es nun einmal mit dem Feuer des Läuterns. Wenn man den Rohstoff erhitzt, steigen zuerst die Unreinheiten hoch.

Wir wissen nicht, was in uns steckt, bis wir geprüft werden. Wir wissen nicht, wie unser Glaube aussieht, bis er geprüft wird. Wir wissen nicht, wie es um unsere Ausdauer, Standfestigkeit oder Treue bestellt ist, wenn sie nicht erprobt werden. Wir wissen gar nichts über Treue gegenüber unserem Ehepartner, bis dieser Ehepartner das eine oder andere nicht tut, was wir von ihm wollen.

Die meisten versuchen, vor dem Leben davonzulaufen, wenn es schwierig wird. Wenn Gott Schwierigkeiten in unserem Leben zulässt, dann ist das zu unserem Nutzen und unserem Besten, damit wir mit Glauben und Gottvertrauen geistliche Muskeln aufbauen können. Viele Leute verlassen eine Gemeinde, wenn sie ihnen nicht gefällt. Wenn ihnen eine Arbeitsstelle nicht gefällt, gehen sie. Wenn sie einen Nachbarn nicht mögen, ziehen sie um. Wenn sie einen Freund nicht leiden können, wenn sie ihren Ehepartner nicht leiden können, dann holen sie sich einen anderen. Wenn sie den einen nicht mögen, dann holen sie sich einen anderen und noch einen anderen.

Ich dachte, an jedem Problem, das ich hatte, wäre Dave Schuld. Ich dachte: **Wenn er nur aufhören würde, dieses und jenes und auch das noch zu tun, dann wäre ich zufrieden.** Oder: **Wenn ich nicht arbeiten müsste, dann wäre ich zufrieden.** Als ich aufhörte, arbeiten zu gehen und mich langweilte, dachte ich: **Wenn ich arbeiten gehen könnte, dann wäre ich zufrieden. Wenn ich aus dem Haus käme und den ganzen Tag mit Erwachsenen statt immer mit diesen Kindern zusammen wäre, dann wäre ich zufrieden.**

Eines Tages sagte Dave: »Sieh mal, du wolltest aufhören zu arbeiten, und wir haben es so entschieden. Das hat uns finanziell nicht gutgetan, aber du hast aufgehört zu arbeiten. Jetzt bist du unglücklich, weil du nicht arbeitest. Wenn du arbeiten willst, dann geh zurück in den Beruf, nur wirst du dann auch nicht glücklich sein. Du wirst wieder aufhören wollen.«

Er fuhr fort: »Joyce, ich habe alles, was mir einfiel, getan, um dich glücklich zu machen. Ich gebe auf. Ich weiß nicht, wie ich dich glücklich machen kann. Weißt du was? Ich bin müde, es zu versuchen.« Und er schloss traurig: »Du hast mich fast an dem Punkt, wo ich dich nicht mehr ertragen kann.«

Nun ist es, Gott sei Dank, länger als fünfundzwanzig Jahre her, dass ich erkannte, dass ich mich zu sehr um mich selbst drehte. Aber sogar heute noch muss ich die gewonnene Freiheit verteidigen: mich gegen Selbstsucht und das Kreisen um mich selbst wehren und nicht aus den Augen verlieren, dass ich anpassungsfähig sein und nicht aus jeder Mücke einen Elefanten machen will, und zahllose andere Dinge. Überlegen Sie einmal, wie viele Ehen gerettet würden, wenn die Menschen nicht selbstsüchtig wären. Vielleicht wissen Sie gerade von einer Ehe, die am Rande einer Katastrophe steht, und der eigentliche Grund dafür liegt in nichts anderem als in Selbstsucht. Wenn das so ist, warum geben Sie dem Paar nicht dieses Buch und beten Sie, dass es in ihrem Leben etwas bewirkt? Wenn Sie selber diese Person sind, dann haben Sie gute Voraussetzungen, denn die Antwort, nach der Sie gesucht hatten, halten Sie in Händen – ein Buch über göttliche Prinzipien, die Ihnen den Weg zu Zufriedenheit und Erfüllung zeigen.

KAPITEL 7

Darf ich dir das Obst klein schneiden?

Die Frucht der Gerechtigkeit [der Übereinstimmung mit Gottes Willen in Denken und Tun] aber wird in Frieden denen gesät, die Frieden stiften [in ihnen selbst und in anderen, den Frieden, der Einverständnis und Harmonie zwischen Individuen bedeutet, ungestört, in friedlichem Sinn ohne Furcht und ohne aufregende Leidenschaften und ohne moralische Konflikte].

Jakobus 3,18

Gottes Ziel für unsere Beziehungen zu anderen Menschen ist Frieden. Von der oben genannten Schriftstelle lernen wir, dass Harmonie mit anderen aus der Übereinstimmung mit Gottes Willen für uns resultiert. Gott kennt die Heilungskraft einer Liebestat, und er beruft uns, zu Hause Frieden zu schaffen, bevor er uns zum Dienst außerhalb beruft.

Wenn ich morgens aufstehe, sagt mir Gott manchmal, dass ich etwas für Dave tun soll, was ich nicht tun will. Zum Beispiel isst Dave gerne Obstsalat. Er mag alles klein geschnitten und in einer Schüssel. Es macht mir nichts aus, ihm einen Apfel, eine Orange und eine Banane hinzulegen, aber er will sie klein geschnitten. Dann möchte er seine Vitamine und seinen Orangensaft und seinen Kaffee.

Seit ein paar Jahren haben wir wochentags eine Haushaltshilfe. Sie macht das mit Daves Obstsalat, Vitaminen, Orangensaft und dem Kaffee, und zwar sehr gut. Eines Tages aber, an einem Feiertag, ging ich morgens nach unten, um Kaffee zu kochen, und ich hatte keine Lust, irgendetwas anderes zu machen, ich wollte nur meinen Kaffee holen und dann wieder in mein Zimmer zurück. Ich wollte beten und Zeit mit Gott verbringen.

Das ist unser Problem – wir sind so geistlich, dass wir einfach nur »Zeit mit Gott verbringen« wollen, aber wir wollen nichts von dem tun, was Jesus uns zu tun aufträgt. Er sagte, dass wir einander dienen müssen. An diesem bestimmten Feiertagsmorgen legte mir der Heilige Geist aufs Herz, diesen Obstsalat für Dave zuzubereiten. Ich holte eine Banane und legte sie auf ein Tablett. Der Heilige Geist sagte: »Obst*salat.*«

Ich wollte den Obstsalat nicht zubereiten. Ich wollte ihn **wirklich** nicht machen. Ich sagte sogar: »Ich will nicht – ich will jetzt beten gehen.« Da sagte der Herr: »Joyce, Dave dienen heißt mir dienen.«

Also machte ich den Obstsalat.

Die Frucht der Gerechtigkeit [der Übereinstimmung mit Gottes Willen in Denken und Tun] aber wird in Frieden denen gesät, die Frieden stiften [in sich selbst und in anderen] ... (Jakobus 3,18). Frieden ist etwas, was wir säen und für das wir dann in uns und in anderen arbeiten. Der Lohn ist Harmonie, Übereinstimmung und ein friedliches Gemüt, frei von Ängsten, aufwühlender Leidenschaft und moralischen Konflikten. Plötzlich, im Licht von Gottes Wort, war Obstsalat für Dave zuzubereiten mehr als ein Akt der Übereinstimmung mit Gottes Willen; es war die Saat, die Frieden und Freude in mein Leben brachte.

Meine ursprünglich schlechte Haltung spiegelt das Herz vieler Christen wider, die in der Gemeinde etwas als ihren »Dienst« für jemand anderen tun würden, sich aber wie ein Sklave vorkämen, wenn sie dasselbe für jemanden in der Familie tun müssten. Wer aber zu Hause nicht dient, der dient gar nicht.

Wenn ich bereit bin, in der Gemeinde etwas als »meinen Dienst« zu tun, es aber zu Hause nicht tun würde, dann muss ich mich hinterfragen und herausfinden, woran dieser Unterschied liegt. In der Gemeinde ist häufig irgendwer so freundlich, mir zu sagen, wie toll es ist, dass ich das und das getan habe. Man klatscht und jubelt und klopft mir auf die Schulter, während ich zu Hause für das Gleiche vielleicht noch nicht einmal ein Dankeschön höre.

Wie viel schneller sind wir, etwas zu tun, wenn da auch ein klein wenig für uns herausspringt – ein bisschen Anerkennung, ein bisschen Geld, ein bisschen Vorankommen, ein bisschen gutes Ansehen? Ich las einmal eine Aussage in einem Buch über Liebe, die mein Leben umwälzte. Der Autor sagte: »Wenn Sie Ihre Liebe messen wollen, dann beobachten Sie Ihr Verhalten gegenüber Menschen, die Ihnen auf dieser Erde nichts Gutes tun können. Wenn Ihr Handeln nicht aus einer rechten Herzenseinstellung kommt – wenn Sie es tun, um gesehen zu werden –, dann haben Sie Ihren Lohn dahin. Wenn Sie es tun, damit man gut von Ihnen denkt, dann haben Sie Ihren Lohn dahin.« Er fuhr fort: »Tun Sie Gutes im Geheimen; tun Sie es, um Gott die Ehre zu geben, nicht, um selber etwas zu bekommen.«

Gott salbt uns, sodass wir etwas tun können, was das Leben eines anderen besser macht. Wahres Glück findet sich in der Freude, die man verspürt, nachdem man dem eigenen Ehepartner und der eigenen Familie gedient hat. Bald werden Sie andere verletzte Menschen finden wollen, denen Sie mit Ihren Gaben dienen können, aber in den meisten Familien heutzutage gibt es genug verletzte Menschen im eigenen Wohnzimmer, die uns dringend brauchen.

Vor ein paar Jahren wachte ich eines Sonntagmorgens im Bett neben Dave auf und fing an zu überlegen, wie ich ihm ausreden könnte, an dem Tag das Football-Spiel anzusehen. (Der Teufel erobert sich gern unser Gehirn, bevor wir ganz wach sind.) Da lag ich, eben erst aufgewacht, und plante, wie ich Dave dazu kriegen könnte, zu tun, was ich wollte. Es war mir doch egal, dass er die ganze Woche gearbeitet hatte und wirklich gerne sonntags das Spiel ansah. Ich hatte nur mich selbst im Kopf: **Ich sitze hier die ganze Woche mit den Kindern fest, und Dave muss etwas mit mir unternehmen, damit ich mal ein bisschen Abwechslung habe.**

Die meisten Menschen denken darüber nach, was sie selber brauchen, und überlegen selten, was die anderen um sie herum vielleicht bräuchten. Viele Paare lassen sich scheiden, weil einer oder beide das Gefühl haben, dass der andere nie über seine Bedürfnisse nachdenkt. Wenn aber derselbe über die Bedürfnisse seines Ehepartners nachdächte, so wie er es sich von seinem Partner wünscht, dann würde er eine Saat aussäen, die Gott ihm als eine Ernte wiedergeben könnte, die seine eigenen Bedürfnisse befriedigt. Warum ist es leichter, erst zu warten, dass andere das Richtige tun, bevor wir es tun?

Den Weg in Liebe vorausgehen

An diesem bestimmten Morgen also, als ich da im Bett lag und überlegte, wie ich Dave dazu kriegen könnte, mich zum Essen auszuführen und die Kinder das Haus sauber machen zu lassen, sprach der Heilige Geist zu mir. Er sagte:

»Joyce, manchmal kommst du mir vor wie ein kleiner Roboter. Du stehst morgens auf, stellst dich neben dein Bett und der Teufel kommt zu dir gerannt und zieht dich ganz stramm auf, als ob du eine kleine Metallschraube auf dem Rücken hättest.« Ich konnte sehen, wie ich für den Herrn aussah, als er sagte: »So wirkst du den ganzen Tag über auf mich – du gehst herum wie ein Roboter und sagst immer und immer wieder wie mit einer Roboterstimme: ›Und ich? Und ich? Und ich? – biep biep – Und ich? Und ich ...?‹«

Entscheiden Sie sich, dass Sie nicht mehr versuchen wollen, sich selbst zu erhalten: Geben Sie sich einfach selbst hin. Sagen Sie einfach:

Gott, hier bin ich. Mach mit mir, was du willst. Zeige mir, wo ich dienen soll.
Ich habe die Nase voll davon, über mich nachzudenken, über mich zu reden, für mich sorgen zu wollen, mir Gedanken zu machen, was man von mir hält, was man über mich redet, warum andere nicht tun, was ich von ihnen will, und warum sie mir nichts schenken.

Ich will nicht über mich nachdenken – darüber, was richtig an mir ist, darüber, was falsch an mir ist – ich will mein Ich einfach aus meinem Kopf bekommen. Gott, wenn ich mich ändere, dann musst du mich ändern. Wenn ich irgendetwas haben soll, musst du es mir geben.
Ich weiß nur das eine: Ab jetzt will ich mein Leben hingeben, um jemand anderen glücklich zu machen, und wenn du mich nicht glücklich machen kannst, dann bleibe ich mein ganzes Leben lang unglücklich. Aber ich habe genug davon, es selbst machen zu wollen.

Glücklich wird man mit einem »gebenden Lebensstil«. Glücklich wird man durch Weggeben. Machen Sie solchen Menschen Komplimente, die Ihnen keine zurückgeben können. Widmen Sie Menschen Zeit, die Hilfe brauchen. Erweisen Sie Menschen Liebe, die nie selber gelernt haben, Liebe zum Ausdruck zu bringen, und geben Sie all dies besonders auch Ihrer eigenen Familie. Tragen Sie immer »Saatgut« in der Tasche herum und halten Sie Ausschau nach Gelegenheiten, Frieden ins Chaos zu bringen, Harmonie in Streit und Einvernehmen in Auseinandersetzungen. Entscheiden Sie sich, durch und durch ein Segen zu sein für Ihren Ehepartner, in Ihrer Familie und in Ihrem Einflussbereich.

Beten Sie:

Herr, salbe mich und zerbrich das Joch der Gebundenheit, das mich davon abhält, anderen zu dienen.
Hilf mir zu erkennen, dass es Freude und Glück bewirkt, wenn ich mich selbst für andere verströme – nicht, wenn ich dann und wann mal ein bisschen Segen hier und ein bisschen Segen dort hervortröpfele – nein, wenn ich mich selbst verströme.
Lass mich ganz viele Möglichkeiten entdecken, wie ich für die ein Segen sein kann, die ich liebe, und für die, die Liebe brauchen.
Ich will nicht zulassen, dass Bequemlichkeit oder Faulheit meiner Liebe für irgendjemanden im Weg stehen.

Wenn es nun aber *wirklich* am anderen liegt?

Manchmal liegen die Probleme in Ihrer Ehe tatsächlich an Ihrem Ehepartner. Sie können alles richtig machen und trotzdem Kummer und Enttäuschung erleben. Aber wenn Sie weiterhin tun, was recht ist, auch wenn Ihr Ehepartner darauf nicht eingeht, wird die Rechtschaffenheit eine Segensernte hervorbringen, und Gott wird Ihren Gehorsam ehren. Geben Sie also nicht auf.

Viele Männer und Frauen gehen mit großen Unsicherheiten in die Ehe, die für ihre Beziehung eine Herausforderung darstellen. Zu diesen Themen habe ich Erfahrungen aus erster Hand, und deshalb möchte ich darüber sprechen, wie geringes Selbstwertgefühl eine Ehe beeinträchtigt und wie man mit einem unsicheren Menschen lebt.

Einmal kam während einer Konferenz ein Pastor zu mir und sagte: »Ich weiß nicht, ob Sie sich auch so geführt sehen, aber ich meine, es würde Frauen helfen zu verstehen, dass auch manche Männer missbraucht wurden. Oft wird Männern beigebracht, dass sie nicht weinen oder Gefühle äußern dürfen. Wie ein Mann erzogen wurde und was in seinen ersten paar Lebensjahren mit ihm geschah, kann sich sehr auf seine Ehebeziehung auswirken.«

Das hatte ich natürlich selbst seit Jahren erfahren. Oft versuchen wir, an schlechtem Verhalten zu arbeiten, ohne wirklich zu der echten Wurzel des Problems vorzudringen. Jesus sagt: »Ich werde deine Seele wieder heilen.« Nur das Wort Gottes hat die Macht, in uns hineinzukommen und uns zu ändern; es ist gar nicht so sehr unser Verhalten, das verändert werden muss. Es ist unser Inneres, das verändert werden muss, und als Folge davon wird sich unser Verhalten von allein ändern.

Als Dave und ich frisch verheiratet waren, verstand ich nicht, dass der Missbrauch in meiner Vergangenheit irgendetwas mit meinem gegenwärtigen Verhalten zu tun hatte. Ich glaubte, ich sei eine neue Kreatur in Christus und das Alte wäre vergangen, und das stimmte ja auch – eigentlich. Aber in der Erfahrung muss das Neusein in Christus im Alltag durchbuchstabiert werden.

Auch wenn Jesus gekommen ist, um in Ihrem Geist zu leben, gibt es immer noch etwas an Ihrer Seele zu tun.

Ihre Seele ist Ihr Verstand, Ihr Wille und Ihre Emotionen. Ihre Seele beinhaltet das Denkvermögen, wo Sie rationalisieren und begründen, was Ihnen passiert. Ich wage zu behaupten, dass wir heute in einer Gesellschaft leben, in der die allermeisten Menschen, mit denen wir in Kontakt kommen, insofern dysfunktional sind, als dass sie nicht mehr durchdenken können, wie sie am besten in bestimmten Situationen reagieren. Folglich legen Sie dysfunktionales Verhalten an den Tag.

Ich definiere »dysfunktionales Verhalten« als Verhalten, das nicht so funktioniert, wie Gott es für jemanden vorgesehen hatte. Wir sehen dysfunktionale Menschen an und denken: **Was ist dein Problem? Was ist bei dir nicht in Ordnung?** Dann investieren wir unsere Zeit in den Versuch, sie zu ändern, oder wir lehnen sie einfach ab.

Leider behandeln viele ihre Ehepartner wie Freunde, die sie nicht länger hinnehmen wollen. Sie verlassen einfach die Beziehung, weil sie nie gelernt haben, Probleme, die aus schlechtem Verhalten resultieren, funktional zu lösen.

Um in unseren Beziehungen Sieg zu erleben, müssen wir lernen, was der andere denkt, dann herausfinden, wie wir ihm Wahrheit zeigen können, die seine Seele erneuert und ihm hilft, sein Potenzial in Gott zu erreichen. Mein Mann Dave hat das für mich getan. Ich glaube, dass unser Leben ein großartiges Beispiel dafür ist, wie jemand mit der Liebe Gottes jemand anderem helfen kann, seine Möglichkeiten voll auszuschöpfen. Ein liebender Ehepartner kann seinen Partner dahin bringen, dass er völlige Heilung und Sieg erlebt.

Als Dave und ich heirateten, wirkte ich nach außen hin okay. Ich war eine jüngere Version von dem, was ich heute bin. Ich hatte einen guten Job und wurde überall verantwortlich eingesetzt, wo ich arbeitete. »Boss« zu sein entspricht einfach meiner Persönlichkeit, so hat Gott mich für Leitungsaufgaben geschaffen. Die tiefen Probleme in meiner Seele waren von außen nicht zu sehen. Wenn Menschen umeinander werben, dann lassen sie solche Probleme nicht an die Oberfläche.

Dave und ich waren drei Wochen verheiratet, als er mich ansah und fragte: »Was stimmt nicht mit dir?«

Mit dem Missbrauch in meiner Kindheit und den Fehlern meiner ersten Ehe konnte ich nach außen so gut aussehen, wie ich wollte: Meine Seele war ein Wrack. Ich traute niemandem und mochte niemanden, auch nicht mich selbst. Ich hatte alle möglichen Ängste. Aber das hätte man niemals vermutet, weil ich fast widerlich dreist war.

Die meisten Menschen, die tief verletzt sind, haben eine unausgeglichene Persönlichkeit. Entweder sind sie widerwärtig aggressiv, oder sie sind widerwärtig scheu und zurückgezogen. Gott will, dass wir eine ausgeglichene Persönlichkeit haben.

Ich frage mich, ob wir verstehen können, mit wie vielen dysfunktionalen, unsicheren Menschen wir täglich in der Gesellschaft umgehen. Das Gefährlichste an unserer dysfunktionalen Gesellschaft ist, dass verletzte Menschen andere verletzen. Die Leute gehen nicht aus Freude am Wehtun herum und verletzen sich gegenseitig. In dysfunktionalen Menschen beginnen viele Probleme während der Jahre, in denen sie das eigene Selbstwertgefühl aufbauen.

Wenn Menschen mit Problemen nicht gelernt haben, wie sie über ihre Probleme hinaussehen können, werden sie dysfunktional – unfähig, gesunde Beziehungen zu haben. Diese Leute wollen genauso viel Normalität haben wie jeder andere, aber ihre Fähigkeiten zu denken und zu fühlen sind nicht über den Schmerzpunkt hinaus entwickelt, bzw. über die kritische Haltung zum Leben hinaus, die man ihnen in den prägenden Jahren beigebracht hat. Ohne gute Rollenvorbilder können sie nicht »sehen«, wie sie sich ändern könnten.

Geben Sie es nicht auf mit Ihrem Ehepartner. Sie können das Rollenvorbild für ihn sein, wenn Sie sich Jesus unterordnen und auf Spannungen und Schwierigkeiten so reagieren, wie Jesus reagieren würde. Ich bin ein lebendiges Zeugnis dafür, was Gott durch einen geduldigen und liebevollen Ehepartner tun kann.

Es gibt Millionen Menschen, die außerordentlich schwere Eheprobleme haben. Wenn Sie zu ihnen gehören, bitten Sie Gott um Weisheit. Er wird Ihnen die Gnade und Kraft geben, eine Saat des Friedens in den Menschen, den Sie lieben, auszusäen. Schreiben Sie Ihre Ehe nicht ab, wenn Sie sich nicht absolut sicher sind, dass Sie ein Wort von Gott haben, diese Beziehung zu beenden. Handeln Sie nicht nach Ihren Gefühlen; lassen Sie sich von Gottes Geist leiten.

Wie man einem unsicheren Menschen hilft

Wenn Sie mit einer verletzten, verwundeten Person zusammenleben, ermutige ich Sie, Gott um spezifische Anweisung zu bitten, wie Sie Ihrem Partner durch seine Unsicherheit hindurch dorthin helfen können, wo er auf Ihre und auf Gottes Liebe vertraut. Möglicherweise sind Sie der einzige Mensch auf der Welt, durch den Gott Ihrem Ehepartner seine bedingungslose Liebe richtig zeigen kann.

Bitten Sie Gott, Ihnen zu zeigen, wie Sie Ihrem Ehepartner helfen können. Bemühen Sie sich um Lehre; schreiben Sie an meine Organisation, bestellen Sie ein paar meiner Kassetten und lernen Sie, wie Sie von Gott benutzt werden können, diesem Menschen zu Heilung und Wiederherstellung zu verhelfen. In ihm gibt es etwas, was es wert ist. Es gibt einen Schatz in diesem Menschen, und er sollte nicht auf ein Feld geworfen werden, wo er verloren ist.

Als Dave und ich frisch verheiratet waren, war meine Persönlichkeit wie ein scheußlicher alter Felsbrocken mit rauer, harter Oberfläche. Ich verhielt mich so, als brauchte ich niemanden. Niemand sollte mich je herumschubsen und mir sagen dürfen, was ich zu tun hatte. Wer mich nicht mochte, konnte mir gestohlen bleiben. Ich hatte lange genug für mich selbst gesorgt. Ich glaubte, das könnte ich, sollte es nötig sein, auch weiter machen. Aber das war nicht das, was in meinem Herzen war; das war nur der Schutzschild, den ich vor anderen Menschen zeigte.

Wer möchte schon einen kalten, rauen Stein im Haus haben? Aber viele Leute sind mit jemandem verheiratet, der aussieht und sich verhält wie ein massiver Felsbrocken. Und es ist schwer, Tag für Tag mit dieser Härte umzugehen. Aber innen in diesen Menschen ist ein Schatz, genau wie in den Edelsteindrusen, die man in der Natur findet. Ihr Äußeres sieht grob und roh aus, aber ihr Innerstes ist wie ein Höhleninneres mit Kristallen und Mineralien in prächtigen Farben und Formen besetzt.

Ich glaube, dass Gott uns diese Felsen in der Natur gibt, um uns zu lehren, dass man hinter die Oberfläche eines Dings oder einer Person sehen soll, um zu erkennen, welchen Schatz Gott in ihnen verborgen hat. Wer das Äußere dieser besonderen Felsbrocken ansieht, würde ja nie auf den Gedanken kommen, ihr Inneres zu untersuchen. Genau deshalb dürfen wir Menschen nicht danach beurteilen, wie sie aussehen, handeln, noch nicht einmal danach, was sie sagen. Wir müssen ein bisschen tiefer sehen als auf ihr Äußeres. Bitten Sie Gott, die Wahrheit über sie ans Licht zu bringen, und bitten Sie darum, das Gute in ihrem Herzen sehen zu können, das es wert ist, gesucht zu werden.

In Epheser 5 heißt es, Männer sollen ihre Frauen lieben, indem sie sie nähren, pflegen und wertschätzen. Diese Art Liebe ist wie die, die Christus für seine Kirche hat, die reinigt und herrlich und heilig macht. Das Bild dieser Liebe zeigt, dass die Liebe eines Mannes zu seiner Frau sie wieder dorthin holen kann, wo sie ganz heil ist.

Frauen wird in Vers 33 gesagt, sie sollen ihren Mann respektieren, ehren und beachten. Sie sollen ihm Ehrerbietung zeigen, Ehrfurcht vor ihm haben, ihn schätzen. Sie sollen sich ihm beugen, ihn loben, ihn lieben und ihn sehr bewundern. Stellen Sie sich vor, was solch eine Beachtung für einen Mann mit niedrigem Selbstwertgefühl tun könnte, der als Kind unfreundlich behandelt worden ist! Eine so starke Liebe könnte ihn wieder heil machen.

Wie gesund ist Ihr Ehepartner?

Manche Leute sind mit jemandem verheiratet, der wie eine ungesunde Pflanze aussieht. Der eine oder andere Trieb oben wirkt ganz okay, aber die unteren Zweige machen einen toten Eindruck. Bei manchen Bäumen denkt man: **Ich weiß nicht, ob der es noch lange macht. Vielleicht sollten wir ihn besser herausreißen und uns einen anderen kaufen.**

Ich habe nicht gerade einen grünen Daumen, und wenn mir eine Zimmerpflanze einzugehen droht, gebe ich sie einer Mitarbeiterin im Büro und bitte sie: »Versuchen Sie doch bitte, die wieder ins Leben zurückzuholen.« Eine der Damen kann so eine Pflanze nach Hause mitnehmen und ein paar Wochen später in voller Schönheit wieder zurückbringen. Nachdem die Pflanze gesund gepflegt wurde, wollen wir sie alle wieder im Büro stehen haben. Nach der Kur sieht man ihr gar nicht mehr an, dass sie je krank gewesen ist.

Ich war wie eine kranke Pflanze, als Dave mich fand, aber er pflegte mich und war die Art von Ehemann, die Männer nach der Bibel sein sollen. Unsere Beziehung war von Gott gefügt, Gott hatte einen Ruf für unser Leben, und er hatte einen Plan, wie er uns zu diesem Ruf holen könnte. Wenn wir zurücksehen, erkennen wir, wie Gott Dave für unsere Ehe vorbereitet hat, seit er achtzehn war, indem er ihn mit dem Heiligen Geist erfüllte, als er nur ganz allein Gott suchte. Er lebte stark mit dem Herrn während dieser ersten drei Jahre, in denen er geisterfüllt war, und machte viele übernatürliche Erfahrungen.

Es kam ihm zwar so vor, als wäre diese innige Gemeinschaft mit Gott eine kurze Zeit unterbrochen gewesen, als er Soldat war, doch glauben wir beide, dass das eine besondere Vorbereitungszeit in seinem Leben war, genau dafür, dass er mit mir umgehen konnte, als ich daherkam. Gerade so, wie er gelernt hatte, seine Beziehung mit Gott mehr auf das Versprechen seiner Hingabe zu gründen als auf Gefühle, musste er mich später genau das lehren. Dave lehrte mich, dass Treue nichts mit Gefühlen zu tun hat.

Ich möchte hier Dave nicht als den perfekten Mann darstellen, so wie ich ja auch nicht die perfekte Frau bin, aber er war geduldig mit mir und ist in den schweren Zeiten an meiner Seite geblieben. Ich glaube, dass er jetzt den Lohn dafür bekommt.

Gottes Gnade wirkt

Gott wirkt durch uns, um anderen zu helfen. Wer die Saat der Gerechtigkeit sät, wird den Lohn ernten. Dave wurde von Gott benutzt, um Samen der Liebe und Annahme in mich zu säen. Ohne Menschen die Ehre zu geben, müssen wir dennoch verstehen, dass Gott durch Menschen wirkt, um Menschen zu erreichen. Er will Sie benutzen, damit Sie sich um Ihre Mitmenschen kümmern und helfen, sie wieder dahin zu bringen, dass sie wie ein gesunder Baum sind, am Wasser gepflanzt.

Sicher zu sein gehört zu unserem Erbe in Gott. In Jesaja 54,17 heißt es: *Keiner Waffe, die gegen dich geschmiedet wird, soll es gelingen; und jede Zunge, die vor Gericht gegen dich aufsteht, wirst du schuldig sprechen. Das [Friede, Gerechtigkeit, Sicherheit, Sieg über Opposition] ist das Erbteil der Knechte des Herrn [in denen der ideale Knecht des Herrn reproduziert ist] ...*

Geben Sie sich mit nichts Geringerem zufrieden als mit ihrem gottgegebenen, bluterkauften Recht auf Sicherheit. Erwarten Sie nichts Geringeres für Ihren Ehepartner. In Jesaja 61,1 heißt es:

> *Der Geist des Herrn, Herrn ist auf mir; denn der Herr hat mich gesalbt. Er hat mich gesandt, den Elenden frohe Botschaft zu bringen, zu verbinden, die gebrochenen Herzens sind, Freilassung auszurufen den Gefangenen und Öffnung des Kerkers den [körperlich und geistlich] Gebundenen ...*

Als Christ sind Sie gesalbt, zu verbinden, die gebrochenen Herzens sind. Mit Vers 2 und 3 geht es weiter:

... auszurufen das Gnadenjahr des Herrn und den Tag der Rache für unseren Gott, zu trösten alle Trauernden, den Trauernden Zions [Trost, Freude und] Frieden, ihnen Kopfschmuck [Kranz oder Diadem] statt Asche zu geben, Freudenöl statt Trauer, ein Ruhmesgewand statt eines verzagten Geistes, damit sie Terebinthen der Gerechtigkeit [hoch, stark und herrlich, die sich auszeichnen für Aufrichtigkeit, Gerechtigkeit und die richtige Stellung bei Gott] genannt werden, eine Pflanzung des Herrn, dass er sich durch sie verherrlicht.

Jesaja sprach von der bestimmten Salbung, sich um einen anderen Menschen zu kümmern, dem es elend schlecht geht, dessen Leben nur Asche ist, ihn zu versorgen, bis er ein Baum der Gerechtigkeit, eine Pflanzung des Herrn ist und bis sein Leben Gott ehrt.

Ich bin froh, dass mein Mann es nicht aufgegeben hat mit mir. Wie leicht hätte er in jenen ersten paar Jahren einfach weggehen und sagen können: »Habe ich so ein Theater nötig? Ich brauche mich nicht derart ärgern und beleidigen zu lassen.«

Aber statt mich zu verlassen, ging er irgendwohin und betete, dass Gott ihm mehr Gnade gebe. Dann kam er zurück und lebte aufopferungsvoll und wartete, dass Gott mich verändern würde und so seinen betenden Gehorsam lohnte.

Über kleine Veränderungen froh sein

Als Elia prophezeite, dass Gott Regen schicken würde, wurde er ganz aufgeregt, als eine kleine Wolke am Himmel gesichtet wurde, so groß wie eine Männerhand. Dieses kleine Wölkchen an dem großen, weiten Himmelsrund nahm er als Beweis, dass Gott tun würde, was er gesagt hatte.

Vielleicht haben Sie noch nicht eine volle Manifestation des Sieges in Ihrem Leben, aber wenn Sie nur einen ganz kleinen Beweis dafür sehen können, dass Gott in Ihrem Leben wirkt, wenn alles, was Sie sehen, nur ein kleines, handgroßes Wölkchen am Himmel ist: Freuen Sie sich! Wenn Sie auch nur ein bisschen Hoffnung in sich tragen, irgendein Zeichen überhaupt, dass Gott in Ihrem Leben, in Ihrer Ehe, in Ihnen, in Ihrem Ehepartner, in Ihren Finanzen oder in Ihren Kindern wirkt, dann flehe ich Sie im Namen Jesu an, laufen Sie vor den Schwierigkeiten nicht davon!

Bleiben Sie standhaft und zahlen Sie den Preis der Geduld, weil diese Asche in Schönheit verwandelt wird. Sie und Ihre Lieben werden dieser Baum der Gerechtigkeit sein, die Pflanzung des Herrn, und Ihr Leben wird Gott Ehre machen.

Gott wird Sie salben, um anderen zu helfen. Jesus starb am Kreuz, damit Sie durch Gnade die Salbung seines Heiligen Geistes haben können. Das heißt, dass Sie die Salbung noch nicht einmal verdient haben müssen. Gott liebt Sie einfach, Sie und die Menschen, die er durch Sie erreichen möchte. Er liebt Sie so sehr, dass er Ihnen übernatürliche Weisheit gibt und die Fähigkeit, das Richtige zu tun, das sie wieder gesund werden lässt. Der einzige Preis, den Sie bezahlen müssen, ist Ihre Bereitschaft, Ihrem Fleisch zu sterben, Ihrer Selbstzentriertheit zu sterben und zu sehen, was Gott im Leben des anderen tun will.

Dave musste mit mir Geduld haben, bis das Wort Gottes, die Gnade Gottes und der Heilige Geist genügend in mir waren, dass ich bereit war, den selbstsüchtigen Ambitionen der Joyce Meyer zu sterben. Gottes Wahrheit und Gnade machten mich bereit, der alten Art von Reaktionen auf Situationen zu sterben und anzufangen, Dinge auf ganz neue Weise zu tun.

Wiederherstellung ist nahe

Jesaja 61, Vers 4, sagt (bezogen auf die, um die es in den ersten drei Versen geht, deren Leben durch die Salbung geheilt wurde):

Sie werden die uralten Trümmerstätten aufbauen, das früher Verödete wieder aufrichten. Und sie werden die verwüsteten Städte erneuern, was verödet lag von Generation zu Generation.

Viele Menschen bringen die Verwüstungen vorheriger Generationen mit in ihre Ehe. Es ist nicht nur ein kleines Persönlichkeitsproblem oder ein Nicht-zusammenpassen-Problem; wir kämpfen nicht gegen Fleisch und Blut. Auf manchen Beziehungen lasten Flüche, die von Generation zu Generation weitergereicht wurden. In Psalm 23,3 heißt es: *Er erquickt meine Seele ...*, in Vers 1 und 2: *Der Herr ist mein Hirte, mir wird nichts mangeln. ... Er führt mich zu stillen Wassern. Er erquickt meine Seele.*

Meine Seele musste erquickt, geheilt werden, nachdem Dave und ich geheiratet hatten. Ich musste lernen, anders zu denken. Ich musste Disziplin lernen in all diesen negativen Emotionen, die von früheren Generationen an mich weitergegeben worden waren.

Mein Wille musste bearbeitet werden. Ich war dickköpfig und rebellisch, und Gott musste an mir wirken, bis ich mich darauf verlassen konnte, dass ich mich zunächst ihm und dann meinem Mann unterordnete. Es ist leichter, Gott zu vertrauen als Menschen, aber Gott will, dass wir ihm bezüglich unserer Beziehungen zu anderen Menschen vertrauen. Deshalb sollen wir unseren Ehepartner »als den Herrn« lieben.

Zuerst sollen wir eine starke, abhängige Beziehung zu Gott aufbauen, und dann wird die Beziehung, die wir mit ihm haben, unsere Beziehung zu Menschen in positiver und göttlicher Weise beeinflussen. Wenn wir lernen, mit Gott eine innige Verbindung zu pflegen, dann wird er uns beibringen, wie wir liebevolle Beziehungen miteinander haben können. Viele versuchen, Beziehungen zu Menschen zu haben, ohne mit Gott in Verbindung zu sein. Deshalb fehlt ihnen das Vorbild, was Liebe ist oder sein sollte.

Die Ehe auf Erden soll ein Beispiel sein für unsere geistliche Beziehung mit dem Herrn Jesus Christus. Ich hatte gebetet, dass Gott mir jemanden schicken würde, der mich in die Kirche mitnähme. Ich wollte Gott dienen, aber ich hatte so viele Probleme in meiner Seele, dass ich wohl nicht allein zur Kirche gehen konnte. Ich brauchte jemanden, der mich zum Jünger machte. In der protestantischen Gemeinde, zu der wir gehörten, bekam ich eine gute Grundlage über Erlösung, aber als ich im Heiligen Geist getauft wurde, begann Gott eine Wiederherstellung in meiner Seele. Ich kann wirklich vor Menschenmengen stehen und bezeugen: »Er hat meine Seele erquickt, geheilt.«

Geben Sie die Verheißung nicht auf, bevor Sie sie nicht erfüllt sehen. Wenn die Veränderungen anfangen wehzutun, laufen Sie nicht vor ihnen weg, denn dann werden Sie Ihr Leben lang laufen. Denken Sie daran, die Dinge können sich verschlechtern, bevor sie besser werden, wenn Gott in unserem Ehepartner etwas verändert. Beten Sie in diesen Zeiten der Reinigung desto mehr. Sie sind kurz davor, Gold aus dem Feuer hervorkommen zu sehen.

Die zwei sollen eins werden

Gott arbeitet an beiden Partnern in einer Ehe. Ich sagte eben, dass ich Dave nicht als den idealen Mann hinstellen möchte – er ist nicht perfekt. Ganz gewiss hat er auch Fehler, wie wir alle. Als Gott an mir wirkte, wirkte er auch an Dave. Meine Fehler waren nur auffälliger als Daves. Manche Leute haben stille Fehler. Es gibt zum Beispiel Leute, die Konflikte scheuen. Sie wirken ruhig, scheu, zurückgezogen und tun keiner Fliege was zuleide, aber sie können genauso viel zum Scheitern einer Ehe beitragen wie ein rüder, lauter Manipulator.

Vielleicht sind Sie so, wie ich war – Ihre Fehler sind auffällig, und es wirkt unfair, dass Ihre Fehler ständig zu sehen sind, während die Ihres Ehepartners gar nicht vorhanden zu sein scheinen. Lassen Sie sich ermutigen: Gott wirkt auch an den Fehlern des ruhigen Partners. Und der ruhige Ehepartner spricht vielleicht nicht so viel über den Prozess, aber früher oder später handelt Gott an uns allen und unseren Fehlern.

Es gab eine Zeit, in der Dave extrem passiv war, das heißt, er übernahm für Gebiete keine Verantwortung, wo er es hätte tun sollen. Er ging immer zur Arbeit und arbeitete dort auch gut, aber er hatte sehr wenig Biss, andere Sachen im Leben erledigt zu bekommen. Er spielte Golf, sah Sportsendungen an, und man kam gut mit ihm aus, aber damals dauerte es manchmal drei oder vier Wochen, bis er mir endlich mal ein Bild aufhängte.

Dave hat sich verändert, und er ist nicht mehr so. Wir hatten beide Fehler; es waren nur ganz entgegengesetzte. Ich redete zu viel, er redete für meinen Geschmack nicht genug. Ich war zu aggressiv, er war zu passiv. Ich hatte ein falsches Verantwortungsgefühl und übernahm oft Verantwortung für Dinge, die nicht mein Problem waren, Dave hingegen erkannte manchmal nicht einmal, wofür er zuständig war, und tat gar nichts. Tatsächlich sind wir sehr unterschiedlich im Wesen und darin, wie wir Dinge angehen, aber Gott hat uns beide verändert, und die zwei sind eins geworden.

Lassen Sie sich ermutigen, Sie sind nicht der Einzige, der verändert werden muss, aber Gott wird mit Ihnen an Ihrem Leben handeln, nicht am Leben Ihres Ehepartners. Tun Sie Ihren Teil, und Gott wird immer seinen tun. Sorgen Sie sich nicht – wie ich es tat –, ob Ihr Partner auf Gott hört oder nicht. Wir alle müssen Entscheidungen treffen, und wir alle werden ihre Frucht ernten. Passen Sie auf, dass Sie selber richtig entscheiden, und überlassen Sie andere Leute der Hand Gottes.

TEIL 2

ENTSCHEIDUNGEN

KAPITEL 8

Gehört dir dieses nasse Handtuch?

[Gottes Liebe in uns besteht nicht auf eigenen Rechten und eigenen Wegen, denn sie] sucht nicht das Ihre, sie lässt sich nicht erbittern, sie rechnet Böses nicht zu [widmet erlittenem Fehlverhalten keine Aufmerksamkeit].

1. Korinther 13,5

Liebe entscheidet sich immer, fest zu bleiben und weiter zu lieben. Ich habe erlebt, wie Männer und Frauen sich entschieden, davonzulaufen, als eine Veränderung wehzutun begann. Sie laufen vor Gott weg; sie laufen vor dem Menschen weg, dem sie ihr Elend anlasten, sie laufen vor sich selbst weg, wenn es eine Sache gibt, die sie durcharbeiten müssen. Dabei nehmen sie das Problem mit sich und lassen ihre Hilfe zurück. So lange ich Dave und meiner Vergangenheit die Schuld für meine eigene Unzufriedenheit gab, kam ich überhaupt nicht voran.

Ich fing an, mich zu ändern, als ich mich entschied, nicht mehr vor dem Schmerz wegzulaufen. Ich erkannte, dass ich unsicher war, weil ich missbraucht worden war, aber ich erkannte auch, dass ich nicht so bleiben musste, weil Jesus mich liebte und die Kraft hatte, mich zu ändern. Die Wahrheit machte mich frei für neue Entscheidungen.

Dass Gott mich wirklich liebte, gab mir die nötige Sicherheit, für mein Tun Verantwortung zu übernehmen. Ich war endlich in der Lage, es zuzugeben, wenn ich falsch gehandelt hatte, und Buße zu tun über Sünde.

Alle diese Veränderungen in mir brauchten Zeit, und sie werden auch in demjenigen, für den Sie beten, Zeit brauchen. Gott zeigte mir, was ich ändern musste, und er wird Ihrem Ehepartner zeigen, wo er anfangen muss – weil Sie beten, nicht weil Sie auf ihn einreden, nörgeln oder Wutausbrüche bekommen.

Verletzte Menschen verletzen Menschen

Ich hatte ein geringes Selbstwertgefühl; ich mochte mich selbst nicht. Ich hasste meine Persönlichkeit, und ich hasste meine Stimme (was ich für äußerst witzig halte, denn jetzt führt Gott es so, dass meine Stimme auf der ganzen Erde zu hören ist). Irgendwie und irgendwann fand durch den Missbrauch Scham Eingang in mein Wesen. Ich schämte mich nun nicht mehr für das, was an mir geschah, ich fing an, mich für mich selbst zu schämen. Ich war verletzt, und deshalb verletzte ich andere.

Ich glaube, etwa 85 Prozent der Probleme von Menschen haben mit ihrer Selbstwahrnehmung zu tun. Dass Sie jemandem guttun und ihn ermutigen, kann zu seiner veränderten Selbstwahrnehmung beitragen. Lieben Sie ihn beständig, und er wird anfangen zu überlegen, warum Sie ihn liebenswert finden. Bedingungslose Liebe ist die beste Therapie für einen Menschen, der sich selbst für wertlos hält.

Wenn jemand herausfindet, dass Gott ihn in jedem Fall liebt und dass Sie ihn lieben, egal wie schlimm er ist, setzt in seiner Seele ein Erlösungsprozess ein, den nur Gottes Agapeliebe anstoßen kann. Er liebt Menschen durch Sie. Sie können anderen helfen, sich selbst zu lieben, indem Sie sich entschließen, Gottes Liebe für sie zu zeigen.

Beginnen die Menschen zu erkennen, wie sehr Gott sie liebt, fangen sie an, sich selbst wieder zu mögen. Wenn sie verstehen, dass sie wegen dem, was Jesus für sie getan hat, »Gottes Gerechtigkeit« sind, wird ihnen der Unterschied zwischen ihrem Sein und ihrem Tun immer deutlicher. Dann fangen sie an, die zwei Bilder zu trennen, und sehen, wie wertvoll sie in Gottes Augen sind, unabhängig von dem, was sie tun oder taten. Sie erkennen, dass sie um ihrer selbst willen geliebt sind, und ihr Verhalten ändert sich radikal.

Solange sie aber denken, dass sie etwas Richtiges tun müssen, um richtig zu sein, solange sind sie in dieser Hilflosigkeit gefangen, in die die Religion Menschen wirft – Werke, Werke, Werke. Man kann nie genug arbeiten, um Gottes Liebe zu verdienen. Genau deshalb ist es so wichtig, deutlich zu machen, dass Gottes Liebe ein kostenloses Geschenk ist – indem man bedingungslos liebt.

Wenn Sie nicht wissen, wie Sie Ihren Ehepartner behandeln sollen, dann liegt das vielleicht daran, dass Sie sich selber schlecht vorkommen. Vielleicht müssten Sie sich einmal gründlich Gedanken machen über Ihre eigene Selbstwahrnehmung. Sowohl Männer als auch Frauen haben Missbrauchserfahrungen und brauchen eine Offenbarung der bedingungslosen Liebe Gottes.

Einmal sagte mir ein Mann: »Ihre Kassetten haben mein Leben verändert. Erst vor ein paar Wochen bekam ich ›Schönheit statt Asche‹, und ich kann kaum glauben, wie viel Heilung Gott in mir wirkt.« Er sagte: »Ich wurde missbraucht, und diese Wahrheit verändert mein Leben.« Das Wort Gottes ist Medizin für unsere Seele.

Vollkommene Liebe treibt die Angst aus

Wenn Sie sich selbst nicht mögen, werden Sie nie irgendwen mögen, und Sie werden Ihrem Ehepartner auch nicht dazu verhelfen können, dass er sich mag. Sie werden ständig Ihren Wert zu beweisen versuchen, und Menschen, die nur sich im Kopf haben, können nicht wie Jesus dienen. Heilung kann erst dann in Ihre Ehe kommen, wenn einer von Ihnen beiden den Heiler findet.

Heilung geschieht durch Selbstannahme in dem Wissen, dass Sie nicht da enden werden, wo Sie heute stehen; in dem Wissen, dass Gott auch Sie vollkommen macht. Wenn Sie lernen, die bedingungslose Liebe Gottes anzunehmen, anzuerkennen, dass

Gott Sie nicht dafür liebt, was Sie tun, dann sind Sie so froh, dass es leicht ist, auch Ihrem Partner bedingungslose Liebe entgegenzubringen.

Verstehen Sie, dass Gott Sie lieben kann, weil er das will? Er braucht keinen anderen Grund. Wir verdienen die Liebe Gottes nicht. Gott will nicht, dass wir Menschen beeindrucken; er will, dass wir sie lieben. Bei dem ersten Treffen, bei dem ich je lehrte, wollte ich »die Powerfrau mit der perfekt passenden Botschaft« sein, also sagte ich: »Gott, was soll ich lehren? Worüber soll ich sprechen?«

Er antwortete: »Du sollst den Menschen sagen, dass ich sie liebe.«

Ich entgegnete: »Oh Gott, ich will aber nicht mit irgend so einer mickrigen Johannes-3,16-Predigt daherkommen. Das weiß doch jeder, dass du uns liebst.«

Gott sprach: »Das stimmt nicht. Nur sehr wenige meiner Kinder wissen, dass ich sie liebe. Wenn sie meine Liebe zu ihnen verstünden, dann würden sie ganz anders handeln, als sie es tun.«

Das erste Zeichen für seine Liebe ist, dass Liebe Angst austreibt. Wenn wir verstehen, wie vollkommen Gott uns liebt, dann vertreibt dieses Wissen die Angst aus unserem Leben, welche Unsicherheit ist. Ich könnte nie eine Ehefrau sein, wie Gott sie sich wünscht, wenn ich nicht Gottes Liebe empfangen hätte. Ich liebte mich nicht selbst; ich musste Gott mich lieben lassen. Es ist ein Akt der Demut, sich von Gott lieben zu lassen, wenn man weiß, dass man es nicht verdient.

Umsonst habt ihr empfangen, umsonst gebt

Eines Morgens, als ich im Schlafanzug dasaß und dafür betete, dass meine Organisation wachsen möge, sprach der Herr zu mir: »Joyce, ich kann wirklich nichts weiter in deinem Werk tun, bis du deinen Mann so behandelst, wie ich es dir gesagt habe. Du respektierst ihn nicht richtig. Du streitest mit ihm über Kleinigkeiten, über Dinge, die du einfach übersehen und vergessen solltest. Du hast eine eigensinnige, dickköpfige, rebellische Haltung. Immer und immer wieder will ich daran arbeiten, aber du weigerst dich einfach zu hören.«

Viele von uns haben ein Problem mit einer eigensinnigen, dickköpfigen Haltung. Wir meinen, wir gehorchten dem Wort Gottes, und fragen uns, warum wir nichts von dem darin verheißenen Bundessegen merken. Nun stimmt es zwar, dass Gott uns ohne Bedingungen liebt, aber seine Bundessegnungen gelten den »Tätern des Wortes«. Es reicht nicht, das Wort nur zu lesen, auch nicht, es zu lernen und zu bezeugen. Der Segen wird im Tun freigesetzt.

Unterordnung bereitete mir Probleme, denn ich hatte einen sehr starken Willen und war immer noch in meiner Verteidigungshaltung gefangen, die aus dem Missbrauch in meiner Kindheit resultierte. Aber dadurch verpasste ich die Segnungen, die Gott mich so gerne genießen lassen wollte.

Nach dem Beten stand ich auf und ging zum Duschen in das neue Bad, das Dave neben unserem Schlafzimmer gebaut hatte. Da er noch keine Handtuchstangen angebracht hatte, legte ich mein Handtuch auf den Toilettendeckel und wollte duschen.

Dave sah das und fragte: »Warum hast du dein Handtuch dahin gelegt?«

Sofort spürte ich, wie meine Gefühle aufwallten.

»Was stimmt damit nicht, dass ich es dahin gelegt habe?«, fragte ich in sarkastischem Tonfall.

Dave ist Ingenieur und antwortete mit typisch mathematischer Logik. »Na ja, wir haben ja noch keine Badematte, und wenn du das Handtuch vor die Duschtür legst, dann machst du beim Herauskommen den Teppich nicht nass.«

»So ein bisschen Wasser auf dem Teppich macht doch wohl nichts aus!«, schnaubte ich beleidigt.

Dave merkte, in welcher Laune ich war, und gab auf, zuckte die Schultern und ging.

Ich machte es dann genau so, wie Dave vorgeschlagen hatte, aber ich schleuderte das Handtuch wütend auf den Boden. Ich tat das Richtige, aber in der falschen Haltung.

Gott will, dass wir an den Punkt kommen, wo wir das Richtige mit der richtigen Haltung machen.

Als ich unter die Dusche trat, nachdem ich das Handtuch wütend auf den Boden geschleudert hatte, war ich völlig aufgebracht.

»Meine Güte!«, ereiferte ich mich. »Darf ich noch nicht einmal in Ruhe duschen?! Warum kann ich nichts tun, ohne dass mir ständig jemand sagt, was ich zu tun und zu lassen habe?!«

In meinem Frust machte ich immer weiter.

Obwohl ich Christ war und seit einiger Zeit im Dienst stand und anderen predigte, hatte ich mein eigenes Denken, meinen Willen und meine Emotionen nicht in der Hand. Es dauerte drei ganze Tage, bis ich mich so weit beruhigt hatte, dass ich den Sieg über dieses Badetuch hatte!

Ich nehme an, diese drei Tage lang war ich ein tönendes Erz oder eine schallende Zimbel. Ganz bestimmt war ich nicht inspiriert von geistlicher Hingabe, wie sie nach 1. Korinther 13,1 durch Gottes Liebe für und in uns hervorgerufen wird. Ich gab mein Geburtsrecht für ein Badehandtuch auf! Aber ich weiß, dass ich nicht allein in diesem Kampf um geistliche Reife stehe.

Liebe ist voll ausgebildete Reife. Sie ist ein aufopferungsvolles Geschenk an jemand anderen. Wenn Liebe keinerlei Opfer von uns verlangt, dann ist es wahrscheinlich überhaupt keine Liebe. Wenn unsere Taten ohne Opfer sind, dann reagieren wir wahrscheinlich einfach nur auf eine Freundlichkeit uns gegenüber, oder wir schieben Nettsein vor, um Einfluss zu gewinnen. Liebe ist fast immer unverdient.

Jesus sagt: *Denn wenn ihr liebt, die euch lieben, welchen Lohn habt ihr?* (Matthäus 5,46). Jesus sagt, wir sollen unsere Feinde lieben. Wie viel mehr sollen wir wohl unsere Familie lieben? Er weist darauf hin, dass der Vater regnen und die Sonne scheinen lässt auf die Guten und die Bösen, und als seine Kinder sollen wir eben diese Gnade sowohl denen erweisen, die sie verdienen, als auch denen, die sie nicht verdienen.

In Matthäus 5,48 beruft uns Jesus, der vollkommen ist, zur Reife: *Ihr nun sollt vollkommen sein [in Denken, Charakter und in*

Integrität ganz reif werden und Gott gefallen], wie euer himmlischer Vater vollkommen ist.

Wenn Sie und Ihr Partner Eheschwierigkeiten haben, schlage ich vor, dass Sie jeden Morgen gemeinsam die ersten acht Verse von 1. Korinther 13 laut lesen. Ich glaube, wenn Sie das regelmäßig tun, werden Sie anfangen, Veränderungen in Ihrer Beziehung zu sehen, weil Sie mehr und mehr gegründet sind in Gottes Perspektive für ein wünschenswertes Miteinander.

In Vers 1 heißt es: *Wenn ich in den Sprachen der Menschen und [sogar] der Engel rede, aber keine Liebe [diese denkende, bewusste, geistliche Hingabe, wie sie von Gottes Liebe für und in uns inspiriert ist] habe, so bin ich ein tönendes Erz geworden oder eine schallende Zimbel.*

Wenn ich in mir keine Liebe habe, kann ich auch niemanden lieben. Diese Liebe wird von Gottes Liebe in uns und für uns erweckt. Deshalb ist es unmöglich, andere zu lieben, bis wir wissen, dass Gott uns liebt und Liebe zum Weitergeben in uns legt.

In Vers 2 heißt es: *Und wenn ich Weissagung habe [die Gabe, Gottes Willen und Absichten zu interpretieren] und alle Geheimnisse und alle Erkenntnis weiß und wenn ich allen [genug] Glauben habe, so dass ich Berge versetze, aber keine Liebe [Gottes Liebe in mir] habe, so bin ich nichts [ein nutzloser Niemand].*

Ich habe Gottes Liebe in mir, weil ich sie regelmäßig empfange. Jetzt habe ich einen Vorrat an Liebe in mir, aus dem ich anderen weitergeben kann, weil ich immer Liebe von Gott empfange. Ich hoffe, Sie verstehen mich richtig, wenn ich sage: »Ich mag mich.« Einmal schrieb jemand einen unfreundlichen Artikel über mich, nahm diesen einen Satz aus dem Kontext und stellte es so hin, als sei ich selbstsüchtig und ichbezogen. Ich mag nicht mich in mir, aber ich mag mich in Christus. Zwischen den beiden Aussagen besteht ein Riesenunterschied. Ich mag die Person, die ich bin, wenn ich in Gottes Liebe für andere Menschen lebe.

Vers 3 sagt: *Und wenn ich alle meine Habe zur Speisung der Armen austeile und wenn ich meinen Leib hingebe, damit ich Ruhm gewinne, aber keine Liebe [Gottes Liebe in mir] habe, so nützt es mir nichts.*

Die *Amplified Bible* macht Wahrheiten deutlich, die andere Bibelversionen so nicht vermitteln. In Vers 4 heißt es: *Die Liebe ist langmütig* ... Die Liebe schreibt niemanden ab, weil er nicht sofort in Ordnung kommt.

Vers 4 und 5:

> *Die Liebe ist langmütig, die Liebe ist gütig; sie neidet nicht; die Liebe tut nicht groß, sie bläht sich nicht auf, sie benimmt sich nicht unanständig, sie sucht nicht das Ihre, sie lässt sich nicht erbittern, sie rechnet Böses nicht zu ...*

Wie würden sich die Wörter »bitte« und »danke« in Ihrem Zuhause anhören? Würden sich Köpfe wenden, um zu sehen, wer gefragt hat? Gute Manieren sollten ganz selbstverständlicher Bestandteil unserer Beziehungen sein.

»Liebling, würdest du mir bitte etwas zu trinken bringen?«

»Danke, Schatz!«

»Würdest du bitte den Abfall runterbringen?«

»Darüber bin ich froh.«

Viele Paare geben sich gegenseitig und ihren Kindern Befehle, ohne jemals die mindeste Wertschätzung auszudrücken. Tatsächlich behandeln wir oft die am schlechtesten, die wir am meisten lieben sollten.

Gott ist nie unhöflich oder fordernd, und wir sollten andere so lieben, wie er es uns vormacht.

Der Rest von Vers 5 nach der *Amplified Bible* geht folgendermaßen:

> *... Liebe (Gottes Liebe in uns) besteht nicht auf den eigenen Rechten oder eigenen Wegen, denn sie sucht nicht das Ihre; sie ist nicht empfindlich noch besorgt oder zornig, sie rechnet das Böse nicht zu [sie schenkt dem erlittenen Bösen keine Beachtung].*

Wenn Sie sich manchmal wie ein emotionaler Landstreicher benehmen, der seine Sammlung von Lieblingsgroll überall mit sich herumschleppt, dann fordere ich Sie auf, Ihren Beutel auszuleeren und in den Müll zu werfen. Wenn Sie die Gewohnheit haben, über all das Böse, das Ihnen je angetan wurde, Buch zu führen: Lassen Sie es einfach. Lassen Sie es hinter sich. Wenn Sie aufhören zu lesen, dann nehmen Sie diese alten Erinnerungen nicht wieder mit sich. Lassen Sie sie zurück, und betrachten Sie Ihren Ehepartner – Ihre Familie – durch die Augen der Liebe Gottes: ... *[die Liebe] rechnet das Böse nicht zu [sie schenkt dem erlittenen Bösen keine Beachtung]*. Wow!

Immer noch, allerdings viel seltener als früher, kommt es vor, dass ich mir verletzte Gefühle zugestehen möchte. In solchen Fällen erinnert mich Gott an die Schriftstelle »Die Liebe schenkt dem erlittenen Bösen keine Beachtung«. Dann kann ich gemäß 1. Korinther 13 reagieren:

> *Sie freut sich nicht über die Ungerechtigkeit, sondern sie freut sich mit der Wahrheit, sie erträgt alles, sie glaubt alles, sie hofft alles, sie erduldet alles [ohne nachzulassen].*
> *Die Liebe vergeht niemals; seien es aber Weissagungen [die Gabe, Gottes Willen und Absichten zu interpretieren], sie werden weggetan werden; seien es Sprachen, sie werden aufhören; sei es Erkenntnis, sie wird weggetan werden [sie wird ihren ganzen Wert verlieren und von der Wahrheit abgelöst werden].*

Aber die Liebe wird niemals, niemals, niemals aufhören. Alles ist zeitlich, außer Glaube, Hoffnung und Liebe – diese drei werden bleiben.

Vers 13 sagt, das Größte von allem ist die Liebe. Wenn nur unsere Liebe bleibt, sollten wir nicht versuchen, größere Vorräte davon anzulegen, wo immer wir können? Andere lieben zu können, das ist der einzige Erfolg, den wir in die Ewigkeit mitnehmen werden.

Ich will darin erfolgreich sein, Gott zu lieben und Dave und Sie. Nichts anderes, was ich je tue, wird in Erinnerung bleiben. Wenn in meinen Memoiren keine Liebe vorkommt, dann ist nichts an meinem Leben hier der Erinnerung wert.

Deshalb ordnet euch einander unter

Zur Ehe gehören Opfer. Der Mann soll seine Frau lieben, wie Christus die Kirche liebt. Die Frau soll ihren Mann lieben und bewundern.

Das ist nicht einfach irgendeine gewöhnliche Art von Liebe, es ist die Agapeliebe, die wir gerade in den acht Versen von 1. Korinther 13 angesehen haben. Die Bibel trägt dem Mann auf, seine Frau als die körperlich Schwächere zu ehren, und weist darauf hin, dass sie physisch nicht in der Lage ist, manches wie ein Mann zu tun. Die Bibel sagt, dass ein Mann mit Vernunft bei seiner Frau wohnen soll. Frauen sind nicht wie Männer, und normalerweise verstehen Männer ihre Frauen nicht, aber Gott sagt, man soll ihn um Weisheit bitten, auch bezüglich der eigenen Frau.

In Vers 4 heißt es: *Die Liebe ist langmütig, die Liebe ist gütig* ... In der *New King James Version* ist das Wort »langmütig« mit »long suffering« übersetzt, in dem der Begriff »leiden« bzw. »aushalten« steckt. Wir alle müssen **lange** miteinander aushalten, **lang**mütig sein. Allein schon der Klang von »**long**-suffering« ist stark. Wir achten nicht genügend auf die Ausdrücke in dieser Beschreibung der Liebe. Wir sollen la-a-a-ang aushalten und Verständnis haben.

Manchmal wacht eine Frau morgens auf und beschließt, den ganzen Tag ohne Grund zu weinen. Ihr Mann muss ganz besonders langmütig sein an solch einem Tag. Sie will, dass ihr Mann sie versteht und ihr einfach sagt, dass alles wieder gut wird.

Wir Frauen haben Hormone, die manchmal verrückt spielen. An manchen Tagen stehe ich morgens auf, und ein Hormon schießt nach links, eins nach rechts, und ein drittes bleibt im Bett. Ich weiß nicht, warum ich an solch einem Tag so fühle, aber ich sage Dave einfach: »Liebling, meine Hormone tun heute nicht alle das, was sie tun sollten. Du musst heute ein bisschen langmütig mit mir sein.« Die Liebe warnt, wenn Gefahr im Anzug ist [Zusatz der Autorin].

1. Korinther 13,4 fährt fort: *[Die Liebe] neidet nicht; [sie kocht nicht über vor Eifersucht]*. Eifersüchtig zu sein ist gefährlich. Als

Dave und ich frisch verheiratet waren, war ich an Eifersucht gewöhnt. Eifersucht hatte bis dahin ganz selbstverständlich zu jeder meiner Beziehungen gehört. Sogar der Versuch, den Ehepartner eifersüchtig zu machen, gehörte zum Spielchen. Dave war stabil, wiedergeboren und ein geisterfüllter Mann, der kein Interesse an dummen Spielchen mit mir hatte. Er wollte, dass wir eine gute Ehe führten.

Einmal versuchte ich ihn eifersüchtig zu machen und stellte fest, dass es ihn überhaupt nicht berührte. Später warf ich ihm vor: »Du bist ja noch nicht einmal eifersüchtig auf mich!«

Er antwortete: »Joyce, wenn ich mir Sorgen machen muss, ob du mit jemand anderem davonläufst oder nicht, dann, ehrlich, bist du es nicht wert zu bleiben. Ich werde nicht mein ganzes Leben damit verbringen, mir Gedanken zu machen, was du mit irgendwem anderen tust. Wenn du mich nicht willst, dann will ich dich sowieso nicht bei mir haben.«

Eifersucht ist wie eine Krankheit. Sie verursacht Misstrauen und wertlose Vorstellungen, die nicht stimmen. Wenn man Eifersucht als Teil der Beziehung unterhält, dann spielt man mit einem gefährlichen Geist. Der Teufel wird Ihre Sorgen übertreiben und Hinweise in harmlosen Umständen verstecken, wie er es im folgenden Beispiel tat.

Einmal fuhr ich über ein Wochenende aufs Land, um meine Großmutter zu besuchen. Als ich nach Hause zurückkam, sah ich einen Augenbrauenstift in einem der Lüftungsschächte am Boden in unserer alten Wohnung. Nachdem ich bereits Misstrauen und Eifersucht unterhalten hatte, dachte ich sofort: **Dave hatte an diesem Wochenende eine Frau hier! Er hatte jemanden hier!**

Ich lief los, um ihn zu suchen, und fing an, eine Liste von Fragen zu stellen: »Wen hattest du am Wochenende hier?«

Verwirrt fragte er: »Was?«

Ich sagte: «Wer hat das Wochenende bei dir verbracht?«

Er sagte: »Mein Bruder war hier bei mir.« Sein kleiner Bruder, Don, war damals ungefähr zehn oder zwölf. »Donny war übers Wochenende hier bei mir, Joyce. Was ist dein Problem?«

»Na, ich glaube kaum, dass Donny Augenbrauenstifte benutzt, oder? Ich habe diesen Augenbrauenstift gefunden! Guck doch! Guck nur! Ich hab dieses Ding hier am Boden im Lüftungsschlitz gefunden.«

»Ich weiß nicht, wie das Teil da hingekommen ist«, sagte er. »Ich sage es dir jetzt ganz deutlich: Ich hatte keine Frau hier!«

Aber ich war innerlich überzeugt, er habe während meiner Abwesenheit eine Frau in der Wohnung gehabt. Ich traute ihm nicht, war eifersüchtig und litt eine Woche lang permanent Qualen, bis Dave seinen kleinen Bruder fragte: »Als du hier warst, ist dir irgendwas in den Lüftungsschlitz gefallen? Oder hast du irgendwas mit der Lüftung gemacht?«

Schnell gab Donny zu: »Oh ja, mir ist Geld da reingefallen, und ich bin runtergeklettert, um es zu suchen.« Dann fügte er hinzu: «Dabei habe ich alles mögliche Zeug aufgewühlt.«

Dieser Augenbrauenstift hatte vermutlich schon jahrelang unter all dem Dreck verborgen gelegen, der sich an solchen Stellen sammelt. Als Donnys Geld in den Lüftungsschacht fiel und er ihn öffnete, wühlte er all dieses Zeug auf. Meine Einbildung war nichts anderes als eitle Verführung und regelrechte Lügen. Seien Sie nicht eifersüchtig.

Üben Sie sich in dem, was Liebe ist. Lassen Sie einfach das bleiben, was sie nicht ist.

- Liebe ist langmütig.
- Liebe ist geduldig.
- Liebe ist gütig.
- Liebe ist nie neidisch oder eifersüchtig.
- Liebe tut nicht groß.
- Liebe bläht sich nicht auf.
- Liebe ist nicht eingebildet, arrogant und aufgebläht vor Stolz.
- Liebe ist nicht unhöflich und benimmt sich nicht unanständig.
- Liebe besteht nicht auf ihren eigenen Rechten oder ihren eigenen Wegen.
- Liebe sucht nicht das Ihre.
- Liebe ist nicht reizbar, ängstlich oder ärgerlich.
- Liebe rechnet das Böse nicht an.

- Liebe achtet nicht auf das erlittene Böse.
- Liebe freut sich, wenn Recht und Wahrheit herrschen.
- Liebe hält stand in jeder Situation.
- Liebe ist immer bereit, von jedem das Beste zu glauben.
- Die Hoffnung der Liebe schwindet unter keinen Umständen.
- Liebe erträgt alles, ohne schwach zu werden.
- Liebe versagt nie.
- Liebe verblasst nie.
- Liebe verschwindet nie.
- Liebe ist unvergänglich.
- Liebe ist das Größte von allem.

Genauso liebte Christus die Kirche, als er auf der Erde war. Das heißt, er liebt Sie und mich mit dieser Art Liebe. Er liebt uns nicht selbstsüchtig. Er zeigte seine Liebe für uns durch seinen Tod am Kreuz.

Er liebt uns angesichts unserer Nöte. Entsprechend sollte der folgende Vers über die Einstellung zueinander desto tieferen Eindruck machen:

> *Ordnet euch einander unter in der Furcht Christi [des Messias, des Gesalbten].*
>
> Epheser 5,21

Ehemänner, die wollen, dass sich ihre Frauen ihrer Autorität unterordnen, sollten die Interessen der Frau im Sinn haben, wenn sie Entscheidungen treffen. Entscheidungen, die auf ihrer eigenen Selbstsucht basieren, sind nicht so, wie Christus uns behandelt hätte. Den Ansatz »Du musst tun, was ich will, denn das ist die Stellung der Frau« gab es nie in Jesu Haltung der Kirche gegenüber.

Unsere Entscheidungen sollten immer die Interessen unseres Ehepartners im Blick haben. Ohne Opfer kann keine Ehe auch nur mittelmäßig sein. Es ist wichtig zu verstehen, dass wahre Liebe von sich selbst gibt.

Opfer bedeutet, dass es nicht immer nach dem eigenen Willen laufen kann. Das heißt, sowohl Mann als auch Frau sind berufen, einander mit bedingungsloser Agapeliebe zu lieben. Es muss Opfer in Bezug auf die selbstsüchtigen Wünsche geben, wenn Paare eine gute Ehe genießen wollen. Christus liebt die Kirche und gab sich selbst für sie hin.

Ehemänner sollen sich für ihre Frauen hingeben, und Frauen sollen diese Liebe erwidern als dem Herrn. Sie sollte ihm gerne guttun, wenn er nach Hause kommt, so, als würde der Herr nach einem langen Tag nach Hause kommen. Der Mann sollte sie in den Arm nehmen und ihr versichern, wie wichtig sie ihm ist, so wie Christus uns erinnert, dass er starb, damit wir leben können.

Nehmen Sie sich vor, eine gute Ehe zu führen.

Jeden Tag beim Aufstehen nehme ich mir vor, eine gute Ehe zu führen. Es ist ja kein Zufall, ob meine Beziehung zu Dave gut ist. Ich mache so gerne etwas für ihn. Es ist schwer, ihn zu beschenken, weil er eigentlich gar nichts will. Dave ist ein sehr zufriedener Mensch. Er sagt: »Ich habe doch dich, Liebling. Was könnte ich mehr wollen?«

Ich entgegne: »Ja, das stimmt, ich weiß. Aber du hast doch bald Geburtstag, und ich will dir eine Kleinigkeit schenken.« Oft muss ich beten und den Herrn bitten, mir eine kreative Idee zu geben, wie ich Dave etwas Gutes tun kann.

Liebe hört auf den anderen und sucht nach Schlüsseln, wie sie ihm dienen, ihn segnen und aufrichten kann. Hören Sie Ihrem Ehepartner zu. Erforschen Sie die Bedürfnisse desjenigen, den Sie lieben. Vor langer Zeit sagte mir Gott: »Wenn du den Menschen nur **zuhörst**, dann sagen sie dir alle, was sie wollen und was sie brauchen.«

Es sprudelt einfach aus ihnen heraus! Hören Sie anderen zu, mit der Einstellung, Nöten begegnen zu wollen.

KAPITEL 9

Ich verspreche, dich zu lieben, aber ...

... eines aber tue ich [ist mein eines hohes Ziel]:
Ich vergesse, was dahinten, strecke mich
aber aus nach dem, was vorn ist.
Philipper 3,13

Vergebung ist die wichtigste Zutat jeder erfolgreichen Beziehung. Viele Menschen schränken ihr Liebesbekenntnis ein. »Ich liebe dich, aber gestern hast du meine Gefühle wirklich verletzt.« Oder: »Ich liebe dich, aber ich bin zu müde, zu beschäftigt, zu abgelenkt, zu ärgerlich, zu zornig, zu unglücklich, um jetzt gerade nett zu dir zu sein.«

Wahre Liebe sagt einfach: »Ich liebe dich!« Keine Ausnahmen!

Der Apostel Paulus weist in Philipper 3,1-14 darauf hin, dass wir, um geistliche und moralische Auferstehung von den Toten zu erlangen, auch schon hier auf Erden das Vergangene vergessen und uns nach dem Ziel ausstrecken müssen, um den Preis zu gewinnen, zu dem uns Jesus beruft.

Wir müssen vergessen, was hinter uns liegt und uns danach ausstrecken, was vor uns liegt. Frauen scheinen Groll und die Erinnerung an Kränkungen eher tagelang herumzuschleppen, und manche bleiben sogar über Jahre hinweg bitter. Jesus berief uns zu einem höheren Preis, der von uns fordert, dass wir Vergebung sowohl empfangen als auch anderen gewähren. Das Gebet des Herrn lehrt uns, um Vergebung zu bitten, wie wir anderen vergeben: *Und vergib uns unsere Schulden, wie auch wir unseren Schuldnern vergeben haben* (Matthäus 6,12).

Jeden Morgen, wenn wir aufstehen, muss uns das Ziel, andere

Menschen zu lieben, wichtiger sein als am Tag davor. Auf den Lohn konzentriert, den die Liebe in unser Leben bringt, müssen wir unser Ziel festlegen und uns selbst sagen:

> *Ich vergesse, was hinter mir liegt, und ich strecke mich aus nach allen Segnungen, die Gott für meinen Ehepartner und mich heute hat. Ich will meinen Partner heute mehr lieben als gestern. Gott hat mir für gestern bereits vergeben, und ich vergebe meinem Partner jede Kränkung, die ich vor dem heutigen Tag vielleicht empfunden habe. Ich werde nicht zulassen, dass das, was gestern geschah, die Zuneigung und liebevolle Aufmerksamkeit, die ich meinem Partner heute geben kann, zerstört.*

Leben Sie Ihre Beziehung, um zu sehen, wie viel Sie jemandem geben können, nicht um zu sehen, wie viel Sie für sich herausholen können. Dann handeln Sie nach göttlichen Investitionsprinzipien, die einen überreichen Gewinn erzielen, denn die Bibel sagt: *Gebt, und es **wird** euch gegeben werden* (Lukas 6,38).

In der Bibel steht nirgends: »Seht zu, wie viel ihr herausbekommen könnt, und dann werdet ihr glücklich sein.«

Sie müssen ein Segen sein für Ihre **Familie.** Im Christentum ist einer der wichtigsten Schwerpunkte die Familie. Gott ist Ihre Familie ganz wichtig. Es kümmert ihn, wie Sie einander behandeln. Dave und ich unterhielten uns einmal über die Schwierigkeit, wenn zwei Menschen zusammenleben, die immer zur selben Zeit unterschiedliche Dinge tun wollen.

Nehmen wir zum Beispiel meine Lage: Ich denke an die wenigen Gelegenheiten, wo ich endlich einmal ein paar Minuten habe, um mich hinzusetzen und vor dem Fernseher zu entspannen. Ich zappe durch die Kanäle, um zu sehen, ob irgendwo etwas Vernünftiges läuft, womit ich meinem armen, müden Kopf ein wenig Unterhaltung und Abwechslung bieten kann, da kommt unweigerlich Dave herein und schafft es irgendwie, mir die Fernbedienung aus der Hand zu nehmen. Das Nächste, was ich mitbekomme, ist, dass ein Ballspiel über den Bildschirm flimmert! Obwohl er jetzt, wo wir so viel zu tun haben, nicht mehr so viele Spiele sehen kann wie früher, ist das Erste, was Satan mir einflüstert: »Immer dasselbe mit ihm!«

Lassen Sie sich warnen – der Teufel ist ein Extremist! Er will Beziehungen kaputt machen, und er verwendet gerne Ausdrücke wie »immer«, »jemals« und »nie«, um dieses Ziel zu erreichen. Er flüstert: »Dein Ehepartner schenkt dir **nie** Aufmerksamkeit! Er führt dich **nie** aus. **Immer** guckt er nur Fußball (oder Basketball oder Baseball).« Obwohl das auf Dave gar nicht mehr zutrifft, höre ich heute noch diese Art von Worten in meinen Gedanken.

Als Dave und ich weiter über Familien sprachen, fragte ich: »Wie kommen Leute dahin, dass sie dieses aufopferungsvolle Leben führen **wollen?**«

Dave sagte: »Ich bin davon überzeugt, dass man einfach anfangen muss, im Gehorsam gegenüber dem Wort Gottes so zu leben.«

Der Punkt ist, man wird keine Lust haben, für jemanden Opfer zu bringen. Wenn man Lust dazu hätte, wäre es überhaupt kein Opfer. Ich weiß, dass das keine einfache Antwort ist, aber wenn jemand dem Wort Gottes gehorcht, wird sich im Lauf der Zeit Freude über diesen Gehorsam einstellen.

Ich kenne niemanden, der Spaß daran hat, nach der Pfeife eines anderen zu tanzen. Unser Fleisch schreit auf: »Aber ich will das tun! Und das will ich nicht!« Es macht uns nicht von Anfang an Freude, uns nach dem anderen zu richten – wir üben einfach Gehorsam gegenüber Gott.

Wenn Sie Gott gehorchen und tun, was sein Wort sagt, anfangen, aus Gehorsam gegenüber dem Wort Gottes für einen anderen Menschen Opfer zu bringen, dann werden Sie im Lauf der Zeit mit dieser Person so verbunden werden, dass Sie schließlich ganz ehrlich das Gleiche **wollen.** Das ist ein übernatürliches Geschehen im Geist.

Und ich weiß, dass das stimmt, denn ich weiß, wie ähnlich Dave und ich heute denken, verglichen mit früher. Vor Jahren dachten wir über **alles** unterschiedlich. Und es sieht so aus, als würden wir uns immer ähnlicher. Man sagt, wenn zwei Menschen lange zusammenleben, dann entwickelt sich sogar eine gewisse Ähnlichkeit im Aussehen. Jeder von ihnen handelt mehr und mehr wie der andere, weil sie so miteinander verbunden sind und zu der Einheit des »Einsseins« geformt werden. Ich weiß, dass das stimmt, wegen meiner Beziehung mit dem Herrn. Vor langer Zeit fing ich an, dem Wort Gottes zu gehorchen und zu tun, was Gott mir sagte, einfach nur deshalb, weil es das Wort Gottes war. Ich liebte Gott und wollte seinem Wort gehorsam sein.

> *Vertraue [stütze dich, verlasse dich, habe Zutrauen] auf den Herrn und tue Gutes; wohne im Land und hüte Treue; und habe deine Lust am Herrn, so wird er dir geben, was dein Herz begehrt. Befiehl dem Herrn deinen Weg und vertraue auf ihn, so wird er handeln.*
>
> Psalm 37,3-5

Gott will, dass wir seinen Anweisungen zum Umgang miteinander trauen. Lust an ihm haben heißt: ihm voller Freude gehorchen. Wenn wir das tun, gibt er uns, was unser Herz begehrt. Nicht unser Ehepartner ist dafür verantwortlich, dass wir bekommen, was unser Herz begehrt; Gott ist es, der verspricht, uns die geheimen Wünsche unseres innersten Verlangens zu geben, wenn wir ihn lieben und ihm gehorchen, indem wir andere Menschen lieben.

In meinem Fleisch gibt es keinerlei Anreiz, Geld zu spenden oder mich bei Dave entschuldigen zu wollen, wenn der Herr mir das sagt. Mein Fleisch will Dave nicht vergeben, wenn ich meine, er verhalte sich falsch. Aber Gott will, dass ich liebevoll reagiere und »nein« zu meinem Fleisch sage, aber »ja« zu ihm, auch wenn ich mich nicht danach fühle. Als ich erst einmal anfing zu tun, was Gott sagte, kam ich ehrlich an den Punkt, wo ich wollte, was Gott wollte. Ich weiß noch nicht einmal, wie und wann das geschah.

Eine übernatürliche Veränderung findet statt, wenn wir Gott aus Respekt seinem Wort gegenüber gehorchen. Gott wirkt souverän und übernatürlich in unserem Leben, wenn wir ihm genug vertrauen, um zu tun, was er sagt. Bald werden Ehepartner ähnlich denken, einig sein, die gleiche Gesinnung, das gleiche Ziel haben, in Denken und Absichten Harmonie erleben und in die gleiche Richtung gehen.

Es ist eine Verheißung

Einheit, eins zu werden mit dem anderen, ist Gottes Verheißung für uns, wenn wir ihm gehorchen. Gottes Anweisungen gerne zu gehorchen macht aus zwei Menschen eins. Der Segen, den Gott denen gibt, die miteinander in Harmonie sind, durch die Erfüllung mit dem Heiligen Geist, ist in Apostelgeschichte 4,32-33 illustriert:

> *Die Menge derer aber, die gläubig geworden, war ein Herz und eine Seele; und auch nicht einer sagte, dass etwas von seiner Habe sein Eigen sei, sondern es war ihnen alles gemeinsam.*
> *Und mit großer Kraft legten die Apostel das Zeugnis von der Auferstehung des Herrn Jesus ab; und große Gnade [Freundlichkeit, Gunst und guter Wille] war auf ihnen allen.*

Hätten wir nicht alle gern Freundlichkeit, Gunst und guten Willen auf uns? Das ergibt sich aus dem Erfülltsein mit dem Heiligen Geist und dem Weitergeben dessen, was Gott uns schenkt. Das Resultat ist immense Stärke, die Fähigkeit und Kraft, Jesu Güte zu bezeugen.

Es ist wichtig zu verstehen, dass Gehorsam Einheit wirkt. *Darum wird ein Mann seinen Vater und seine Mutter verlassen und seiner Frau anhängen, und sie werden zu* einem *Fleisch werden* (1. Mose 2,24).

Sie werden ein Fleisch, indem sie sich gehorsam aneinander hängen. Männer sollen sich für ihre Frauen hingeben, ihre Frauen lieben und Opfer für sie bringen. Frauen sollen ihre Männer respektieren, bewundern, beachten und ihnen gehorchen.

Das muss geübt werden – und wenn man anfängt, Gott zu

gehorchen, werden auch Fehler geschehen –, aber widerstehen Sie der Selbstsucht und der Rebellion, die sich gegen Gottes Plan für Sie richten. Weigern Sie sich, dem Teufel nachzugeben, achten Sie darauf, wie Sie beide, wenn Sie nicht lockerlassen, eins werden. Bald werden Sie sich wie ein Ei dem anderen gleichen!

Ich kann das mehr und mehr zwischen Dave und mir beobachten. Einer von uns macht einen Vorschlag, und der andere sagt: »Das wollte ich auch gerade sagen!« Ich denke in der Eile an irgendetwas, habe aber keine Zeit, es zu erwähnen, und fünf Minuten später spricht Dave über genau das, woran ich gedacht hatte. Zwei Menschen werden eins, indem sie dem Wort Gottes gehorchen. Im Lauf der Zeit fangen sie ganz von alleine an, ähnlich zu denken.

Das Opfer der Liebe

Um Gott zu gehorchen, müssen Sie bereit sein, zuallererst Ihre persönlichen Wünsche aufzugeben, und wenn Sie das tun, wird Gott Ihnen mehr zurückgeben, als Sie ursprünglich wünschten.

Als Dave und ich anfingen, im Rahmen unserer Arbeit häufig zu reisen, musste Dave auf viel Golf verzichten. Er hatte sehr gerne auf wöchentlicher Basis in einer Liga gespielt und konnte das nicht fortführen, außerdem halten wir normalerweise am Samstag und früher auch am Sonntag Versammlungen ab. Ich weiß, dass er Golf vermisste, aber Gott hat ihm eine Ernte für den Samen des Gehorsams gegeben. Dave hat die Freude zu wissen, dass er Menschen auf der ganzen Welt hilft, und außerdem arrangiert Gott es so, dass er auf einigen der besten Golfplätze der Welt spielen kann, und oft ohne dafür zu bezahlen. Alles, was wir Gott geben, gibt er uns vielfach wieder.

Zweitens müssen Sie bereit sein, Ihren Stolz aufzugeben. Dafür wird Gott Sie vor den Menschen ehren. Jedes Mal, wenn ich sage: »Ich hatte unrecht«, muss ich meinen Stolz opfern, auch jedes Mal, wenn ich um Entschuldigung bitte. Immer kostet es mich meinen Stolz, wenn Dave mir irgendetwas ablehnt und ich mich entscheide, ohne Theater zu akzeptieren, was er bestimmt.

Stolz ist der genau entgegengesetzte Feind der Liebe. Jeder ist irgendwo mit Stolz infiziert und muss lernen, wie er ihn auf den Opferaltar legt. Stolz trennt zwei Menschen mit unterschiedlichen Meinungen, die beide behaupten, im Recht zu sein. Aber das »Liebeskapitel« in 1. Korinther 13 sagt, dass Liebe nicht ihr Recht fordert. Streit kommt nur durch Stolz.

Liebe sucht nicht das Ihre. Mit anderen Worten, Liebe ist bereit, nicht recht zu haben, auch wenn sie weiß, dass sie recht hat. Bei den meisten Auseinandersetzungen geht es um unwichtige Dinge, die nicht für zwei Pfennig Unterschied machen. Liebe gibt das Recht, im Recht zu sein, auf. Außerdem könnte es auch schon einmal sein, dass Sie nicht im Recht sind, obwohl Sie hundertprozentig davon überzeugt sind.

In Sprüche 3,7 heißt es: *Sei nicht weise in deinen Augen ...!* Es ist vorgekommen, dass ich darauf bestand, den Weg zu jemandem nach Hause zu kennen, nur um dann herauszufinden, dass ich mich darin geirrt habe! Eines Abends, als Dave und ich mit Freunden essen gehen wollten, fuhren wir zu ihnen, um sie abzuholen. Dave sagte, er wisse den Weg nicht, und ich versicherte ihm, dass ich ihn kenne.

Dave folgte meinen Anweisungen, aber ab und zu sagte er: »Schatz, ich glaube nicht, dass wir richtig fahren.«

Schließlich hatte ich die Nase voll von seinem mangelnden Vertrauen in mich und ich sagte in meinem unmissverständlichen »Was fällt dir ein«-Ton: »Ich weiß genau, wohin wir fahren!« Dann platzte ich, immer wütender, heraus: »Nie, niemals denkst du, dass ich recht habe!« Als ich diese extremen Worte erst einmal rausgelassen hatte, purzelten die nächsten fast von allein aus meinem Mund: »Nie hörst du mir zu! Ich weiß, wo sie wohnen! Ich kann mich dran erinnern! Du fährst diese Straße entlang, dann einen Hügel hoch in eine Sackgasse, und da ist ihr Haus auf der rechten Seite. Sag mir bloß nicht, dass ich nicht recht habe!«

Schweigen erfüllte das Auto, und ich war befriedigt, weil ich es ihm jetzt aber mal richtig gegeben hatte. Er wendete das Auto in die Richtung, auf der ich bestanden hatte, fuhr den Hügel hinauf, wo wir weder eine Sackgasse noch auch nur irgendein Haus fanden! Wenn man auf freiem Feld landet und dumm dasteht, weil man sich gerühmt hatte, etwas zu wissen, was man doch nicht wusste, dann wird man offener den Meinungen anderer gegenüber.

Gott hat mich mehrere solcher Situationen erleben lassen, damit ich erkennen konnte, dass es sich nicht lohnt, darüber zu streiten, wer recht hat. Oft denkt man, man habe recht, aber in Wirklichkeit stimmt das nicht. Demut erreicht man häufig nur, indem man gedemütigt wird. Obwohl solche Situationen sehr demütigend für mich waren, halfen sie mir, den starken Geist des Stolzes in meiner Seele zu brechen.

Ich habe gelernt zu sagen: »Schatz, ich glaube, wir müssen hier lang. Aber ich habe mich schon oft geirrt. Fahre, wie du es für richtig hältst.« Ich spiele einfach Dave den Ball wieder zu und gebe ihm eine Chance, mir zu zeigen, wie klug er ist.

Wenn wir uns vor unserem Ehepartner demütigen, geschieht eins von zwei möglichen Dingen. Unser Gegenüber wird weich genug werden, um uns zuzuhören, was nicht der Fall ist, wenn wir streiten, sodass sich die Möglichkeit eröffnet, dass Gott uns beiden echte Weisheit geben kann. Oder, wenn der andere hochmütig ist, wie er nicht sein sollte, gibt unsere Demut ihm die Gelegenheit, so viele Fehler zu machen, dass er dann doch lieber auf unsere Vorschläge hört.

Streit entsteht durch nutzlose Auseinandersetzungen und schlecht informierte Diskussionen. In 2. Timotheus 2,23 sagt Paulus:

Aber die törichten und ungereimten [schlecht informierten, nicht aufbauenden, dummen] Streitfragen weise ab [verschließ deinen Sinn davor, habe nichts damit zu tun], da du weißt, dass sie Streitigkeiten erzeugen!

Man merkt, wann ein Gespräch in Zwietracht ausarten wird, und kann sich viel Streiten ersparen. Es ist nicht schwer zu merken, ob eine Unterhaltung den Gesprächspartner aufrührt. Oder wenn man selber anfängt, wütend oder laut zu werden oder wenn einem das Blut in den Kopf steigt, dann sollte man aufhören, über das Thema zu reden und es später noch einmal versuchen. Wenn das Gesicht Ihres Mannes ganz verzerrt ist und Sie denken: **Meine Güte, der sieht aber merkwürdig aus**, dann machen Sie ihn wahrscheinlich gerade wütend und sollten den Rückzug antreten. Das ist ein Signal, dass Sie zu viel gesagt haben und dass es Zeit ist, den Mund zu halten. Ich weiß, dies ist ein ganz bodenständiger, praktischer Ratschlag und müsste eigentlich völlig überflüssig sein, aber es ist ganz erstaunlich, wie viele von uns einfach immer weiter ackern durch verschlossene Türen, mit falschem Timing und sich wundern, warum der andere sich über sie ärgert.

Manchmal, wenn Dave und ich irgendwohin fahren, denke ich, dass Dave den längeren Weg wählt. Welchen Sinn hat es darauf zu bestehen, dass wir meine Route nehmen, wenn wir doch so oder so ankommen? Zum Beispiel können wir auf zwei verschiedenen Wegen zum Baumarkt fahren. Wenn Dave fährt, bin ich überzeugt, dass er die längere Route wählt, und los geht's.

»Warum fährst du hier lang?«

»Weil es hier zum Baumarkt geht.«

»Ja, zu welchem willst du denn?«

»Ich fahre zum Markt in South County.«

»Was? Der ist viel weiter weg als der in Lindbergh. Fahr zu dem in Lindbergh!«

»Das ist nicht weiter, Joyce. South County ist näher.«

»Nein, Dave, das stimmt nicht! Lindbergh ist näher.«

»Nein, ist es nicht, Joyce.«

»Also, wenn ich das andere Auto nehme und zu dem Markt in Lindbergh fahre, und du fährst zu dem in South County, und wir gucken beide auf die Uhr, wie lange wir brauchen: Ich wette, dass ich vor dir da bin!«

Was soll's? Ich habe gelernt, den Mann fahren zu lassen, wie er will! Wenn er durch ganz St. Louis fahren will, um einen Nagel zu kaufen, soll er doch! Gott hat mir gezeigt, wie oft ich wegen solch dummer Kleinigkeiten Daves Integrität angezweifelt habe. Ich kann es selber nicht leiden, wenn Dave unwichtige Entscheidungen von mir immer hinterfragt, aber ich spiele mit ihm auch meine Spielchen über unbedeutende Details.

»Wo gehst du hin?« »Was tust du?« »Warum tust du das?« »Warum machst du das so?« »Und warum hast du das gesagt?«

Gott hat mir gesagt: »Joyce, sei ruhig. Sei einfach still. Wenn du willst, dass sich dein Mann bedeutend fühlt, dann ist es am besten, du stellst nicht ständig seine Integrität infrage.« Das ist eine wichtige Lektion, die zu lernen eine Weile dauern könnte.

Dave und ich führten jahrelang immer wieder eine Diskussion über Henry Fonda. Dave hatte da so eine Marotte – er dachte, jeder Schauspieler, der im Fernsehen auftaucht, sei Henry Fonda. Wir sahen fern und er sagte: »Oh, das ist Henry Fonda.«

Ich widersprach: »Dave, das ist nicht Henry Fonda.«

»Doch, das ist er.«

»Nein, ist er nicht.«

»Doch!«

»Nei-i-n!«

»Do-o-ch!«

Wenn wir dieses Gespräch erst einmal begonnen hatten, bekamen wir von dem restlichen Film nichts mehr mit. Wir blieben die halbe Nacht wach, um die Darstellerlisten durchzugehen, damit ich ihm beweisen konnte, dass der Schauspieler nicht Henry Fonda war. Diese Prozedur haben wir mehrere Jahre lang immer wieder durchlaufen! Es war unser Lieblingsstreit.

Eines Abends, als ich schon seit ein paar Jahren predigte und ein bisschen »geistliche Reife« erlangt hatte, stoppte mich der Herr, gerade als ich wieder kontern wollte. Gott sagte: »Was für einen Unterschied macht es, ob das jetzt Henry Fonda ist oder nicht? Ist doch egal!«

Sehen Sie, Gott kümmert sich um Familien und es ist ihm nicht egal, wie wir miteinander auskommen. Wenn Sie noch nie auf die Stimme Gottes gehört haben, dann ermutige ich Sie, ihn nach seiner Meinung zu fragen, wenn Sie das nächste Mal gerade wieder ein Verhalten wiederholen wollen, das zu nichts führt. Wenn der Heilige Geist in unserem Leben ist, lehrt und unterweist er uns in dem Willen des Vaters. Er ist voller Liebe und Gnade und wird uns Rat geben, der unsere Beziehungen bereichert mit der Kraft der Einigkeit. Der Herr könnte Ihnen sogar sagen, **sie sollten bereit sein, nicht recht zu haben, auch wenn Sie recht haben.**

Sogar heute noch sagt Dave manchmal: »Oh, das ist Henry Fonda.«

Dann sage ich: »Hmm, könnte sein! Ich wusste gar nicht, dass er so aussieht. Aber, wer weiß, vielleicht hat er ein paar Schönheitsoperationen machen lassen.«

Es sei mir ferne zu sagen, dass das nicht der gute alte Henry ist. Ich bin einfach nur froh, ein bisschen Zeit mit Dave zu haben, wo wir zusammensitzen und mal wieder einen dieser guten, alten Filme anschauen! Erstaunlich, wie viel Frieden Zustimmung bewirkt. Wecken Sie nicht törichte und ungereimte, schlecht informierte, nicht aufbauende Streitereien über alberne Fragen, die nur Zwietracht bewirken!

Wenn Sie Frieden im Haus haben wollen, dann müssen Sie bereit sein, Ihren Stolz zu opfern.

Seien Sie nicht beleidigt

Drittens muss man bereit sein, seine Empfindlichkeit aufzugeben – die Eigenschaft, schnell beleidigt zu sein.

Ich musste lernen, nicht verletzt zu sein, wenn Dave irgendetwas nicht für mich tun wollte. Wenn wir zum Beispiel zum Essen ausgehen, dann sage ich über irgendein Gericht auf der Speisekarte: »Nein, das will ich wohl nicht«, aber wenn Dave es dann bekommt, dann will ich ganz oft doch davon probieren.

Ich sage: »Gib mir nur einen Bissen – ich will nur einmal beißen.«

Ich nehme immer ein kleines Eis, weil ich dann nicht das Gefühl habe, zu viel zu essen. Dave holt sich normalerweise die Riesenportion, und sobald ich mit meinem fertig bin, merke ich, dass ich ganz gut noch eine kleine Portion essen könnte, nur will ich sie jetzt aus seinem Becher. Aus irgendeinem Grund mag Dave das nicht. Er will nicht, dass ich sein Essen esse.

Wenn er an einem Drive-in-Restaurant haltmacht, fragt er: »Möchtest du einen Hamburger?«

»Nein, danke.«

»Bist du sicher, dass du keinen willst?«

»Nein, wirklich nicht. Ich will keinen.«

»Okay, du willst also keinen Hamburger?«

»Nein, ich will keinen.«

Dann holt er sich selber einen, und immer, ohne Ausnahme, beschließe ich, wenn ich ihn so sehe und er seinen Hamburger zur Hälfte gegessen hat, dass ich doch etwas will. Ich bettele: »Bitte, bekomme ich nur einen ganz kleinen Bissen?« Mehr will ich wirklich nicht. Wenn ich für den einen Bissen, den ich will, einen ganzen Hamburger kaufe, müssten wir den Rest entweder wegwerfen oder Dave wäre versucht, zu viel zu essen – mit meinem Rest. Mir kommt es vollkommen logisch vor, dass er mir einen einzigen Bissen abgeben sollte. Außerdem habe ich gesehen, wie unsere Freunde und Mitarbeiter, Roxane und Paul, voller Liebe ihr Essen miteinander teilen, deshalb kann ich nichts Schlimmes darin sehen, ihn um einen kleinen Bissen zu bitten.

Paul und Roxane haben viel für uns getan. Als unsere Kinder noch zu Hause waren, passten sie auf sie auf, wenn wir verreisen mussten. Mit allem, was sie für uns tun, helfen sie, dass das Werk gut läuft. Ich habe nie ein Paar erlebt, das so liebevoll miteinander umgeht wie die beiden. Ihre Ehe ist wunderbar gesalbt. Roxane erzählte mir, dass sie schon als kleines Mädchen Gott um einen Ehemann gebeten habe, dem sie sich unterordnen könne. Sie sagte: »Ich habe keine Ahnung, woher ich wusste, dass ich dafür beten konnte, aber ich wünschte mir ganz intensiv, mich einem Ehemann unterordnen zu können.« Und Paul ist ein ritterlicher

Ehemann, der es nicht ertragen kann, wenn eine Frau in irgendeiner Form schlecht behandelt wird.

Roxane ist mir insofern ähnlich, als dass sie auch nicht viel zu essen bestellen will, aber wenn sie Pauls Essen sieht, davon etwas abhaben will. Und Paul ist sehr nett, was das angeht. Er lässt sie einfach mitessen. Paul scheint es nichts auszumachen, wenn Roxane von seiner Portion isst. Meistens macht es Dave auch nichts aus, wenn ich von seinem Essen nehme, aber manchmal hätte er es lieber, dass ich mir selber hole, was ich will. Wir können nicht erwarten, dass unser Ehepartner tut, was der von jemand anderem tut. Dave und Paul sind zwei ganz verschiedene Menschen mit unterschiedlichen Wünschen und Ansichten. Dave mag es überhaupt nicht, wenn ich ihn mit irgendeinem anderen Mann vergleiche, von dem ich denke, dass er seine Frau so behandelt, wie ich gerne behandelt würde. Er erinnert mich daran, dass er mich nicht mit anderen Frauen vergleicht und dankbar wäre, wenn ich ihn auch nicht mit anderen Männern vergleichen würde.

Einmal machte ich einen katastrophalen Fehler: Ich bat Dave um den letzten Bissen seines Hamburgers. Wenn es etwas gibt, was ein Mann nur sehr schwer opfern kann, dann ist es der letzte Bissen seines Hamburgers. Es fällt ihm leichter, den ersten Bissen abzutreten, denn dann hat er noch so viel übrig. Aber wenn er beim letzten Bissen angekommen ist ... – bis dahin hatte ich nicht gewusst, welch eine Prüfung das sein könnte, besonders für Dave.

Unser Austausch begann wie immer mit seinem Angebot: »Ich werde hier halten und einen Hamburger holen. Willst du auch einen?«

»Nein, nein, nein. Ich will gar nichts.«

»Bist du sicher, dass du gar nichts willst? Komm, ich hole dir auch einen.«

Fest und entschieden erwiderte ich: »Dave, ich will keinen Hamburger.«

Er sagte: »Ich würde deinen Rest aufessen.«

Ich sagte: »Ich will wirklich keinen Hamburger.«

»Okay.«

Er kaufte einen Hamburger, und ich wartete und wartete und

versuchte mein Bestes, nicht zu fragen, ob ich einmal abbeißen dürfte. Aber als er zum letzten Stückchen kam, konnte ich es nicht mehr aushalten.

Ich fragte: »Meinst du, ich könnte diesen letzten Bissen bekommen?«

Da wurde er sauer. Er schnaubte: »Warum wolltest du nicht, dass ich dir einen eigenen Hamburger hole?! Ich kaufe dir alle Hamburger, die du willst. Warum willst du nur meinen essen?!«

»Es ist doch nur ein Bissen!«, verteidigte ich mich. »Du solltest nicht so egoistisch sein! Vielleicht müsstest du mal Markus 8,34 lesen und dich selbst verleugnen!«

Er: »Okay, hier hast du ihn.«

Ich: »Nö, jetzt will ich nicht mehr! Jetzt esse ich diesen Hamburger auch nicht! Nicht für Geld würde ich diesen Bissen Hamburger essen!«

Er: »Du isst ihn jetzt!«

Ich: »Ich esse ihn nicht!«

Er: »Du isst ihn!«

Ich: »Nein, tue ich nicht!«

»Also, ich esse ihn jetzt sowieso nicht mehr, du kannst ihn also ruhig haben.«

Da nahm ich ihn, stopfte ihn in den Mund und kaute.

Ich war sauer, nicht nur, weil Dave meine Gefühle verletzt hatte, sondern weil ich sein Verhalten mir gegenüber mit der Art verglich, wie ich Paul Roxane gegenüber erlebt hatte. Ich sagte: »Immer wenn Roxane etwas von Paul essen will, dann lässt er sie und hat damit überhaupt kein Problem! Ich bitte dich um einen mickerigen kleinen Bissen vom Hamburger, und du kriegst einen Anfall!« Nach diesem Vorfall war ich ungefähr eine Stunde lang wütend.

Es dauert eine Weile, bis der Heilige Geist zu uns durchdringt, wenn wir Rache und Selbstmitleid genießen, so wie ich es tat. Aber schließlich fing ich an, die Gegenwart Gottes tief in mir zu spüren, und er sagte: »Joyce, du verhältst dich lächerlich. Der Mann hat dir gesagt, er würde dir einen ganzen Sack von Hamburgern kaufen, wenn du sie wolltest.«

Dave hatte angeboten, mir einen Hamburger zu holen, auch wenn ich nur einen Bissen davon gewollt hätte. Er hatte mich im Vorfeld ganz deutlich gebeten, nichts von seinem zu wollen. Es ist egal, dass Paul kein Problem damit hat, von seinem Essen abzugeben. Wie gesagt, jeder ist anders, und Dave macht es nun einmal etwas aus. Der, mit dem Sie Ihren Mann vergleichen, hat vermutlich ein paar Fehler, die Ihr Mann nicht hat und die Sie verrückt machen würden und die Sie nur ganz schwer akzeptieren könnten. Welchen Sinn hat es, etwas von seinem Ehemann zu verlangen, was ihm schwerfällt? Tun Sie es einfach nicht.

Vergebung setzt Heilungskraft frei

Das vierte Opfer in einer Ehe ist, Bitterkeit aufzugeben, die zu Ärger und Unversöhnlichkeit führt. Lernen Sie, dem anderen bald zu vergeben, womit er Ihre Gefühle verletzt, und sogar, wie er sich verhält. Dies ist ein Gebiet, über das Menschen oft nicht nachdenken, aber manchmal fällt es uns schwer, Unterschiede in der Persönlichkeit zu akzeptieren, und wir müssen dem anderen einfach vergeben, wenn seine Angewohnheiten auf uns dreist oder hart wirken.

Wenn Sie gern reden und Ihr Ehepartner die Einsamkeit liebt, dann müssen Sie ihm vielleicht vergeben. Dave und ich sprechen miteinander, aber Dave mag sich nicht gern über Nichtigkeiten unterhalten. Als wir frisch verheiratet waren, wollte ich auch Gespräche über völlig Belangloses führen. Manchmal wünschte ich mir, dass er die ganze Nacht wach bliebe und sich mit mir unterhielte. Ich fing dann an: »Komm, lass uns reden. Wir unterhalten uns nie.«

Er fragte: »Worüber möchtest du dich denn unterhalten?«

»Ich weiß nicht. Fang du an.«

Dann seufzte er und sagte: »Joyce, warum soll man sich denn unterhalten, wenn man nichts zu sagen hat?«

»Wenn wir einfach nur anfingen, dann würde uns bestimmt etwas einfallen. Versuchen wir es!«

Manche Menschen blühen bei jeder Art Gespräch auf. Wir lieben es, irgendein beliebiges Thema aufzugreifen und herauszufinden, was andere darüber denken. Aber Dave war weise und wollte keine sinnlosen Gespräche führen. Nach zwölf Jahren lernte ich schließlich: Reden, ohne etwas zu sagen zu haben, bringt einen in Schwierigkeiten. Aber als wir frisch verheiratet waren, wusste ich nicht, was Dave wusste, und ich ärgerte mich, wenn er sich nicht »einfach so unterhalten« wollte.

Alles, was Unversöhnlichkeit, Ärger und Bitterkeit in uns erzeugt und bestehen lässt, muss auf dem Altar der Liebe geopfert und hinter uns gelassen werden.

Eine Ehe ist nicht so gut, wie sie sein könnte, wenn die Partner an Kleinigkeiten festhalten, die sie verletzt oder gekränkt haben. Es ist schwierig, sich nach einer Verletzung völlig zu öffnen, weil man Angst hat, wieder verletzt zu werden. Niemand kann versprechen, dass es nicht wehtun wird, jemanden zu lieben. Tatsächlich ist es so, dass man ohne die Bereitschaft, sich verletzen zu lassen, gar nicht lieben kann. Es ist unmöglich.

Man kann nicht wirklich lieben, ohne zu vergeben. Liebe gibt dem Gegenüber immer eine neue Chance. Liebe vertraut immer und immer wieder neu und erwartet, dass das Gegenüber beim nächsten Mal richtig handeln wird. Ich weiß, es gibt sehr große Verletzungen und auch die kleinen, alltäglichen Dinge. Wir müssen aufhören zu streiten. Manchmal wissen wir vielleicht noch nicht einmal, worüber wir uns aufregen, aber wir müssen beschließen, uns nicht ärgern zu lassen.

Bitten Sie den Heiligen Geist, deutlich zu machen, warum Sie sich bitter oder wütend fühlten. Sie könnten überrascht sein, was er für Sie ans Licht bringt, aber wenn Sie die Wahrheit erkennen, entscheiden Sie sich, diesen Kummer in Jesu Namen loszulassen. Entscheiden Sie sich, der Person zu vergeben, die Sie nicht so behandelt hat, wie Sie es gebraucht hätten.

Ich brauchte ein paar Tage, bis ich über diesen Bissen Hamburger hinweg war. Ehrlich! Meine Gefühle waren verletzt, weil Dave mich diesen Bissen von seinem Hamburger nicht haben lassen wollte. Tauschen Sie Ihr Glück nicht gegen einen Bissen Hamburger ein!

Vergessen Sie, was hinter Ihnen liegt und strecken Sie sich nach dem aus, was vor Ihnen liegt.

KAPITEL 10

Kommunizieren wir miteinander!

Der Mann leiste der Frau die eheliche Pflicht [Wohlwollen, Freundlichkeit und was ihr als Ehefrau zusteht], ebenso aber auch die Frau dem Mann.
1. Korinther 7,3

Kommunikation ist wichtiger als Reden. Wir können etwas sagen, aber durch Gesichtsausdruck, Körpersprache und Handlungen das Gegenteil davon kommunizieren. Dass das stimmt, belegen auch bekannte Redensarten wie »Die Tat wirkt mächtiger als das Wort«. Ehepaare müssen in ihrer nonverbalen Kommunikation miteinander sensibel sein.

Manchem kommt es vielleicht komisch vor, dass Sex eine Kommunikationsform in der Ehe ist, aber ich will beweisen, dass Sex die höchste Kommunikationsebene zwischen Eheleuten ist. Gott hat ihn nämlich entworfen, um neues Leben in die Welt zu bringen. Der Herr hält uns immer an, das Leben zu wählen, und die sexuelle Vereinigung ist wie ein Nest, eine Brutstätte, wie Samen für neues Leben in Ihrer Beziehung.

Ich will auch aufzeigen, dass Ehepaare einander niemals Sex vorenthalten sollten, z. B. als Bestrafung für Meinungsverschiedenheiten oder falsches Verhalten. Nach Gottes Wort ist der einzige Grund, weshalb ein verheiratetes Paar sich nicht sexuell vereinigen sollte, dass sie beide übereinkommen, Zeit für das Gebet zu nehmen.

Wenn eine Frau ihrem Mann sagt, sie liebe ihn, für sexuelle Begegnungen mit ihm aber immer zu müde ist, dann teilt sie ihm nonverbal mit, dass er nicht die Priorität in ihrem Leben ist. Und fast jede Frau wird zugeben, dass sie sich unsicher und einsam fühlt, wenn ihr Mann ihren Bedürfnissen nicht nachkommt. Müdigkeit ist kein akzeptabler Grund, sich voneinander zurückzuziehen.

Sogar im Sexualleben muss es ein Opfer der Selbstlosigkeit geben. Der Plan Gottes für Ihre Ehe ist größer als Ihre »Gefühle«. Wenn Sie zu müde sind, um Ihren Ehemann zu genießen, dann sind Sie für den Genuss all der wunderbaren Dinge zu müde, die Gott für Sie vorgesehen hat.

In 1. Korinther 7,4-5 wird dieses Thema weiter behandelt:

> *Die Frau verfügt nicht [ausschließlich] über ihren eigenen Leib, sondern der Mann [hat seine Rechte]; ebenso aber verfügt auch der Mann nicht [ausschließlich] über seinen eigenen Leib, sondern die Frau [hat ihre Rechte].*
> *Entzieht euch einander nicht [die ehelichen Rechte, die euch zustehen], es sei denn nach Übereinkunft eine Zeit lang, damit ihr euch dem Gebet widmet und dann wieder zusammen seid, damit der Satan euch nicht [zur Sünde] versuche, weil ihr euch nicht enthalten könnt.*

Satan hasst den Zweck von Sex, denn dessen ultimativer Ausdruck ist neues Leben. Sexuelle Erfüllung entspannt, ist genussvoll und verbindet zwei Menschen wie nichts anderes. Sex erzeugt wirklich neues Leben. Eine vollzogene Ehe mag Kinder in die Welt bringen, aber auch lange nach der Fruchtbarkeitsphase der Frau schafft die Intimität des Ehebetts neues Leben für ihre Beziehung und Verbindung mit ihrem Mann. Gott ist es, der Männern und Frauen einen starken Sexualtrieb gibt, weil er neues Leben auf jeder Ebene liebt, und er möchte, dass wir diese Möglichkeiten ausschöpfen.

Neues Leben ist genau das, was Satan hasst; passen Sie also auf, wenn Sie in Satans Versuchung gefangen sind, sich der Intimität mit Ihrem Ehepartner zu entziehen. Wenn ich in meinen Seminaren über dieses Thema lehre, dann werden die Tausenden plötzlich still, oder sie fangen an zu lachen und zu kichern. Das Thema ist den Leuten sehr peinlich. Ich weiß, dass es mehr Ehepaare gibt, die auf diesem Gebiet Probleme haben, als Paare ohne Probleme, und ich glaube auch, dass sich viele Probleme vermeiden ließen, wenn in der Gemeinde darüber gelehrt würde. Natürlich sollten wir das Thema respektvoll angehen und wirklich nur so besprechen, wie es sich gehört, aber es zu ignorieren wäre ein großer Fehler.

Bei einer meiner Versammlungen hielt mich eine Frau auf, bevor ich auf die Bühne ging, und fragte: »Lehren Sie heute Abend über Sex, Kommunikation und Geld?«

»Ich will es versuchen«, antwortete ich.

Sie sagte: »Vielleicht müssen Sie die Sittenpolizei alarmieren.«

Sex ist offensichtlich die am wenigsten besprochene, aber größte Bedrohung für das Gelingen einer Ehe. Wenn wir die Zuhörer Fragebögen ausfüllen lassen, bekommen wir überall die gleiche Reaktion – Sex, Kommunikation und Geld sind die größten Stressquellen für Ehen. Merkwürdigerweise stehen diese drei großen Beziehungshindernisse miteinander in Zusammenhang, und sie sind Türen für die größten Segnungen, die Gott für uns vorgesehen hat.

Wenn Sie auf Ihren Ehepartner zu wütend sind, um mit ihm schlafen zu wollen, dann ist es vermutlich wichtiger denn je, sich ihm liebevoll anzubieten. Geben, was Gott ermutigt zu geben und was Satan versucht zurückzuhalten: Dieser Akt ist Widerstand gegen den Teufel und Hinwendung zu Gott. Gehorsam ist eine starke Waffe gegen den Versucher. Wenn Sie und Ihr Partner als einen Akt des Gehorsams gegenüber Gottes Plan für Ihr Leben zusammenkommen, dann sagen Sie dem Teufel damit, dass Sie Ihr gegenseitiges Versprechen halten und seine Versuche ignorieren, die Macht der Einmütigkeit zu rauben.

Jetzt werden mir einige Leser begeistert zujubeln, aber bei anderen muss sich das erst setzen. Denken Sie einmal darüber nach, was in Wahrheit Gottes Plan für Männer und Frauen ist. Sagte er nicht: »Seid fruchtbar, mehret euch, erfüllt die Erde und macht sie euch untertan!« Also: Wovon genau versucht der Teufel Sie abzuhalten? Er versucht Sie von Gottes Segensgebot für die Ehe abzuhalten.

Nach 1. Korinther 7,4 gehört einem Verheirateten sein Körper nicht selber, sondern seinem Partner. Beide haben Rechte, die sie sich gegenseitig auch einräumen sollten. Der Vers sagt Eheleuten, dass sie gleiche Rechte aneinander haben und sich nicht gegenseitig liebevolle Aufmerksamkeit entziehen sollten, sonst habe der Satan freie Bahn, sie zur Sünde zu verführen. Ständig in diesem intimen Liebesausdruck abgelehnt zu werden, zieht das Selbstwertgefühl und die Selbstachtung herunter.

Eine Frau sagte mir einmal, ihr Mann verlasse sie nach mehr als zwanzig Jahren Ehe. Ich kenne und liebe diese Frau. Sie war lange Zeit krank und fühlte sich einfach nicht gut – nicht so schlimm, dass sie sich nicht hätte motivieren können, aufzustehen und etwas zu tun, aber sie war ständig »ausgelaugt«. Das hatte zur Folge, dass sie sich sexuell völlig von ihrem Mann abkehrte, weil sie sich nicht gut fühlte. Leider ist es manchmal schwer, wenn die Abstinenz in der Ehe zur Gewohnheit geworden ist, sich einander wieder zu nähern.

Es ist ja ganz klar, dass es Zeiten gibt, wo jemand wirklich erschöpft ist oder irgendwelche Umstände die Aufmerksamkeit eines Ehepartners besetzt halten, aber selbst in solchen Zeiten kann Zuneigung kommuniziert werden. Wer aber die Entschuldigung »Müdigkeit« allzu oft gebraucht, der spielt mit dem Feuer. Oft allerdings sagt eine Frau nur deshalb »Nein« zu ihrem Mann, weil sie keine Lust hat, das, was sie gerade tut, zu unterbrechen und Zeit mit ihm zu verbringen. Wenn Frauen (oder Männer) sich dieser ganz besonderen Zeit mit ihrem Ehepartner oft widersetzen, dann müssen sie sich im Klaren sein, dass sie egoistisch handeln.

Über Sexualität in der Ehe ist mehr Verständnis vonnöten. Paare müssen einander liebevolle Beachtung geben aus Respekt vor den Bedürfnissen des Partners, ohne lächerliche Forderungen zu stellen, und in dem Wissen, dass nicht alle Menschen gleich sind. Manche haben ein stärkeres Verlangen als andere, und es ist wichtig, nicht zu vergessen, dass Gott diesen Sexualtrieb geschaffen hat. Seinen Partner auf diesem Gebiet ständig zurückzuweisen, wird bald bewirken, dass er sich unattraktiv und nicht begehrenswert findet. Es beschädigt sein Selbstwertgefühl.

In Hebräer 13,4 heißt es:

Die Ehe sei ehrbar [wertgeschätzt, kostbar, besonders teuer] in allem, und das Ehebett unbefleckt [nicht entehrt]! Denn Unzüchtige [alle, die sich sexueller Laster schuldig machen] und Ehebrecher wird Gott richten.

In der Welt wird die Ehe nicht mehr in Ehren gehalten, und dieselbe Verführung dringt auch in die Gemeinde ein. Aber die Bibel weist uns an, unsere Ehe zu ehren. Schätzen Sie Ihren Ehepartner als wertvoll, kostbar und besonders teuer. Betrachten Sie Ihre Beziehung als besonders kostbar in allem und halten Sie das Ehebett unbefleckt. Denn Gott wird die Unzüchtigen richten und strafen – alle, die sich sexueller Laster schuldig machen – und die Ehebrecher.

Das heißt nicht, dass Sünde nicht vergeben werden könnte, aber Sünde zieht ihre eigene Bestrafung nach sich. Je heiliger wir leben, desto glücklicher werden wir sein, und desto mehr werden wir Gottes Segnungen genießen. Es gibt nichts Schlimmeres als eine innere Schwere, die aus dem Wissen kommt, dass man nicht richtig vor Gott lebt und dass man an etwas gebunden ist, was man nicht will, von dem man aber auch nicht frei werden kann.

Ich habe viele Leute über diese Bibelstelle predigen gehört, ein Ehepaar könne alles tun, auf das es sich einigt, denn dann sei das Ehebett ja nicht befleckt, und unter dem Deckmantel der Ehe sei alles okay. Aber die *Strong's Exhaustive Concordance* beschreibt die Bedeutung von »unbefleckt« als »unbeschmutzt« und »rein«.[1] Das drückt die richtige Übersetzung dieses Verses aus: Das Ehebett ist rein und soll es auch bleiben.

Ich stimme dieser Lehre nicht zu, ein Ehepaar könne alles tun, was es will, oder alles, was sich gut anfühlt, sei okay zwischen ihnen, weil sie verheiratet sind. Ich glaube, wir wissen in uns, was heilig ist und was nicht. Gott gibt uns Weisheit, zwischen

Natürlichem und Unnatürlichem zu unterscheiden. Die Bibel sagt, wir sollen uns von Unnatürlichem und Perversion fernhalten.

Pornografie zum Beispiel ist definitiv eine Perversion. Wer seine Augen daran weidet, wird daran gebunden werden. Es gibt bestimmte Auslöser, die Satan benutzt, um Stimmungen einzusetzen, die einen starken Einfluss auf einen Menschen gewinnen können. Mit diesen Versuchungen zu spielen ist wie mit einem geladenen Gewehr zu spielen. Niemand kann es sich leisten, mit Dingen Spielchen zu treiben, die Macht über ihr Leben haben.

Wenn Menschen in Ehebruch gefangen sind, dann ist das nicht einfach über Nacht passiert. Sie wachten nicht eines Morgens auf mit dem festen Entschluss, eine ehebrecherische Beziehung einzugehen. Die Vorstellung davon fing schon lange in ihrem Denken und Sinnen an, bevor sie ihre Fantasie auslebten. Am Anfang stand Inkonsequenz in Kleinigkeiten, von denen sie wussten, sie sollten sie nicht tun. Vielleicht gingen sie mit jemandem zum Mittagessen und wussten, dass sie das nicht hätten tun sollen. Vielleicht fuhren sie jemanden nach Hause oder nahmen ihn mit zur Arbeit, ohne ihrem Ehepartner davon zu erzählen, und bald konnten sie es immer weniger erklären.

Je schwieriger es wurde, die Wahrheit zu sagen, desto mehr pflegte die Person die Vorstellung, dass tatsächlich mehr geschah als eine harmlose Fahrt im Auto. Vielleicht kam es zu einem persönlichen privaten Gespräch, das sie nicht hätten führen sollen. In unserer Organisation sind wir extrem vorsichtig und vielleicht sogar übervorsichtig, dass wir für so etwas keine Türen öffnen.

Niemand sollte sich für immun gegen diese Versuchung halten. Der Teufel hasst Ehe und wird die fruchtvolle und glückliche Vereinigung produktiver, lebensspendender Paare immer verfolgen. Es ist besser, extrem zu sein beim Schützen von Ehen, als zu locker und die Probleme so quasi einzuladen. Wenn uns Dinge in den Sinn kommen, die nicht sein sollten, müssen wir uns davon deutlich trennen, denn wenn wir das Gedankenspiel spielen, leiten wir den nächsten Schritt der Versuchung ein. Jakobus 1,14-15 definiert den zerstörerischen Pfad der Versuchung so:

Ein jeder aber wird versucht, wenn er von seiner eigenen Begierde [Lust, Leidenschaften] fortgezogen und gelockt wird.
Danach, wenn die Begierde empfangen hat, bringt sie Sünde hervor; die Sünde aber, wenn sie vollendet ist, gebiert den Tod.

Wenn der Kampf im Denken anfängt, dann muss man sich disziplinieren. Die Schlacht entscheidet sich an dem Punkt der Entscheidung gegenüber der Versuchung im Kopf. Jakobus erklärt, dass das böse Verlangen zuerst empfangen wird. Wird es beibehalten, verursacht es die Tatsünde, und die vollendete Sünde bringt den Tod. Der Tod wird sich Ihrer Ehe bemächtigen, Ihrer Hoffnungen und schließlich Ihres Lebens, wenn Sie der Versuchung immer weiter nachgeben.

Die Augen sind das Fenster zur Seele. Über das, was man sieht, denkt man auch nach. Die meisten Menschen sind mit mir der Meinung, dass Filme einen Einfluss auf das Leben haben können und haben. Ich bin in der Lage, eine gewisse Art von Filmen auszuschalten, aber als pornografische Szenen in Fernsehfilmen neu waren, überrumpelte das viele von uns. Wir rechneten nicht damit, dass die Regisseure solche anschaulichen Darstellungen zeigen würden. Wir sahen einen Film an und waren von der interessanten Geschichte gefesselt, und plötzlich tauchte eine pornografische Szene auf, die wir mit ansahen. Auch wenn wir diese Szene vergessen wollten, kam sie später immer wieder in unsere Erinnerung, und manchmal sahen wir Monate, ja sogar ein Jahr später noch Rückblenden von anzüglicher Darstellungen der Versuchung.

Wenn wir die Augen vor unverhohlener Versuchung nicht verschließen, laden wir die Vision ihrer Vollendung in unsere Seele ein und postieren sie an eine Stelle, wo sie der Feind gegen uns benutzen kann, wann immer er will. Wir müssen Wachen aufstellen. Manche Zeitschrift, ja, selbst Werbung, die uns ins Haus flattert, ist voller Bilder, die Lüsternheit inspirieren. Sogar die Kaufhäuser werben mit Blättchen voller halb nackter Frauen und Männer. Lebensgroße Pappfiguren von Männern oder Frauen in knapper Unterwäsche säumen unsere Straßen.

Nun können wir uns der Versuchung nicht entziehen, aber wir können Gott um die Kraft bitten, Versuchungen zu widerstehen, damit wir den nächsten Schritt, der zur Sünde führt, nicht gehen. Vielleicht müssen wir das Blut Jesu über unserer Seele in Anspruch nehmen, nur um unbeschadet die Straße entlangzufahren! Es ist ein Fehler zu denken, wir könnten der Versuchung aus eigener Kraft widerstehen. Wir müssen Gott bitten, unsere Gedankenwelt sauber zu halten und uns stark zu machen, damit wir heilig leben können, denn der Teufel ist darauf aus, Ehen und Familien zu zerstören.

Wir müssen daran arbeiten, dass unser Ehebett unbefleckt bleibt, denn Satan wird ganz sicher all den Mist verwenden, den es so gibt in der Welt, um unseren Segen zu zerstören. Ehepaare sollten ihre Freiheit, einander zu genießen, schützen, und Gott bald um Hilfe bitten, wenn sie der Versuchung gegenüber schwach werden könnten. Vergessen wir nicht, dass jede gute Gabe und jedes vollkommene Geschenk von Gott ist (Jakobus 1,17).

Ich liebe meinen Mann und genieße ihn. Wir haben es schön miteinander. Ich komme aus einem Hintergrund mit Missbrauch, deshalb habe ich mich mit meiner Sexualität nicht immer wohlgefühlt. Ich rede nur deshalb darüber, weil ich weiß, dass etliche Leute dieselben Schwierigkeiten haben, wie ich sie hatte, und diese Hindernisse sind eine Gefahr für Gottes Plan für unsere Beziehungen. Ich glaube, dass meine Ehrlichkeit anderen hilft, sich aus Gebundenheiten zu lösen.

Ich war steif, wollte keinerlei Licht anhaben und ließ die Augen immer geschlossen. Ich hatte echte Probleme aufgrund dessen, wie ich vor meiner Ehe mit Dave behandelt worden war. Ich war klug genug, mich meinem Mann sexuell hinzugeben; ich denke, das war gut. Irgendwie wusste ich, dass fortgesetzte Ablehnung einen Mann in Versuchung führen könnte, loszuziehen und jemand anderen zu suchen, und das wollte ich natürlich nicht. Aber ich konnte unseren Sex nie wirklich genießen, weil ich so schlimm verletzt und verwundet worden war.

Ich wurde angefragt, über dieses Thema zu lehren, aber ich

dachte lange, ich sei nicht qualifiziert, über Sexualität zu lehren, weil ich selber gewisse Probleme hatte. Doch der Heilige Geist sprach zu mir, als ich mich auf die Lehre vorbereitete, die in diesem Buch nachzulesen ist. Ich merkte, wie der Herr Folgendes zu mir sagte: »Die meisten Menschen haben in dem Bereich ihre Schwierigkeiten. Es gibt mehr Menschen mit solchen Problemen als Menschen, die frei sind.«

Die meisten Leute, die für sich beten lassen wollen, tun das wegen ihrer Eheprobleme. Es kommt nur sehr selten vor, dass zwei ganz freie Menschen eine Ehe in Freiheit und Heiligkeit führen. Allzu wenige Paare sind so heil und frei, dass sie einander genießen.

Meistens hat einer oder beide Partner irgendein Problem, über das keiner von ihnen sprechen möchte. Es ist nicht leicht, vor Tausenden von Menschen mit diesbezüglich unterschiedlichen Überzeugungen über solch ein privates Thema zu lehren. Aber ich merkte, wie der Herr mir sagte: »Du hattest Probleme, und die meisten deiner Zuhörer haben immer noch Probleme. Niemand ist besser qualifiziert, jemanden mit Problemen zu lehren, als der, der dasselbe hatte und es überwunden hat.«

Als unsere Freundin Roxane Paul heiratete, war sie nie missbraucht worden. Sie hatte nie irgendwelche ernsten Probleme gehabt. Sie wuchs in einer guten Umgebung auf, dennoch gibt auch sie zu, dass sie sich sagen musste: »Roxane, es ist okay. Es ist nichts verkehrt an Sex. Der Teufel versucht Sex als schmutzig hinzustellen, aber er war Gottes Idee.«

Wenn sie nicht außerhalb der Ehe pervertiert ist, soll Sexualität heilig und gesund sein und Spaß machen. Sie baut Stress ab und bringt zwei Menschen einander so nahe, wie es durch nichts anderes möglich ist, als auf die richtige Art in der ehelichen Verbindung.

Wenn der Teufel so sehr daran arbeitet, etwas zu pervertieren, dann deshalb, weil er weiß, wie viel Macht ein gutes Sexualleben hat. Deshalb gibt er sich so viel Mühe mit dem Versuch, es zu pervertieren und Paare auseinanderzureißen, die einander hingegeben sind. Er weiß, was das Wort Gottes sagt. Er hörte, wie

Jesus sagte: *Wiederum sage ich euch: Wenn zwei von euch auf der Erde übereinkommen, irgendeine Sache zu erbitten, so wird sie ihnen werden von meinem Vater, der in den Himmeln ist* (Matthäus 18,19).

Einigkeit ist eine starke Waffe in der geistlichen Kampfführung gegen den Teufel. Zwei Menschen, die einig sind, können bewirken, dass Wunder geschehen. Wenn Ehemann und Ehefrau einig sind, dann versteht der Teufel, welchen Schaden das seinem eigenen Plan zufügen könnte, nach dem er die Segnungen Gottes von ihnen stehlen möchte. Der Teufel will Sex innerhalb der Ehe zerstören und pervertieren; er will Paare von dem Verbindenden, das dieser Akt eigentlich bewirken sollte, ablenken. Viele Paare sind uneins über Sex – sogar währenddessen. Aber Gottes Absicht und seine Wahrheit müssen wieder ins Blickfeld rücken. Eine rechte, gottgefällige sexuelle Beziehung zwischen Eheleuten ist wunderschön, und sie ist eine Waffe gegen den Zerstörungsplan des Teufels.

Manchmal streitet man sogar darüber, was richtig ist und was nicht. Ein Partner möchte vielleicht irgendetwas machen, wobei der andere sich nicht wohlfühlt. Wie geht man damit um? Zunächst möchte ich sagen, dass ich gewiss nicht alle Antworten habe, und ich halte mich auch nicht für eine Expertin, aber ich möchte doch weitergeben, was Gott mir, wie ich glaube, gezeigt hat.

Ich glaube, es ist nicht klug, den Ehepartner zu etwas zu zwingen, was gegen sein Gewissen ist. Ich erkenne, dass es vermutlich Menschen gibt, normalerweise Frauen, die extrem scheu und übermäßig skrupulös sind auf diesem Gebiet. Sollte das der Fall sein, dann ist es keine Lösung, sie zu etwas zu zwingen, womit sie sich nicht wohlfühlen. Gute Lehre wird helfen, Gebet wird helfen, Geduld wird helfen – Zwang wird es nur schlimmer machen.

Ich kann Ihnen keine Richtig/Falsch-Liste geben, aber ich denke doch, dass eine ehrliche Begutachtung der Körperteile uns deutlich machen kann, wofür sie verwendet werden sollten und wofür nicht. Alles Böse und alle Perversion sollten wir vermeiden. Sex ist etwas Natürliches, niemandem muss man es beibringen, noch nicht einmal Tieren. Lassen Sie der Natur ihren Lauf und genießen Sie einander.

Eine gottgefällige Einstellung ist eine Waffe im Kampf

Mit meiner Missbrauchsgeschichte hatte ich keine besonders gute Einstellung zur Sexualität. Auch wenn mein Körper ziemlich gut funktionierte, wollte mein Denken, meine Mentalität nichts damit zu tun haben. Es gab Zeiten, da lagen Dave und ich im Bett und er sagte: »Nie kommst du auf mich zu.«

Ich ließ über mich ergehen, was nötig war, aber ich nahm nicht daran teil. Ich lag nur irgendwie da wie ein toter Fisch. Ich hatte die Einstellung: »Hier bin ich, mach, was immer du machen musst, aber erwarte nicht, dass ich mich einbringe.« Leider haben viele Frauen diese Einstellung zum Sex, und das ist ein Problem in ihrer Ehe.

Gott möchte, dass Sie Sex genießen und es als etwas Kostbares zwischen Eheleuten ansehen. Ich habe gelernt, wenn ich zu müde bin, um den Geschlechtsakt als solchen zu genießen, immerhin die Nähe zu meinem Mann sehr zu genießen und mich daran zu erfreuen, dass ich ihm guttun kann. Es ist heilig in Gottes Augen.

Als ich frustriert war und meinen Mann nicht mehr immer wieder ablehnen wollte, fragte ich den Herrn: »Wann werde ich mal etwas davon haben?«

Er erwiderte: »Wenn du dich entscheidest, etwas dazuzugeben.« Erstaunlich, wie gut Gott auf unsere Fragen antwortet. Ich erwartete diese Antwort nicht, aber das war es, was er mir sagte. »Wenn du dich entscheidest, etwas dazuzugeben.«

Passivität beraubt uns vieler Dinge, einschließlich der Freude in unserer Ehe. Wir verzichten darauf, das zu tun, was richtig ist, weil es zu schwierig oder zu peinlich zu sein scheint. Wir verzichten darauf, die Ehebeziehung richtig auszuleben, weil wir missbraucht wurden.

Wir verzichten darauf, weil wir Probleme in der Vergangenheit hatten und uns nicht die Zeit nehmen und uns um Heilung bemühen wollen. Wir werden nicht frei werden, bis wir Gott gehorchen und tun, was er uns sagt.

Weil ich zum Sex gezwungen wurde, als ich jung war, glaubte ich immer, Dave »zwinge« mich, wenn er mich einmal ermutigte, mit ihm zu schlafen, obwohl ich nicht wollte. Dave zwang mich nie, aber jeder spielerische Versuch, mich zu einer Meinungsänderung zu bewegen, nachdem ich einmal »Nein« gesagt hatte, machte mich fast brutal wütend. Ich schnauzte ihn dann an: »Hör auf! Versuch nicht, mich zu etwas zu bringen, was ich nicht machen will!«

Ich war wirklich zornig, bis Gott mir zeigte, dass meine emotionale Reaktion gegen meine Vergangenheit gerichtet war und dass ich das Alte sterben lassen musste. Gott ermutigte mich, das zu tun, wovon ich wusste, dass es richtig war, und nicht das, wonach ich mich fühlte. Ich musste zulassen, dass mein Fleisch in Christus gekreuzigt wurde, und Gottes Wahrheit in meinem Leben annehmen.

Wenn Sie sehen und tun, was das Wort Gottes sagt, egal wie schwer es Ihnen fällt, werden Sie sich an einer Befreiung von der Vergangenheit und einer neuen Erwartung für die Zukunft erfreuen können. Oft habe ich meinen Mann nur aus Gehorsam Gott gegenüber mit mir schlafen lassen, und ohne dass Dave das mitbekam, liefen mir die Tränen übers Gesicht. Ich litt Qualen, als ich versuchte, Gott zu gehorchen und von der Gebundenheit meiner Seele loszukommen, die von meinen Problemen als Kind und Jugendliche herrührten.

Manchmal taten die seelischen Verletzungen so weh, dass ich mich im Büro auf den Fußboden legte und mich an den Möbelbeinen festklammerte, um nicht vor Gott wegzulaufen. Aber Gehorsam bringt Sieg und Lohn, und heute stehe ich hier, ein lebendiges Zeugnis, der Beweis, dass es sich lohnt, auf Gottes Art zu leben.

Mein Leben zeigt: Wenn Sie bereit sind, auf Gottes Weise zu handeln, werden nicht nur Sie froh und glücklich, werden nicht nur Sie frei und Ihre Ehe erfolgreich, sondern dann kann Gott auch Ihr Zeugnis benutzen, so wie er uns benutzt, um viele andere zu erreichen und frei zu machen. Er wird die gute Beziehung, die Sie mit ihm und miteinander haben, benutzen, um Leben in die Welt zu bringen.

Entscheiden Sie sich, das Leben zu genießen. Entscheiden Sie sich, Gottes Plan auszuleben. Er wird jede Träne in unseren Augen trocknen und Freude schenken am Morgen, wenn wir seinen Wegen gehorsam sind.

Höchstwahrscheinlich wird Ihr Fleisch beim Freiwerden von alten Denkweisen Schmerz verspüren. Aber halten Sie sich an etwas fest, damit Sie nicht vor Gott davonlaufen. Gott ließ mich Dave nicht weiter schlecht behandeln, als ich im Prozess der Veränderung und Erneuerung meines Denkens war.

Manche Menschen, die in der Vergangenheit von jemandem missbraucht und schlecht behandelt wurden, rächen sich dafür an ihrem jetzigen Partner, der gar nichts dafür kann. Mein Vater war sehr kontrollierend und manipulativ, und er wurde gewalttätig, wenn ich Missfallen an dem zeigte, was er tat. Um den Missbrauch durch ihn zu überleben, musste ich so tun, als ob er an jemand anderem geschähe.

Ich hatte mir beigebracht, am Geschlechtsakt nicht mental teilzunehmen. Ich hatte mir angewöhnt zu fantasieren, dass es nicht an mir geschähe, und anders wusste ich mich auch nicht in der Intimität mit Dave zu verhalten. Ich, Joyce Meyer, konnte nicht beteiligt sein. Ich musste so tun, als handle es sich um jemand anderen.

Als ich das Wort Gottes immer besser kennenlernte, überzeugte Gott mich nach und nach, dass ich mich für das Leben entscheiden sollte. In einer Hinsicht ist Freiwerden schwierig, in anderer Hinsicht aber leicht, denn Gott hat für jeden ganz persönlich und individuell einen Plan. Gott kennt die Probleme jedes Menschen durch und durch, und obwohl diese Probleme alle unterschiedlich sind, weiß Gott, was nötig ist, um sie zu überwinden.

Der Heilige Geist ist bereit, denen zu helfen, die den Herrn anrufen. Wenn Sie bereit sind, Gott einfach und gezielt zu gehorchen, wird er Sie aus allen Ihren Bindungen heraus und in ein Leben der Freiheit führen. Aber wenn Sie sich entscheiden, Gott nicht zu gehorchen, werden Sie nie aus der Bindung entkommen, denn Sie können gar nicht so häufig für sich beten lassen und Sie können gar nicht genug Seelsorge bekommen, um je frei zu werden.

Sie müssen bereit sein, auf Gottes Anweisungen zu hören, was Sie tun sollten, um das Leben in Ihrer Ehe wiederherzustellen. Nicht auf seine Stimme zu hören wirkt sich nachteilig auf Ihre Ehe aus, wenn Sie unheilige Fantasien in das Ehebett einbringen und ihr Denken erneuert werden muss. Gott wird heilen, aber die Entscheidung, Versuchungen zu widerstehen, liegt bei Ihnen.

Wenn Sie Gott bitten, Sie frei zu machen, wird er Ihnen kleine Veränderungen zeigen, mit denen Sie eine nach der anderen umgehen können. Aber Sie werden nie frei werden, wenn Sie nicht bereit sind, auf dem Weg bei jedem Schritt zu tun, was er Ihnen sagt.

Als ich zum Beispiel aufgehört hatte, mir vorzustellen, dass ich noch nicht einmal im selben Zimmer war wie Dave, gab der Herr mir neue Anregungen, die heute lustig auf mich wirken, aber die damals große Hindernisse für mich darstellten, die ich überwinden musste. Ich hielt immer die Augen geschlossen, um gar nichts zu sehen. Ich erinnere mich ganz deutlich, wie der Heilige Geist zu mir sagte: »Es ist Zeit, dass du die Augen öffnest.« Dieser Gehorsamsschritt fiel mir schwer.

Es fiel mir auch schwer zu gehorchen, als der Herr zum ersten Mal sagte: »Jetzt geh du auf Dave zu. Geh und lass Dave wissen, dass du mit ihm schlafen willst.« Ganz weit hinten in meinem Kopf war der Gedanke: Dieser ganze Akt ist nicht in Ordnung. Ich dachte immer noch, Engel und der Heilige Geist und alle anderen gingen weg und versteckten sich, wenn wir uns liebten.

Wir haben schon manchmal verrückte Vorstellungen von Sex! Aber ich habe gelernt, meinen Weg durch sie hindurch zu beten. Ich lernte, Gott auch dann zu gehorchen, wenn mir Tränen übers Gesicht liefen. Manchmal erwischte mich Dave beim Weinen und fragte: »Was ist denn los?« Ich sagte ihm dann, dass ich einfach versuchte, Gott zu gehorchen, aber dass es mir gerade sehr schwer fiel. Dave hatte Respekt vor meiner Bereitschaft, alles zu tun, was ich tun musste, um frei zu werden.

Ich erinnere mich, als der Herr sagte: »Versuch doch heute Abend das Licht anzulassen.« Und so gehorchte ich Gott, bei einer Anregung nach der anderen – ich entschloss mich, Gott zu gehorchen. Gott hat mich aus dieser Bindung heraus und in Sieg und in Freiheit geführt, mein Sexualleben zu genießen.

Ich weiß nicht, ob ich je hundertprozentig so sein werde, wie ich ohne den Missbrauch in meinem Leben hätte sein können. Er hat Narben hinterlassen, und ich weiß nicht, ob ich mir je vorstellen kann, hundertprozentig normal zu sein. Aber ich weiß, dass ich mich immer nach diesem Sieg ausstrecken werde. Ich habe genug Freiheit, sodass ich, obwohl es immer noch ein paar Probleme gibt, freier bin als die meisten Menschen, die nie missbraucht wurden.

Liebe ist eine Waffe im Kampf

Ich glaube, dass Sex zwischen einem Mann und einer Frau, die miteinander verheiratet sind und einander lieben – also Sex nach Gottes Ordnung – geistliche Kampfführung ist. Ich weiß nicht, ob ich alles vollständig erklären kann, was Gott mir diesbezüglich gezeigt hat, aber ich weiß, was ich in persönlichem Erleben gelernt habe. Er hat mir mehrmals gezeigt, wie das Schlafen mit meinem Mann geistlichen Angriffen vorbeugen kann, die gegen uns geplant waren. Ich habe es genügend häufig erlebt, dass ich die Furcht Gottes darüber empfinde. Wenn man erst einmal die Furcht Gottes über etwas empfindet, ist es leichter, Gott zu gehorchen, weil man auch Angst davor hat, nicht zu gehorchen.

Manchmal sehnte ich mich nach Dave, aber wegen meiner schlechten Einstellung gegenüber Sex ignorierte ich diesen Anstoß und entschied, es sei »zu aufwendig«, Zeit für ein Zusammensein mit ihm zu nehmen. Frauen neigen vermutlich eher als Männer dazu, so mit dieser Anregung umzugehen, aber Gott zeigte mir, dass meine Haltung falsch war, dass es nicht zu aufwendig gewesen wäre, auf die Anregung einzugehen, sondern uns bevorstehende Schwierigkeiten erspart hätte.

Wünsche ich mir ein intimes Zusammensein mit meinem Mann, dann lässt mich der Herr wissen, dass es wichtig ist, dass Dave und ich zusammenkommen. Als ich dieser Leitung nicht folgte, habe ich schon gespürt, wie Gott mir sagte: »Wenn du nicht auf mich hörst, wirst du in Schwierigkeiten kommen.« Ich kann alle möglichen Entschuldigungen anbringen: »Oh Gott, heute will ich nicht. Ich bin müde, ich muss schlafen. Ich bin dies, ich bin das, ich bin irgendwas.« Aber der Herr warnt mich jedes Mal sanft, mir doch das Zusammensein mit Dave zu gönnen. Erst kürzlich, einige Monate bevor ich dies schreibe, kann ich mich an zwei spezifische Gelegenheiten erinnern, wo ich mich entschied, die klare Anweisung der Stimme Gottes zu ignorieren, und mich weigerte, seiner Führung zu folgen.

Beide Male ereignete sich etwas an genau dem folgenden Tag, was ganz offensichtlich ein Angriff des Feindes war. Einmal gerieten wir in Streit, und das andere Mal griff der Teufel ganz offensichtlich in unserem Haushalt an. Ich kann mich gar nicht mehr an alle Einzelheiten erinnern, aber Gott erinnerte mich an das, was er mir am Abend zuvor deutlich gemacht hatte: »Ich habe es dir gesagt.«

Warum ist Sex geistliche Kampfführung?

Es hat etwas Starkes, dieses Zusammensein. Es versiegelt den Ehebund von Neuem und schließt die Tür vor dem Teufel. Der Teufel ist voller Hass gegenüber dem Geschlechtsverkehr von Eheleuten, die einander lieben. Ihre Verbindung ist etwas Heiliges und Wunderschönes, das jeden eventuellen Fortschritt des Teufels in seinem Bemühen, sie einander zu entfernen, zurückdrängt.

So weit hat Gott es mir bis jetzt gezeigt. Wenn wir Gott gehorchen, sehen wir die feurigen Pfeile vielleicht nicht, die auf uns abgeschossen werden, aber Ungehorsam hat einen hohen Preis. Ich habe das Elend erlebt, das aus dem Ignorieren der sanften Leitung Gottes resultiert, und so bekomme ich in einer positiven und aufbauenden Weise mehr und mehr die Furcht Gottes über dieses Thema. Es ist natürlich, dass wir unseren eigenen Weg gehen, aber wenn wir Gott auf seinen Wegen folgen, kommt übernatürliche Kraft in unser Leben, die die Pläne des Feindes vereitelt.

Wir müssen nicht immer das »Warum« hinter allem verstehen, wie Gott uns führt. Was wir tun müssen, ist gehorchen. Vermutlich ist es Ihnen auch schon so gegangen: Manchmal wusste ich mich geführt, für eine bestimmte Situation oder für jemanden zu beten, ignorierte jedoch die Leitung des Heiligen Geistes, weil ich fand, dass es gerade nicht passte. Und als dann in dem Bereich Schwierigkeiten auftraten, war mir klar, dass ich eine Gelegenheit verpasst hatte, einen Angriff des Satans auf mich oder jemanden, den ich kannte, zu vereiteln.

Mancher wird es für falsch halten, Sex und Gebet in einem Atemzug zu nennen, aber wir dürfen nicht vergessen, dass Gott der Grund ist für Sex und die normalen Wünsche, die damit zusammenhängen. Der Mensch war es, der Sex pervertiert hat und ihn hässlich und unheilig erscheinen lässt. Das Buch der Sprüche listet mehrere Dinge auf, die *zu wunderbar* (zu erklären) sind, und dazu gehört *der Weg eines Mannes mit einem Mädchen* (Sprüche 30,18-19). Wir sollen das Thema mit viel Respekt und Anstand diskutieren, denn es ist wirklich ein Geheimnis, das im Herzen Gottes geboren wurde.

Heilige Ehe

Durch Gehorsam können wir wieder Heiligkeit in unsere Ehe zurückbringen und wieder zu Gottes ursprünglichem Plan für Eheleute zurückkehren. Wenn man von Gott gesegnete Bundesschlüsse in der ganzen Bibel untersucht, dann fällt auf, dass ein Versprechen vor Gott immer mit Blutvergießen besiegelt wurde. Mit dem ersten Vollziehen der Ehe gilt zwischen Mann und Frau ein Blutbund. Das Jungfernhäutchen der Frau wird durchstoßen, wenn sie zum ersten Mal Geschlechtsverkehr hat, es fließt Blut und der Schwur der Reinheit zwischen ihnen wird besiegelt. Wie kostbar ist es für eine Frau, an ihrem Hochzeitstag Jungfrau zu sein und vor ihrem Mann und ihrem Herrn mit dem vergossenen Blut dazustehen, das ihre Treue beweist!

Ich war keine Jungfrau, als ich Dave heiratete, aber wer Missbrauch und frühere, zerbrochene Ehen erlitten hat wie ich, kann unter dieselbe Bundesverheißung kommen durch das Blut, das Jesus vergossen hat. Wir, die wir schlechte Entscheidungen und Zumutungen erlitten haben, können vor dem Herrn und vor unserem Ehemann stehen und sagen: »Nicht durch Macht und nicht durch Kraft, sondern durch den Geist des Herrn schließe ich einen Bund mit dir, da wir vor den Augen des Herrn in den heiligen Stand der Ehe treten.« (Siehe Sacharia 4,6.)

Wir können Psalm 54,3 beten:

Gott, durch deinen Namen rette mich, und schaffe mir Recht durch deine Macht!

Das Blut Jesu reinigt uns von aller Sünde, und sein Name gibt uns die Kraft, gerechtfertigt in Gott zu leben. Immer noch wird Blut vergossen, das einen Bund zwischen Ehepartnern und Gottes Segen schließt.

Wenn ein Bund geschlossen wird, ist es ein Versprechen, seinen gesamten Besitz mit dem anderen zu teilen. Mit Gott in diesem Versprechen haben wir ein reiches Erbe. Wenn Nichtgläubige auf solch eine Ehe sehen und erleben, wie die Herrlichkeit der Gegenwart Gottes die zwei Gläubigen vereinigt, werden sie zu dem Licht gezogen, das das gesegnete Paar umgibt. Die Menschen werden sagen: »Welch einem Gott ihr dient! Wie können wir ihn auch kennenlernen?«

Kein Wunder, dass der Teufel versucht, diesen Bundesplan Gottes zu pervertieren.

KAPITEL 11

Lässt sich das auch netter ausdrücken?

Die Worte der Gottlosen sind ein Lauern auf Blut;
aber der Mund der Aufrichtigen rettet sie.
Sprüche 12,6

Verbale Kommunikation ist wichtig zwischen zwei Menschen, die versuchen, eine starke Beziehung aufzubauen. Wenn Paare ihre Kommunikationsfähigkeit nicht gut entwickeln, können sich einfach schon aus Missverständnissen Probleme zwischen ihnen ergeben. Verschiedene Arten von Kommunikation müssen sich zwischen Ehepartnern entwickeln, um die Beziehung gesund aufzubauen.

Manche Art von Kommunikation hat nur den Zweck, Informationen mitzuteilen, die beide wissen müssen. Klare Informationen helfen sehr, Verwirrung und Missverständnisse zu vermeiden. Wir predigen unseren Angestellten ständig: Kommunizieren, kommunizieren, kommunizieren! Es ist Wahnsinn, welch ein Chaos im Büro entstehen kann, wenn sich jemand nicht die Mühe macht, dem anderen zu sagen, was er erledigt hat oder was er erledigen beziehungsweise eben nicht erledigen wollte. Zu Hause ist es genauso wichtig, Informationen auszutauschen.

Manche Leute scheinen in ihrer eigenen kleinen Welt zu leben und kommen gar nicht auf den Gedanken, dass sie Informationen weitergeben sollten. Vielleicht ist ihnen nicht klar, was das für die Planung ihrer Mitarbeiter oder Mitbewohner bedeutet, aber es ist selbstsüchtig, das Bedürfnis anderer nach Informationen immer zu ignorieren. Klare Kommunikation bewahrt vor Verwirrung und vielen Missverständnissen.

Wie schwierig ist es für eine Frau, einfach zu sagen: »Ach ja, Liebling, hast du daran gedacht, dass Johnny heute sein Fußballspiel hat und dass wir um sechs Uhr dort sein müssen?« Das ist viel besser, als zu warten, bis ein Vater von der Arbeit nach Hause kommt und dann feststellt, dass er sofort wieder los muss, obwohl er sich eigentlich darauf eingestellt hatte, zu entspannen oder nach dem Essen noch etwas zu arbeiten. Noch schlimmer ist es, wenn er spät nach Hause kommt und feststellt, dass Frau und Kind weg sind und er keine Ahnung hat, wo sie sein könnten.

Unter Kommunikation fällt auch die Praxis, hier und dort kleine Notizen zur Erinnerung zu platzieren, die anderen helfen, ihre wichtigen Ziele zu erreichen. Notizen vorzufinden ist immer angenehmer als bedauern zu müssen, dass man einen wichtigen Termin verpasst hat.

»Nicht vergessen: Du musst heute zur Bank!«

»Denk dran, ich brauche deine Hilfe bei dem und dem.«

»Vergiss nicht, ich komme heute Abend eine halbe Stunde später, deshalb ...«

»Denkst du daran, dass wir am Freitag Hochzeitstag haben und essen gehen wollen ...?«

Ein paar kleine, informative Mitteilungen können beim Bau einer gesunden Beziehung viel ausrichten. Annahmen und Vermutungen führen zu Streit in der Ehe. Welche der folgenden Aussagen ist die freundlichere Art, Information weiterzugeben?

»Ach, fast hätte ich vergessen, es dir zu sagen: Heute Abend werde ich mit den Kumpels ausgehen. Es macht dir doch sicher nichts aus?« Oder: »Die Kumpels würden heute Abend gerne kegeln gehen, wenn das bei uns passt. Hattest du heute irgendetwas vor, oder ist es okay, wenn ich ihnen sage, dass sie mit mir rechnen können?« Die erste Version könnte die Gefühle der Frau verletzen, die zweite ist so bedächtig, dass sie sie sogar dazu bringen könnte, ihre Pläne zu ändern, wenn sie sieht, dass sich das, was sie an dem Abend eigentlich vorhatte, auch verschieben lässt.

Das Verbindende an Kommunikation

Manche Art von Kommunikation dient einfach der Gemeinschaft und geschieht schlicht durch Unterhaltungen. Wenn man sich über seine innersten Hoffnungen und Schwierigkeiten unterhält, dann baut man gegenseitiges Vertrauen und Bewunderung auf, die einen verbindet. Man spricht bei solchen Gelegenheiten nicht über bestimmte, festgelegte Themen und erörtert auch nicht unbedingt schwierige Zusammenhänge, man braucht einfach Zeit für einen freundlichen Gedankenaustausch und Gespräche. Informationsaustausch ist mehr wie Reden zueinander, Gemeinschaft hingegen das Reden miteinander.

Ein Paar braucht regelmäßig Zeit, sich zusammenzusetzen und von Angesicht zu Angesicht Gemeinschaft zu haben, Zeit, ohne Ablenkung miteinander sprechen zu können. Sie müssen sich dann nicht über weltbewegende Dinge austauschen. Aber das Geschenk ungeteilter Aufmerksamkeit begegnet der Sehnsucht, die durch Einsamkeit entsteht, die zwei Menschen, die im selben Haus wohnen, bei Gelegenheit durchaus verspüren können.

Manchmal bitte ich Dave: »Komm doch einfach mal her zu mir und setz dich hin und lass uns eine Tasse Kaffee miteinander trinken.« Oder, wenn wir beide den ganzen Vormittag beschäftigt waren und einander nicht gesehen haben, dann suche ich ihn und sage: »Komm, wir machen eine Pause und holen uns einen Kaffee.«

Dave und ich sind immer zusammen, wir arbeiten zusammen und reisen zusammen, aber trotzdem brauchen wir Zeit, in der wir uns einfach miteinander unterhalten. Wir verstehen den Unterschied zwischen zueinander sprechen und miteinander sprechen. Manchmal muss man einfach um der Gemeinschaft willen kommunizieren.

Wenn Ihnen wirklich daran liegt, eine gute Kommunikation mit Ihrem Ehepartner zu erhalten, dann entwickeln Sie Interesse für das, was ihn interessiert. Sich an die Interessen des Ehepartners anzupassen ist eine Art, Gemeinschaft zu bauen und gemeinsame Themen zu finden, über die man »einfach reden« kann. Ich glaube, wenn Sie Interesse zeigen »als dem Herrn«, wird Gott Ihnen wirklich Freude daran geben.

Eine meiner Töchter geht mit ihrem Mann zu Autorennen. Das ist kein Sport, an dem sie von sich aus Spaß hätte. Aber sie hat sich an das angepasst, was ihr Mann mag, und freut sich sogar darauf, solche Erlebnisse mit ihrem Mann zu teilen. Meine andere Tochter treibt mit ihrem Mann Sport, weil er das gerne machte, als sie frisch verheiratet waren.

Ich war immer unglücklich, weil ich dachte, Dave wolle nie »einfach nur reden«. Ich schmollte dann und sagte immer wieder: »Nie reden wir miteinander. Nie reden wir miteinander.« Der Herr unterbrach mich eines Tages und sagte: »Nie willst du mit Dave über irgendetwas reden, was ihn interessiert. Du willst nur immer, dass sich die Leute mit dir über deine Interessen unterhalten. Das ist selbstsüchtig.«

Dave liebt Sport, und ich habe keine Ahnung von Sport. Ich passte mich an und lernte Golf spielen, und ich behaupte gerne, dass ich darin sogar auch ziemlich gut bin. Vor Jahren hat Dave mir beigebracht, richtig zu spielen. Ich habe einen ziemlich guten Schlag und kann durchaus mit seinen Kumpels mithalten. Ich merkte, dass ich schließlich an dem Spaß fand, was Dave interessierte. Gott kann machen, dass Sie genau das genießen, was Sie für uninteressant hielten.

In puncto Golf habe ich mich angepasst, aber ganz ehrlich, mit Football kann ich nichts anfangen. Ich habe es versucht, aber ich bringe es immer durcheinander, wer jetzt den Ball hat. Es dauert ewig, bis die Spieler ein paar Zentimeter im Feld vorrücken! Sie werfen den Ball zu irgendwem, schmeißen sich auf einen großen Haufen übereinander, und dann geht das Gleiche von vorne los. Einmal dachte ich, ich hätte endlich verstanden, worum es geht, und fing an, jemanden anzufeuern, da sagte Dave: »Er hat noch nicht einmal den Ball!« An dem Punkt nehme ich mir ein gutes Buch und lasse Dave das Spiel alleine zu Ende gucken.

Manchmal höre ich meinem Mann zu, wie er sich mit unserem Freund Paul oder unserem Sohn David unterhält. Sie reden und reden, und ich denke: **Warum redest du denn nur nie mit mir?** Aber wenn ich das will, dann muss ich bereit sein, über etwas zu sprechen, was ihn interessiert, und nicht erwarten, dass er sich nur über das mit mir unterhält, was mich interessiert.

Neulich fing ich an, Dave ein paar Fragen über die Sportarten zu stellen, an denen er Spaß hat. Ich muss gar nicht viel fragen, bis er bereit ist, sehr lange mit mir zu reden. Mit einer ganz einfachen Frage kann ich leicht ein langes Gespräch einleiten, zum Beispiel: »Wann fängt die Baseballsaison an?« Bitten Sie Gott, Ihnen zu zeigen, wofür sich Ihr Partner interessiert und wie Sie Fragen stellen können, die Ihr Interesse an Ihrem Partner zum Ausdruck bringen. Sie werden gute Saat säen, und dadurch wird Ihr Partner auch mit Ihnen über Dinge sprechen wollen, die Sie interessieren.

Nebenbei, zuhören und am Interesse des anderen Anteil nehmen ist eine Art, Respekt zu zeigen. Respektieren Sie Ihren Ehepartner genug, um Interesse an dem zu zeigen, was ihm Freude macht – denn so leben Sie liebevolle Hingabe an ihn. Wenn Sie sich um der Gemeinschaft willen unterhalten, ist es nötig, sowohl zu reden als auch zuzuhören. Üben Sie sich darin, Ihrem Ehepartner so oft wie möglich Ihre ungeteilte Aufmerksamkeit zu widmen. Sprechen Sie über Themen, die ihn interessieren.

Probleme lösen können

In dieser Zeit der Gemeinschaft sollten Sie Ihren Partner nicht herausfordern und provozieren. In Galater 5,26 heißt es, wir sollen andere »nicht herausfordern oder beneiden«. Nichts kappt die Kommunikation mit einem Menschen schneller, als wenn man ihn infrage stellt.

Unser Enkelsohn ist gerade in dem Alter, wo er fast alles, was ihm zu Ohren kommt, hinterfragt. Oft widerspricht er, wenn man ihm etwas sagt: »Nein, das stimmt nicht!« So eine Art Herausforderung ist lästig, selbst aus dem Munde eines Kindes; stellen Sie sich also vor, wie ärgerlich es ist, wenn ein Erwachsener so redet, der es besser wissen und der doch gelernt haben sollte, wie er mit Menschen umzugehen hat.

Manchmal ist es dran, jemanden zu hinterfragen und eine gegenteilige Meinung zu äußern, aber das sollte bestimmt nicht oft und nicht über unwichtige Themen geschehen.

Wie gesagt, Kommunikation besteht aus mehr als nur Worten. Stimme, Gesichtsausdruck und Körpersprache verstärken die Betonung dessen, was wir sagen. Ich habe einmal gelesen, dass 37 Prozent der Kommunikation aus Worten besteht und 63 Prozent aus Stimme, Gesichtsausdruck und Körpersprache. Noch einmal im Zusammenhang mit der sexuellen Beziehung: Wenn Dave zum Beispiel scherzt, wir müssten unbedingt Zeit allein zu zweit finden, dann könnte ich dem verbal zustimmen, durch meine Körpersprache jedoch ausdrücken, dass ich von seinem Vorschlag nichts halte, indem ich kein weiteres Interesse zeige.

Schlechte Erfahrungen beim Versuch, ihre Meinung zu äußern, gehören zu den Hauptgründen für mangelnde Kommunikation zwischen Menschen. Oft klappt ein Meinungsaustausch nicht, weil man den falschen Zeitpunkt wählt und nicht sensibel ist für Gottes Leitung. Lernen Sie zu warten, bis Sie die Gegenwart Gottes verspüren, die das Herz der Person, mit der Sie kommunizieren müssen, vorbereitet.

Der richtige Zeitpunkt ist extrem wichtig für gute Kommunikation. Wenn Sie ein Gespräch mit jemandem anfangen, der seufzt und wegsieht, dann liegen Sie wohl richtig mit der Vermutung, er wolle das, was Sie zu sagen haben, nicht hören oder er sei im Moment zu abgelenkt, um aufmerksam zuzuhören. Wir können es uns selbst schwer machen, wenn wir nicht den rechten Zeitpunkt zum Reden wählen.

Prediger 3,7 sagt, es gibt eine Zeit für das Schweigen und eine Zeit für das Reden. Es gibt eine Zeit für das Besprechen eines Problems und es gibt eine Zeit, in der man es besser bleiben lässt. Das heißt nicht, es solle nie angesprochen werden. Aber man muss den richtigen Zeitpunkt wählen, um das Thema zu diskutieren, das einem wichtig ist, wenn man möchte, dass es auch tatsächlich angemessen behandelt wird.

Die Zeit für das Schweigen

- Schweigen Sie, wenn Sie zornig sind.
  Ich habe gelernt, dass es nicht die beste Zeit ist, ein Problem zu diskutieren, wenn ich mich ärgere. Es ist nicht ratsam, ein Problem lösen zu wollen, wenn die Gesprächspartner wütend sind.
- Schweigen Sie, wenn Sie müde sind.
  Es ist nicht die beste Zeit, über ein Problem zu diskutieren, wenn alle müde und erschöpft sind.
- Schweigen Sie, wenn Sie ungewöhnlich unter Druck stehen.
  Es ist nicht die beste Zeit, über ein Problem zu diskutieren, wenn Sie bereits in fünf oder sechs anderen Bereichen Stress haben.

Wählen Sie eine Zeit, wenn Sie spüren, wie die Leitung des Heiligen Geistes den Augenblick eröffnet, in dem Sie Ihre Bedürfnisse ausdrücken können. Ich war immer jemand, der die Dinge angehen möchte, sobald er sie bemerkt. Es macht mir nichts aus, Leute mit den Differenzen zwischen uns zu konfrontieren. Mein Problem war es immer, auf Gottes Zeit zu warten, um ein Problem zu lösen.

Ich bin so oft in Schwierigkeiten geraten, weil ich zum falschen Zeitpunkt auf eine falsche Art kommuniziert habe, dass ich mich heute dafür entscheide, Konfrontationen weise zu planen statt schnell zu reagieren, sobald ich die Notwendigkeit erkenne. In der Vergangenheit wollte ich mich sofort, sobald ein Problem auftauchte, hinsetzen und es auf der Stelle durchsprechen. Ich wollte, dass das Thema offen behandelt wurde, ich wollte damit fertig werden, darüber sprechen, und niemand sollte den Raum verlassen, bis das Problem gelöst war. Schließlich lernte ich, erst zu beten: »Gott, ist dies der richtige Zeitpunkt?« Oft sagt er: »Nein.« Immer noch fällt es mir nicht leicht zu warten, bis Gott sagt: »Jetzt kannst du es angehen.«

Menschen, die andere schnell konfrontieren, bringen sich in viele Schwierigkeiten, weil sie Gottes Zeitpunkt nicht abwarten. Solche Menschen mit einer starken Persönlichkeit nehmen meistens nicht allzu viel hin. Wenn irgendetwas um sie herum geschieht, was nicht in Ordnung scheint oder gerecht oder fair oder so, wie es sein sollte, springen sie sofort auf und wollen es wieder geraderücken. Sie sagen jedem, wie er sich richtig verhalten sollte. Probleme ergeben sich, wenn dies alles ohne Gottes Leitung getan wird.

Eine Zeit für das Reden

Manche Menschen sind so friedliebend, dass sie alles tun würden, um niemanden zu stören, selbst indem sie Dinge weiterlaufen lassen, von denen sie wissen, dass Gott möchte, dass sie sie ansprechen. Diese Menschen sind wie Lämmer, denen jede Art von Disput widerstrebt. Diese Lämmer sind so passiv in ihrem Wesen, dass der Heilige Geist sie anstoßen muss, einen Standpunkt einzunehmen.

Und dann gibt es andere Menschen, die sich mit löwengleicher Heftigkeit in die Konfrontation stürzen. Diese »Löwen« sind Menschen, die anderen in fleischlichem Eifer widersprechen, und wehe, wenn sie sich entschließen, eins der schüchternen Lämmer zu konfrontieren, die zu scheu oder zu furchtsam sind, sich in der Gefahr zu verteidigen. Die Löwen lauern förmlich auf ein Opfer, das ihre Meinung nicht teilt.

Untersuchen Sie sich selbst, um herauszufinden, ob Sie Löwe oder Lamm sind. Wenn Sie im Allgemeinen nicht gerne Dinge diskutieren und Probleme nicht angehen wollen, dann müssen Sie gehorsam ihre Stimme erheben, wenn Gott es Ihnen sagt, ob Sie es wollen oder nicht. Wenn Sie von Natur aus schnell konfrontieren, dann müssen Sie üben, Dinge auf sich beruhen zu lassen, bis Gott Ihnen sagt, ob und wann Sie sie wieder aufgreifen sollen. Manche Menschen müssen vom Heiligen Geist angeschubst werden, und die Löwen-Persönlichkeiten, wie ich, müssen zurückgehalten werden.

Fast die Hälfte aller Teilnehmer bei jeder beliebigen Konferenz melden sich, wenn ich frage, wer gelassen ist und Probleme eher nicht ansprechen würde, als einen Streit zu riskieren. Die andere

Hälfte gibt an, dass sie eher dazu neigen, eine Situation anzugehen, ohne noch einmal nachzudenken. Wenn in einem Saal die Hälfte der Leute Konfrontation lieben und die andere Hälfte sie hassen – dann sind natürlich viele von diesen Leuten miteinander verheiratet.

Schlimm wird es, wenn eine Person immer konfrontieren will und die andere das immer fürchtet. Dann beschwert sich der, der immer reden will, bei dem anderen: »Du sprichst nie mit mir.« Der, der nichts sagt, ist der Meinung, das liege daran, dass der andere nie den Mund hält! Was wir alle brauchen, ist Ausgewogenheit, und wir müssen beschließen, uns vom Geist und nicht vom Fleisch leiten zu lassen.

Jeder muss bestimmte Angelegenheiten in seinem Leben in Angriff nehmen, und doch werden weder »Löwen« noch »Lämmer« dem Beispiel Jesu im Friedenhalten nacheifern, wenn sie unausgewogen sind. Wir sollen Gott nacheifern und ein Licht sein, damit Ungläubige ihren Weg zum Reich Gottes finden können, weil sie das Leben haben wollen, das wir führen. Eine Eigenschaft Jesu, die mit am schwierigsten zu imitieren ist, ist seine Fähigkeit, dieses Lamm mit Löwenherz zu sein. Wenn Konfrontation nötig war, dann zog Jesus sie immer voller Liebe fest und konsequent durch.

Ich will die Demut haben, die sich in Jesus zeigt. Wir sollen seine Freundlichkeit und Sanftheit imitieren und uns dennoch mit Bestimmtheit aller Angelegenheiten annehmen, die gelöst werden müssen. Als Leiter eines großen Werks müssen Dave und ich uns ständig mit Konfliktsituationen auseinandersetzen. Früher wünschte ich mir immer, wir könnten wenigstens einmal eine Woche haben, in der wir uns um nichts kümmern müssen. Doch schließlich verstanden Dave und ich, dass wir uns immer mit Konflikten werden auseinandersetzen müssen, aber wir wollen die Dinge auf Gottes Weise ansprechen.

Konflikte gehören zum Leben. Es ist wichtig, wie wir mit ihnen umgehen. Je mehr ich im Wort Gottes studiert habe, desto mehr verstand ich, warum Jesus den Namen »Löwe aus dem Stamm Juda« trägt. Es bedeutet, dass er eine Stärke hat, die für Löwen charakteristisch ist, und dass er mit dieser Stärke Dinge auf majestätische Weise regelt. Aber er wird auch Lamm Gottes genannt.

Der Löwe hat genau entgegengesetzte Eigenschaften wie das Lamm, doch im Herrn erkennt man beides. Wir haben einmal ein Bild geschenkt bekommen, auf dem ein Löwe und ein Lamm zusammenliegen, und das hält mir vor Augen, dass ich eine gute, gottesfürchtige Mischung aus beiden Eigenschaften sein soll. Mit dem Löwenanteil hatte ich noch nie Schwierigkeiten, aber der Lammanteil bereitete mir große Probleme. Wenn wir mit jemandem kommunizieren müssen, besonders wenn wir eine unangenehme Angelegenheit ansprechen müssen, sollten wir zuerst beten, dass Gottes Gnade und Barmherzigkeit uns salbt, ein Lamm mit dem Herzen eines Löwen zu werden. Dann sollten wir warten, bis unsere Perspektive und unser Ansatz ausgewogen sind.

Schnell daherreden, ohne viel nachzudenken – das führt oft zu gewaltigen Schwierigkeiten. Prediger 5,1 sagt: *Sei nicht vorschnell mit deinem Mund, und dein Herz eile nicht, ein Wort vor Gott hervorzubringen!* ... Ich glaube, wir sollten nicht nur mit unseren Worten gegenüber Menschen, sondern auch mit unseren Gedanken gegenüber Gott vorsichtig sein. Oft habe ich mir in Gedanken schon ausgemalt, wie ich mit einer bestimmten Situation umgehen würde, und Gott hat mich wissen lassen, dass er es so nicht wollte. Wir sollten uns angewöhnen, den Herrn zu fragen, was er machen würde, bevor wir über Konfrontationen überhaupt reden oder Pläne schmieden.

Es ist sehr leicht, Schlüsse zu ziehen, aber Paulus sagte in 1. Korinther 4,5: *So verurteilt nichts vor der Zeit, bis der Herr [wieder] kommt, der auch das [jetzt] Verborgene der Finsternis ans Licht bringen und die [geheimen] Absichten [Motive, Ziele] der Herzen offenbaren wird!* ... Wir sollten Gott Zeit lassen, um mit seiner Weisheit und seinem Wissen in eine Situation zu »kommen«, bevor wir zu schnell unsere eigenen Entscheidungen treffen. Nur der Herr weiß, was im Herzen eines Menschen ist, und er urteilt dementsprechend, nicht nur gemäß dem, was er sieht und hört. Das Beherzigen dieser Prinzipien hat mir sehr viel in der Beziehung mit Dave geholfen und uns sicher vor zahllosen Streitereien bewahrt.

Die Bibel sagt: *Seid nüchtern, wacht! Euer Widersacher, der Teufel, geht umher wie ein brüllender [sehr hungriger] Löwe und sucht, wen er verschlingen kann* (1. Petrus 5,8). Wenn wir nicht nüchtern und ausgewogen sind, könnte unser Widersacher, der Teufel, eine Gelegenheit finden, uns zu verschlingen.

Jesus demonstriert die Balance zwischen einem Löwen und einem Lamm, der wir auch nacheifern sollen. In Offenbarung 5,5 wird Jesus als Löwe von Juda dargestellt: *Und einer von den Ältesten [des himmlischen Rats] spricht zu mir: Weine nicht! Siehe, es hat überwunden [gewonnen, erobert] der Löwe aus dem Stamm Juda, die Wurzel [Quelle] Davids, um das Buch und seine sieben Siegel zu öffnen.*

Der folgende Vers, Vers 6, zeichnet Jesus als das Lamm: *Und ich sah inmitten des Thrones und der vier lebendigen Wesen [Kreaturen] und inmitten der Ältesten [des himmlischen Rats] ein Lamm stehen wie geschlachtet, das sieben Hörner und sieben Augen hatte; die sind die sieben Geister Gottes [der siebenfältige Heilige Geist], ausgesandt [im Dienst, fern und weit] über die ganze Erde.*

Im ganzen Neuen Testament sehen wir Jesus, der auf zwei ganz unterschiedliche Weisen wirkt. Er konfrontierte die Geldwechsler im Tempel, warf ihre Tische um und demonstrierte allen, die ihn beobachteten, in aller Festigkeit Gottes Willen. *Und er spricht zu ihnen: Es steht geschrieben: »Mein Haus wird ein Bethaus genannt werden«;* ihr *aber macht es zu einer »Räuberhöhle«* (Matthäus 21,13). Und an anderen Stellen sehen wir Jesus, wie er zu Unrecht beschuldigt wird und kein Wort zu seiner eigenen Verteidigung äußert.

Was sollen wir also von seinen Kommunikationsmustern lernen? Er war ein Löwe, wenn das nötig war, und doch immer ein Lamm – er sündigte niemals und vergriff sich nie im Ton. Es ist eine Herausforderung, sich bei einem Angriff nicht zu verteidigen. Es ist schwierig, Beleidigungen zu ignorieren und sich nicht zu rächen.

Jesaja 53,7 sagt über Jesus: *Er wurde misshandelt, aber* er *beugte sich und tat seinen Mund nicht auf wie das Lamm, das zur Schlachtung geführt wird und wie ein Schaf, das stumm ist vor seinen Scherern; und er tat seinen Mund nicht auf.*

Manchmal finde ich, es gehört zum Schwierigsten, was Gott von uns will, dass wir in der Kommunikation Christus ähnlich sind. Wenn jemand unhöflich ist und einen ausschimpft, schlecht behandelt oder beleidigt, dann ist es nicht leicht, einfach dazustehen und ihn mit göttlicher Liebe anzusehen und nur auf Gott zu warten.

Gott sei Dank, er gibt uns die Kraft, uns zu ändern und Christus ähnlich zu werden. Ich fühle manchmal immer noch die Reaktion meiner alten Natur, aber ich lerne, mich immer besser zu beherrschen. Der Schlüssel ist: Lernen, zu konfrontieren, wenn Gott es sagt, und eine Sache auf sich beruhen zu lassen, wenn Gott *das* sagt.

Unsere alte Natur reagiert in einem Konflikt so:

»Dir werde ich's zeigen!«

»So wirst du mich nicht behandeln!«

»Das muss ich mir nicht gefallen lassen.«

»Was glaubst du eigentlich, wer du bist?«

»Was glaubst du eigentlich, wen du vor dir hast?«

Manchmal werfen wir dem Gegenüber sogar Bibelverse an den Kopf: »Lege deine Hand nicht an den Gesalbten des Herrn!« (siehe 1. Samuel 26,23). Doch als Jesus misshandelt wurde, beugte er sich. Gott gab ihm nicht die Freiheit, irgendetwas zu sagen, also blieb er still und nahm die Schande für uns auf sich.

Matthäus 18,15 sagt: *Wenn aber dein Bruder sündigt, so geh hin, überführe ihn zwischen dir und ihm allein!* Konfrontation ist keine öffentliche Sache. Meistens sollte sie unter vier Augen geschehen.

Galater 6,1-5 erklärt, wie man durch die Liebe Gottes eine Konfrontation angeht. Abgesehen davon, dass wir reichlich eigene Fehler haben, sollen wir demütig sein angesichts der Tatsache, dass wir selber auch dem gleichen Fehler verfallen können, den wir bei unserem Gegenüber kritisieren wollen. Wir sollen die Sache behutsam in Angriff nehmen, damit in dem anderen Verständnis für Gottes große Liebe zu ihm aufgebaut und sein Selbstwertgefühl nicht heruntergezogen wird. Lesen Sie diese Verse sorgfältig durch und überlegen Sie dabei, wie Sie in der Vergangenheit mit Konfrontationen umgegangen sind und wie sie vorhaben, das in Zukunft zu tun.

> *Brüder, wenn auch ein Mensch von einem Fehltritt übereilt wird, so bringt ihr, die Geistlichen [die auf den Geist reagieren und sich von ihm beherrschen lassen], einen solchen im Geist der Sanftmut wieder zurecht. Und dabei gib auf dich selbst acht, dass nicht auch du versucht wirst.*
> *Einer trage [halte aus] des anderen Lasten, und so werdet ihr das Gesetz des Christus [des Messias] erfüllen.*
> *Denn wenn jemand meint, etwas zu sein [zu wichtig, um sich herabzulassen, eines anderen Last zu schultern], während er doch nichts [Herausragendes, außer in seiner Selbsteinschätzung] ist, so betrügt er sich selbst.*
> *Ein jeder aber prüfe sein eigenes Werk, und dann wird er nur im Blick auf sich selbst Ruhm haben und nicht im Blick auf den anderen; denn jeder wird seine eigene [kleine] Bürde [an bedrückenden Fehlern] tragen [verstehen und ruhig annehmen].*

Wir haben gelernt, zu beten und zu warten, dass Gott die Notwendigkeit und das Timing bestätigt, bevor wir einander konfrontieren. Wenn wir meinen, dass wir jemanden auf etwas aufmerksam machen sollen, ist es außerdem ein Schlüssel zu gottgefälliger Konfrontation, so zu beginnen: »Sieh mal, ich weiß, dass ich selber viele Fehler habe. Ich weiß, dass ich selber vieles falsch mache. Aber ich glaube, Gott will, dass ich mit dir über diese eine Sache rede.« Demut und Liebe drücken einen Konflikt in völlig anderer Weise aus, als wenn wir arrogant vor jemandem stehen mit unserer Liste von allem, was an ihm nicht in Ordnung ist.

KAPITEL 12

Was brauchst du?

... Denn was ein Mensch sät, das wird er auch ernten. Denn wer auf sein Fleisch sät, wird vom Fleisch Verderben ernten; wer aber auf den Geist sät, wird vom Geist ewiges Leben ernten.
Galater 6,7-8

Jeder braucht Stabilität – emotionale, geistliche, mentale und sogar verbale. Wir wollen sicher sein, dass Worte, die gesagt werden, ernst gemeint sind, dass ihnen, wo nötig, Taten folgen. Worte, die gesagt werden, sind Versprechen, und Versprechen sollten nicht gebrochen werden. Unsere Ehepartner brauchen dieselbe Sicherheit, wie wir sie uns wünschen. Der Geist Gottes hat verheißen, uns wiederzugeben, was wir in das Leben anderer gesät haben. Der Wunsch, mit stabilen Menschen zu tun zu haben, wird erfüllt, wenn wir anderen geben, was wir auch von ihnen erwarten. Eine stabile Grundlage in unserem Leben und unserer Umgebung gibt uns Zuversicht, uns Widrigkeiten zu stellen.

Mein Mann war schon immer eine sehr stabile Persönlichkeit. Ich kann also immer darauf zählen, dass er in schweren Zeiten derselbe bleibt wie in guten. Er hat keine veränderlichen Launen – ebenso wenig veränderliche Entscheidungen oder Überzeugungen. Ich wuchs in einer sehr instabilen Umgebung auf, und Gott hat unter anderem Daves Stabilität benutzt, um Heilung in mein Leben zu bringen. Wenn wir in unserem Verhalten anderen gegenüber wie Gott werden, dann kann er uns benutzen, um ihnen Heilung und Wiederherstellung zu bringen. Jesus ist derselbe, gestern, heute und für immer (Hebräer 13,8); er ist der Fels, auf dem wir sicher stehen (siehe Psalm 62,2-3,6-8) – wir sollten uns alle Mühe geben, dass diese Stabilität sich durch uns manifestiert. Stabilität setzt ein Gefühl von Sicherheit frei, etwas, was jeder, besonders Frauen, braucht und wünscht.

Gottes Wort ermutigt, nach jeder Möglichkeit und Gelegenheit Ausschau zu halten, wo wir anderen Menschen Gutes tun können (das schließt unsere Ehepartner ein), nicht nur, indem wir ihnen nützlich und gewinnbringend sind, sondern auch, indem wir tun, was ihrem geistlichen Wohlergehen und Vorankommen dient. Wir sollen besonders auf die achten, die mit uns zur Familie Gottes gehören (Galater 6,10).

Wenn wir gehorsam das Opfer bringen, das zur Ehe gehört, ist uns ein großer Lohn verheißen. Aus irgendeinem Grund freuen sich Frauen immer, wenn sie hören, was die Bibel darüber sagt, was Männer für ihre Frauen tun sollten. Ebenso sitzen Männer aufrecht und aufmerksam da, wenn ich Frauen lehre, wie sie mit ihren Ehemännern umgehen sollten.

Aber Gottes Wort bestätigt, dass sein Lohn eine Ernte der Gerechtigkeit ist, die aus allen Samen wächst, die wir gesät haben, wenn wir, jeder Einzelne, nur weiter tun, was recht ist. Wir sollten also auf das hören, was Gott uns individuell sagt, statt so gut zuzuhören, wenn es darum geht, wie unser Ehepartner uns behandeln soll.

Unterm Strich: Eines der Grundbedürfnisse von Frauen ist Sicherheit, während Männer instinktiv Bedeutung brauchen. Diese beiden Bedürfnisse können jeweils vom Ehepartner besser erfüllt werden als von einem selber. Eine Frau sucht Sicherheit, sie will wissen, dass für ihre Bedürfnisse in finanzieller und körperlicher Hinsicht und bei jeder Überraschung, die auftauchen mag, gesorgt wird. Eines Tages fiel in einem Teil unseres Hauses plötzlich der Strom aus. Ich fühlte mich sicher, weil ich weiß, dass Dave sich um solche Dinge kümmert, die ich nicht in Ordnung bringen könnte.

Das, was ein Mann aus seiner Ehe hauptsächlich beziehen will, ist Bedeutung. Er möchte sich wichtig fühlen, und dieser grundlegende Wunsch ist ihm von Gott gegeben. Es ist nicht falsch, dass ein Mann Bedeutsamkeit in seinem Leben anstrebt.

Lesen wir 1. Petrus 3,1:

Ebenso ihr Frauen, ordnet euch den eigenen Männern unter [als abhängig von ihnen, und passt euch ihnen an], damit sie, wenn auch einige dem Wort [Gottes] nicht gehorchen, ohne Wort durch den [gottesfürchtigen] Wandel der Frauen gewonnen werden.

Früher versuchte ich Dave mit Worten zu überzeugen. Als ich durch Gottes Wort erkannte, dass viele Diskussionen Dave nicht ändern würden, lernte ich mehr darauf zu achten, mich selber gottesfürchtiger zu verhalten. Statt Dave zu verändern, sollte ich sein Gefühl der Wichtigkeit bestärken.

Genau das sagt das Wort Gottes: Eine Frau soll ihren Mann achten und ehren, mit anderen Worten, das Gefühl vermitteln, dass er das Wichtigste in ihrem Leben ist. Dieses Bedürfnis ist ins Herz und das gottgefällige Ego der Männer eingebaut. Wenn eine Ehefrau ihrem Mann das Gefühl für seine Bedeutung in ihrem Leben vermitteln kann, dann scheint das in ihm einen Turbo einzuschalten, und er sucht nach Möglichkeiten, sich um ihre Bedürfnisse zu kümmern.

Satan will nicht, dass sich Ehepartner gegenseitig stärken. Er wispert verführend in das Herz der Frauen: »Ordne dich nicht unter; du verdienst es, dass die Dinge nach deinem Willen geschehen. Gib nicht nach, und passe dich ihm nicht an. Guck doch nur, wie dein Mann die ganze Zeit sein eigenes Ding durchzieht. Er weiß noch nicht einmal, wie man das Wort ›anhangen‹ schreibt! Er heiratet dich, setzt dich mit ein paar Kindern in ein Haus, und weg ist er: Er zieht immer sein eigenes Ding durch, ist ständig unterwegs.«

Wenn eine Frau auf den Teufel hört, dann wird sie mit ihrem Ehemann schimpfen, sobald er nach Hause kommt. Sie wird den ganzen Abend schimpfen, wütend zu Bett gehen, und manchmal dauert dieser Streit Jahre an. Bleibt sie den Lügen des Teufels gegenüber offen, findet sie es schwieriger und schwieriger, mit ihrem Ehemann zu reden, und sie lässt sich die Art von Beziehung entgehen, die Gott für sie vorgesehen hatte.

Gott möchte Paaren bei ihren Eheproblemen helfen und mit denen arbeiten, die gute Ehen haben, um sie noch besser zu machen. Wie Ehepaare einander behandeln, ist Gott wichtig. Männer sollen ihre Frauen lieben und mit Respekt behandeln. Ein Mann soll auf die Bedürfnisse seiner Frau Rücksicht nehmen und darüber nachdenken, was sie braucht und was sie vielleicht möchte. Die Frau soll ihrem Mann das Gefühl geben, er sei wichtig. Sie soll ihrem Mann das Gefühl vermitteln, er sei bedeutungsvoll, und ihn so behandeln, wie sie selbst behandelt werden möchte.

Wie wollen wir unsere Ehe: als Traum oder als Trauma? Wenn Sie zu Hause Königin sein wollen, dann behandeln Sie Ihren Mann wie einen König. Wenn Männer in ihrem Haus König sein wollen, müssen sie ihre Frauen wie Königinnen behandeln. Natürlich möchte Satan, dass alle Ehen als Tragödie enden. Aber ich glaube, wir können das verhindern und Heilung finden für die destruktiven Differenzen.

Die meisten Menschen heiraten, ohne zu wissen, was sie für ihren Ehepartner tun sollen, wie Gott es erwartet. Viele Menschen haben nie im Leben gelesen, was Gottes Wort darüber sagt, dass man sich in der Ehe um die Bedürfnisse des anderen kümmern soll. Ihre Heirat wurde vielleicht von irgendeiner körperlichen oder emotionalen Anziehung zum anderen inspiriert, dann geben sie sich das Jawort, und bald fing Satan an, ihre Unwissenheit über Gottes Absichten gegen sie zu verwenden.

Normalerweise folgen wir dem Beispiel, das wir vor unserer eigenen Eheschließung vor Augen hatten, und in vielen Fällen ist das ein schlechtes Beispiel. Wenn ein junger Mann nie gesehen hat, wie sein Vater seiner Mutter gegenüber zärtlich war, dann wird er wahrscheinlich nicht wissen, wie er selber seiner eigenen Frau Zuneigung ausdrücken kann. Ist sie hingegen in einer Familie aufgewachsen, in der der Vater ihrer Mutter sehr viel Zuneigung ausdrückte, wird sie ganz automatisch dasselbe erwarten. Sie wird ziemlich verzweifelt sein, wenn sie es nicht bekommt.

Wie bereits gesagt, hat mein Vater immer seinen Kopf durchgesetzt, indem er wütend wurde und wütend blieb, bis jeder machte, was er wollte. Das war für mich also die einzige Art und Weise, auf die man bekam, was man wollte, und so folgte ich diesem Beispiel, bis ich lernte zu beten und Gott zu vertrauen, dass er in mein Leben bringen würde, was für mich richtig war.

Wir können nur das tun, was wir zu tun wissen. Die Bibel sagt, das Volk kommt um aus Mangel an Erkenntnis (Hosea 4,6). Viele Ehen scheitern, weil die Menschen nicht gelernt haben, wie man gute, gottgefällige Beziehungen aufbaut und erhält.

Bei der heutigen Informationsflut kann sich jeder über jedes Thema bilden. Er muss sich nur die Mühe machen, sich über das gewünschte Gebiet zu informieren. Wir können niemand anderem für unser Versagen die Schuld in die Schuhe schieben, wenn wir faul sind und uns weigern, unseren Teil zu tun. Was immer Ihr spezielles Problem ist: Machen Sie einen Studiengang daraus. Erwerben Sie Wissen, überlegen Sie, beten, reflektieren, denken, lesen, forschen Sie, bis Sie alle Antworten haben, die Sie für den Sieg brauchen. Sitzen Sie nicht untätig herum, während Satan Ihre Ehe zerstört. Behalten Sie das Feld und kämpfen Sie um Ihr Eigentum.

Oft heiraten Menschen in der Hoffnung, der andere könne sie glücklich machen. Eine Ehe muss man aber vom Standpunkt des Gebens, nicht des Nehmens, aus betrachten. Wenn jeder Partner mit ganzer Hingabe überlegt, was er für seinen Partner tun kann, dann wird er im Prozess des Gebens alles bekommen, was er selber will, und mehr als das.

Die Bibel sagt: »*Geben ist seliger als Nehmen*« (Apostelgeschichte 20,35). Wir brauchen die längste Zeit unseres Lebens, bis wir das wirklich glauben. Wir bemühen uns eifrig, den anderen dahin zu bekommen, dass er etwas für uns tut, nicht wahr?

Vielleicht ist Ihnen aufgefallen, dass ich an verschiedenen Stellen des Buchs immer wieder dasselbe sage – dass wir die Einstellung haben sollten, etwas für andere zu tun, statt immer zu erwarten, dass andere etwas für uns tun. Ich sage das immer und immer wieder auf unterschiedliche Weise, weil es vermutlich das allerwichtigste Prinzip ist, das zum Gelingen jeder Beziehung beiträgt. Es bringt uns wieder zu dem zurück, was »Die goldene Regel in

Gottes Wort« genannt wird: *Und wie ihr wollt, dass euch die Menschen tun sollen, tut ihnen ebenso!* (Lukas 6,31).
In der Welt verfährt man nach Lust und Laune miteinander, und es ist deutlich zu sehen, dass das nicht funktioniert. Geben Sie, was Sie selber gern hätten, und Sie werden immer reichlich versorgt sein.

Hebräer 13,4 sagt: *Die Ehe sei ehrbar [wertgeschätzt, besonders kostbar und teuer] in allem ...!* Viele Paare in der Welt heiraten noch nicht einmal mehr; sie leben einfach so zusammen und denken, falls es nicht klappt, sparen sie sich das Geld für die Scheidung.

Tatsächlich gibt es Generationen von Menschen, die nie Gottes Wort gehört haben, dass Unverheiratete nicht zusammenleben sollten. Sie haben noch nicht einmal je gehört, dass die Ehe in Gottes Augen eine ehrbare Einrichtung ist, wo er sie segnen kann und etwas von ewigem Nutzen zwischen ihnen geschehen lässt. Ich höre Menschen völlig ohne Scham oder Verlegenheit öffentlich darüber reden, dass sie unverheiratet zusammenleben. Sie haben sich selber davon überzeugt, dass es sinnvoller wäre, zuerst ein Zusammenleben auszuprobieren, um zu sehen, ob es ihnen gefällt, bevor sie eine wirkliche Hingabe versprechen. Diese Theorie mag dem menschlichen Denken sinnvoll erscheinen, aber Gott heißt sie nicht gut, und nichts, was er nicht gutheißt, wird letztendlich gelingen.

Für Gott ist die Ehe ein Bund – eine Bundesbeziehung. Und in Gottes Augen darf ein Bund nie gebrochen werden. Wenn Sie in eine Bundesbeziehung mit jemandem treten, bedeutet das buchstäblich, dass alles, was Ihnen zur Verfügung steht, auch ihm gehört, und alles, was er hat, auch Ihnen.

Als Christen haben wir eine Bundesbeziehung mit Gott, und wir brauchen, was er hat! Ich hatte Gott nicht viel anzubieten, aber Gott gab mir genug von seiner Stärke, um alle meine Schwachheit auszugleichen. Ähnlich soll die Ehe sichtbar die Vorteile unseres unsichtbaren Bundes mit Gott reflektieren. So beginnt der erste Segen einer guten Ehe mit dem Ehren der Ehebeziehung und der Bereitschaft, unserem Ehepartner zu geben, was wir haben.

Wiedergeborene und geisterfüllte Menschen lassen sich nach vielen Jahren Ehe scheiden. Nachdem ich wenigstens zwanzig solcher Situationen innerhalb eines Jahres mitbekommen habe, fragte ich den Herrn: »Was ist denn los? Diese Leute kennen dein Wort! Sie wissen, dass Scheidung nicht dein Wille für sie ist! Und trotzdem tun sie es. Was ist denn los, Gott?«

Ich hörte den Herrn zu meinem Herzen sprechen, und ich glaube, so habe ich ihn noch nie gehört. Seine Stimme war traurig, und er sagte: »Joyce, mein Volk handelt nicht weise.« Dieser eine Satz war mir eine ganze Predigt von Gott.

In unserer heutigen Gesellschaft gibt es keine Ehre. Noch vor dreißig Jahren galt Ehre etwas unter Männern. Wenn etwas nicht ehrbar war, tat man es einfach nicht. Göttliche Prinzipien werden der Gesellschaft genommen. Generationen von Menschen haben nicht gelernt, wie wichtig es ist, sein Wort zu halten. Aber diejenigen von uns, die das Vorrecht haben, mit Jesus Christus in einer Beziehung zu leben und das Wort Gottes zu verstehen, können lernen und tun, was recht ist. Wir können wunderbare, starke und kräftige Ehen haben. Aber wir müssen weise sein.

Satan beginnt mit seiner Verführung immer, indem er jemanden anlügt. Er beginnt mit kleinen Vorschlägen – eine kleine Versuchung hier und eine kleine Versuchung dort. Aber wenn den Versuchungen stattgegeben wird, dann werden sie zu echten Sünden. Ich erinnere mich an ein junges Mädchen, die in den frühen Anfangstagen unseres Werks für uns arbeitete. Sie litt unter Unsicherheit und hatte gelegentlich ungute Beziehungen zu Männern gehabt, was wir damals nicht wussten. Sie begann einem der verheirateten Männer, die bei uns arbeiteten, Donuts mitzubringen. Jeden Morgen schenkte sie ihm so besondere Aufmerksamkeit.

Ich sah mir das nicht lange an und sagte: »Stopp mal! Wenn dieser Mann Donuts braucht, dann kann ihm seine Frau welche zur Arbeit mitgeben. Und wenn du Donuts spendieren willst, dann bring für alle im Büro welche mit, und nicht nur für einen Mann!«

Natürlich freute sich der Mann über die Aufmerksamkeit, die sie ihm entgegenbrachte. Durch kleine Flirts wirken böse Geister am Menschen. Sie sagen: »Ich gebe dir ein schönes Gefühl über dich selbst.« Aber wir sind berufen, weise zu sein! Denken Sie nicht, Sie könnten mit dem Feuer spielen, ohne sich zu verbrennen! Wenn wir ein besseres Selbstwertgefühl nötig haben, sollten wir uns Bestärkung von unserem Ehepartner holen und der Sicherheit und Bedeutung, die uns aus anderen Quellen erwächst, widerstehen.

Wenn Ihr Ehepartner Sie nicht bestärken und ermutigen kann oder will, dann holen Sie, was Sie brauchen, von Gott oder Ihrer Mutter oder einem anderen Freund, aber unter keinen Umständen sollte man sich in Satans Falle des Ehebruchs ziehen lassen. Wir alle kennen zahllose Menschen, die in einer ehebrecherischen Affäre ertappt wurden und samt und sonders sagen: »Das wollte ich nicht.« Wenn sie es nicht wollten, warum ist es dann passiert? Es passierte, weil eins zum andern führte und es zu spät war, bevor sie wussten, wie ihnen geschah. Sie ließen sich von ihren Emotionen beherrschen statt von der Weisheit Gottes.

Wenn wir der Weisheit folgen, wird unser Leben gesegnet, wenn nicht, wird es zerstört.

Das steht unterm Strich. Ich bin ein »Unterm-Strich«-Mensch. Ich habe herausgefunden, dass das viel besser ist, als irgendwo in höheren Sphären zu schweben und mich der Realität nicht zu stellen, die mich letztendlich doch einholen und zu einer Konfrontation zwingen wird.

Mancher weiß vielleicht noch nicht einmal, dass der Teufel eine Realität ist! Vor 25 Jahren verstand ich nichts von der Realität des Teufels als meinem Feind. Ich wusste nichts über dämonische Mächte und Gewalten. Ich wusste nicht, dass es Geister gibt, die sich der Menschen bemächtigen und versuchen, sie in sündige Beziehungen zu locken.

Wir müssen dem Feind gegenüber weise sein. In unserer Organisation gilt eine Regel, die manche für etwas streng halten.

Wir erlauben nicht, dass ein Mitarbeiter und eine Mitarbeiterin im Auto gemeinsam irgendwo hinfahren. Wenn sie beruflich reisen müssen, ist es uns das Geld wert, einen dritten Mitarbeiter freizustellen und mit ihnen fahren zu lassen, nur damit keiner zu zweit fahren muss.

Wenn ich unterwegs bin und an unterschiedlichen Orten predige, lässt Dave nicht zu, dass mich ein anderer Mann am Hotel abholt, wenn nicht eine Frau bei ihm ist. Nicht, weil Dave mir nicht vertraut. Wir finden nur, dass allein reisen nicht weise ist. Und wenn es nur den Eindruck verhindert, da sei etwas nicht in Ordnung, weil ich mit einem anderen Mann gesehen werde und die Leute sich fragen, warum.

Es gibt zahllose Möglichkeiten, Böses zu vermeiden, einfach indem man sich weise verhält. Ich erinnere mich, dass einmal ein Freund von Dave anfing mir zu sagen, wie hübsch er mich fand und wie sehr er wünschte, seine eigene Frau sähe so aus wie ich. Ich merkte sofort, dass da etwas nicht stimmte! Statt es vor meinem Mann geheim zu halten und die Komplimente dieses Mannes im Stillen zu genießen und zu meinen, dass sie doch niemandem wehtäten, ging ich zu Dave und sagte ihm, was ich gehört hatte, und dass ich mich damit nicht wohlfühlte. Wir entschieden zu beten, und wenn es je wieder vorkommen sollte, würde Dave mit ihm reden. Das Gebet half, dieser Vorfall wiederholte sich nie wieder. Offenbar wusste Satan aus meiner Reaktion, dass es nicht funktionieren würde, und so gab er seine Planung auf. Wir müssen klug genug sein, Satans Pläne zu durchkreuzen, statt ihm zu erlauben, dass er Gottes Pläne für unser Leben durchkreuzt, indem er uns in sündige Beziehungen zieht, die nur in der Katastrophe enden können.

Lassen Sie es mich noch einmal betonen: **Man kann nicht mit dem Feuer spielen, ohne sich zu verbrennen.**

Geben Sie Ihrem Ehepartner Sicherheit

Wenn Sie und Ihr Ehepartner zum Beispiel mit einem anderen Paar befreundet sind und Ihre Persönlichkeit mit der des Freundes gut zusammenpassen, dann genießen Sie das Gespräch zu viert. Sollten Sie aber merken, dass Sie lieber mehr nur mit dieser einen Person reden wollen, dann könnte es sein, dass Ihnen Schwierigkeiten ins Haus stehen. Seien Sie vorsichtig! Ich sage nicht, dass Sie sich mit niemandem unterhalten dürfen – übertreiben Sie es nur nicht.

Eine gute Ehe kommt nicht einfach so von allein. Es ist mir egal, wie wild Sie verliebt waren: Wenn Sie nicht weiter an Ihrer Ehe arbeiten, indem Sie beständig darauf achten, was Ihr Ehepartner braucht, dann wird die Ehe problematisch werden. Die Beziehung wird sich nicht weiterentwickeln. Sie werden einander überdrüssig werden. Sie werden die Begeisterung in Ihrer Ehe verlieren und Ihrem Ehepartner die Schuld geben, auch wenn Sie ihn die ganze Zeit vernachlässigt haben.

Ehen gehen kaputt und brechen auseinander, aber das geschieht nicht über Nacht. Es liegt fast immer daran, dass Menschen nicht weise sind. Sie werden keine gute Ehe haben, wenn Sie keine Zeit miteinander verbringen. Wenn Sie nicht lernen, wie Sie einander respektieren und für die Grundbedürfnisse des anderen sorgen können, werden Sie mit Sicherheit in ernste Probleme geraten.

Es gibt keine bessere Beziehung zwischen Menschen als eine tolle Ehe, aber auch keinen größeren Beziehungsschmerz als die Enttäuschung einer schlechten Ehe. Tun Sie alles, was Ihnen möglich ist, um Ihre Ehe nicht nur passabel, sondern ausgezeichnet zu machen. Gottes Segen auf der Ehe ist der, dass Sie selbst glücklich werden, wenn Sie versuchen, Ihren Partner glücklich zu machen.

Sprüche 7 zeigt, dass es weise ist, zu lernen, was das Wort Gottes sagt, und es dann zu tun. Wenn wir Probleme in unserer Ehe haben, sagt die Weisheit, dass nichts sich ändern wird, wenn wir unsere Einstellung nicht ändern. Die Weisheit lehrt uns vielleicht, mit manchem, was wir tun, aufzuhören und anderes anzufangen, was wir nicht tun wollen. Wir müssen bereit sein, uns zu verändern.

Ich habe einmal eine großartige Definition für Dummheit gehört: Dummheit ist, wenn wir dasselbe auf dieselbe Weise tun, aber andere Ergebnisse erwarten. Ein Eheseminar besuchen oder einfach ein Buch zu lesen wird kein bisschen bei Ihnen zu Hause ändern, wenn Gott Sie Ihres Ungehorsams überführt und Sie Ihr Verhalten nicht ändern.

Lernen Sie, schnell darauf einzugehen, wenn Gott Sie folgendermaßen anspricht:

»Hey, dieser Punkt betrifft dich!«

»Dein Problem ist eine falsche Einstellung!«

»Du rebellierst!«

»Du verbringst nicht genug Zeit mit deinem Ehepartner!«

Gottes Wort ist wie eine Berührung mit dem Hirtenstab. Wenn ein Lamm aus der Reihe gerät, dann kommt der Hirte und stößt es ein bisschen an, damit es wieder dahin geht, wo es hingehört. Genau das macht das Wort Gottes für uns. Gottes Geist hält uns in Übereinstimmung mit dem Wort Gottes. Wissen, was zu tun ist, und es dann zu tun wissen.

Es interessiert Sie vielleicht, dass ich bei den abschließenden Arbeiten an diesem Buch, für die ich es noch einmal lesen musste, durch mein eigenes Buch einiger Dinge überführt wurde, die ich andere lehre, die ich aber selber habe schleifen lassen. Es sind Dinge, die ich zu tun weiß, aber ich bin faul geworden, sie tatsächlich zu tun. Wir alle brauchen den Anstoß von Gottes Wort, um uns auf dem engen Pfad zu halten, der zum Leben führt. Es war lange her, dass ich mit Dave das letzte Mal Golf gespielt hatte, weil ich so viel zu tun hatte, aber nachdem ich dieses Buch gelesen hatte, beschloss ich, meinen Zeitplan umzustellen und aus dem Spaß mit meinem Mann eine Priorität zu machen.

Als ich Dave fragte, ob er morgen mit mir Golf spielen wollte, leuchteten seine Augen auf und er wirkte sehr erfreut und begeistert. Weil ich Saat gesät habe mit der Absicht, ihn glücklich zu machen, weiß ich jetzt schon, dass er sich Mühe geben wird, mich noch glücklicher zu machen, als ich schon bin.

Folgen Sie der Leitung und den Gedankenanstößen des Heiligen Geistes – er will Sie immer zum Segen führen.

Wenn Gott spricht, ist es eine natürliche Reaktion, nach einem leichten Ausweg zu suchen – statt Eigenwille und Stolz zu opfern und zu gehorchen. Wir schreien panisch: »Ich will nicht leiden. Ich will keine Unbequemlichkeit. Ich will nichts aufgeben müssen. Ich will nur, dass meine Ehe besser wird. Oh Mann, ich hoffe, ich finde mal irgendwen, der Hände auflegt, um Ehen besser zu machen.«

Aber Sie können sich die Hände auflegen lassen, bis Sie keine Haare mehr auf dem Kopf haben, und nichts wird sich verändern, wenn Sie nicht selber nach Hause gehen und ein paar Dinge in Angriff nehmen!

Lesen Sie Sprüche 7,1-5 (Luther 84):

> *Mein Sohn, behalte meine Rede und verwahre meine Gebote bei dir [damit du sie nutzen kannst, wenn du sie brauchst].*
> *Behalte meine Gebote, so wirst du leben, und hüte meine Weisung wie deinen Augapfel [deine Pupille]. Binde sie an deine Finger, schreibe sie auf die Tafel deines Herzens.*
> *Sprich zur Weisheit: Du bist meine Schwester, und nenne die Klugheit deine Freundin, dass sie dich behüte vor der Frau des andern, vor der Fremden, die glatte Worte gibt.*

Wir sollen die Weisheit immer um uns halten, sie wie eine Schwester annehmen und Verständnis und Einsicht wie einen engen Freund suchen. Weisheit verspricht, uns von unmoralischen Leuten fernzuhalten, die die Absicht haben, unser Leben zu zerstören.

Vers 21 spricht von wiedererkennbaren Mustern der Versuchung: *Sie verleitet ihn durch ihr vieles Überreden, mit ihren glatten Lippen reißt sie ihn fort [sein Gewissen und seine Ängste zu überwinden].*

Wie viele Leute könnten Ärger vermeiden, wenn sie sich einfach nach ihrem Gewissen richteten? Wir wissen, dass mit dieser Frau aus Vers 5 jemand gemeint ist, der versucht, einen Mann in sexuelle Sünde zu ziehen, aber ich glaube, es kann auch anderes repräsentieren, wie die Versuchung, herumzusitzen und zu viele Shows anzugucken, obwohl einem das Gewissen sagt, man solle das Fernsehen ausstellen und Zeit mit der Familie verbringen. Manchmal drängen wir unsere Ehepartner in Versuchungen, wenn wir sie allein lassen, sodass sie selbst sehen müssen, wie sie sich ohne unsere Hilfe erfreuen und aufmuntern können.

Gott gibt jedem, der darum bittet, Weisheit. Er wird uns ein Bewusstsein von richtig und falsch ins Herz legen. Um eine gute Ehe zu haben, müssen wir tun, was unser Herz uns sagt, nicht nur, was wir immer wollen.

Sprüche 7,22-27 beschreibt das destruktive Ziel der Versuchung weiter:

> *Er [gibt nach und] folgt ihr augenblicklich, so wie ein Stier zur Schlachtung geht, wie in die Fessel hüpft der Hirsch, bis ein Pfeil [der Leidenschaft] die Leber ihm zerreißt; wie ein Vogel sich ins Fangnetz stürzt und nicht weiß, dass es um sein Leben geht.*
> *Nun denn, ihr Söhne, hört auf mich und horcht auf die Worte meines Mundes!*
> *Nicht schweife dein Herz ab zu ihren Wegen, verirre dich nicht auf ihre Pfade!*
> *Denn viele sind die Erschlagenen, die sie gefällt hat, und zahlreich alle, die sie ermordete.*
> *Ein Weg zum Scheol [Hades, der Ort der Toten] ist ihr Haus, der hinabführt zu den Kammern des Todes.*

Versuchung wendet sich an Menschen, die bereits verwundet sind. Jemand, dessen Bedürfnisse zu Hause nicht erfüllt werden, wird eher von Versuchung befallen werden. Beachten wir, dass das Opfer nur widerwillig folgt, und wenn er sich von ihrer Führung nicht losreißen kann, wird die Versuchung einen Mann in den Tod führen. Natürlich könnte die »lose Frau« auch ein »loser

Mann« sein. Diese Botschaft richtet sich an Mann und Frau, an Jung und Alt. Keiner ist vor der Versuchung gefeit.

Ehen brauchen Schutz. Es reicht nicht zu denken: **»So, jetzt sind wir verheiratet, das war's. Jetzt muss er bei mir bleiben, und ich kann tun, was ich will, und aussehen, wie ich will, denn er hat sich der Ehe verpflichtet.«**

Wenn ein verwundeter Mann, dessen Bedürfnisse ignoriert werden, zur Arbeit geht, dann gibt es sicherlich jemanden da draußen mit einem Verführergeist, der versuchen wird, ihn in die Falle zu locken. Seien Sie also weise. Lassen Sie Ihren Mann nicht wie ein Ochse sein, der zum Schlachter geführt wird. Hoffen wir, dass gottesfürchtige Männer klug genug sind, ihr Leben nicht von einer losen Frau stehlen zu lassen, aber manche Männer brauchen ihre Ehefrauen, um sich vor solchen Verführungen zu schützen. Genauso müssen sich auch Frauen gegen diese Falle verteidigen.

Dem Teufel widerstehen

Verheiratete Menschen müssen vor einem Flirt so schnell wie möglich fliehen. Auch wenn man Komplimente unbedingt nötig hätte, ist es gefährlich, sie aus der falschen Quelle zu empfangen. Wir müssen das Böse meiden und uns davon fernhalten und Gott bitten, uns in all den Gebieten Stärke zu geben, wo wir schwach sind. Wir müssen dem Teufel widerstehen, und wenn wir das tun, wird er von uns fliehen. Wir widerstehen dem Teufel, indem wir uns Gott unterordnen (Jakobus 4,7). In der Welt gibt es viele Stimmen, aber die einzige, der wir folgen müssen, ist die Stimme Gottes. Der Teufel wird nicht nur versuchen, uns durch falsche Gedanken und Gefühle in die Irre zu leiten, sondern er wird auch Menschen benutzen, manchmal sogar gute Freunde, um Versuchung in unser Leben zu bringen.

Die Stimme der Menschen kann stark sein, aber wir müssen uns entscheiden, Gott zu gefallen, nicht den Menschen. Vielleicht haben Sie eine unverheiratete Freundin, die möchte, dass Sie mit ihr irgendwo hingehen, wo sie einen Mann finden kann, doch da würde Ihr Ehemann Sie nicht gerne sehen. Sie werden Ihre Freundin enttäuschen und tun müssen, wovon Sie wissen, dass es richtig ist. In allem konsequent so zu handeln, das ist die Art, Probleme zu vermeiden. Folgen Sie der Weisheit; folgen Sie dem Frieden – wenn Sie das tun, werden Sie sich über das Ziel Ihres Weges freuen. Wenn nicht, werden Sie es schließlich bedauern. Man braucht später nichts zu bedauern, wenn man sich jetzt für das Richtige entscheidet.

Gott pflegt Umgang mit seinen Kindern. Wenn wir Eheprobleme haben, dann, glaube ich, zeigt er Dinge, die wir anders machen müssen. Er schreibt uns seine Anweisungen aufs Herz, und wir wissen, was wir tun oder womit wir aufhören sollten.

Der Beginn der Weisheit, sagt die Bibel, ist die Gottesfurcht. Wir müssen Gott mehr fürchten, damit wir, wenn er uns etwas sagt, verstehen, dass er es zu unserem Besten sagt. Wenn ich in meinen Seminaren diejenigen der Teilnehmer bitte, sich zu melden, die zugeben, dass Gott ihnen einmal gesagt hat, sie sollten etwas tun, und die dann nicht gehorcht haben, dann heben 75 Prozent der Leute die Hand. Ja, sie wussten, was Gott ihnen sagte, handelten aber nicht entsprechend.

Welche Hilfe kann es für die geben, die sich weigern, Gott zu gehorchen? Wenn wir nicht tun wollen, was Gott uns sagt, dann wird sich nichts an unseren Umständen ändern. Zu wissen, was zu tun ist, und es nicht zu tun, das ist keine Weisheit. Dieses eine Prinzip kann Ihr Leben ändern: Sie müssen wissen, was zu tun ist, und es dann tun!

Beginnend in Haggai 1,2 sehen wir eine Gruppe Menschen, denen Gott achtzehn Jahre zuvor gesagt hatte, sie sollten sein Haus wiederaufbauen. Sie hatten diesem Reden Gottes nicht gehorcht, dennoch verstanden sie nicht, warum es ihnen so schlecht ging im Leben. Sie fragten sich, wo denn der Segen des Herrn bliebe.

Nachdem er sie an ihren Ungehorsam gegenüber seinen Anweisungen erinnert hatte, sagte der Herr zu ihnen (Vers 4 bis 6):

Ist es für euch selber an der Zeit, in euren getäfelten Häusern zu wohnen, während dieses [des Herrn] Haus verödet daliegt?
Und nun, so spricht der Herr der Heerscharen: Richtet euer Herz auf eure Wege [und überlegt, was mit euch geschehen ist]!
Ihr habt viel gesät, aber wenig eingebracht; ihr esst, aber werdet nicht satt; ihr trinkt, aber seid noch durstig; ihr kleidet euch, aber es wird keinem warm; und der Lohnarbeiter erwirbt Lohn in einen durchlöcherten Beutel.

Erinnert Sie das an jemanden, den Sie kennen? Wie oft hörten Sie ihn sagen: »Ich verstehe einfach nicht, was los ist, Gott. Ich verstehe es einfach nicht.«

Vers 7 bringt die Antwort:

So spricht der Herr der Heerscharen: Richtet euer Herz auf eure Wege [euer früheres und gegenwärtiges Verhalten]!

Mit anderen Worten, wenn wir nicht zufrieden sind mit dem, was in unserem Leben momentan los ist, dann sollten wir vielleicht zurückschauen und uns von Gott zeigen lassen, wie sehr das an unserem eigenen Verhalten liegt. Wir müssen bereit sein, unsere Wege zu ändern, wenn wir seinen Segen empfangen wollen. Wenn wir bereit sind, unseren früheren und gegenwärtigen Lebenswandel, der Gottes Segnungen zurückhält, zu ändern, können wir größere Siege feiern als je zuvor.

Viele Christen, die einen großen Teil ihrer Zeit mit dem Versuch zubringen, glücklich zu sein, fragen sich, warum sie nicht gesegnet sind. Sie glauben, der Teufel versuche, ihnen den Segen vorzuenthalten. Sie denken, mehr geistliche Kampfführung sei nötig, damit die Segnungen für sie durchkommen. Geistliche Kampfführung ist sehr wichtig, aber ohne Gehorsam wird sie nichts Gutes bewirken!

Ordnen Sie sich Gott unter

Die Bibel sagt: *Unterwerft euch nun Gott! Widersteht aber dem Teufel! Und er wird von euch fliehen* (Jakobus 4,7). Viele Menschen versuchen dem Teufel zu widerstehen, aber Gott unterwerfen sie sich nicht! Wie kann man den Teufel aus seiner Ehe heraushalten, wenn man nicht tun will, was Gott einem gesagt hat? Wenn Gott mir aufs Herz legt: »Geh und bitte Dave um Entschuldigung«, dann muss ich schnell gehorchen. Der Heilige Geist wird mich nicht in Frieden lassen, bis ich seiner Stimme gehorche: »Bitte Dave um Entschuldigung. Bitte Dave um Entschuldigung. Geh und bitte Dave um Entschuldigung.«

Gott will unter Paaren Sicherheit und Bedeutung aufbauen. Er weiß, dass die Liebe niemals versagt, und sein Geist gibt uns immer den Anstoß zu tun, was Liebe tun würde. Das Wort Gottes **zeigt** mir, was zu tun ist! Das Wort Gottes zeigt mir, wie ich ein großartiges, wunderbares Leben führen kann, aber tun muss ich es.

Wer stur und dickköpfig ist, schläft nicht gut. Wenn ich mich weigere, Dave um Entschuldigung zu bitten, und mit meiner Wut auf ihn zu Bett gehe, stelle ich fest, dass ich an der äußersten Außenkante der Matratze liegen kann, um mich von ihm zu distanzieren! Ich bin wütend, und ich will nicht, dass er mich berührt. Ich erinnere mich, wie mir einmal die ganze Nacht über eiskalt war, ich mich aber stur weigerte, ihn um ein Stück Decke zu bitten. Ja, ich dachte sogar, ich würde mein Leben lang nicht mehr mit ihm sprechen! (Kennen Sie solche Szenen?)

Aber während ich da liege, wartet der Heilige Geist immer noch und will mich ermutigen, das Richtige zu tun. Mitten in meiner schlaflosen Nacht höre ich seine Stimme: »Du hättest Dave um Entschuldigung bitten sollen. Du hast nicht um Entschuldigung gebeten.«

Schließlich komme ich an den Punkt, wo ich unter solch einem Druck nicht mehr leben kann, also sage ich: »Okay, Gott, sag mir, was ich tun soll. Ich werde es einfach machen. Bringen wir es hinter uns.« Ich verstehe, dass sich nichts ändern wird, wenn ich es nicht tue.

Epheser 4,26 sagt: *Zürnet, und sündigt dabei nicht! Die Sonne gehe nicht unter über eurem Zorn [Verzweiflung/Frustration, Wut, Entrüstung]!* Wut ist eine Emotion, die manchmal einfach hochkocht, bevor wir wissen, wie uns geschieht. Ich habe entdeckt, dass ich sie nicht immer abwenden kann, wenn sie kommt, aber ich kann ihr das Bleiberecht verweigern.

Schaffen Sie Frieden. Seien Sie ein Friedensstifter. Schlucken Sie Ihren Stolz hinunter und bitten Sie um Entschuldigung. Im Wort Gottes haben wir alles Nötige, was uns hilft, ein wunderbares Leben zu führen! Das Wort ist eine Leuchte für unseren Fuß und ein Licht für unseren Pfad (Psalm 119,105).

Wie man Selbstwertgefühl im Ehepartner aufbaut

Um das Haus nach seinen Plänen zu bauen, wird Gott Sie bitten, Ihren Ehepartner aufzubauen und innerlich stark zu machen. Frauen sind gerufen, ihre Männer zu respektieren, zu ehren und sich ihnen unterzuordnen, um sie aufzubauen und im Herrn wertzuschätzen. Männer sollen ihre Frauen lieben, wie Christus die Kirche liebt, um ihr Selbstwertgefühl zu festigen. Christus liebte die Kirche so sehr, dass er sich für sie hingab. Wenn die Ehepaare, die zu Gott gehören, in ihrem Selbstwertgefühl aufgebaut sind, werden sie Gottes Plan erfüllen: Mit Nachkommen, die Gott ihnen gibt, werden sie sich vermehren und sich die Erde durch die Arbeit ihrer Hände untertan machen.

Sowohl Mann als auch Frau müssen ihren Eigenwillen opfern, um Gottes Gebot für ihr Zuhause zu gehorchen. Wer kann glauben, dass er geliebt wird, wenn er nie erlebt, dass seinetwegen Opfer gebracht werden? Wenn einer der beiden immer alles nach seiner Pfeife tanzen lassen muss, wie soll der andere Partner sich je geliebt fühlen? Beide Seiten müssen Opfer bringen, um ihre Liebe zueinander zu zeigen.

Liebe muss sich in dem zeigen, was wir tun. Um Streit zu vermeiden, müssen wir beständig vergeben und jeden Tag die Kränkungen nicht anrechnen. Auf die Bedürfnisse des anderen ausgerichtet zu bleiben ist ein Opfer, aber auch das Geheimnis für großes Glück und Segnungen in Gott. Die Alternative ist: selbstsüchtig sein, seinen eigenen Kopf durchdrücken müssen und sich wundern, warum die Ehe kaputtgeht.

Der Heilige Geist weiß um Ihre Wünsche, wenn er Ihnen sagt, sie sollen jemandem Ihre Liebe zeigen. Oft habe ich den Anstoß verspürt: »Tu es einfach, tu es einfach.«

Ich argumentierte: »Hör mal, Gott, immer sagst du mir etwas. Wann sagst du endlich mal was zu Dave?!« Ich hatte das Gefühl, ich wäre die Einzige, die immer korrigiert wurde. Wenn Gott sich nicht auch mal Dave vorknöpfte, dann fand ich das gemein! Ein paar Mal ging ich sogar zu Dave und fragte nach: »Dave, hat Gott dir nicht irgendetwas gesagt?«

Ausnahmslos zuckte Dave dann mit den Schultern und sagte: »Nein, nicht dass ich wüsste.«

Einmal sprach Gott sehr deutlich zu mir darüber, dass ich Dave mehr Respekt entgegenbringen sollte; ich hatte allerdings das Gefühl, dass Dave sehr häufig auch mir gegenüber nicht gerade respektvoll war! Wenn ich Dave beim Reden unterbrach, sagte der Heilige Geist: »Das ist ein Zeichen für mangelnden Respekt.« Ich hielt innerlich dagegen: **Aber er unterbricht mich doch auch, wenn ich rede! Warum darf er unhöflich sein und ich nicht?!**

Es setzt dem Fleisch zu, wenn Gott von einem will, dass man etwas sein lässt, was der andere genauso macht. Aber jeder ist verantwortlich, das zu tun, was Gott ihm zeigt. Er will, dass wir uns für den anderen ausgießen, wie zwei Flüssigkeiten, die in dasselbe Glas gegossen werden und dann nicht mehr getrennt werden können. Machen Sie jetzt das, was Ihnen schwerfällt, und der Lohn wird später sicher kommen.

Ehe fängt mit Opfer an. In 1. Mose 2,24 heißt es: *Darum wird ein Mann seinen Vater und seine Mutter verlassen und seiner Frau anhängen, und sie werden zu einem Fleisch werden.* Gleich zu Anfang müssen die Eheleute ihre Abhängigkeit von den eigenen Eltern »aufgeben«. Das heißt nicht, dass sie nicht eine gute Beziehung mit ihnen haben können, aber es bedeutet doch: Wenn sie ihre Eltern nicht verlassen und einander nicht anhängen, dann werden sie Probleme bekommen.

Mein Verständnis dieses Wortes »anhängen« ist: aneinander kleben; zusammenzementiert sein; jemandem so verbunden sein, dass man ihn begleitet oder an seiner Seite ist; gehen, wohin der andere geht; angeheftet sein; hingegeben sein; am anderen hängen und Liebe ausdrücken. Es ist ein Ausdruck für permanentes Verbundensein oder Zusammengeschweißtsein. Wenn wir auf immer mit jemandem zusammengeschweißt sind, ist es dann nicht klug, das Selbstbild dieser Person aufzubauen, damit wir unser Verbundensein mit ihr besser genießen können?

> *Denn niemand hat jemals sein eigenes Fleisch gehasst, sondern er nährt und pflegt es, wie auch der Christus die Gemeinde.*
>
> Epheser 5,29

Die Ironie des Einsseins ist: Wenn wir unseren Ehepartner aufbauen, dann sind wir eigentlich gut zu uns selbst.

KAPITEL 13

Was kostet es mich?

Hieran haben wir die Liebe erkannt, dass er für uns sein Leben hingegeben hat; auch wir sind schuldig, für die Brüder das Leben hinzugeben.
1. Johannes 3,16

Liebe hat einen Preis, aber zu lieben ist das Einzige, das wahres Glück in unser Leben bringt. Ich habe jedes Buch über Liebe gekauft, das ich nur finden konnte, und sie waren alle gleich. Sie informierten mich darüber, wie die Liebe sein sollte, aber nicht eines erwähnte, dass Liebe auch wehtut. Liebe erfordert Opfer, und weil wir von Natur aus um uns selber kreisen, bringt keiner besonders gerne Opfer. Menschen außerhalb unserer eigenen Familie zu lieben erfordert, hin und wieder auf etwas zu verzichten. Den Ehepartner aber haben wir ja täglich um uns, und deshalb lässt die Liebesbeziehung zum Ehepartner wenig Raum für Selbstsucht. Man kann seine Liebe nicht besser zeigen, als wenn man seine Wünsche mit einer guten Haltung opfert.

In 1. Korinther 7,32-33 wird erklärt, dass Unverheiratete sich um die Dinge des Herrn kümmern können – wie sie ihm gefallen können –, dass aber ein Verheirateter auf Weltliches bedacht ist und darauf, wie er seinem Ehepartner gefallen möge. Es gibt Menschen, die haben die Gabe der Ehelosigkeit, aber die allermeisten wollen heiraten. Paulus lehrt in 1. Korinther 7,36, dass es nicht falsch sei zu heiraten.

Er schrieb: »Wenn ihr eure Leidenschaften nicht beherrschen könnt, dann heiratet«, aber er wies auch darauf hin, dass eine Ehe Sorgen und Mühen mit sich bringt, die Unverheiratete nicht haben. Ein verheirateter Mensch wird in verschiedene Richtungen gezogen; seine Hingabe an Gott und seine Hingabe an den Ehepartner können geteilte Interessen verursachen. Wenn Sie verheiratet sind, dann muss Ihnen Ihr Partner am Herzen liegen.

Das Opfer persönlicher Freiheit

Liebe erfordert, ein gewisses Maß an persönlicher Freiheit aufzugeben. Wenn man verspricht, jemanden zu lieben, dann kann man nicht mehr nur zum eigenen Vergnügen leben. Man kann nicht mehr nur das im Fernsehen sehen, was man sehen will, man kann nicht mehr einfach dahin gehen, wohin man gehen will, immer dort essen, wo man essen will, oder alles kaufen, was man kaufen will.

Jeden Tag gibt es viele Gelegenheiten, für seinen Partner Opfer zu bringen, aber oft versagen wir bei der Prüfung. Anscheinend ist es ein Kampf zu glauben, dass Geben seliger sei als Nehmen. Die meisten von uns kämpfen stattdessen, um ihren Kopf durchzusetzen, weil wir nicht gelernt haben, wie man gibt. Geben aber trägt zum Gelingen einer Beziehung bei.

Wenn wir die Haltung haben, andere segnen zu wollen, dann werden uns die Segnungen Gottes nachlaufen und überholen. Was würde in einer Ehebeziehung geschehen, wenn die Partner tatsächlich miteinander konkurrieren würden im Bemühen, mehr für den anderen zu tun? Wir würden nicht mehr morgens im Bett liegen bleiben und denken: **Wenn ich hier noch fünf Minuten liegen bleibe, dann steht er auf und macht Kaffee.** Manch eine von uns müsste hundert Jahre liegen blieben, bis ihr Ehemann aufsteht und Kaffee kocht!

Die Wirklichkeit ist, dass wir nie aufhören werden, mit unserem selbstsüchtigen Fleisch zu ringen. Jeden einzelnen Tag müssen wir kämpfen, um den Egoismus zu überwinden. Wie oft am Tag haben wir die Gelegenheit, für unseren Partner auf etwas zu verzichten? Die meisten von uns versuchen auf jede erdenkliche Weise, bloß nichts über das hinaus zu tun, was unseren eigenen Interessen dient. Selbstsucht ruiniert Ehen.

Das Opfer der Zeit

Zeit ist ein weiteres Opfer, das ein verheirateter Mensch bringen muss. Um eine gute Ehe zu haben, müssen wir gemeinsam genutzte Zeit in unsere Beziehung investieren, andernfalls wird sie nie gedeihen. Was nicht wächst, stagniert und wird früher oder später sterben. Ich habe gelesen, der Mensch brauche täglich zwölf bedeutungsvolle, liebende Berührungen, um wirklich so zu leben, wie es seinen Erwartungen entspricht. Das Beste am Umarmen ist, dass man ganz automatisch auch umarmt wird. Das Prinzip Saat und Ernte ist in die liebevolle Berührung eingebaut. Sich dem anderen zuzuwenden hilft, das aufzufüllen, was das eigene Leben trägt und hält.

Denken Sie nur, Ihren Ehemann zu umarmen fügt seinem Leben Jahre hinzu, und Ihrem auch! Eine Umarmung kostet nur ganz wenig Zeit. Seien Sie nicht überrascht, wenn der Heilige Geist Sie erinnert, dass Sie Ihren Mann umarmen sollen, bevor er morgens zur Tür hinausgeht. Und wenn er schon am Auto ist – gehen Sie und umarmen Sie ihn, wenn der Heilige Geist Sie daran erinnert. Sie sollten ihm nachrennen und ihn liebevoll fest in den Arm nehmen.

Wenn Sie über Ihre Ehebeziehung beten, dann glaube ich, wird der Heilige Geist Ihrem Mann sagen: »Du hast deine Frau nicht geküsst. Du hast deine Frau nicht umarmt. Du hast heute Morgen noch nicht einmal irgendwas zu ihr gesagt.«

Der Mann wird gegen die Vorstellung, er solle jetzt umdrehen und wieder ins Haus gehen, argumentieren, er habe doch keine Zeit mehr! Außerdem müsse er auf dem Weg noch kurz anhalten, um einen Kaffee und ein Croissant zum Frühstück zu holen. Und gerade in dem Moment, wo er den Zündschlüssel herumdreht, kommen Sie an und rufen: »Warte, warte, warte! Komm zurück – komm zurück! Du hast mich nicht geküsst.«

Ich bin Dave buchstäblich auf dem Weg zur Garage hinterhergerannt, um der Stimme Gottes zu gehorchen. Dave verteidigte sich: »Aber ich habe dich doch geküsst, als ich aufgestanden bin!«

»Das ist mir egal, ob du mich beim Aufstehen geküsst hast. Wir haben eine neue Situation – jetzt fährst du weg. Küss mich noch einmal.«

Besonders Frauen brauchen diese zwölf liebevollen Berührungen täglich – Berührungen, nicht Kniffe. Eine Ehefrau will geliebt werden, und manche Frauen ergreifen die Initiative und holen sich die Umarmungen und die Aufmerksamkeit von ihrem Ehemann, die sie brauchen. Lassen Sie Ihren Mann wissen, dass Sie seine Umarmungen jeden Tag wollen. Wenn Ihr Ehepartner in der Vergangenheit zärtlich war, aus Ihren Reaktionen aber nicht schließen konnte, dass Ihnen das gefiel, dann hat er vielleicht damit aufgehört, seine Zuneigung zu zeigen. Reagieren Sie; verhalten Sie sich nicht wie ein Stück Holz, wenn Ihnen Zärtlichkeit entgegengebracht wird. Ich weiß von mir, wie schrecklich es ist, jemanden zu umarmen, der einfach dasteht und gar nicht auf die Umarmung eingeht.

Nehmen Sie sich Zeit, über Ihren Ehepartner nachzudenken und zu überlegen, wie Sie ihm Gutes tun könnten. Was würde wohl passieren, wenn Sie Gott nur einmal pro Tag fragten: »Okay, Gott, was kann ich heute tun, um meinen Partner zu segnen?« Ich fordere Sie auf, dieses Gebet jeden Tag zu beten:

Herr, zeige mir etwas, was ich heute für meinen Partner tun kann, nur um ihm zum Segen zu sein.

Ehen würden gedeihen und Liebe wachsen, wenn Eheleute Gott so um Hilfe bitten würden. Vielleicht sagt Gott einem Mann, er solle seine Frau nur für ein »Ich liebe dich« anrufen. Wie viel schöner wäre auch sein Tag, wenn auf der Arbeit das Telefon klingelte und seine Frau einfach so, aus dem Blauen heraus sagte: »Weißt du was, ich finde dich toll.« Stellen Sie sich vor, wie gut die Beziehung von zwei Menschen würde, die immer wieder Wege finden, einander aufzubauen.

Galater 6,10 sagt: *Lasst uns also nun, wie wir Gelegenheit haben, allen gegenüber das Gute wirken* ... Machen wir uns Gedanken, wie wir Gutes tun können! Vielleicht müssen Sie sogar den letzten Happen Ihres Hamburgers opfern, etwas von Ihrem Eis oder die Kirsche in Ihrem Drink, einfach um Ihrem Partner Gutes zu tun.

Das Opfer der Bequemlichkeit

Verheiratete müssen außerdem sowohl körperlichen wie auch emotionalen Komfort opfern. Gefühle zu zeigen kann für den einen oder anderen, besonders für Männer, unangenehm sein, aber vielleicht müssen Sie Ihrem Ehepartner manchmal deutlich machen, wie Sie sich fühlen. Seine emotionalen Bedürfnisse zuzugeben heißt, sich dem Vertrauen des Ehepartners ungeschützt auszusetzen. Es könnte für Sie ein Opfer sein, sich so zu öffnen.

Umarmen Sie Ihren Partner, machen Sie Komplimente: »Ich liebe dich. Du bist schön.« Sagen Sie Ihrem Mann: »Du siehst gut aus. Du bist mir wichtig. Ich schätze dich sehr.« Wenn Sie das nicht im direkten Gespräch fertigbringen, dann fangen Sie mit Karten schreiben an. Wenn es Ihnen schwerfällt, zärtlich zu reden, dann suchen Sie nach anderen Ausdrucksformen, aber fangen Sie an zu kommunizieren.

Manchmal muss man um einer guten Beziehung willen auf körperlichen Komfort verzichten. Ein Mann wird seiner Frau seinen Mantel überlassen, wenn ihr kalt ist. Vielleicht muss er durch den Regen laufen und das Auto vom Parkplatz holen, damit sie nicht nass wird, oder sie bis vor die Haustür fahren, damit sie nicht bei Minusgraden lange Wege zurücklegen muss.

Er muss vielleicht geduldig zusehen, wie sie fünfundzwanzig Kleidungsstücke anprobiert, nur um dann zu erleben, dass sie das allererste davon kauft. Männer lernen, dass Shopping ein emotionales Erlebnis für eine Frau ist. Ein Mann zieht aus und will das Einkaufszentrum erobern. Frauen gehen, um das Einkaufszentrum zu genießen, aber darauf werden wir in Kapitel 18 noch zurückkommen.

Schlucken Sie Ihren Stolz hinunter

Für Stolz ist in einer gesunden Beziehung kein Platz. Es muss leichtfallen, »Es tut mir leid« zu sagen, selbst wenn man meint, man sei eigentlich gar nicht im Unrecht. In Römer 12,16 sagt die

Bibel, dass wir miteinander in Harmonie leben und nicht überheblich oder hochgeistig sein sollen im Umgang miteinander.

Vergessen Sie das mit der guten Beziehung, wenn Sie nicht bereit sind zuzugeben: »Ich war im Unrecht.« Warum fällt es uns nur so schwer zuzugeben, dass wir irgendwo nicht recht hatten? Das ist wirklich schwer auszusprechen, besonders im Zorn. Aber wenn wir diesen Stolz hinunterschlucken und stattdessen demütig sind, wird Gott segnen.

Johannes 13,1 sagt: *»Vor dem Passahfest aber, als Jesus wusste, dass seine Stunde gekommen war, aus dieser Welt zu dem Vater hinzugehen – da er die Seinen, die in der Welt waren, geliebt hatte, liebte er sie bis ans Ende [im größtmöglichen Maß].*

Das größtmögliche Maß an Liebe ist, sich selbst zu opfern: *Denn so hat Gott die Welt geliebt, dass er [sogar] seinen eingeborenen [einzigartigen] Sohn gab ...* (Johannes 3,16). Wir wissen, dass Jesus sich selbst für uns hingegeben hat. Die Bibel sagt, dass Männer ihre Frauen so lieben sollten, wie Christus die Gemeinde liebte, nämlich mit dem größtmöglichen Maß der Selbstaufopferung.

Später in Johannes 13 wird erzählt, wie Jesus seinen Jüngern die Füße wusch: ein Akt des Dienens, mit dem er ihnen zeigte, wie sehr er sie liebte. Im vollen Bewusstsein, wer er war, nämlich der Größte von allen, wurde er aller Diener. Nie ließ sich der Herr von Stolz abhalten, seine Liebe zu uns zu zeigen. Um Diener zu sein – wozu er uns berufen hat – muss man den Eigenwillen opfern.

Simon Petrus widersetzte sich dem Herrn, als er kam, um seine Füße zu waschen: »Herr, du wäschst meine Füße? [Kann das denn richtig sein?]« Stellen Sie sich einmal vor, wie Sie sich fühlen würden, wenn Jesus käme und sagte: »Setz dich, ich will dir die Füße waschen.« Würden Sie nicht, wie Petrus, zögern, weil Sie meinten, dass doch eigentlich Sie derjenige sein sollten, der dem Herrn die Füße wäscht, nicht umgekehrt?

Aber Jesus sagte zu Petrus: *Was ich tue, weißt du jetzt nicht, du wirst es aber nachher verstehen* (Johannes 13,7).

Petrus entgegnete: *Du sollst nie und nimmer meine Füße waschen!* (Vers 8).

Und Jesus antwortete ihm: *Wenn ich dich nicht wasche, so hast du kein Teil mit [an] mir* (Vers 8).

Damit sagt er, dass wir nur dann wirklich aneinander teilhaben, wenn wir einander dienen. Wenn Sie jemanden in größtmöglichem Maß lieben, dann sind Sie auch bereit, ihm zu dienen.

Als Jesus ihre Füße fertig gewaschen hatte, sagte er (Verse 12 bis 14):

> *... Wisst ihr, was ich euch getan habe? Ihr nennt mich Lehrer und Herr, und ihr sagt recht, denn ich bin es.*
> *Wenn nun ich, der Herr und der Lehrer, eure Füße gewaschen habe, so seid auch ihr schuldig [verpflichtet], einander die Füße zu waschen.*

Wir sollen nicht anstreben, dass uns gedient wird, sondern dass wir dienen. Das heißt, dass ich Dinge für Dave tun sollte, die ich vielleicht normalerweise nicht tun will. Das heißt, dass er Dinge für mich tut, die er nicht unbedingt tun will. Wir alle sollten für die Bedürfnisse des anderen sensibel sein, auch in kleinen Dingen.

Frisch begonnen

Morgens trinke ich gerne frisch gepressten Orangen- und Grapefruitsaft. Früher drückte ich die Früchte am liebsten von Hand aus. Saft aus der Flasche oder aus Dosen mag ich nicht so gern. Aber eines Morgens hatten wir viel zu tun, deshalb griff ich schnell eine Dose mit Obstsaft und goss mir ein Glas ein.

Als Dave in die Küche kam, fragte er: »Möchtest du nicht frisch gepressten Saft?«

Ich antwortete, das wäre mir eigentlich schon lieber, aber heute Morgen hätte ich so viel zu tun.

Er sagte: »Mir macht es keine Mühe, ich würde dir den Saft gern pressen.«

Solche Momente machen eine Ehe gut.

Haben Sie je den Ausdruck »Sex fängt beim Frühstück an« gehört? Aufmerksamer Austausch während des ganzen Tages trägt viel zum Aufbau einer Beziehung bei. Eine Frau befriedigt es am meisten, wenn ihr Mann ihr Aufmerksamkeit und Zuneigung widmet, während dem Mann eine gute sexuelle Beziehung überaus wichtig ist. Wenn ein Ehemann seiner Frau Zuneigung erweist, zieht sie das emotional in eine sexuelle Beziehung mit ihm. Indem er ihr gibt, was sie braucht, gibt sie ihm wiederum, was er braucht.

Aber allzu häufig versteht ein Mann nicht, wie schwer es seiner Frau fällt, sich ohne die gefühlsmäßige Verbindung, die aus Zuneigung und Zärtlichkeit erwächst, körperlich zu ihm hingezogen zu fühlen. Wenn »keine Zärtlichkeit« zu »kein Sex« führt, und »kein Sex« zu »keine Zärtlichkeit«, dann steckt das Paar in Feindseligkeiten fest, nur weil sich die Frau nicht geliebt fühlt. Im Grunde ist Liebe das, was wir füreinander tun.

Wenn Sie Gott darum bitten, wird er Ihnen kreative Ideen schenken, wie Sie Ihrem Ehepartner guttun können. Was der Ausdruck liebevoller Aufmerksamkeit kostet, ist minimal im Vergleich zu den Kosten einer zerbrochenen Beziehung. Viele Menschen betrügen sich um großartige Beziehungen, nur weil sie zu faul sind, ihrem Ehepartner etwas Nettes zu tun. Wir müssen gegen unseren Egoismus ankämpfen, wenn wir uns nicht aufmachen und die Vorschläge Gottes in die Tat umsetzen wollen. Kleine Gesten können sich zu großen Veränderungen summieren. Wir müssen lernen, für den anderen Diener zu sein.

Eines Abends wollte ich mir nur schnell etwas zu trinken holen und dann sofort wieder an das gehen, womit ich gerade beschäftigt war. Da merkte ich auf einmal, dass ich Dave fragen sollte, ob er nicht auch etwas wolle. Gott musste nicht sagen: »Joyce, frage Dave, ob er ein Mineralwasser will.« Ich wusste auch so, dass ich ihn fragen sollte. Unsere selbstsüchtige Natur will sich nur immer um sich selber kümmern. Aber es sind alle diese Kleinigkeiten, die starke Beziehungen aufbauen und der Anweisung des Herrn entsprechen, dem anderen die Füße zu waschen.

Es ist demütigend zu sagen: »Ich bin bereit, dir zu dienen. Ich will dir dienen.« Aber Demut ist nötig in einer Ehebeziehung. Die Partner sind berufen, zu verzichten und einander zu dienen. Es geht um Opfer und Dienst, Opfer und Dienst, und immer wieder um Opfer und Dienst. Wenn es bis jetzt weder Opfer noch Dienst zwischen Ihnen und Ihrem Ehepartner gab, dann fangen Sie mit kleinen, liebevollen Gesten an, Aufmerksamkeit zu zeigen. Beginnen Sie nicht mit der Haltung: »Was tust du für mich? Du solltest mir etwas bringen. Warum tust du nichts für mich?« Das entspricht nicht den göttlichen Prinzipien.

Nachdem Jesus Simon Petrus gesagt hatte, der solle den anderen die Füße waschen, so wie Jesus ihm selbst eben die Füße gewaschen hatte, fuhr er fort (Johannes 13,15-17):

> *Denn ich habe euch ein Beispiel gegeben, dass auch ihr tut, wie ich euch getan habe.*
> *Wahrlich, wahrlich, ich sage euch: Ein Sklave ist nicht größer als sein Herr, auch ein Gesandter nicht größer als der, der ihn gesandt hat.*
> *Wenn ihr dies wisst, glückselig seid ihr, wenn ihr es tut!*

Wenn wir das Wort Gottes untersuchen und dann die Dinge, die Gott uns bereits auf Herz gelegt hat, tun, werden wir gesegnet und glücklich sein, ja, man wird uns beneiden. Wir können gute Ehen haben, aber wir müssen zu Opfer und Dienst bereit sein. Es heißt nicht: »Glückselig seid ihr, wenn ihr es **hört«**, sondern: »Glückselig seid ihr, wenn ihr es **tut!«**

Auf Geld verzichten

Um eine richtige Perspektive zum Geld zu gewinnen, müssen wir wissen, was die Bibel über dessen Bedeutung sagt. Zuerst einmal sehen wir, dass die meisten Frauen zum Shoppen geboren wurden! Deshalb hatte Adam einen Job, bevor er Eva kennenlernte. Gott setzte ihn in den Garten und gab ihm den Auftrag, den Garten zu versorgen. Als Adam sich in seinen Job eingearbeitet hatte, sagte Gott, dass er ihm eine Helferin geben würde. Adam bekam also eine Frau – und das kostete ihn etwas.

Geld und Finanzmanagement gehören ernsthaft zu den Gebieten, wo Eheleute die größten Opfer bringen müssen. Ein Verheirateter kann sein Gehalt nicht mehr ausgeben, wie er möchte. Ich nehme an, dass sich wohl jedes Ehepaar schon einmal über Geld gestritten hat.

Nicht genug Geld zu haben, kann eine Ehe sehr belasten. Ebenso kann es eine große Belastung sein, wenn ein Ehepaar zu viel Geld hat und damit nicht gut umzugehen weiß. Geld ist wichtig, aber die Bibel sagt, wir müssen sehr vorsichtig sein, dass wir es nicht lieben.

So können Sie überprüfen, ob Ihnen Geld zu wichtig ist: Überlegen Sie, was Sie tun, wenn etwas von Ihrem Besitz kaputtgeht. Ärgern Sie sich sehr, wenn Ihr Auto eine kleine Beule bekommt? In 1. Timotheus 6,10 heißt es: *Denn eine Wurzel alles Bösen ist die Geldliebe, nach der einige getrachtet haben und von dem Glauben abgeirrt sind und sich selbst mit vielen Schmerzen durchbohrt haben.* Wenn alles Böse in der Geldliebe wurzelt, dann sollten wir verstehen, warum es so wichtig ist, eine göttliche Perspektive für den Umgang mit Geld zu bekommen. Wir müssen uns regelmäßig prüfen, um herauszufinden, ob die Geldliebe in uns Wurzeln schlägt.

Egal, wie gottesfürchtig wir sind, es gibt diese Versuchung, Dinge, die in der Welt wichtig sind, auch für uns übermäßig wichtig werden zu lassen.

- Jesus wurde verraten wegen der Liebe zum Geld.
- Ananias und Saphira logen über ihr Geld und fielen tot um.
- Demetrius verursachte eine Rebellion gegen den Apostel Paulus wegen des Verlustes von Geld, das er durch die Anbetung der Göttin Diana verdiente.
- Isebel versuchte, Elia umzubringen, weil sie ihr Einkommen verloren hatte, als ihre Propheten umkamen.
- Für Geld verkaufen Männer ihre Seele und Frauen ihren Körper.

- Regierungen fallen, wenn ihre Leiter in finanzieller Hinsicht korrupt werden.
- Menschen sorgen sich um Geld, töten dafür, begehen Verbrechen und kommen ins Gefängnis wegen des Geldes.
- Familien gehen kaputt, weil sie entweder zu viel oder zu wenig Geld haben, was beides Stress erzeugt.

Gott gesteht dem Geld in der ganzen Bibel Bedeutung zu, und es spielt zwar eine wichtige Rolle in christlichen Häusern, sollte sie aber niemals beherrschen. Wir leben in der Welt, aber nicht von der Welt. Matthäus 6,24 sagt, wir können nicht Gott von ganzem Herzen dienen, wenn wir Geld oder die Dinge, die man mit Geld kaufen kann, lieben.

In Matthäus 6,33 sagt die Bibel: *Trachtet [habt zum Ziel, kämpft um] aber zuerst nach dem Reich Gottes und nach seiner Gerechtigkeit [seine Art, recht zu tun und recht zu sein]! Und dies alles wird euch hinzugefügt werden.* Wenn wir zuerst Gott suchen, dann, so verspricht er, wird er sich um alles kümmern, was wir nötig haben.

Philipper 1,10 ermutigt uns zu prüfen, worauf es in unserem Leben wirklich ankommt:

> *... damit ihr prüft, worauf es ankommt [und wertschätzt und gut findet, was ausgezeichnet und von wahrem Wert ist, wobei ihr das Höchste und das Beste erkennt und die moralischen Unterschiede wahrnehmt], damit ihr lauter und unanstößig seid [so dass ihr euch mit ernstem und gewissem und reinem Herzen Christus nähern könnt] auf den Tag Christi [ohne zu straucheln und ohne andere zum Straucheln zu bringen].*

Wir sollten wissen, worauf es ankommt, und das wertschätzen, was wirklich wertvoll ist. Eltern verbringen oft zu viel Zeit mit Geldverdienen und ignorieren ihre Familie über Jahre. Plötzlich sind die Kinder erwachsen, und sie erkennen, dass sie keine Beziehung zu ihnen haben. Sie haben leider mehr Wert darauf gelegt, für ihre Kinder Dinge zu kaufen, obwohl Zeit mit ihnen zu verbringen viel besser gewesen wäre. Das war früher hauptsächlich ein Problem der Väter, aber da heute so viele Mütter außer Haus arbeiten, müssen sie aufpassen, dass es ihnen nicht eines Tages genauso geht.

Die Prioritäten sind verschoben, wenn der Vater zwei Jobs hat oder oft Überstunden macht, mehr als nötig, nur, um sich mehr leisten zu können. Natürlich müssen Überstunden im Beruf manchmal sein, und eine zeitlich begrenzte zweite Stelle hilft mitunter, bestimmte besondere Nöte der Familie zu lindern, aber wenn dieser Job eine regelmäßige Gewohnheit wird, dann fordert er einen unerwünschten Tribut.

Viele Kinder werden von Menschen erzogen, die nicht zu ihrer Familie gehören. Ich ging arbeiten, als ich noch ein kleines Kind hatte, damit wir ein Haus kaufen konnten. Meine Kinder wanderten von Babysitter zu Babysitter. Doch jetzt lebt das Wort Gottes in uns, und unsere Familie scheint sich von damals erholt zu haben. Ich will nur sagen, dass es aus meiner heutigen Sicht wohl nicht die beste Entscheidung war, dass ich so viel außer Haus arbeitete. Ich glaube, wenn man es tun muss, dann wird Gott einen selbst und die Kinder schützen. Aber die Eltern kleiner Kinder sollten versuchen, so viel wie möglich bei ihnen zu Hause zu sein.

Gottes Salbung kann auf jede Situation kommen. Er kann etwas, was normalerweise eine Katastrophe wäre, gelingen lassen. Gott wird das Heim eines Alleinerziehenden schützen, der arbeiten gehen muss. Aber ich glaube, es besteht ein Unterschied zwischen arbeiten gehen **müssen** und einfach arbeiten gehen **wollen** – weil man so gerne mehr Geld zum Ausgeben hätte. Beten und überlegen Sie, was Sie für den Gewinn vielleicht aufgeben müssten.

Viele Familien sind bereits um zwei Einkommen herum strukturiert, aber halten wir uns vor Augen, dass sogar reiche Leute sich manchmal elend fühlen, weil Geld nicht glücklich macht. Wenn ein Ehepaar sich für den Doppelverdienst entscheidet, dann muss auch die Hausarbeit gemeinsam getan werden. Mann und Frau müssen sich die Wäsche und die anderen Haushaltspflichten teilen, um eine gute Beziehung zu pflegen. Es ist schwierig für eine Frau, sowohl einen Beruf als auch die Verantwortung im Haushalt ohne Hilfe von Mann und Kindern zu managen. Seien Sie bereit, einander in diesen stressgeplagten Zeiten zu helfen. Vielleicht müssen Sie sich sogar demütigen und um Hilfe bitten, wenn Ihr Ehepartner Ihre Überlastung gar nicht bemerkt.

Ich bin sicher, viele Leute, die dieses Buch lesen, sind berufstätige Mütter oder sogar Männer mit mehr als nur einem Job, die für ihre Familie sorgen müssen. Ich will ganz sicher niemandem Verdammnis- oder Schuldgefühle machen. Ich ermutige Sie einfach, zu überlegen, ob Ihre Familie das Geld wirklich nötiger braucht als Sie. Wenn allzu viel Arbeit eine angestrengte Atmosphäre in Ihrem Haus verursacht, dann könnte Teilzeitarbeit eine Lösung sein. Dave und ich hatten beides: Jahre, in denen ich arbeitete, und Jahre, in denen ich zu Hause blieb. Ich bin sicher, unseren Kindern gefiel die Zeit besser, in der ich zu Hause war. Einige der Jahre, in denen ich nicht arbeitete, waren finanziell sicher viel herausfordernder, aber im Rückblick waren das die Jahre, in denen ich wirklich lernte, Gott zu vertrauen, dass er uns wunderbar versorgt. Was auch immer Sie tun: Solange Sie sich vom Heiligen Geist leiten lassen, wird es gut werden.

Frieden kommt durch Gerechtigkeit

Durch den Heiligen Geist steht Christen Gerechtigkeit, Frieden und Freude zur Verfügung. Die Befriedigung, die wir alle suchen, liegt in uns, wenn wir nämlich wissen, wer wir in Christus sind. Glücklich ist man, wenn man sich morgens beim Aufstehen gern mag und sich immer noch mag, wenn man abends zu Bett geht, ohne unter einer Wolke von Verdammnis- und Schuldgefühlen zu leben. Frieden ist der Lohn für Gerechtigkeit, nicht für Geld. Man kann alle möglichen **Dinge** haben, aber ohne Frieden hat man keine Freude.

Der Mensch braucht gute Beziehungen viel nötiger als Geld. Wenn jemand sein ganzes Leben lang auf der Erfolgsleiter nach oben klettert, dann muss er sicher sein, dass seine Leiter an der richtigen Wand lehnt. Es ist so traurig, wenn Menschen ihr ganzes Leben lang auf Kosten ihrer Familie arbeiten, um sich bestimmte Dinge anschaffen zu können, und dann, wenn sie ganz oben angekommen sind, feststellen müssen, dass sie kaum irgendwo einsamer sein könnten. Es ist tragisch, sein Leben lang hinter etwas herzujagen, was man eigentlich gar nicht wollte.

In 1. Timotheus 6,17 heißt es: *Den Reichen in dem gegenwärtigen Zeitlauf gebiete, nicht hochmütig zu sein, noch auf die Ungewissheit des Reichtums Hoffnung zu setzen – sondern auf Gott, der uns alles reichlich darreicht zum [zu unserem] Genuss.*

Gott gibt uns alles reichlich, um es zu genießen. Allerdings gerät das Genießen aus der Balance, wenn wir es vor die Bedürfnisse unserer Mitmenschen setzen. Wir sollen das Geld nicht lieben, aber wir sollen auch nicht meinen, dass wir keinen Spaß haben dürften. Mein Mann und ich besitzen jetzt mehr Dinge als je zuvor im Leben. Wir haben ein schönes Haus, und wir fahren gute Autos. Wir leben nicht im Luxus, aber doch sehr gut.

Wir haben darüber nachgedacht, was wir wirklich wollen. Manchmal meint man, man wolle dieses oder jenes haben – und überlegt nicht, ob man auch bereit ist, die Arbeit und Zeit zu investieren, die das vielleicht erfordert. Bitten Sie Gott um Weisheit, wenn Sie Entscheidungen treffen, ob Sie etwas kaufen sollten oder nicht, was Sie viel Zeit und Aufmerksamkeit kosten würde.

Gott hat uns Freunde geschenkt, die uns anbieten, jederzeit ihr Ferienhaus zu nutzen, wenn wir meinen, wir müssten einmal ausspannen. Wir kennen Leute, die uns zu Bootstouren einladen, wenn wir Zeit dafür haben. Gott will, dass wir Spaß haben, aber Spaß muss uns nicht zur Geldliebe treiben. Ich glaube, wenn wir unsere Entscheidungen am Wort Gottes orientieren und versuchen, Gott in unserem Leben zu ehren, dann lässt Gott uns vieles auf übernatürliche Weise zukommen, um das wir uns sonst mit viel Schwierigkeiten mühen würden. Gott hat gewaltige Wunder in unserem Leben gewirkt, weil wir ihn über materielle Dinge setzen.

Zufriedenheit

Manche Paare müssen lernen zu genießen, was sie bereits haben. Und andere müssen Gott sogar bitten, dass er ihnen beibringt, etwas von ihrem Geld für sich selbst auszugeben. Wir können das Geld fürchten, selbst wenn wir viel davon haben. Gott muss unsere Sicherheit sein, nicht Geld.

In Offenbarung 18,10 wird über Babylon, die große, mächtige Stadt, gesagt, sie werde innerhalb einer Stunde fallen. Babylon ist das Sinnbild für das gesamte Finanzsystem der Welt. Jeder kann sehen, wie problematisch die Struktur der Welt ist. Ich möchte nicht negativ klingen, aber wir müssen unsere Hoffnung und Zuversicht auf Gott setzen, egal wie es der Wirtschaft geht. Wenn wir jetzt unseren Glauben entwickeln, dann wissen wir, dass Gott sich um uns kümmern und unseren Bedürfnissen begegnen wird, wie er es an den Kindern Israels in der Wüste getan hat.

Glauben bauen wir unter anderem, indem wir das Schöne, das wir besitzen, ansehen und uns klarmachen, auf wie viel davon wir auch verzichten könnten. Ich freue mich darüber, dass unser Haus so schön ist, aber wenn wir wieder in einer Zwei- oder Dreizimmerwohnung leben müssten, wäre ich genauso glücklich, denn meine Freude ist in mir und nicht in den Dingen, die ich besitze.

Gott sagte dem Priesterstamm Levi in 4. Mose 18,20+24, dass er allein ihr Erbe sei. Es heißt im Wort Gottes: ... *[Häuser und Städte und Weiden stehen ihnen zur Verfügung, sind aber nicht ihr persönlicher, vererbbarer Besitz]* (Vers 24). Wir sehen die Dinge in der richtigen Perspektive, wenn wir uns vor Augen halten, dass alles, was wir besitzen, eine Leihgabe Gottes ist. Er hat es uns zum Benutzen gegeben, aber weder sollen wir es besitzen noch soll es uns besitzen.

In dem Moment, wo wir anfangen, nach Dingen zu greifen, die für uns zu wichtig werden, wird Gott sie uns aus der Hand nehmen. Wenn wir sie dann loslassen und sagen: »Okay, du hast recht, Gott, ich hänge zu sehr daran oder ich beginne, dies zu sehr zu mögen, oder ich verlasse mich zu sehr darauf«, dann lässt er es uns meistens behalten. Aber wenn wir es zu fest halten und es zu wichtig wird für unser Sicherheitsempfinden und wenn unsere Freude davon abhängt, dann wird Gott es von uns nehmen.

Ich bin froh, dass sich Gott so um mich kümmert. Ich habe ihm die Erlaubnis gegeben, mir die Dinge vor Augen zu führen, die sich meiner totalen Abhängigkeit von ihm in den Weg stellen. Ich ermutige jeden, sich Gott auf diese Weise unterzuordnen. Manchmal werden uns diese Dinge wichtiger, als sie sein sollten. Alles, was Gott uns gibt, sollten wir nur locker festhalten, damit er keine Schwierigkeiten hat, es von uns zu nehmen, wenn er will. Gott wird uns alles Mögliche zum Benutzen und Genießen geben, aber er will nicht zulassen, dass die Dinge uns besitzen.

Ausgewogenheit ist einer der Leitgedanken in unserem Werk, und das tut uns gut. Paulus lehrt uns in 1. Korinther 7,31, in allen Lebensumständen Gott nah zu sein, sogar *die die Welt Nutzenden [diejenigen, die die Freuden dieses Lebens übermäßig genießen], als benutzten sie sie nicht ...* Wir brauchen den Heiligen Geist, damit er uns von aller ablenkenden Furcht und belastenden Sorge frei hält und so unsere Hingabe an den Herrn fördert und sichert (Verse 32-35).

Das bedeutet, dass wir uns selbst in dem arbeitsreichen, entscheidungsfordernden Prozess eines Hausbaus nicht in Furcht und Sorge verlieren sollen. Wir sollen unseren Wandel mit Gott weiterführen, als geschehe nichts anderes. Ich benutze dieses Beispiel wegen einer interessanten Erfahrung bei unserem letzten Hauskauf. Immer wieder fragten mich Leute, ob ich nicht begeistert sei über unser neues Haus, und ganz ehrlich gesagt, ich war nicht »begeistert«. Ich freute mich, weil ich wusste, dass uns das Haus von Gott gegeben war.

Jahrelang hatte ich für einen ruhigen Ort zum Studieren gebetet, denn wir wohnten an einer großen Straße, sodass ich wegen des Verkehrslärms nicht draußen sitzen und über Gott meditieren konnte. Bei unserem vorherigen Haus gab es keine Bäume, die mich an die Natur, die Gott gemacht hat, erinnern würden. Ich hatte also jahrelang auf ein anderes Haus gehofft.

Jetzt hat Gott uns ein Haus mit einem kleinen See und allen

möglichen Bäumen drum herum in schöner Gegend gegeben. Ich habe tief in mir ein gutes Gefühl, weil Gott uns diesen Herzenswunsch zugestanden hat, aber meine Gefühle sind nicht darin gefangen. Nach unserem Umzug ging ich tagelang umher und sagte immer wieder: »Danke, Gott, wir freuen uns sehr über all dies hier.« Aber ich freute mich trotzdem mehr darüber, dass ich ihn kenne, als über das, was er uns gegeben hat.

Es ist nicht falsch, Dinge zu besitzen, aber wenn man durch Besitz glücklich werden will, wird man es nie. Wenn Sie das neue Haus brauchen, um glücklich zu sein, wenn Sie das neue Auto haben müssen, um glücklich zu sein, wenn Sie die neuen Möbel haben müssen, um glücklich zu sein, wenn Sie das neue Kleid haben müssen, um glücklich zu sein, dann werden Sie Ihr Leben lang auf der Suche nach dem Glück bleiben.

Glück kommt zu den Gebenden

Schließlich, und sogar hauptsächlich: Wenn Sie wollen, dass Gott Ihre Finanzen segnet, dann müssen Sie sich nach seinem Finanzplan richten. Die Bibel sagt, dass Gläubige ein Zehntel ihres Einkommens dem Herrn geben sollten. Maleachi, Kapitel 3, äußert sich sehr deutlich zu diesem Thema. Mancher argumentiert, dass Anweisungen aus dem Alten Testament auf die Gläubigen heute nicht mehr angewendet werden müssen, aber das Neue Testament hebt nie etwas aus dem Alten Testament auf. Jesus kam, um das Gesetz zu erfüllen und um uns die Gnade zu geben, es halten zu können. Gott hat die Zehn Gebote nicht aufgehoben, sondern er hat uns die Gnade gegeben, sie durch Jesus Christus halten zu können.

Die Bibel lehrt ganz klar, dass wir den Zehnten und darüber hinaus Opfer geben sollen. Wenn Sie den Zehnten nicht geben und nicht opfern, dann verpassen Sie, was Gott Gutes für Sie hat. Weil Dave schon immer davon wusste, haben wir seit unserer Eheschließung den Zehnten gegeben. In all den Jahren unserer Ehe, auch, als wir vier Kinder um den Tisch sitzen hatten, musste

Dave nie mehr als fünf Tage die Woche arbeiten, und wir konnten unsere Rechnungen immer pünktlich bezahlen. Gott hat unsere Finanzen immer gesegnet, und ich bin dankbar, dass Dave über den Zehnten Bescheid wusste, als wir heirateten.

Lassen Sie nicht zu, dass der Teufel Sie zu dem Denken verführt, sie könnten den Zehnten nicht geben. Er möchte Sie Ihres Erbes als Christ berauben, und das geht am leichtesten, wenn er Sie das Geld entweder lieben oder fürchten lehrt, sodass Sie es entweder horten oder begehren. In Jakobus 1,22 steht, wenn man das Wort hört, aber nicht entsprechend handelt, betrügt man sich selbst durch Argumente, die nicht der Wahrheit entsprechen.

Wenn Ihre Ehe wegen Finanzen in Schwierigkeiten steckt, bitten Sie Gott, Sie von jeglicher Bindung zu lösen, die Sie vom Zehntengeben abhält. Seien Sie ehrlich Gott gegenüber und sagen Sie ihm: »Aus diesem und jenem Grund gebe ich keinen Zehnten, oder ich tue es nicht, weil ich Angst davor habe, oder weil ich es nicht will.« Indem Sie Gott ehrlich gegenübertreten und ihn bitten, Sie in seiner Wahrheit zu festigen, lassen Sie zu, dass er Ihnen aus Ihrem derzeitigen finanziellen Trott heraushilft.

Maleachi 3,10-11 sagt:

Bringt den ganzen Zehnten [eures Einkommens] in das Vorratshaus, damit Nahrung in meinem Haus ist! Und prüft mich doch darin, spricht der Herr der Heerscharen, ob ich euch nicht die Fenster des Himmels öffnen und euch Segen ausgießen werde bis zum Übermaß!
Und ich werde um euretwillen den Fresser [Insekten und Plagen] bedrohen, damit er euch die Frucht des Erdbodens nicht verdirbt und damit euch der Weinstock auf dem Feld nicht fruchtleer bleibt, spricht der Herr der Heerscharen.

Gott braucht unser Geld nicht, aber er will, dass wir Gebende sind. Er wusste, dass die Liebe zum Geld, die die Wurzel allen Übels ist, eine große Versuchung sein würde. Wenn wir unsere Bereitschaft beweisen, die Sicherheit des Geldes fahren zu lassen, öffnen sich die Tore des Himmels und er gießt Segen auf uns aus. Es ist so wichtig, dass wir als Christen an einer gebenden Einstellung festhalten, weil Liebe gibt. *Denn so hat Gott die Welt geliebt, dass er ... gab* (Johannes 3,16).

Wenn wir unser Geld nicht geben, dann besteht keine Hoffnung, dass wir je uns selber geben können. Wenn wir bereit sind, auf Gottes Geheiß Geld wegzugeben, dann wachsen wir endlich aus unserer Gewohnheit heraus, selbstsüchtig und selbstbezogen zu leben. Geld geben ist ein äußerliches Werk der Liebe, und Liebe ist geistliche Kampfführung gegen den Verderber.

Manchmal möchte der eine Ehepartner den Zehnten geben und glaubt daran, und der andere will es nicht. Viele Frauen fragen: »Was soll ich machen, wenn mein Mann mir nicht erlaubt, den Zehnten zu geben?« Zunächst einmal will ich sagen, dass Gott sich nicht an dem erfreut, was gezwungen oder unter Druck gegeben wird. Ich bezweifle, dass er den Zehnten aus einem Familieneinkommen von jemandem möchte, dessen Glauben nicht mit seinem Geben zusammenpasst. Gott will, dass wir um unseretwegen geben, nicht um seinetwegen. Er will, dass wir Samen säen, damit er eine gewaltige Ernte hervorbringen kann. Er versucht nicht, uns etwas zu nehmen; er versucht, uns etwas zu geben. Erst müssen wir wirklich wollen, und dann sind unsere Taten annehmbar. Auch wenn jemand eigentlich sein Geld nicht weggeben möchte, aber bereit ist, es zu tun, um Gott zu gehorchen, dann ist das schon einmal ein Ausgangspunkt. Im Laufe der Zeit wird sich sein Herz ändern.

Wenn ein Mann mit einer Frau verheiratet ist, die den Zehnten nicht geben will, hätte er normalerweise die Freiheit, es trotzdem zu tun, denn er ist das Haupt des Haushalts. Wenn eine Frau mit einem Mann verheiratet ist, der den Zehnten nicht geben will, sollte sie es sicherlich nicht hinter seinem Rücken tun. Sie kann von ihrem Eigenen geben, oder von dem Geld, über das sie das Sagen hat, oder von dem, was sie verdient. Wenn der Mann der Frau das Finanzmanagement überlässt und es ihm im Großen und Ganzen egal ist, wie sie das macht, dann, glaube ich, hat sie die Freiheit, ihrem Herzen zu folgen. Sehr wenige Männer würden ihrer Frau absolut verbieten, überhaupt etwas zu geben, aber wenn Ihrer zufällig einer dieser wenigen ist, dann geben Sie Ihre Zeit, Ihre Talente oder anderes, worüber Ihr Mann nicht bestimmt. Beten Sie, dass er ein weicheres Herz bekommt. Auch wenn er noch nicht an das Prinzip von Saat und Ernte glauben kann, beten Sie, dass er Ihnen erlaubt, den Zehnten zu geben. Dann können Sie Ihren Glauben einsetzen, dass die Finanzen Ihrer Familie gesegnet werden. Eins ist sicher: Gott sieht Ihr Herz, und er wird sich um Sie kümmern, wenn Ihr Herz ist, wie es sein sollte.

Gott wirkt ganz erstaunliche finanzielle Wunder für uns, so dass wir mit der Organisation, die wir jetzt haben, weltweit tätig sein können. Aber auch früher schon, als wir finanziell schwierige Zeiten durchlebten, haben wir den Zehnten gesät. Wir hatten gerade genug, um unsere Rechnungen zu bezahlen, und dann mussten wir Gott für alles andere, das anfiel, vertrauen. Im Rückblick habe ich an manche dieser eher mageren Zeiten die besten Erinnerungen. Es waren die Zeiten, in denen wir am meisten Spaß hatten.

Ich führte ein kleines Gebetbuch, und einmal schrieb ich hinein: **Lieber Vater, ich brauche zwölf neue Geschirrtücher, und ich habe nicht das Geld, um sie zu kaufen. Bitte sorge du für diese Geschirrtücher.**

Eines Tages klingelte eine Freundin an der Tür und sagte: »Ich hoffe, du hältst mich nicht für völlig verrückt, aber ich glaube, Gott möchte, dass ich dir ein Dutzend Geschirrtücher bringe.«

Voller Freude schrie ich auf: »Das ist Gott!« – und warf sie vor lauter Begeisterung fast um! Wer freut sich heutzutage so über Geschirrtücher? Aber wenn Sie beginnen, auf Gottes Art zu leben, kommt Begeisterung in Ihr Leben.

Brauchen Sie finanzielle Wunder, dann fürchten Sie nicht, Gott bezüglich Ihrer Finanzen zu gehorchen. Lassen Sie Gott seine Macht, Sie zu segnen, beweisen, indem Sie den Zehnten geben, und entwickeln Sie darüber hinaus einen gebenden Lebensstil. Als Ehepaar versuchen Dave und ich einen Lebensstil des Gebens zu leben, und wir genießen es, jedes Jahr mehr wegzugeben.

Wenn wir Gott gehorchen und geben, wie er uns leitet, gibt uns irgendwer immer etwas zurück, und so bleiben wir in diesem Bereich begeisternder Wunder. Tatsächlich suchen wir nach Möglichkeiten zu geben. Wir warten nicht, dass irgendein großartiges Gefühl über uns kommt; wir geben bewusst und mit Absicht. Als Resultat wächst unsere Freude und unser Wohlergehen mehr und mehr.

KAPITEL 14

Tupfer, bitte!

Wir aber, die Starken [in Überzeugung und Glauben], sind verpflichtet, die Schwachheiten der Kraftlosen zu tragen [wir sollten die Zweifel und Bedenken anderer tragen helfen] und nicht uns selbst zu gefallen. Jeder von uns gefalle dem Nächsten [mache ihn glücklich] zum Guten, zur [geistlichen Stärkung und] Erbauung!

Römer 15,1-2

Wenn Sie im Wort Gottes lesen, Sie sollen Ihren Nächsten glücklich machen, geistlich erbauen und stärken, denken Sie dann an die Leute von nebenan? Ist Ihnen schon einmal in den Sinn gekommen, dass dieses Wort auf Ihr Verhalten gegenüber Ihrem Ehepartner gemünzt sein könnte? Das griechische Wort für »Nächster/Nachbar« meint nach *Strong's Exhaustive Concordance* jemanden, der nah oder in der Nähe ist. *Merriam-Webster's Collegiate Dictionary* erklärt den Begriff »Nachbar« als »jemand, der in der Nähe eines anderen wohnt oder sich befindet«.

Aus irgendeinem Grund scheint es leichter zu sein, diesem Wort zu gehorchen, wenn es sich nicht auf unsere unmittelbare Familie bezieht, aber zu fast jeder Familie gehört jemand, der von einer Verletzung aus der Vergangenheit geheilt werden muss. In den letzten paar Kapiteln haben wir verschiedene Möglichkeiten betrachtet, unseren Ehepartner in unterschiedlichen Bereichen unserer Ehe entweder niederzumachen oder aufzubauen. Eine weitere Entscheidungsmöglichkeit ist, ob wir bereit sind, den Verletzungen aus der Vergangenheit, mit denen unser Partner zu tun hat, Heilung zu bringen.

Natürlich leitet Gott uns, das Leben zu wählen, nämlich Christus nachzufolgen. Christus entschied sich nicht für sein eigenes Wohlergehen und kümmerte sich nicht um seine eigenen Interessen, sondern nahm die Ablehnung und Misshandlungen derer auf sich, die *uns* ablehnten und misshandelten – damit wir geheilt werden können. Und jetzt sind wir, die wir frei sind, aufgerufen, die zu tragen, die im Glauben schwach sind.

Männer und Frauen sind sehr unterschiedlich, aber es hilft zu verstehen, dass Gott uns mit Absicht unterschiedlich gemacht hat. Verwechseln Sie nicht Schwächen mit Unterschieden. In Schwächen sollen wir aufhelfen, aber wir sind nicht berufen, unsere Unterschiede zu verändern.

Es ist gewiss nicht Gottes Plan für uns, zu versuchen, unseren Partner uns ähnlich zu machen. Gott wird fast immer jemanden an Ihre Seite stellen, der anders ist als Sie, aber das ist Teil seines Plans, damit wir einander mit unseren Stärken ergänzen und lernen, voneinander abhängig zu sein in den Bereichen, in denen wir schwächer sind.

Gottes Wege sind nicht unsere Wege, und wir verstehen seine Pläne nicht immer. Fast alle Eheleute denken anfangs, sie müssten einander ändern, um zusammenzupassen, während aber doch in der Annahme der Schlüssel zu Harmonie in der Ehe liegt. Wenn der Herr uns mit bedingungsloser Liebe annimmt, wie viel mehr sollten wir einander mit derselben Geduld annehmen? Stattdessen fallen wir leicht zurück in unser stolzes Denken, dass wir allein richtig liegen und alle anderen sich verhalten sollten wie wir.

Es gab viele Dinge, von denen ich dachte, Dave sollte sie tun oder nicht tun. Ich wollte, dass er extrovertierter sei, aber er war nicht extrovertiert. Ich wollte, dass er ein Gesellschaftslöwe sei. Er war kein Gesellschaftslöwe. Ich wollte, dass Dave predigte. Er ist nicht zum Predigen berufen, wenigstens bis jetzt nicht. Ich wollte nicht, dass er so viel Football guckte. Ich wollte nicht, dass er Sport so gern mochte. Ich wollte nicht, dass er Golf spielte. Ich wollte, dass er sich jeden Abend zu mir setzte und mich nur ansah und redete und redete und redete. Es gab vieles, wovon ich wollte, dass er es wollte.

Dave mochte seinen Job und war ein guter Versorger. Er ging jeden Tag arbeiten, brachte das Geld immer nach Hause und sorgte wirklich gut für uns, aber er hatte nicht besonders viel Ehrgeiz, im Beruf voranzukommen. Man bot ihm Beförderungen an, aber er wusste, dass er dann oft unterwegs sein müsste, und das wollte er nicht. Er wollte einfach nur, dass er selber und wir alle glücklich lebten.

Oft versuchte ich ihn zu drängen, mehr zu sein, und sagte, er bräuchte mehr Ziele im Leben. Als wir dann Gott gemeinsam aktiv dienten, wurde ich für sein Anderssein dankbar. Ich schätzte es, wie sehr seine Einstellung zum Leben beigetragen hat, dass Gott mich von den Verletzungen aus meiner Vergangenheit heilte. Wenn Dave nicht wiedergeboren und geisterfüllt gewesen wäre, ich glaube nicht, dass er mich je hätte aushalten können. Wie schon gesagt, als Dave mir begegnete, hatte ich so viele Wunden und Verletzungen sowohl aus meiner Kindheit als auch aus der ersten Ehe, dass es mir wirklich sehr schlecht ging. Ich erwähnte ja bereits, dass mein erster Mann Beziehungen mit anderen Frauen hatte und Dinge machte, für die er schließlich ins Gefängnis musste.

Vielen Menschen fällt es schwer, in einer neuen Beziehung voranzugehen, wenn sie aufgrund vergangener Situationen und Misshandlungen noch tief verwundet und verletzt sind. Ob sie emotionale Misshandlung erlitten haben, körperliche oder verbale: Sie brauchen Heilung, um ihr antrainiertes Misstrauen und ihre Verteidigungsmechanismen zu überwinden. Wenn jemand als Kind immer wieder von seinen Eltern oder Lehrern Negatives über sich hören musste, dann wird er ein Problem mit Unsicherheit haben. Er wird mehr liebevolle Aufmerksamkeit brauchen als jemand, der als Kind liebevoll bestärkt wurde.

Wir müssen es voneinander wissen, und es muss uns wichtig sein, aus welchem Hintergrund unsere Ehepartner kommen. Die Vergangenheit verstehen könnte helfen, einiges von dem, was jetzt geschieht, zu verstehen. Viele Menschen geben zu, dass irgendetwas aus ihrer Vergangenheit sie heute noch verkrüppelt. Sie brauchen Verständnis von Gott, um diese Sache hinter sich zu lassen, bevor sie in der richtigen Art und Weise Beziehungen aufbauen können.

Jesus ist in der Heilungsbranche – Bindungen aus der Vergangenheit brauchen wir nicht ein Leben lang zu behalten. Ich dachte lange, ich würde mich nie ändern. Ich glaubte, wenn einem erst einmal so etwas passiert ist, dann könne man nie darüber hinwegkommen. Aber wenn Sie bereit sind, Gott mit sich arbeiten zu lassen, dann wird er Ihnen helfen.

Alte Wunden heilen

Wenn Ihr Partner Heilung braucht, dann wird er schneller geheilt, wenn Sie dabei helfen. Wenn Sie versuchen, sich in ihn hineinzuversetzen, werden Sie Möglichkeiten erkennen, zu helfen. Nehmen Sie sich einmal eine Stunde Zeit und ziehen Sie sich irgendwo zurück. Lassen Sie Ihrer Fantasie freien Lauf und stellen Sie sich vor, wie es sein muss, durch das zu gehen, was Ihnen Ihr Ehepartner von seinem eigenen Leiden zu erzählen versucht hat.

Römer 15,5-6 gibt Anweisungen, wie wir helfen können:

> *Der Gott des Ausharrens [Festigkeit] und der Ermunterung aber gebe euch, gleichgesinnt zu sein untereinander, Christus Jesus gemäß, damit ihr einmütig mit einem Munde den Gott und Vater unseres Herrn Jesus Christus [des Messias] verherrlicht.*

Gott wird uns die Kraft geben auszuharren, und uns Ermunterung geben, damit wir in Harmonie und Mitgefühl miteinander leben können. Daves Vater starb an Alkoholismus, aber Dave hatte eine gottesfürchtige Mutter, und das bewahrte ihn vor vielen Problemen, die er hätte haben können. Doch lebte Dave viele Jahre sehr passiv, um Konflikte mit seinem Vater zu vermeiden.

Nun, heute ist er nicht mehr so, aber eine ganze Zeit lang übernahm er einfach gewisse Verantwortungsbereiche nicht. Wie gesagt, Dave ging zur Arbeit und machte seinen Job und kümmerte sich um all das, aber darüber hinaus war es schwierig, ihn in Bewegung zu setzen. Wenn er ein Golfturnier hatte, dann konnte er daran denken, alle möglichen Leute anzurufen, konnte nach Hause kommen und mir jeden Ball wiederholen, den er geschlagen hatte, sogar jeden Ball, den alle anderen geschlagen hatten, seinen Punktestand und den Punktestand der anderen Spieler. Aber es war ihm nicht möglich, daran zu denken, ein Bild aufzuhängen oder die Rechnungen zur Post zu bringen. So etwas brachte mich schnell in Rage.

Ich dachte, Dave wolle einfach nicht das tun, was ich von ihm wollte. Jetzt ist er von seiner Passivität geheilt, aber Gott hat mir gezeigt, dass Dave in dieses Verhaltensmuster fiel, weil das sein Rollenvorbild war. Kinder lernen von dem, was sie ihre Eltern tun sehen, und Dave sah seinen passiven Vater, der einfach wie ein unbeteiligter Außenstehender war und im Grunde gar nichts tat. Dave war nie in Versuchung zu trinken, aber dennoch folgte er dem Beispiel seines Vaters und verweigerte sich in fast allen seinen Verantwortungsbereichen rund um unser Zuhause.

Als er sich entschied, diese Art Verhalten zu ändern, dauerte es lange, bis er neue Gewohnheiten entwickelt hatte. Aber ich respektierte ihn dafür, dass er Gott in seinem Leben wirken ließ. Der Teufel hatte uns in einer Falle, weil ich sowieso alles bestimmen wollte, und Daves passive Art unterstützte meinen Kontrollgeist nur noch. Dave und ich brauchten beide Heilung von Situationen aus unserer Vergangenheit, und während Gott an unserer Befreiung arbeitete, benutzte der Teufel unsere Schwächen gegeneinander.

Die Bibel sagt, wir sollen einander ertragen in unseren Schwachheiten. Sich gegenseitig aufzubauen erfordert göttliches Mitgefühl und Verständnis.

Gibt es Bereiche, in denen Sie einander nicht verstehen oder in denen Sie vielleicht sogar sich selbst nicht verstehen, dann werden Sie aktiv und finden Sie es heraus. Warum entwickeln sich bestimmte Verhaltensmuster im Leben von Menschen? Unser Partner muss uns die Mühe wert sein, herauszufinden, wie wir ihm helfen können.

Dave und ich lesen gerne Bücher von Gary Smalley, der viel Hilfreiches über Beziehungen zwischen Menschen geschrieben hat. In einer seiner Lektionen benutzt Gary das Beispiel von einer Pflanze, die er »Ivy« nannte. Er sagte, wenn er Ivy heiraten würde und sie eine Menge braune Blätter hätte, dann wäre es vielleicht nicht seine Schuld, dass sie die braunen Blätter hätte. Sie könnten vielleicht aufgrund von Problemen braun geworden sein, die lange vor ihrer ersten Begegnung aufgetaucht waren. Aber, fuhr er fort, nun, da er mit Ivy verheiratet war, seien ihre braunen Blätter seine Verantwortung und er müsse nach Möglichkeiten suchen, ihr die Nährmittel zu geben, die sie brauchte, um wieder gesund zu werden.

Auch wenn wir nicht die Ursache für schlechte Verhaltensmuster unserer Ehepartner sind, hat Gott uns in ihr Leben gebracht, um ihnen zu helfen. Gott hat schon festgelegt, dass es Dinge gibt, die wir nicht alleine schaffen können. Er ruft uns immer wieder, einander zu lieben und die Kümmernisse und Lasten des anderen zu tragen. In Galater 6,2 heißt es:

> *Einer trage [ertrage] des anderen Lasten, und so werdet ihr das Gesetz des Christus erfüllen.*

Dave und ich hatten lange Zeit zu kämpfen, weil wir diese wichtige Rolle, die wir im Leben des anderen spielen sollten, nicht verstanden. Gott brachte Sie zu dieser Seite und diesem Moment, um Ihnen Verständnis zu geben, damit Ihre Ehe ein Bild für seinen Plan für die Welt werden kann. Wir sind privilegiert, dass wir die Dinge wissen dürfen, die Gott offenbart hat.

Die Arztpraxen sind voll von Leuten, die wissen wollen, wie sie sich ihrem Ehepartner gegenüber verhalten sollen und wie sie geheilt werden können von dem, was sie bindet. Gottes Wort gibt klare Anweisungen, und Gott salbt sein Wort mit der Kraft, fruchtbar zu sein, wenn wir einfach tun, was er sagt.

Dave fragte mich immer: »Warum verhältst du dich so?«

Ich wusste nicht, warum ich mich so benahm, und fragte zurück: »Und warum verhältst du dich so? Wenn du dieses nicht tun würdest, dann würde ich jenes nicht tun.«

Er entgegnete: »Und wenn du dieses tun würdest, dann würde ich jenes nicht tun! Wenn du aufhören würdest, ständig zu meckern, dann würde ich nicht auf dem Golfplatz bleiben.«

Ich sagte dann: »Und wenn du zu Hause bliebst, dann würde ich auch nicht meckern.«

Wie oft hatten Sie schon eine ähnliche Unterhaltung? Ich versuche zu illustrieren und zu vermitteln, wie verletzte Menschen andere Menschen verletzen. Wenn Sie sich in Ihrer Beziehung gegenseitig wehtun, dann liegt das wahrscheinlich daran, dass es in Ihnen eine Verletzung gibt, die noch nicht verheilt ist. Irgendwie, irgendwo sind Sie verletzt worden, und Sie müssen sich an Gott wenden und ihn heilen lassen, um vorangehen zu können.

Dave brachte mir Heilung, indem er mich jahre- und jahre- und jahrelang bedingungslos liebte. Nie hatte ich mit so einer Art Liebe gelebt. Alle Liebe, die ich je empfangen hatte, war Bedingungen unterworfen gewesen. Wenn ich tat, was jemand wollte, dann konnte ich bekommen, was ich brauchte.

Liebe mit Bedingungen erfüllt Sie mit Ablehnung, wenn Sie sich nicht immer exakt richtig verhalten. Viele Menschen haben Schwierigkeiten in ihren Beziehungen, weil das die einzige Art von Liebe ist, von der sie wissen. Auch, wenn Sie nicht aus einer Missbrauchssituation kommen, aber von Ihren Eltern nur unter gewissen Bedingungen geliebt wurden, haben Sie dasselbe Problem. Wie viele von uns wuchsen auf in dem Glauben, dass Mama und Papa nur dann glücklich über uns wären, wenn wir lauter Einsen im Zeugnis hätten und ähnliche Dinge, die Bedingungen für Geliebtwerden sind?

Aus einem Gefühl der Unsicherheit und Bedeutungslosigkeit resultieren zerstörerische Verhaltensprobleme, aber Gott ist in der Heilungsbranche. Wenn Sie solche Probleme in Ihrer Ehe erkennen, dann bitten Sie Gott um Hilfe. Sie können diese Dinge nicht immer unter den Teppich kehren in der Hoffnung, dass sie von alleine verschwinden. Sie haben sich mit diesen Dingen in Ihrem Leben auseinanderzusetzen.

Nehmen Sie sich fest vor: Welche Hilfe auch immer Ihr Ehepartner nötig hat, Sie werden sie ihm geben. Wenn Sie irgendetwas verletzt, dann versuchen Sie zu erklären, was es ist, und um Hilfe zu bitten. Widmen Sie einander wieder Ihre Liebe, indem Sie lernen, wie Sie einander liebevoll versorgen, hegen und pflegen können. Wenn Sie erst einmal verstanden haben, was sich ändern muss, dann bitten Sie um Geduld, und gewähren Sie sie, wo nötig. Ehrlichkeit ist der Dreh- und Angelpunkt des Heilwerdens. Geben Sie es zu, wenn Sie nicht ganz sicher sind, wie etwas getan werden muss, aber lassen Sie Ihren Partner wissen, dass Sie versuchen werden, ihm entweder zu helfen oder selbst Veränderungen herbeizuführen.

Wenn einer von Ihnen sich vor dem Fernseher versteckt oder zu viel Zeit mit irgendetwas verbringt, was Sie voneinander getrennt hält, dann suchen Sie nicht nach Entschuldigungen; finden Sie heraus, warum sich diese Distanz zwischen Ihnen entwickelt. Suchen Sie nach Ausgleich. Es ist okay, eigene Interessen zu haben, aber Sie müssen Zeit füreinander haben, sonst werden Sie einander weiterhin verwunden, zusätzlich zu den Verletzungen, die Sie in der Vergangenheit bekommen haben.

Selbst beigebrachte Wunden heilen

Manche der Verletzungen, unter denen Paare leiden, haben nichts mit ihrer Vergangenheit zu tun. Möglicherweise haben Sie sich beide gegenseitig Kränkungen zugefügt, die behandelt und geheilt werden müssen. Jahre voller harter Worte können Beziehungen angreifen. Ehebruch, wenn einer oder der andere Partner untreu war, kann lange Spuren von Misstrauen hinterlassen. Vielleicht denken Sie, die Situation sei längst vergeben und Sie gingen wieder voran, aber immer noch ist zwischen Ihnen nicht alles in Ordnung.

Vielleicht erkennen Sie gerade, dass Sie in all den Jahren, in denen Sie verheiratet sind, noch nicht so mit Ihrem Partner geredet haben, dass er dadurch ermutigt oder auferbaut wurde. Hebräer 3,13 sagt: ... *ermuntert einander* ***jeden Tag****, solange es »heute« heißt, damit niemand von euch verhärtet werde durch Betrug der Sünde*. Es reicht nicht, einfach mit den harten Worten aufzuhören, sondern wir müssen einander in Liebe ermuntern, um in jede Situation die notwendige Heilung zu bringen.

Es gibt Dinge, die wir jeden Tag für unsere Beziehungen tun müssen, und die uns dann von den Verletzungen heilen, die uns immer noch gebunden halten und verwunden. Zunächst einmal müssen wir aufhören, die Vergangenheit immer wieder hochzuholen. Wir müssen aufhören, miteinander auf der Grundlage der Erlebnisse der Vergangenheit umzugehen. Wenn wir die Vergangenheit vor uns halten, gehen wir zurück statt nach vorn.

Manche Paare zerstören sich gegenseitig, indem Sie nicht zulassen, dass der andere sie verändert. Auf die Vergangenheit wird selbst nach Jahren immer noch Bezug genommen, was zeigt, dass der Groll eine tiefe Wurzel im Herzen des gekränkten Ehegatten gefasst hat. Selbst wenn es dem Kränkenden leidtut, erlaubt ihm der andere nicht, sich zu verändern und sich anders zu verhalten. Liebe führt nicht Buch über die Kränkungen, die sie erfahren musste. Sind Sie ein guter Buchhalter, der ständig die Summe aller Kränkungen festhält? Wir müssen Philipper 3,12-14 an unsere Badezimmerspiegel kleben, damit es uns an unser Ziel erinnert:

> *Nicht, dass ich es schon ergriffen habe oder schon vollendet bin; ich jage ihm aber nach, ob ich es auch ergreifen möge, weil ich auch von Christus Jesus ergriffen bin.*
> *Brüder, ich denke von mir selbst nicht, es ergriffen zu haben; eines aber tue ich: Ich vergesse, was dahinten, strecke mich aber aus nach dem, was vorn ist; und jage auf das Ziel zu, hin zu dem Kampfpreis der Berufung Gottes nach oben in Christus Jesus.*

Ich bin fest überzeugt, dass eine der größten Wohltaten, die wir als Gläubige haben, in 2. Korinther 5,17 steht: *Daher, wenn jemand in Christus ist, so ist er eine neue Schöpfung; das Alte ist vergangen, siehe, Neues ist geworden.* Ich denke nicht, dass unsere Erneuerung einfach so geschieht an dem Tag, an dem wir wiedergeboren werden, und dass plötzlich alle Spuren von Verletzungen aus der Vergangenheit nicht mehr existieren, weil wir eine neue Schöpfung sind. Aber ich glaube, dass jeden Tag Altes verschwinden und alles brandneu werden kann. Ich glaube jeden einzelnen Tag, dass wir tun müssen, was der Apostel Paulus im Philipperbrief lehrt, und die Dinge loslassen sollen, die hinter uns sind, und uns ausstrecken sollen nach dem, was vor uns liegt.

Herausfinden, was losgelassen werden muss

Wenn Sie sich um Ihre Beziehung Sorgen machen und die Wunden heilen wollen, die Sie sich gegenseitig zugefügt haben, dann müssen Sie miteinander reden. Finden Sie heraus, was Sie trennt, und kommunizieren Sie, wie Sie sich fühlen. Wenn Sie anfangen, mitzuteilen, was Sie verletzt hat und wie Sie sich dadurch fühlten, passiert es vielleicht, dass Ihr defensives Wesen aufflammt. Aber statt wieder zu kränken, können Sie zum Ausdruck bringen, dass Sie den anderen lieben und sich seiner annehmen wollen.

Wenn Ihr Partner mutig genug ist, zuzugeben, was ihm zu schaffen macht, dann möchten Sie vielleicht zum Gegenschlag ausholen, statt die Verantwortung für die Kränkungen zu übernehmen. In diesen Augenblicken ist es wichtig, auf die Bedürfnisse des anderen ausgerichtet zu bleiben statt auf sich selbst. Wenn Sie Ihren Ehepartner jetzt dazu bringen, dass er sich verschließt, wird er sich vielleicht nie wieder öffnen.

Es erfordert große Reife, seinem Ehepartner zuzuhören, wenn er ehrlich spricht, und seine Worte zu bedenken, ohne von Neuem verletzt zu sein. Dave und ich sind schon jahrelang verheiratet, und wir fangen erst an, miteinander auf diesem neuen Niveau über unsere Verletzungen und Wunden reden zu können. Aber die gute Nachricht ist, dass es möglich ist, und es ist nötig.

Sie könnten vielleicht alle zwei Monate miteinander zum Essen ausgehen und Ihre Heilungsfähigkeiten aneinander ausprobieren. Durch die Fähigkeit zu konfrontieren sorgen Sie für Korrektur. Durch die Fähigkeit zu heilen lassen Sie alte Wunden medizinisch versorgen, damit sie Ihre Beziehung nicht länger infizieren.

Sie könnten so beginnen: »Ich möchte, dass du mir offen und ehrlich sagst, ob ich Dinge tue, die dir etwas ausmachen oder dich verletzen, denn ich liebe dich und ich will dich nicht mehr verletzen. Wenn ich etwas tue, was nicht gut ist für unsere Beziehung, dann sag es mir bitte.«

Eine gesunde Art zu antworten wäre: »Wenn du ______ tust, dann fühle ich mich ______. Ich wünschte, du würdest ______.«

Eine gute Reaktion auf diese neue Information wäre: »Danke, dass du mir gesagt hast, wie du dich fühlst. Ich bin froh, dass du mir genug vertraust, um mir das zu sagen, und ich will verändern, was nötig ist. Ich will beten und versuchen, auf deine Bedürfnisse so einzugehen, wie Jesus es tun würde.«

Können Sie sich vorstellen, wie es Ihre Beziehung verändern würde, wenn Sie einfach nur abwechselnd den anderen Ihre Bedürfnisse wissen ließen?

Ich konnte sagen: »Dave, mache ich etwas, was dich ärgert? Auf welchem Gebiet hättest du gern, dass ich mich verändern würde, um eine bessere Ehefrau zu sein?«

Wenn er wusste, dass es sicher war, mir ehrlich zu antworten, dann konnte er das nutzen und sagen: »Na ja, es macht mir wirklich etwas aus, wenn ich versuche, dich in kleinen Dingen im Haushalt zu korrigieren, z. B. kein Handtuch am Waschbecken aufzuhängen. Wir haben dieses Haus gekauft, und Gott hat mir den logischen Verstand geschenkt, manches zu sehen, was wir tun und worum wir uns besser kümmern sollten, und ich habe das Gefühl, jedes Mal, wenn ich eine solche Idee äußere, dann denkst du, ich sei ein Erbsenzähler, und hältst es nicht für wichtig. Aber mir ist es wichtig.«

Das ärgerte ihn, und es regte ihn mehr als nur ein bisschen auf.

Ich hatte keine Vorstellung davon, dass es so an ihm nagte, konnte aber merken, dass er langsam unglücklich wurde.

Und er sagte: »Wenn ich dich bitte, etwas zu tun, dann wünschte ich, du würdest mich genügend respektieren, um einfach zu sagen: ›Klar, Liebling. Wenn ich das für dich tun soll, mache ich es gerne.‹ Ich will mir nicht immer, wenn ich so etwas sage, wie ein Trottel vorkommen müssen.« Seine Ehrlichkeit war schwer zu schlucken, aber weil ich sie annahm, wurde unsere Beziehung besser.

Viel Heilung kommt, wenn jemand verstanden und wertgeschätzt und geehrt wird, der diese Wertschätzung verdient. Aber wenn Menschen voller Unsicherheit sind, lassen sie sich nicht korrigieren. Wenn Sie um Ehrlichkeit bitten und Ihr Ehepartner gibt Ihnen seine Wunschliste, dann denken Sie daran, dass die Bibel sagt, nur ein Narr hasst Korrektur. Seien Sie dankbar, wenn Ihr Ehepartner Ihnen sagt, wie Sie Ihre Beziehung verbessern können. Hoffentlich gibt er Ihnen dieselbe Gelegenheit, die Sie ihm einräumen.

Ich empfehle, nicht gleich auf einmal mit der Gesamt-Lebenszeit-Liste anzufangen. Beten Sie und beginnen Sie mit den wichtigsten ein oder zwei Dingen, die auf Ihrem Herzen sind. Passen Sie auf, dass Sie Stimme und Gesichtsausdruck freundlich und sanft halten. Stimme und Körpersprache werden mitbestimmen, ob ein Gespräch friedlich bleibt oder nicht.

Ein Pastor erzählte mir einmal von einem jungen Mann, der für ihn arbeitete, der ein Meister im Korrektur-Annehmen war. Er erzählte Folgendes: »Dieser Typ ist unglaublich. Ich rief ihn ins Büro, um ihm die Hosen stramm zu ziehen über etwas, was er falsch gemacht hatte, und er saß vor meinem Schreibtisch, sah mir in die Augen und sagte: ›Oh, Pastor, danke. Danke, dass Sie mich korrigieren. Ich bin so froh, dass Sie mich genug lieben, um sich Zeit dafür zu nehmen und mir zu sagen, was ich falsch mache. Gott hat mich hierher gestellt, um Ihnen zu helfen, und wenn ich es nicht so mache, wie Sie wollen, dann will ich es anders machen. Und ich bin froh, dass Sie mit mir reden.‹«

Dann sagte der Pastor noch: »Manchmal zitiere ich ihn in

mein Büro, um ihm die Leviten zu lesen, und ich hasse das, aber wenn er wieder geht, dann habe ich ein gutes Gefühl darüber.« Das hört sich vielleicht ein bisschen extrem an, aber wäre es nicht toll, wenn jede Konfrontation mit solch einer heilenden Reaktion beruhigt würde? Es ist schwierig, Einheit zu schaffen, wenn jede Bitte, etwas anders zu machen, in einem Krieg endet.

Unser eigener Stolz und unsere Unsicherheit machen es schwierig für uns, Korrektur anzunehmen. Wenn jemand einem anderen sagt, er mache etwas falsch, und diese Person hat schon Schwierigkeiten mit einem mangelnden Selbstwertgefühl, dann werden ihre Ängste sich noch mehr verfestigen und sie wird sich verteidigen wollen. Die Lösung ist nicht, Korrektur zu vermeiden, sondern einander in Liebe zu bestätigen, wenn wir unsere Vorschläge machen. Wenn Sie in diesem Bereich Schwierigkeiten haben, dann empfehle ich Ihnen mein Buch *Freiheit trotz Ablehnung*, in dem ich die Bibelstellen darlege, an die Sie sich anlehnen können, um sich selbst wieder zu einem gesunden, gottesfürchtigen Zustand aufzubauen und Freiheit von Ablehnung zu finden.

Es ist gut, diese Nöte in sich selbst zu erkennen und gegenüber dem Partner zuzugeben, wenn Sie Bestätigung oder Ermutigung brauchen. Vertrauen Sie Ihrem Partner genug, um die Ängste und Zweifel, die Sie über sich selbst haben, zuzugeben! Wenn Sie die Unsicherheiten des anderen verstehen, können Sie lernen, ihn zu stärken. Diese bedeutsamen, ehrlichen Begegnungen können Beziehungen auf Dauer kräftigen.

Eine Person, die noch mit Scham zu kämpfen hat, fühlt sich bereits falsch, wenn ihr etwas Schlimmes zugestoßen ist. Man muss in dem Fall vielleicht extra vorsichtig sein: »Liebling, du weißt, dass ich dich liebe; du bist toll, und fast alles, was du tust, ist richtig ...« Fangen Sie nicht sofort mit Ihrer Liste der falschen Verhaltensweisen an. Sogar Ehepartner mit gesundem Selbstwertgefühl sollten mit Bedacht und Respekt behandelt werden. Seien Sie liebevoll, freundlich, sanft und demütig, wenn Sie sich darauf konzentrieren, Ihren verletzten Ehepartner aufzubauen.

Dave und ich konnten einander früher nicht gut konfrontieren. Wenn wir an irgendein Thema gerieten und anfingen, uns etwas vorzuhalten, stand Dave einfach auf und ging weg. Wenn ich ihm lange genug durch das ganze Haus folgte, setzte er sich schließlich ins Auto und fuhr einfach davon.

Einmal fragte ich ihn: »Warum können wir nicht darüber reden?«

Und schließlich sagte er: »Weil nicht **wir** reden. **Du** redest und ich höre zu. Du kannst gut mit Worten umgehen, ich nicht. Du manipulierst mich, und das mag ich nicht.«

Es stimmt, Dave fällt es viel schwerer, sich mit Worten auszudrücken, während ich jeden in Grund und Boden reden und ihm meine Überzeugung aufdrücken kann. Wenn Sie sich also hinsetzen und versuchen, mit jemandem zu kommunizieren, dann müssen Sie ein paar Grundregeln aufstellen, um eine sichere Zone für Konfrontation zu schaffen. Aber geben Sie nicht auf, bis Sie eine Möglichkeit gefunden haben, Ihre Bedürfnisse zu kommunizieren und herauszufinden, was Ihr Ehepartner braucht.

Vor allen Dingen aber habt untereinander eine anhaltende Liebe! Denn die Liebe bedeckt eine Menge von Sünden.

1. Petrus 4,8

Liebe mag blind sein für die Fehler des anderen, aber Unsicherheit wird durch wahre Bewunderung überwunden. Um eine starke Beziehung zu bauen, muss man viel vergeben. Die Bibel hat viel über Vergebung zu sagen; zum Beispiel wissen wir, dass unsere Gebete nicht erhört werden, wenn wir anderen nicht vergeben. Wenn wir im Frieden mit jedermann leben wollen, müssen wir schnell vergeben und dürfen nicht leicht beleidigt sein.

Ihr Partner wird nun einmal Dinge tun, die Ihnen nicht gefallen, und Sie werden Dinge tun, die Ihre Mitmenschen irritieren. Ihr Partner wird Dinge sagen und tun, von denen Sie nicht wollen, dass sie gesagt oder getan werden, und Sie werden es einfach durchgehen lassen und sich um Ihren eigenen Kram kümmern müssen. Sogar die größeren Verletzungen, die Ihnen angetan wurden, müssen vergeben werden.

Aber der andere Schlüssel zum Bau einer soliden Beziehung ist Buße. Damit Liebe zwischen Menschen im Überfluss vorhanden ist, bringt nichts schneller Heilung, als einfach zu sagen: »Liebling, ich war im Unrecht, und ich hätte dich nicht so behandeln sollen. Es tut mir leid. Vergibst du mir bitte?« Lukas 17,3 sagt:

> *Habt acht auf euch selbst: Wenn dein Bruder sündigt [das Ziel verfehlt], so weise ihn zurecht, und wenn er es bereut [wenn es ihm leid tut, dass er gesündigt hat], so vergib ihm.*

Wenn Dave und ich ein Problem haben, dann ist es meine Verantwortung vor Gott, ihm immer zu vergeben. Aber die Schrift sagt auch, dass man ihm vergeben soll, wenn der Bruder *bereut*. Ich habe Situationen erlebt, wo ein Ehepartner etwas falsch gemacht hat, und es tut ihm offensichtlich leid, aber der andere Partner will ihn damit nicht durchkommen lassen. Doch Lukas 17,4 sagt, wenn der Bruder bereut, dann müssen wir ihm vergeben.

> *Und wenn er siebenmal am Tag an dir sündigt und siebenmal zu dir umkehrt und spricht: Ich bereue es [es tut mir leid], so sollst du ihm vergeben [dich nicht mehr ärgern und die Kränkung als widerrufen und annulliert betrachten].*
>
> Lukas 17,4

Was, wenn jemand Sie verletzt und nicht bereut? Ich glaube, so jemand kann keine Vergebung empfangen, wenn er nicht bereut, aber dennoch müssen Sie vergeben. Sie müssen um Ihrer selbst willen vergeben, aber auch, um Gottes Werk an dem Herzen des anderen freizusetzen. Sperren Sie diese Person nicht ins Gefängnis, indem Sie ihr eine Kränkung vorhalten, bis Sie das Gefühl haben, sie habe ihre Schuld bezahlt (siehe Matthäus 18,28-35). Gott ist Ihr Rächer – lassen Sie ihn seinen Job tun.

Der Gekränkte, der verletzt wurde, hat die Verantwortung zu vergeben, aber der Kränkende hat die Verantwortung zu bereuen. Wenn er nicht bereut, dann ist diese Situation nicht wirklich bereinigt; sie ist im Unterbewusstsein vergraben und lässt eine offene Wunde zurück.

Viele Menschen sind sehr unglücklich und sogar körperlich krank wegen Sünde, die sie nicht bekennen und in ihrem Herzen verborgen halten. Neulich kam ein junger Mann zu uns, der, als er für uns gearbeitet hatte, einmal unehrlich gewesen war. Wir hatten vermutet, er habe Geld gestohlen, aber er hatte das vehement bestritten. Als er es nun bekannte und ich ihn fragte, ob er sich etwa die ganze Zeit über schuldig gefühlt habe, sagte er, er habe die Sünde tatsächlich so tief in seinem Unterbewusstsein vergraben gehabt, dass er sich gar nicht mehr an den Diebstahl erinnerte. Er sagte, er habe sogar sich selbst von seiner Unschuld überzeugt gehabt. Es kam nur wieder an die Oberfläche, weil er Seelsorge in Anspruch nahm, um die Wurzel für seine extreme Passivität zu entdecken.

Die Sünde eines Menschen findet ihn früher oder später immer wieder. Wenn jemand Ihnen etwas Böses angetan hat und das nicht zugibt, dann wird diese nicht bekannte Sünde ihn auf die eine oder andere Weise immer weiter verletzen, bis diese offene Wunde gereinigt und geheilt wird.

Wenn wir in Seminaren über Konfrontation lehren, weist Dave oft darauf hin, dass Konfrontation nicht dazu gedacht ist, um jemandem Schuld zuzuweisen. Die Absicht ist, eine Lösung zu finden, die Heilung und nicht noch mehr Schmerz bringt. Manche Wunden brauchen Zeit, bis sie heilen, und während wir uns verändern, müssen wir geduldig sein und warten, bis wir die gewünschten Resultate sehen. Liebe versagt sich niemals, und Heilung geschieht in einem liebevollen Umgang voller Akzeptanz und Vergebung.

TEIL 3

DIE FRUCHT DER EHE

KAPITEL 15

Warum bist du so anders als ich?

Durch Weisheit wird ein Haus [Leben, Heim, Familie] gebaut, und durch Verstand wird es befestigt [auf einer gesunden und guten Grundlage].

Sprüche 24,3

Das Wort Gottes sagt, dass Verstand ein Heim, eine Familie, ein Leben gründet. In meiner Beziehung zu Dave erlebte ich einen großen Durchbruch, als ich herausfand, dass die Menschen unterschiedliche Persönlichkeiten haben. Dieses Wissen half mir zu verstehen, warum wir selten auf die gleiche Weise zu Entscheidungen kommen. Allerdings müssen uns diese Unterschiede nicht davon abhalten, miteinander im Einvernehmen zu sein. Tatsächlich ist Unterschiedlichkeit ein wichtiger Teil von Gottes Plan.

Ich will nicht lange über Persönlichkeitsunterschiede schreiben, denn es gibt so viele Bücher und Studien, die Ihnen helfen, Ihre eigenen Persönlichkeitszüge herauszufinden und auch, wie sie sich von denen Ihres Partners unterscheiden. Zwei meiner Lieblingsbücher zu diesem Thema, die ich allen empfehle, weil ich eine Menge durch sie gelernt habe, sind *Your Personality Tree* von Florence Littauer und *Geisterfülltes Temperament* von Tim LaHaye. Vieles, was ich in diesem Kapitel sage, ist eine Zusammenfassung von Florence Littauers Werk, aber in einem kurzen Kapitel kann ich nicht sehr ins Detail gehen, anders als sie mit ihren ausgedehnten Studien.

Ich glaube, es ist sehr wichtig zu verstehen, dass diese Unterschiede von Gott gegeben wurden, damit wir als Familie stark werden. Verstehen wir das nicht, kann es passieren, dass diese Unterschiede uns auseinanderreißen, statt unsere Familie und Gemeinschaft zu stärken, wie sie das eigentlich tun sollen.

Unsere individuellen Temperamente offenbaren, wie wir das Leben im Allgemeinen angehen. Einer dieser Tests, mit dem wir bei unseren Seminaren gerne arbeiten, zeigt, ob Ihre Persönlichkeit die eines sonnigen Sanguinikers, eines methodischen Melancholikers, eines kontrollierenden Cholerikers oder eines friedlichen Phlegmatikers ist. Wenn Paare diese Tests in unseren Wochenendseminaren machen, dann entdecken sie immer wieder, dass sie mit jemandem verheiratet sind, der ganz anders ist als sie.

Ich möchte Ihnen vor Augen führen, wie bedeutsam diese Unterschiede sind, und Ihnen verstehen helfen, warum der, mit dem Sie verheiratet sind, wahrscheinlich anders ist als Sie. Wenn Sie verstehen, dass Gott die Menschen mit Absicht unterschiedlich gemacht hat, erkennen Sie, warum Sie niemanden verändern und auch nicht selber wie ein anderer Mensch werden können. Aber es ist trotzdem möglich, einvernehmlich zu leben, auch wenn wir sehr unterschiedliche Persönlichkeiten haben.

Manchmal kommt es vor, dass ein Mann und seine Frau zu denselben Testergebnissen kommen, und wenn sie beide einfache Persönlichkeiten haben, dann ist das weiter kein Problem. Wenn sie aber beide zu der Kategorie der Willensstarken gehören, dann werden sie wahrscheinlich häufiger einmal heftig streiten. Die Untersuchung einiger Schriftstellen soll Ihnen helfen, Gottes größeren Plan zu sehen mit seiner Entscheidung, uns alle unterschiedlich zu machen.

Es gibt auch Tests, die Ihnen verstehen helfen, zu welchen der Motivationsgaben Sie sich am meisten hingezogen fühlen.[1] Diese geistlichen Gaben ermöglichen Ihren ganz speziellen Dienst im Leib Christi.

Wenn Sie verstehen lernen, wie unterschiedlich Menschen sich motivieren lassen, wird Ihnen das helfen zu wissen, wie Sie mit Ihrem Ehepartner umgehen sollen, ebenso wie mit allen anderen Menschen, mit denen Sie im Alltag in Kontakt kommen.

Zum Beispiel erklärt Römer 12,6-8+10 die verschiedenen geistlichen Gaben, die wir haben können. Zwar kann jeder von uns mit all diesen Gaben arbeiten, wenn der Heilige Geist uns benutzen möchte, aber normalerweise sind wir in einer oder zwei davon begabter als in den anderen.

Da wir aber verschiedene Gnadengaben [Kenntnisse, Talente, Qualitäten] haben nach der uns gegebenen Gnade, so lasst sie uns gebrauchen: es sei Weissagung [bei dem, dessen Gabe es ist], in der Entsprechung zum Glauben; es sei Dienst [bei dem, dessen Gabe es ist], im Dienen; es sei, der lehrt, in der Lehre: es sei, der ermahnt [ermutigt], in der Ermahnung; der mitteilt, in Einfalt; der vorsteht, mit Fleiß; der Barmherzigkeit übt, mit Freudigkeit. ... In der Bruderliebe [als Mitglieder einer Familie] seid herzlich zueinander, in Ehrerbietung einer dem anderen vorangehend.

Beachten Sie: auch wenn wir unterschiedliche Begabungen haben, die uns antreiben, sollen wir einander Liebe und Ehrerbietung entgegenbringen. Welche Gabe wir auch immer haben, wir sollten mit ihr dienen, so gut wie wir nur können. Zwar sollen wir unsere Mitmenschen ehren, aber nie versuchen, sie zu imitieren.

Gott kennt das große Ganze und weiß am besten, wie er diese Begabungen verteilt, damit sie die vorhandenen Bedürfnisse ausfüllen. Viele Leute sind jahrelang frustriert, weil sie nicht verstehen können, warum sie etwas nicht tun können, was ihr Ehepartner kann.

Ich erlebte in meinen jungen Jahren sehr viel Frustration, weil ich sein wollte wie andere Leute, die ich kannte. Heute bin ich glücklich, die zu sein, die ich bin. Und ich bin froh, dass ich nicht mehr meinen Mann angucken und sagen muss: »Warum bin ich nicht wie Dave? Warum kann ich nicht so einfach im Umgang sein, wie Dave ist? Warum will ich manche Dinge immer auf eine bestimmte Art haben? Warum kann ich nicht einfach sagen: ›Ach, für mich ist das schon in Ordnung so, kein Problem‹?«

Ich versuchte, wie meine handwerklich begabte Nachbarin zu sein, die Bastelarbeiten herstellte, Tomaten zog, Blumenampeln bepflanzte und die Kleidung ihrer Kinder selber nähte, aber für keines dieser Dinge konnte ich lange genug still sitzen. Ich habe Dave tatsächlich in einem Jahr überredet, Tomaten zu ziehen. Das entspricht mir mehr; ich bin gerne der Boss, also brachte ich ihn dazu, es zu tun, und er ist sehr umgänglich, also tat er es. Ihm waren die Tomaten auch nicht wichtiger als mir, aber er tat es um des lieben Friedens willen.

Er setzte Tomaten, und im ersten Jahr fraß sie das Ungeziefer. Wir versuchten es im nächsten Jahr noch einmal und das Ungeziefer kam wieder. Da dachte ich: **Warum in aller Welt sollte irgendwer sich das antun, wenn man ins Geschäft gehen und Tomaten in der Dose kaufen kann, drei Dosen für einen Dollar im Angebot?** (1981, wohlgemerkt.) Es war nicht mehr logisch für mich, aber ich versuchte es zu machen, weil meine Nachbarin es machte.

Ich kaufte sogar eine Nähmaschine und nahm Unterricht im Schneidern. Ich wurde fast wahnsinnig da in meinem Keller, in dem ich zum Nähen saß, Nähte auftrennte und Säume anfertigte. Nach all der Arbeit stellte sich heraus, dass ein Ärmel kürzer war als der andere. Ich fand es schrecklich, aber ich machte weiter, weil ich versuchte, wie meine Freundin zu sein.

Ich finde es wirklich toll, dass meine Nachbarin all diese Dinge gerne tut. Ich bin dankbar für die Menschen, die Tomaten ziehen. Wenn es niemanden gäbe, der Tomaten zieht, dann hätten wir noch nicht einmal die in Dosen im Geschäft, die unsereiner kaufen könnte. Ich selber aber werde vermutlich keine einzige Tomate mehr ziehen, solange ich lebe.

Ich freue mich, Ihnen mitteilen zu können, dass ich frei bin vom Kleidernähen und Tomatenziehen. Es ist wichtig zu genießen, wer Sie sind, weil Selbstsicherheit sich auf Ihre Ehe auswirkt. Wenn Sie sich selbst nicht mögen, werden Sie nicht liebenswert sein und Sie werden auch sonst niemanden mögen.

Wenn Sie sich selbst nicht angenommen haben und sich dem widersetzen, was Gott für Sie beabsichtigt, dann **vergessen** Sie es, mit der Person klarkommen zu wollen, mit der Sie verheiratet sind. Jahrelang kämpfte ich darum, in Liebe zu wandeln und mit

Menschen klarzukommen. Schließlich zeigte mir Gott, dass ich seine Liebe zu mir nicht empfangen hatte, weil ich wegen all der Dinge in meiner Vergangenheit immer noch zornig auf mich selbst war. Endlich verstand ich: Wenn ich Gottes Liebe zu mir nicht annehmen würde, dann könnte ich mich nie selbst lieben, und wenn ich mich nie selbst liebte, könnte ich gewiss niemand anderen lieben, weil ich überhaupt keine Liebe zum Weitergeben in mir hatte.

Unsicherheit ist die tiefe Wurzel der meisten Eheprobleme. Wenn Sie mit sich genug im Frieden sein können, um sich selbst zu mögen, dann können Sie von sich wegsehen und andere lieben. Ich spreche nicht einer Selbstliebe das Wort, die sich als Egoismus oder Selbstzentriertheit äußert, aber jeder Einzelne sollte erkennen, welches die eigenen Stärken und auch die eigenen Schwächen sind. Ich kenne meine Schwächen und ich kann mir jetzt selbst in die Augen sehen. Ich fühle mich ihretwegen nicht mehr schlecht über mich selbst.

Selbstannahme ist nicht dasselbe wie Eingebildetsein. Ich weiß wohl, dass jeder Schwächen hat, und wir sollen einander aufbauen, wenn wir auf einem Gebiet stark sind, wo ein anderer schwach ist. Gott hat nie vorgehabt, dass der Mensch sich selbst genügt und unabhängig ist. Vergessen wir nicht, er war es, der sagte, wir sollten nicht allein sein. Unsere Dienstbegabungen und unterschiedlichen Persönlichkeiten sind so gestaltet, dass wir einander ergänzen. Wir haben unsere Talente nicht, damit wir uns selber bewundern, sondern damit wir anderen dienen.

Dave hat eine phlegmatische Persönlichkeit; er ist so unbeschwert, er schlägt nie Wellen. Als Choleriker wühle ich das Wasser auf, wo auch immer ich hinkomme. Wenn etwas nicht in Ordnung ist, dann wird jemand mit meinem Persönlichkeitstyp versuchen, es zu ändern. Daves Gelassenheit macht seine Schwächen weniger sichtbar als meine, weil ich immer mittendrin in allem bin und versuche, Leute zu bewegen und Dinge geschehen zu lassen. Wir alle haben Schwächen, darin sind wir uns alle ähnlich.

Wir haben auch alle unsere Stärken. Dave ist stark in Dingen, in denen ich elend schwach bin. Es gibt andere Gebiete, in denen ich stark bin und er schwach. Der Punkt ist, wenn man nicht in Selbstannahme verwurzelt ist, kann man nicht mit anderen Menschen auskommen. Solange man versucht, alle Leute um sich herum zu verändern und sie so zu formen, wie man sie für richtig hält, solange wird man Krieg führen.

Nur Gott kann in das Innere eines Menschen kommen und ihn von innen her ändern. Dave war klug genug zu wissen, dass er auf Gott warten musste, damit in meinem Leben verändert würde, was uns alle so unglücklich machte. Man kann trotzdem jemandem sagen, man sei der Meinung, dass er mit diesem aufhören und mit jenem anfangen solle, aber ein Mensch ändert sich nicht, nur weil man es von ihm verlangt.

In Römer 12,3 heißt es: *Denn ich sage durch die Gnade [unverdiente Gunst Gottes], die mir gegeben wurde, jedem, der unter euch ist, nicht höher von sich zu denken, als zu denken sich gebührt ...* Das ist ein guter Vers, der in jeder Seele verwurzelt sein sollte. Passen Sie auf, wie Sie über sich selbst denken. Passen Sie auf so hochmütige Gedanken auf wie: »Ich kann das doch auch. Warum kannst du es dann nicht?« Vers 3 geht weiter: *[... keine übertriebene Meinung von seiner eigenen Bedeutung zu haben], sondern darauf bedacht zu sein, dass er besonnen sei, wie Gott einem jeden das Maß des Glaubens zugeteilt hat.* Das bedeutet, welche Stärken wir auch immer haben, wir haben sie von Gott bekommen. Welche Fähigkeiten wir auch immer haben, Dinge auf eine bestimmte Art zu tun, wir haben sie von Gott bekommen. Wenn ein anderer Mensch diese Stärken nicht hat, dann müssen wir seine Fehler und sein Versagen mit ihm tragen und barmherzig mit ihm sein und Verständnis haben, statt eingebildet zu sein und uns besser vorzukommen, weil wir das können, was der andere nicht kann.

Wir müssen verstehen, dass manche Leute talentierter sind als andere. Manche Prediger können predigen und singen. Sie nehmen Platten auf und haben eine wunderschöne Stimme. Sie können in die Gemeinde kommen, die Anbetungszeit leiten, vier oder fünf Musikinstrumente spielen und dann auch noch predigen. Manchmal habe ich das Gefühl, alles, was ich kann, ist predigen.

Ich kann nicht singen; ja, die Techniker stellen beim Singen sogar immer mein Mikrofon ab. Es gab eine Zeit in meinem Leben, wo mir das etwas ausgemacht hat.

Ich dachte: **Warum kann ich das nicht?** Oder: **Warum kann ich nicht diese bestimmten Begabungen haben?** Wir haben alle damit zu tun, uns mit dem, was wir sind, zufriedenzugeben, aber wir müssen verstehen, dass Gott die Gaben gibt.

Manchen fünf, manchen zwei, manchen eine. Er begabt die Leute entsprechend dem, wie er sie geschaffen hat, entsprechend dem, womit sie umgehen können, und entsprechend der Bedürfnisse der Menschen, mit denen sie in Kontakt sein werden. Es ist Gottes Sache, wie er uns macht. Vielleicht weiß Gott, dass ich stolz würde, wenn ich predigen *und* singen könnte. Vielleicht ist es bei meiner Persönlichkeitsstruktur besser für mich, dass ich nur predigen und nicht singen kann. Ich benutze viele Beispiele aus meinem Dienst, weil ich so viel Zeit im Dienst verbringe, aber Sie können das mit Sicherheit auf jedes beliebige Gebiet Ihres Lebens anwenden.

Was stimmte nicht mit mir, dass ich all die Dinge nicht tun konnte, die meine Nachbarin tun konnte? Wenn ich Dave einen Knopf am Hemd annähte, dann fiel er bestimmt am nächsten Tag schon wieder ab. Dave näht sich also seine Knöpfe selbst an. Ich mache diese Art Arbeit einfach überhaupt nicht gut, aber wozu ich berufen bin, das mache ich gut. Deshalb habe ich gelernt, meine Berufung zu genießen. Ich versuche nicht, etwas zu tun, wofür ich nicht gesalbt und nicht ausgerüstet bin. Die gute Nachricht ist, dass ich mich nicht mehr schlecht fühlen muss, weil ich all diese anderen Dinge nicht tun kann und mich frage, was mit mir nicht stimmt.

In 1. Korinther 4,7 werden wir deutlich gemahnt, nicht mit unseren Gaben und Talenten zu prahlen: *Denn wer gibt dir einen Vorrang? Was aber hast du, das du nicht empfangen hast? Wenn du es aber auch empfangen hast [von jemandem], was rühmst du dich, als hättest du es nicht empfangen [sondern in eigener Mühe erworben]?* Ich mag diese Schriftstelle. Sie will uns herausfordern, nach einer Eigenschaft in unserem Leben zu suchen, die uns nicht gegeben wurde. Wenn wir sie geschenkt bekommen haben, warum sollten wir uns dann toll fühlen, als ob uns für unsere Gabe Lob zustünde?

Dave predigt nicht und ich habe die Gabe zu predigen. Welchen Sinn hätte es, wenn Dave sein Leben lang herumlaufen und sich selbst hassen würde, weil er nicht predigen kann? Als wir am Anfang unseres Dienstes standen, hielt uns einmal ein Pastor an der Gemeindetür auf und sagte: »Bruder Dave, der Herr hat mir die Erkenntnis gegeben, dass du die Bibelgruppe bei euch zu Hause leiten solltest und nicht deine Frau.«

Wir gingen also nach Hause und dachten, wir müssten das versuchen. Dave versuchte zu predigen, und ich versuchte den Mund zu halten, und es fiel uns beiden gleichermaßen schwer. Gott hat uns nicht ausgerüstet zu tun, wovon dieser Pastor meinte, wir müssten es tun. Dave hat jetzt eine gute, ausgeglichene Einstellung zu unserem Werk. Er ordnet sich nicht mir, seiner Frau, unter, aber er ordnet sich der Gabe in mir unter, und ich ordne mich als seine Frau ihm unter.

Dave erkennt an, dass Gott mir diese Gabe gegeben hat, und er kam schließlich an den Punkt mit mir, wo er sagte: »Mach es, geh voran. Tu alles, was Gott in dich gelegt hat. Sei alles, was du sein kannst, und ich werde hundertprozentig hinter dir stehen, weil Gott mich dir gegeben hat, damit ich dir helfe und dich im Gleichgewicht halte und zusehe, dass du nicht in Schwierigkeiten gerätst, wenn du da draußen unterwegs bist. Und ich werde deine Rückendeckung sein.«

Gott gab mir die Gabe, sein Wort zu kommunizieren, und ich kann mich der Tatsache nicht brüsten, dass ich den Predigtteil in unserem Dienst übernehme, weil ich es nicht angestrebt und nicht verdient habe. Dieses Werk hier ist eine gute Sache, es hilft Hunderttausenden Menschen, aber wir hätten alle um Gottes Segen betrogen und unser Lebtag unglücklich bleiben können, wenn Dave weiter versucht hätte zu predigen und wenn ich weiter versucht hätte, den Mund zu halten. Wir haben uns nicht der Gesellschaft angepasst; wir haben uns Gottes Plan für unser individuelles Leben untergeordnet.

Ich ermutige Sie, alles zu sein, was Sie sein können, aber sich nicht zu verachten, wenn Sie etwas nicht sein können, was jemand anderer ist, und andere nicht zu verachten, die nicht so sind wie Sie. Jesus erträgt alle unsere Schwächen. Er ist langmütig und geduldig mit uns. Wenn wir Fehler machen, dann ist er nicht eingeschnappt und schneidet uns. Die Bibel lehrt uns, wie Jesus zu sein in der Art, wie wir andere behandeln. Wir sollen tolerant sein gegenüber anderen, in ihren Schwächen und Fehlern. Jeder Mensch hat Schwächen. Wir werden nie die perfekte Gemeinde, den perfekten Pastor oder den perfekten Ehepartner finden.

Wenn Sie lange genug verheiratet sind und Ihre Liebe gewachsen ist, dann kommen Sie vielleicht an den Punkt, wo Sie denken, Ihr Ehepartner sei eben doch perfekt. Ich finde meinen Mann fast vollkommen. Aber ich kenne seine Schwächen und akzeptiere sie und er akzeptiert viele Schwächen von mir, deshalb führe ich über seine nicht Buch. Genießen Sie die Stärken eines anderen Menschen, statt sich die ganze Zeit auf seine Schwächen zu konzentrieren.

Um die Stärken und Schwächen in anderen Menschen zu erkennen, wurde eine Studie über die vier Hauptpersönlichkeitstypen gemacht. Normalerweise passt eine dieser Beschreibungen oder eine Mischung von zweien auf jeden Menschen. Versuchen Sie einmal, sich selbst und Ihren Ehepartner in diesen Modellen wiederzuerkennen. Im Allgemeinen will der Choleriker bestimmen, der Phlegmatiker will zusehen, der Sanguiniker will Spaß haben und ein Melancholiker will Frieden und Ordnung und Perfektion haben. Ich selbst bin Choleriker, deshalb vergleiche ich die anderen Wesenszüge oft mit meiner eigenen Persönlichkeit, um die Unterschiede zu illustrieren.

Der sonnige Sanguiniker

Der Sanguiniker redet normalerweise sehr gern und wird ausgesprochen stark von »Spaß« motiviert. Dieser Persönlichkeitstyp meint, das Leben sei für den Genuss gedacht, und er ist nicht allzu sehr an harter Arbeit interessiert, wenn dabei nicht irgendwie auch Spaß herausspringt.

Sanguiniker sind nie gelangweilt, weil alles am Leben sie fasziniert. Sie können sich für einen Käfer interessieren, für einen Faden oder für eine Fliege. Nach ein paar Minuten Beschäftigung mit ihrem Forschungsobjekt können sie Ihnen eine tolle, lange Geschichte darüber erzählen.

Sanguiniker sind immer bereit, einen Tag unbelastet von den gestrigen Problemen zu beginnen. Sie sind furchtlos und voller Optimismus für den nächsten Tag.

Meine Tochter Sandra ist ein strahlender Sanguiniker. Sie begrüßt uns jeden Morgen mit einem Lied oder mit sprudelnder Unterhaltung. Wenn ich aus dem Bett komme, dann will ich noch nicht einmal, dass mich jemand anspricht, geschweige denn ansingt! Nichts gegen Singen, aber mein cholerisches Wesen will es morgens ruhig haben.

Wenn man ein bestimmtes Wesen hat, dann können einen Leute irritieren, die anders sind, wenn man die Persönlichkeitsunterschiede nicht versteht. Das junge Mädchen, das früher neben mir wohnte, war Sanguinikerin. Wir waren gut befreundet, und ich erinnere mich, wie sie mich oft auf etwas aufmerksam machte, was ich noch nicht einmal bemerkt hatte. Einmal sagte sie: »Oh, schau mal, die Katze dort im Baum!« Sie erklärte mir dann noch, dass es eine bestimmte ungewöhnliche Rasse war, und es schien ihr zu gefallen, dass sie dort im Baum saß. Ich hatte noch nicht einmal den Baum bemerkt, geschweige denn die Katze, weil Bäume und Katzen für mich nicht interessant sind.

Choleriker wie ich achten nur auf das, was ihnen wichtig ist, nur auf das, was ihnen **ihr** Ziel erreichen hilft. Alles andere ist ihnen egal. Ich bin so einspurig in meinem Denken über unser Werk, dass Gott mich immer wieder einmal ausbremsen und sagen muss: »Du musst jetzt mal eine Weile etwas anderes im Kopf haben.« Ich bin getrieben von dem, was Gott mir zu tun gegeben hat, und so stecke ich all meine Energie in das Ziel, und natürlich will ich, dass alle um mich herum das ebenso machen. Katzen und Bäume sind für mein Ziel unerheblich, und so sehe ich sie noch nicht einmal.

Jetzt, wo ich die Persönlichkeitstypen verstehe, kann ich Sanguinikern besser zuhören, die mir ihre Geschichten in allen Einzelheiten erzählen wollen, aber es gab eine Zeit, wo ich die Sanguiniker, mit denen ich zu tun hatte, schnell frustrierte, genauso wie sie mich frustrierten. Während der Choleriker sich fragt, warum der Sanguiniker nicht einfach zur Sache kommen und sagen kann, worum es geht, um endlich mit seiner Geschichte fertigzuwerden, würde der Sanguiniker Ihnen eine Geschichte lieber gar nicht erzählen, als auf all diese wunderbaren Einzelheiten verzichten zu müssen.

Allein die Tatsache, dass jemand anders ist als Sie, heißt nicht, dass mit ihm etwas nicht stimmt. Wenn Sie das verstehen, werden Sie beginnen, die Unterschiede zu genießen.

Wenn Sie ein neues Projekt starten wollen, ist es wunderbar, Sanguiniker dabeizuhaben, weil sie sich leicht von neuen Plänen inspirieren lassen. Vielleicht fällt es ihnen schwer, die Aufgabe bis zum Ende durchzuhalten, aber ihre ernst gemeinte Zuneigung zu Menschen wird Sie gewiss bezaubern. Sanguiniker lieben es, mit Menschen zusammen zu sein, und sie werden Sie oft festhalten, damit Sie sie nicht verlassen.

Bei der Beschäftigung mit diesem Thema macht es fast ebenso viel Spaß, über die Schwächen wie über die Stärken nachzudenken. Es handelt sich ja um typische Tendenzen einer Gruppe von Persönlichkeitstypen und nicht um Fehler eines Einzelnen. Wir brauchen uns wegen dieser Schwächen nicht schlecht zu fühlen, aber wenn wir uns ändern wollen, müssen wir uns ihnen stellen.

Der Sanguiniker wird leicht von angestrebten Zielen abgelenkt, weil er von seinem Wesen her immer den Spaß sucht. Seine Spontaneität kann der Grund sein, dass er unorganisiert und unerfüllt ist. Eine sanguinische Frau hat zum Beispiel hohe Ziele für den Tag. Zuerst will sie den Wäscheberg angehen, danach spülen. Nach dem Hausputz will sie zur Bank und zum Lebensmittelgeschäft gehen. Ihr melancholischer Mann hat ihr die Prioritäten sogar aufgelistet, bevor er zur Arbeit ging.

Sie wollte einen produktiven Tag haben. Aber man sollte nicht vergessen, dass Sanguiniker nicht begeistert sind von Arbeit. Kaum ruft ihre Freundin an und sagt: »Hey! Gehen wir zum Flohmarkt?«, ist sie bereits auf und davon! Wenn ihr Mann sie abends fragt, warum sie nichts von dem geschafft hat, was sie sich vorgenommen hatte, weiß sie es wirklich nicht. Sanguiniker müssen an ihrer Selbstdisziplin arbeiten, um ihr Potenzial auszuschöpfen. Das Gute an ihrer Schwäche ist, dass es ihnen ganz egal ist, wenn sie ihr Potenzial nicht voll ausschöpfen, sie genießen das Leben einfach trotzdem.

Ein Sanguiniker heiratet häufig einen Melancholiker. Der Melancholiker ist eher der deprimierte, tiefgründige Typ, und der übersprudelnde Sanguiniker gleicht ihn aus, obwohl einer immer im Keller und einer immer auf dem Dach ist. Der Sanguiniker entspricht dem Klischee: »Er bekommt nie ein Magengeschwür, er verursacht nur allen anderen welche.«

Methodischer Melancholiker

Der Melancholiker hat bei Weitem die sensibelste Natur von allen Temperamenten. Die meisten Genies hatten ein melancholisches Temperament. Einstein und Michelangelo waren beide Melancholiker. Michelangelo studierte die menschliche Anatomie und bereitete sich monatelang vor, bevor er die Sixtinische Kapelle malte. Wenn ein Sanguiniker die Decke der Sixtinischen Kapelle bemalen sollte, würde er es mit einer Spraydose machen. Und dann würde er die Spraydose wahrscheinlich sogar auf dem Boden vergessen und wieder von der Decke herunterklettern müssen, um sie zu holen.

Egal wozu Gott uns berufen hat, er rüstet uns mit den nötigen Fähigkeiten und der Persönlichkeit für diese Aufgabe aus. Er wollte, dass Michelangelo diese Decke malte; es war Teil von Gottes Plan für ihn, also rüstete er ihn mit der Fähigkeit aus, alles, was in diesem Kunstwerk dargestellt werden sollte, zu planen und zu durchdenken. Der ganze Punkt ist, dass wir alle zusammenarbeiten sollen, um den Einsatz der Gaben aller zur Ehre Gottes zu erleichtern. Wenn ich unsere Organisation betrachte, ist es phänomenal, wie jeder Einzelne mit genau dem ausgerüstet ist, was er für seinen Teil braucht. Ich könnte dies nicht ohne die anderen tun, sie könnten ohne mich allerdings auch nicht tun, was sie tun.

Melancholische Temperamente sind kreative Denker, die die wahren Werte des Leben schätzen und sehr gut sind in Kunst. Sie genießen Perfektion und heben oft den Qualitätsstandard mit ihren Erwartungen, die höher sind, als die meisten von uns erreichen können.

Eine Frau erzählte einmal, sie sei mit einem vollkommenen Melancholiker verheiratet, der so ordentlich und sauber wäre, dass er, wenn er die Schuhe in den Schuhschrank stellte, tatsächlich die Schnürsenkel zu Schleifen band und sie alle in einer schönen und ordentlichen Reihe zusammenstellte. Unsere Freundin und Mitarbeiterin Roxane ist eine Melancholikerin, und als sie diese Geschichte hörte, sagte sie: »Wisst ihr, ich binde zwar keine Schleife, aber ich stecke die Schnürsenkel immer in die Schuhe, wenn ich sie im Schuhschrank aufreihe.«

Der Melancholiker hat die Tendenz, sich Ziele für Perfektion zu setzen, die er nicht erreichen kann, was ihn eine Menge Zeit kostet, weil er in sich gehen muss, um herauszufinden, was schieflief. Er wird tagelang herumsitzen und nachdenken, wie er es ändern kann.

Er versucht herauszufinden, was mit ihm selbst nicht in Ordnung ist, weshalb er nicht so perfekt sein kann, wie er es ersehnt. Konsequenterweise sucht er nach Einzelheiten, die die meisten von uns langweilig finden.

Immer wenn ein Choleriker oder ein Sanguiniker ein Projekt vorschlägt, kann der Melancholiker es in wenigen Momenten analysieren und jedes potenzielle Problem herauspicken. Er weist immer auf die Probleme hin, und das ist ihm ganz ernst. Alles was nicht der normalen Ordnung entspricht, macht ihm zu schaffen.

Es war sehr schwer für mich und die melancholischen Persönlichkeiten, die für uns arbeiteten, bis ich die Dynamik zwischen uns erkannte. Ich bin wirklich positiv und zielorientiert. Wenn ich von einem Projekt träume, dann ist mir nichts zu schwierig, als dass ich es nicht aufgreifen und hinkriegen könnte. Ich präsentiere meine Idee mit einem Hipphipphurra und die Melancholiker versinken ganz schnell in tiefer Introspektion. Ich bin geschockt, dass sie nicht mit Enthusiasmus reagieren, aber jetzt verstehe ich: Sie arbeiten bereits die Einzelheiten meiner Idee durch und werden sehr wahrscheinlich diejenigen sein, die ein paar Stunden später mit einem funktionierenden Entwurf herausrücken.

Mein phlegmatischer Mann kann mich mit leerem Gesicht ansehen und ehrlich keinerlei Begeisterung verspüren. Die Melancholiker erzählen mir sehr schnell, welche Kleinigkeiten an meiner Idee alle nicht stimmen. Gott sei Dank für die Sanguiniker! Sie sind meine besten Cheerleader, wenn es sich nach Spaß anhört. Solange etwas begeistert, ist ihnen alles andere egal. Sie nicken zustimmend, ermutigen mich weiterzureden. Aber jetzt, wo ich ihre Persönlichkeiten kenne, kann ich voller Zuneigung jeden einzelnen dieser Leute so akzeptieren, wie er ist.

Man muss verstehen, dass ein Melancholiker ebenso wenig dagegen tun kann, dass er all diese Probleme sieht, wie ich nichts dagegen tun kann, sie nicht zu sehen. Wenn ein Melancholiker in einen Raum tritt, fällt ihm sofort auf, was nicht in Ordnung ist, und nur selten, was stimmt. Die Liste der Berufsrichtungen, die zu diesem Temperament passen, umfasst Mathematik, Naturwissenschaften, Diagnosemedizin, Architektur, Philosophie, Schreiben und andere Berufe, für die man genau sein muss.

Die Melancholiker sind ihren Freunden von Natur aus treu und verzichten ohne Schwierigkeiten auf ihre eigenen Interessen, um denen zu dienen, die sie lieben. Normalerweise fühlen sie sich nicht wohl, wenn die Aufmerksamkeit auf sie gerichtet ist, und oft ergreifen sie einen Beruf, der die Lebensqualität anderer verbessert.

Während ein reiner Melancholiker seine Meinung für sich behält, bis er gefragt wird, wird ein melancholisch-cholerischer Mischtyp schnell alles offenlegen, was er denkt. Und Sie können sich darauf verlassen, dass er über alles nachgedacht hat; ja, über jedes Thema, und zwar in allen Einzelheiten. Es lohnt sich auch sehr, seinen Beitrag anzuhören, denn er hat ihn sorgfältig analysiert. Die meisten Leute haben die Tendenz zu einem zweiten Persönlichkeitszug, was zu einer einzigartigen Mischung von Neigungen führt. Ein melancholischer Phlegmatiker wird sich anders verhalten als ein melancholisch-cholerischer Mensch.

Die Melancholie hat viele Schwächen, die ich nicht ausführlich behandeln will, aber ihre größte Stärke und ihre größte Schwäche ist eine extreme Sensibilität. Wenn Ihnen etwas wehtut, weiß das der Melancholiker, und er wird Mitgefühl zeigen. Die Kehrseite der Medaille ist aber, dass er sich ärgert, weil man seine Bedürfnisse nicht versteht, und er geht gar nicht davon aus, dass er sie einfach mitteilen muss. Weil er selber so empfindsam ist, meint er, jeder andere sollte es auch sein. Er versteht nicht, warum andere Menschen nicht auch sensibel sind.

Melancholiker sind kreativ, ordentlich und organisiert, aber ihre entgegengesetzte Schwäche ist Ichbezogenheit, weshalb man es ihnen nicht leicht recht machen kann. Zu viel Selbstbeobachtung kann sie davon abhalten, das, was sie angefangen haben, zu Ende zu führen. Immer nur über seine Unvollkommenheiten nachzudenken lähmt und kostet Energie.

Der Melancholiker kann seine Schwäche überwinden, wenn er sich mehr nach außen orientiert. Seine selbstbezogene Sichtweise wird ihn kaputt machen, wenn ihm nicht Einhalt geboten wird. Er kann nie so perfekt sein, wie er will, deshalb muss er seine Stärken darauf verwenden, anderen zu helfen, die feineren Dinge des Lebens zu genießen.

Bestimmender Choleriker

Der Choleriker ist zielgerichtet, zuversichtlich und aggressiv, wenn es darum geht, seine Ziele zu erreichen. Dementsprechend fällt es dieser starken Persönlichkeit schwer, Gott vertrauen zu lernen. Um Gott völlig zu vertrauen, muss man aufhören, auf sich selbst zu vertrauen, sich auf sich selbst zu stützen und zu verlassen, und es fällt dem Choleriker nicht leicht, die eigene Effizienz aufzugeben.

Der Choleriker hat einen Plan und bewegt sich immer auf die Erfüllung dieses Plans hin. Er denkt einspurig auf diesen Zweck hin und glaubt, seine Ideen seien besser als die aller anderen. Vielleicht ist sein Plan gar nicht so gut wie der des Melancholikers, aber der Choleriker wird sich mit seiner verbissenen Entschiedenheit und weil er absolut nicht bereit ist aufzugeben, normalerweise durchsetzen. Feindseligkeit spornt ihn an und macht ihn noch entschiedener, dass er als Erster ins Ziel laufen will. Die Entschiedenheit im Choleriker ist eine seiner größten Stärken. Ich mag die Schriftstelle »Lege deine Hand an den Pflug und sieh nicht zurück«.

Das cholerische Temperament hat fast nur mit den praktischen Aspekten des Lebens zu tun. Oft macht man uns Komplimente, dass unsere Lehre so »praktisch« wäre. Jetzt wissen Sie, dass Praktischsein zu meiner Persönlichkeit gehört, ich bin ein fast reiner Choleriker. Wenn etwas nicht nützlich ist, dann will ich mich nicht damit abgeben.

Der Choleriker ist glücklich, wenn er mit irgendeinem gut organisierten, lohnenden Projekt beschäftigt ist. Choleriker treffen schnelle, intuitive Entscheidungen, die sich auf ihrem »guten Gefühl« bei ihrer Einschätzung von richtig und falsch gründen. Bei einem Notfall ist es sehr günstig, einen Choleriker dazuhaben. Er springt einfach sofort auf und unternimmt etwas.

Ich las einmal ein Beispiel, das schön illustriert, was diese vier Persönlichkeiten bei einem Feuer tun würden.

»Wenn die Scheune Feuer finge, würde sich der Melancholiker am Kopf kratzen und sagen: ›Ich fürchte, die Scheune wird ganz abbrennen.‹ Der Phlegmatiker würde sich fragen: ›Was kann man da tun?‹ Der Choleriker würde sofort eine Eimerkette organisieren, und der Sanguiniker würde sagen: ›O, toll! Jetzt können wir Würstchen grillen!‹«

Der Choleriker hat eine starke Neigung zu leiten, gute Menschenkenntnis und die Tendenz, eine Gruppe zu dominieren. Er hat einen optimistischen Pioniergeist, und für ein Abenteuer verzichtet er auch gern auf Komfort. Mit anderen Worten, dieses Verbissene an seinem Temperament lässt einfach nicht nach, bis er kriegt, was er will. Wenn ich Widerstand verspüre bei etwas, von dem ich weiß, dass es von Gott ist, dann feuert mich diese Herausforderung nur an. Ein Choleriker sieht keine Hindernisse, sondern behält einfach das Ziel im Auge.

Manche der Schwächen des Cholerikers sind sehr gravierend. Oft ärgert er sich schnell, ist hart, ungestüm und wirkt irrigerweise selbstgenügsam. Der Choleriker kann den Eindruck erwecken, als fehle ihm jedes Gefühl und jedes Mitleid, und tatsächlich hat er oft gravierende Emotionsdefizite. Dieser Punkt hat mich ins Gebet getrieben, und ich suchte Gott, damit er sein Erbarmen und sein Interesse an Menschen in meinem Inneren wirke, von dem ich wusste, dass ich es haben sollte, aber nicht hatte.

In den Anfangstagen unseres Dienstes konnte es vorkommen, dass jemand zu mir kam und mir eine furchtbare Geschichte erzählte, und ich sah ihn einfach nur an und fühlte gar nichts. Ich ging vor Gott und fragte ihn: »Was ist mein Problem?« Ich betete und betete und schrie zum Herrn wegen dieser Sache. Ich fastete noch mehr und betete und schrie zu Gott – und Gott änderte mich auf diesem Gebiet.

Wenn mir heute jemand etwas erzählt, dann berührt mich das so tief, dass ich ehrlich mit ihm leide. Jetzt interessieren mich die Nöte der Menschen sehr, also können unsere Schwächen offensichtlich durch Gebet verändert werden. Der Heilige Geist kann einen dickfelligen Choleriker nehmen und dahin führen, dass er sein Leben einsetzt, um zu helfen, dass die Menschen in Gott alles erreichen, was er ihnen an Gutem zugedacht hat. Für Gott ist nichts zu schwer.

Eine Studie zeigte, dass viele zornige Choleriker die furchtbarsten Verbrecher und Diktatoren der Welt wurden, und als ich das hörte, fühlte ich mich nicht wohl in meiner Haut. Melancholiker werden begrüßen, dass sie nicht die schlimmsten Typen sind. Ihre Depression ist nicht annähernd so schlimm wie das, wo ich hätte landen können. Aber Gott bekam mich zu fassen, bevor meine Persönlichkeit mich zur Zerstörung geführt hätte, und jetzt predige ich das Evangelium Jesu Christi.

Die Fähigkeit eines Cholerikers, schnell zu handeln, kann ihn zu unüberlegten Entscheidungen verführen, die er später bedauert, aber sein dickköpfiger Stolz bleibt ihm hartnäckig treu. Er genießt nicht immer, was er erreicht, weil er schon an der nächsten Front kämpft. Es fällt ihm sowohl schwer, sich zu entschuldigen, als auch Anerkennung auszudrücken, was jeder seiner Beziehungen großen Schaden zufügt. Wenn er von der Liebe Gottes angetrieben ist, kann Mut und Zielstrebigkeit eines Cholerikers Berge versetzen, die wenige andere auch nur zu besteigen versuchen würden. Er hat einen starken Willen und er ist ein fleißiger Arbeiter.

Friedlicher Phlegmatiker

Ich hörte eine Dame, die über die Persönlichkeitstypen lehrt, sagen: »Wir nehmen den Typ des Phlegmatikers immer zum Schluss dran, denn wenn man nicht ganz fertig wird und ihn nicht mehr behandeln kann, dann macht es dem Phlegmatiker nichts aus.«

Wenn einem die Zeit davonläuft und man seinen Typus nicht mehr besprechen kann, wäre der Melancholiker deprimiert, der Choleriker würde sich aufregen und der Sanguiniker bekäme einen emotionalen Anfall und würde Sie den ganzen Abend verfolgen, weil er wissen wollte, was Sie über ihn gesagt hätten. Aber der Phlegmatiker wird in dieser Nacht gut schlafen, ob Sie über ihn gesprochen haben oder nicht. Vielleicht denkt er auch, das ganze Thema sei sowieso unerheblich.

Wie bereits gesagt, ist mein Mann phlegmatisch (Gott segne sein gutes Herz!). Ich habe so sehr versucht, ihn zu ändern, bevor ich von diesen Persönlichkeitstypen erfuhr, weil ich ehrlich überzeugt war, der Mann wäre nur halb lebendig. Ich flitzte immer im Haus herum und machte all diese spannenden Sachen, arbeitete an Zielen und hatte Visionen und sagte ihm, wir sollten dies oder jenes tun. Daves Standardantwort war: »Mal sehen.«

Hier haben wir einen Typ, der keine Predigt über das Warten auf Gott nötig hat. Er kann auf Gott warten. Ich fing vor sehr langer Zeit an, Dave zu sagen, was Gott mir meiner Meinung nach aufgetragen habe, und er sagte: »Joyce, du läufst Gott immer voraus.« Ich antwortete: »Ja, und wenn Gott dich irgendwas machen lassen wollte, dann würdest du zwanzig Häuserblocks hinterherhinken.« Der Phlegmatiker ist über nichts enthusiastisch. Und so begannen wir.

Dave war im Hintergrund und machte nichts, und ich stand ganz weit vorn und machte alles. Ich habe äußersten Respekt vor meinem Mann und will ihn auf keinen Fall beleidigen, aber er wird Ihnen sagen, dass das die Wahrheit ist über unsere Persönlichkeiten. Wir führen jetzt eine tolle Ehe und können Gottes perfekten Plan darin erkennen, dass er uns zusammengefügt hat. Wir haben uns beide verändert und sind ausgeglichener geworden.

Ich werde nie vergessen, wie ich Dave einmal bat, mir bei unserer ersten Radiokundgebung zu helfen. Wir machen das einmal im Jahr, um unsere Partner zu inspirieren, sich in die Vorhaben unseres Werks einzubringen. Alles geschieht in einem Aufnahmeraum ohne Zuhörer. Wir sitzen also in diesem kleinen Räumchen mit dem ganzen Ausrüstungszeugs um uns herum. Ich sah vor meinem geistigen Auge all die Menschen da draußen, und so begann ich und stellte Dave unseren Zuhörern vor.

Ich sagte: »Preist den Herrn, Leute, es ist toll, hier bei euch zu sein und diese ganz besondere Lehrwoche anzufangen! Wir machen hier diese Radiokundgebung, und ich glaube, dass ihr zur Partnerschaft mit uns ermutigt werdet.« Dann sagte ich: »Dave ist hier bei mir im Studio und er wird kurz zu euch sprechen.« Ich sagte: »Und, Dave, sind wir nicht *begeistert*?«

Er nahm das Mikrofon und sagte in seiner friedlichen und nüchternen Art: »Ja.« Ehrlich! Dann fügte er hinzu: »Ja, wir sind begeistert.«

Ich schrie: »Schnitt! Weg damit!«, und wir mussten wieder ganz von vorne anfangen. Er sagte, er sei begeistert, aber es hörte sich nicht so an. Die Menschen sind nun einmal unterschiedlich, und Gott hat sie so gemacht. Wenn Sie wollen, dass sich jemand mit Ihnen begeistert, dann erzählen Sie Ihre Neuigkeit niemals einem Phlegmatiker; heben Sie sie für einen Sanguiniker auf.

Der nicht begeisterungsfähige Phlegmatiker hat einen guten Sinn für Humor, der ihn von der Intensität des Lebens fernhält. Banale Erlebnisse beflügeln seinen trockenen Witz und seinen ausgeprägten Realitätssinn. Er bringt gerne Leute zum Lachen. Als Seelsorger ist er gefragt, denn er kann gut zuhören. Der Phlegmatiker gibt durchdachten und nützlichen Rat. Sein gelassenes Wesen beruhigt die Stürme, die im Leben der Menschen toben, und er hat mehr Geduld als die anderen Temperamente.

Er ist verlässlich, gut gelaunt, wohlwollend, gründlich und pünktlich. Seinen Freunden gegenüber ist er treu und loyal, trotz seiner Tendenz, einen gewissen Abstand zu anderen einzuhalten. Der Phlegmatiker ist auch »praktisch und effizient«. Er bleibt in der goldenen Mitte. Er ist universell einsetzbar, gelassen und immer derselbe, egal, wann Sie ihn sehen. Frieden ist seine ganze Lebensmotivation.

Dave bringt nichts aus der Ruhe. Er kann drei Monate oder fünfundzwanzig Jahre auf etwas warten, und es macht ihm einfach nichts aus. Nichts stört ihn. Die Leute können über ihn reden, und es ist ihm egal. Er ist nun mal die einfache Persönlichkeit. Ich bringe überall, wohin wir gehen, alles in Aufruhr, weil ich dieses und jenes tun will, aber Daves Rede ist immer: »Wirf deine Sorgen auf den Herrn«. Wenn Dave Prediger wäre, dann hätte er fünfundzwanzig Kassetten über das Thema »Wirf deine Sorgen auf den Herrn«. Darauf kann er aus jedem nur denkbaren Thema kommen. Begeisterungsfähige Menschen wie mich hält er in Balance. Er schüttet Wasser in mein Feuer und ich gebe Öl in seins.

Durch das Beobachten meines Mannes habe ich gelernt, das Leben zu genießen. Während ich mich all die Jahre sorgte, manipulierte, mich zu ändern versuchte, kämpfte, mich aufregte und wütete, hat mein Mann das Leben genossen. Er hatte Frieden und Freude. Tatsächlich arbeitet er am besten unter Umständen, an denen andere Temperamente zerbrechen würden. Seine Arbeit ist immer von Effizienz und Ordnung geprägt; er ist zwar kein Perfektionist, aber er hat außergewöhnlich hohe Standards in Genauigkeit und Präzision.

Der Melancholiker ist eher als andere Typen ein Erfinder, aber normalerweise wird es der vorantreibende Choleriker sein, der die Erfindung des Melancholikers produziert. Der Melancholiker hat eine Idee, aber der Choleriker ist zielstrebig genug, sie bis zum Ende durchzuführen. Nachdem etwas erfunden und hergestellt ist, wird der Sanguiniker derjenige sein, der es verkauft, denn er ist immer ein überzeugender Verkäufer. Der Phlegmatiker, der nichts daran gearbeitet hat, kauft das Produkt und genießt es.

Für die Liste der Schwächen eines Phlegmatikers braucht man nicht lange, weil es so wenige sind. Phlegmatiker freuen sich einfach an dem, was um sie herum los ist. Es ist schwer, sie zu motivieren. Aber Dave gehört zu den freiesten Menschen, die ich je in meinem ganzen Leben gesehen habe. Nichts schüchtert ihn ein.

Der Phlegmatiker neigt zur Faulheit, und wenn man ihn gegen seinen Willen zu einer Tätigkeit zwingt, dann zieht er die Füße hinter sich her. Er ist zufrieden mit einem Beobachterposten, ohne sich zu beteiligen, und Projekte oder Pläne werden von ihm selten initiiert, aber sehr gut ausgeführt.

Um eine Motivation durch die anderen Persönlichkeitstypen zu vermeiden, zeigt der Phlegmatiker dem schwärmenden Sanguiniker die kalte Schulter, neckt den pessimistischen Melancholiker und begegnet der Begeisterung des Cholerikers mit gesundem Menschenverstand, um seiner Vision ein bisschen den Höhenflug zu nehmen. Wenn man ihn antreibt, dann kann er seinen trockenen Witz als Verteidigungsmechanismus einsetzen, bis jeder sich ärgert, während er selbst gelassen bleibt. Ich sage Dave manchmal etwas, und er weiß genau, welche Knöpfe er drücken muss, bis ich fast erschöpft bin, während er die ganze Zeit so cool bleibt, wie nur er es sein kann.

Die phlegmatische Schwäche ist Selbstsucht. Er scheint sich Veränderungen eher aus Sturheit als aus mangelndem Interesse zu widersetzen. Egal was Sie vorhaben, meistens wird der Phlegmatiker Sie gewähren lassen, denn sein Hauptlebensziel ist es, Frieden zu haben. Aber er hat einen eisernen Willen, und wenn er jedoch beschließt, dass Sie irgendetwas nicht tun sollten, dann können Sie genauso gut sofort aufgeben und sich entspannen, denn er wird von seinem Beschluss keinen Zentimeter abrücken. Dave verhält sich so mir gegenüber, und ich kann versuchen ihn zu bewegen, ihn manipulieren, ihm zureden, betteln, flehen, weinen oder Anfälle kriegen, so viel ich will, er wird seine Meinung nicht ändern.

Selbstsucht ist zwar eine Grundschwäche aller vier Temperamente, aber der Phlegmatiker dürfte mit der größten Dosis gesegnet sein. Diese Schwäche führt über die Jahre zu Unentschlossenheit, die ihn hinter der Aktivität anderer zurückfallen lässt. Der Preis, den er zu zahlen hat, um etwas zu bekommen oder fertigzustellen, so wie er will, wiegt oft schwerer als sein Wunsch, es zu haben. Aber durch das Werk des Heiligen Geistes kann der Phlegmatiker Sie festhalten, wenn die Stürme des Lebens toben. Er ist ein solider Fels, wenn Sie Frieden brauchen.

Manchmal haben Menschen Persönlichkeitsmischungen, die aus irgendeinem Grund teilweise unterdrückt werden. Der stärkere Teil ihres Wesens übernimmt, aber das zweitrangige Temperament muss vielleicht entwickelt werden. Das war der Fall mit Dave. Nachdem er 1986 anfing, vollzeitlich für unser Werk zu arbeiten, bemerkte ich, dass er sich oft eher cholerisch verhielt. Das ist über die Jahre so viel stärker geworden, dass er jetzt oft so bestimmend wirkt wie ich. Er trägt viel Verantwortung im Werk, und ich glaube, dass Gott diesen latenten Teil seiner Persönlichkeit dann entwickelte, als wir es brauchten. Wäre Dave zu Anfang unserer Ehe sehr willensstark gewesen, dann hätten wir uns gegenseitig umbringen können. Gott betonte die phlegmatische Seite in ihm, weil das alles war, womit ich damals umgehen konnte.

Nach Jahren, in denen ich Dave herrisch behandelt hatte und er nicht viel dazu gesagt hatte, fing er eines Tages an, mich zu konfrontieren. Höflich und ruhig sagte er mir, dass Gott ihn all die Jahre zurückgehalten habe, weil ich von niemand anderem Anweisungen angenommen hätte, aber jetzt habe Gott ihm gesagt, die Zeit sei gekommen, dass er mich konfrontieren solle.

Mein Fleisch ging mit mir durch, und ich bin sicher, Dave hatte eine Weile das Gefühl, als müsse er ein wildes Pferd zähmen, aber schließlich war es gut für uns beide. Wenn Sie gerade eine Schlacht schlagen, vergessen Sie nicht, dass das Resultat die Schlacht wert sein könnte.

Tatsächlich ist Dave im Lauf der Jahre stärker und ich milder geworden. Es macht mir wirklich nichts aus, andere Leute in Leitungspositionen zu lassen; ich habe in meinem Leben genug Verantwortung getragen, dass es bis in Ewigkeit reicht.

Gut möglich, dass sich Ihre Beziehungen positiv verändern, weil Sie die unterschiedlichen Persönlichkeitstypen und ihre Funktionsweisen verstehen. Statt ändern zu wollen, was nicht zu ändern ist, können Sie lernen, aus den Stärken des anderen Nutzen zu ziehen, um Ihre gemeinsamen Ziele zu erreichen. Ich habe Ihnen hoffentlich genügend Einstiegsinformationen gegeben, damit Sie dieses wichtige Hilfsmittel zum zwischenmenschlichen Verständnis weiter erkunden. Sie können lernen, Ihre Unterschiede zu lieben und zu schätzen, statt sich darüber zu ärgern und sich von Ihrem Ehepartner entfremden zu lassen.

Unsere Persönlichkeiten sind von Gott gegeben. Ich liebe es zu beobachten, wie meine Enkel entsprechend ihren Persönlichkeiten miteinander umgehen. Einer unserer Enkel ist so melancholisch – es ist einfach unglaublich. Er ist ein Perfektionist, der ganz genau aufpasst, dass er bekommt, was alle anderen auch bekommen. Ein anderer ist ein bestimmender Choleriker. In dem dritten erkennt man den übersprudelnden Sanguiniker, der in der Schule immer Schwierigkeiten bekommt, weil er redet und herumläuft. Ein Enkel ist phlegmatisch und unser fünftes Enkelkind ist noch ein Baby, über sie können wir noch nichts sagen. Diese fünf Enkel sind die Kinder von zweien unserer Kinder, und doch haben sie alle unterschiedliche Persönlichkeiten – sie wurden mit diesen Unterschieden geboren.

Ihre unterschiedlichen Herangehensweisen an das Leben sind ganz einfach angeboren. Das Beste daran, dass ich sie – und mich – verstehe, ist die Erkenntnis, dass keiner von uns merkwürdig ist; wir sind einfach nur unterschiedlich. Allein diese Einsicht ist ein großer Schritt auf dem Weg zu besseren Beziehungen.

KAPITEL 16

Zwei sind besser als einer

Siehe, wie gut und wie lieblich ist es,
wenn Brüder einträchtig beieinander wohnen.
Wie das köstliche Öl auf dem Haupt, das herabfließt
auf den Bart, auf den Bart Aarons [des ersten Hohe-
priesters], der herabfließt auf den Halssaum seiner
Kleider [und den ganzen Körper heiligt].
Wie der Tau des [hoch aufragenden Berges] Hermon,
der herabfließt auf die Berge Zions. Denn dorthin hat
der Herr den Segen befohlen, Leben bis in Ewigkeit
[auf den Hohen und den Niedrigen].
Psalm 133

Eine gottgefällige Ehe führt zur Einheit zwischen den Ehepartnern. In diese Einheit befiehlt der Herr Segen und Leben, wenn seine verheißene Salbung auf ein Haus voller Frieden kommt. Ich hoffe, dass Sie diesen Friedensort in Ihrer eigenen Ehe unbedingt finden und schützen wollen, wenn Sie erst einmal den Segen für Paare, die eins sind, erkennen.

Ich habe einmal in einem Seminar darüber spekuliert, was wohl geschehen würde, wenn zwei ausgeprägte Choleriker heiraten würden. Jemand vermutete: »Sie würden sich gegenseitig umbringen.« Ein anderes Paar meldete sich: »Wir beide sind Choleriker, und wir haben tatsächlich stürmische Zeiten hinter uns. Aber zum Glück erkennen wir aus der Lehre von den Persönlichkeitstypen: Wenn wir uns je über ein Ziel einig sind, dann sollten sich alle anderen besser warm anziehen, denn wir werden es auf jeden Fall erreichen. Es wird ruck, zuck erledigt werden.«

Die Bibel sagt:

Zwei sind besser daran als ein Einzelner, weil sie einen guten Lohn für ihre Mühe haben.
Denn wenn sie fallen, so richtet der eine seinen Gefährten auf. Wehe aber dem Einzelnen, der fällt, ohne dass ein zweiter da ist, ihn aufzurichten!
Auch wenn zwei beieinander liegen, so wird ihnen warm. Dem Einzelnen aber, wie soll ihm warm werden?
Und wenn einer den Einzelnen überwältigt, so werden doch die zwei ihm widerstehen; und eine dreifache Schnur wird nicht so schnell zerrissen.

Prediger 4,9-12

Die dreifache Schnur ist ein Bild für die Kraft, die entsteht, wenn zwei Menschen in etwas einig werden, was Gottes Willen für ihr Leben entspricht. Wenn zwei Menschen eins werden, dann wird eine Kraft vom Himmel freigesetzt, sie zu segnen. Lesen Sie Matthäus 18,19-20, um diese Segnungen zu verstehen, die Paare in Einheit erwartet:

Wiederum sage ich euch: wenn zwei von euch auf der Erde übereinkommen [miteinander harmonieren, eine Symphonie sind], irgendeine Sache zu erbitten, so wird sie ihnen werden von meinem Vater, der in den Himmeln ist.
Denn wo zwei oder drei versammelt sind [als meine Nachfolger] in meinem Namen, da bin ich in ihrer Mitte.

Ich brauchte drei Jahre, bis ich nachgab und versuchte, mit Dave einig zu werden. Das Erste, worin ich seine Art verstehen wollte, war beim Golf. Solange wir in »Disharmonie« waren, ging es mir immer schlecht. Natürlich bewirkte ich letztendlich auch, dass es ihm schlecht ging, aber mein Leiden wurde unerträglich. Ich hatte keine Ahnung, wie viel Spaß mir entging, weil ich mich nur einfach nicht mit Dave einigte.

Wenn Sie verlangen, dass Sie Ihren Willen bekommen, dann sind am Ende Sie der Leidtragende, mehr als jeder andere. Gott wusste, dass ich etwas brauchte, irgendeine Form der Unterhaltung oder ein Hobby, um mir Erholung von der Arbeit zu geben, die ich liebte. Als ich mit Dave Golf spielen lernte, hatten wir nach all diesen Jahren Zeit miteinander, was wir immer noch genießen.

Seien Sie nicht dickköpfig. Entscheiden Sie sich in Ihrem Herzen, dass Sie jede Missstimmung mit Ihrem Ehepartner noch einmal ansehen, um zu überlegen, was Gott für Sie tun kann, wenn Sie in Einigkeit zusammenkommen. Höchstwahrscheinlich entgeht Ihnen sonst genau das, auf das Sie hofften.

Man kann so viel Freude in der Ehe haben, wenn man beginnt, einig zu sei. Wussten Sie, dass Gott Sie nicht zusammengestellt hat, damit Sie unglücklich sind? Er stellte Sie nicht zum Kämpfen zusammen, damit Sie einander mit Worten verletzen oder versuchen, den anderen zu verändern, auch nicht nur, um gemeinsam ein Haus zu kaufen. Die Bibel sagt, dass eine Frau ihren Mann genießen soll. Denken Sie darüber nach. Ganz selten höre ich mal eine Frau sagen: »Wissen Sie was? Ich freue mich so über meinen Mann.« Und Gott will, dass wir einander genießen. Er will, dass wir Spaß haben miteinander. Man muss zusammen lachen und Spaß haben.

1. Mose 2,24 sagt: *Darum wird ein Mann seinen Vater und seine Mutter verlassen* ... Sind Sie verheiratet, aber (physisch oder mental) noch nicht zu Hause ausgezogen, müssen Sie sich sofort um diesen ersten Schritt kümmern. ... *und seiner Frau anhängen* ... Manchmal hängt eine Frau an ihrer Mutter und der Meinung ihrer Mutter über das, was sie tun sollte, oder ein Mann läuft immer zu seinem Vater und fragt ihn um Rat, wo doch die beiden Eheleute einander vertrauen und sich gegenseitig stützen sollten. ... *und sie werden zu* einem *Fleisch werden.*

Das Wort »anhängen« bedeutet »fest kleben, eng oder loyal und unveränderlich« – im Grunde nichts anderes als »festgeklebt« zu sein. In Matthäus 19,4-5 steht:

> *Er aber antwortete und sprach: Habt ihr nicht gelesen, dass der, welcher sie schuf, sie von Anfang an als Mann und Frau schuf und sprach: »Darum wird ein Mensch Vater und Mutter verlassen*

und seiner Frau anhängen, und es werden die zwei ein Fleisch sein«?

Beachten Sie, dass es in diesen Schriftstellen nicht heißt, die beiden seien sofort mit der Eheschließung ein Fleisch. Es heißt, die zwei **werden** eins. Nun, wie werden zwei zu einem? Die meisten Leser dieses Buches kennen das Wort Gottes wahrscheinlich gut genug, um zu wissen, dass wir ein Geist sind, eine Seele haben und in einem Körper leben. Sie sind ein geistliches Wesen, Sie sind kein Körper. Man kann anderen zum Beispiel ein Bild von sich zeigen, das völlig anders ist als die Person, die innerlich in einem lebt.

In Wirklichkeit ist man der, der man innen ist. Man hat eine Persönlichkeit und dann, darüber hinaus, hat man einen Geist. Wenn jemand wiedergeboren wird, kommt der Geist Gottes, um in dem menschlichen Geist zu wohnen. Darum ist man ein geistliches Wesen; man hat eine Seele, die sich aus Verstand, Willen und Gefühlen zusammensetzt und die sich durch die Persönlichkeit zeigt. Und man hat einen Körper, den jeder sehen kann.

Wie also werden diese zwei Menschen eins, die geistliche Wesen mit sehr unterschiedlichen Persönlichkeiten sind, die nicht gleich denken, die über viele Dinge nicht gleich fühlen, die häufig nicht einmal dasselbe Essen mögen? Wir wissen, dass es nicht einfach so von selbst geschieht, wenn die beiden »Ja« sagen. Einswerden ist ein Prozess, der Zeit erfordert.

Das hebräische Wort für »eins«, *echad*, ist Stichwort Nummer 259 in der *Strong's Exhaustive Concordance:* Es bedeutet »vereint zu einem«. Andere beschreibende Wörter sind »gleich« und »zusammen«. Es kommt von der Wortwurzel (Nr. 258), die »vereinen« im Sinne von »(Gedanken) sammeln: – einen oder einen anderen Weg gehen« bedeutet. Das bezeichnet eine Einheit oder Übereinstimmung in Körper, Seele und Geist. Um total vereint zu sein, muss man in allen drei Bereichen eins sein.

Wenn beide Eheleute nicht wiedergeboren sind und nicht mit Gott leben, dann werden sie niemals geistlich vereint sein. Geistlich vereinigt wird man durch das Einssein mit Jesus Christus

(1. Korinther 6,17). Wenn Sie beide eins sind mit Christus im Geist, dann sind Sie, in ihm, auch miteinander eins. Ehen, deren Mittelpunkt nicht Jesus ist, haben Schwierigkeiten, und die meisten schaffen es nicht. Jede zweite Ehe wird geschieden. Auch Ehen von Christen können viele Probleme haben, aber die Hoffnung Jesu gibt Licht in ihrer Beziehung, um ihren Weg zu erleuchten. **Wenn Sie wollen, dass die Dinge sind, wie sie sein sollen, muss sich bei Ihnen zu Hause erst einmal alles auf Jesus ausrichten.**

Die Bibel lehrt in 1. Korinther 6,16, dass zwei Menschen durch die sexuelle Beziehung körperlich eins werden. Der physische Prozess des Einswerdens vollzieht sich also sehr bald, und sogar unsere Gesellschaft erkennt Eheleute als »einen Leib« an; sie müssen Besitz und Schulden gleichermaßen teilen und füreinander aufkommen.

Wenn Sie wiedergeboren sind, dann ist die geistliche Einheit am Platz. Das heißt nicht, dass beide die gleiche Wellenlänge haben. Einer ist in seinem Wissen über geistliche Dinge vielleicht reifer als der andere. Einer könnte geisterfüllt sein und der andere nicht, oder einer lässt Jesus in seinem Leben herrschen, während der andere vielleicht nur ein Glaubensbekenntnis ausspricht, aber noch nicht angefangen hat, sich Gott zu unterwerfen. Doch durch die Tatsache, dass Sie beide wiedergeboren sind, sind Sie sich über Jesus als den Erlöser einig und Sie wissen, dass Sie beide Richtung Himmel unterwegs sind.

Am längsten dauert das Einswerden normalerweise auf seelischem Gebiet. Manchmal brauchen Paare lange, um sich in ihrem Denken über Dinge gegenseitig zuzustimmen. Wie findet dieser Prozess des mentalen Einvernehmens statt? Die meisten Eheprobleme sind Streit, der aus Kommunikationsproblemen herrührt, über sexuelle Missverständnisse, Geld, Ziele und Kindererziehung. Alle diese Dinge liegen im seelischen Bereich unserer Einheit, wo sie auch aufgearbeitet werden. Sie haben weniger mit dem Geist oder dem Körper zu tun als damit, was wir denken. Wir können geistlich wissen, was das Richtige ist, aber das heißt nicht, dass wir es auch tatsächlich tun.

Und so muss der Hauptfokus unseres Einvernehmens in der Seele liegen – dem Verstand, dem Willen und den Gefühlen. Ihr Verstand bestimmt, was Sie denken, der Wille, was Sie wollen, und Ihre Emotionen, was Sie fühlen. Als Gott mich gerade frisch in den Dienst berufen hatte, wollte ich sofort vollzeitlich starten, aber Dave hatte gar nicht vor, sich zu beteiligen. Er wollte einfach weiterhin jeden Tag zur Arbeit gehen. Er war ein toller Typ, der gerne Spaß hatte, ein guter Vater und ein guter Ehemann, der viel Golf spielte, viel Sport im Fernsehen sah und mit dem man sehr gut auskam.

Im Grunde war es Daves Wunsch, weiter das zu machen, was ihm bis dahin gut gefallen hatte. Darüber hinaus hatte er keine Ziele. Er war zufrieden damit, arbeiten zu gehen, das Geld nach Hause zu bringen, ein bisschen fernzusehen, ein bisschen Golf zu spielen und mit den Kindern zu toben.

Aber Gott hatte mich zum Predigen berufen, und ich hatte eine Vision für die ganze Welt, hinauszugehen und Menschen zu retten, die sterben und zur Hölle gehen würden. Ich wollte helfen, dass Menschen ihr Leben wieder in den Griff bekamen. Und Dave sagte einfach: »Das will ich nicht machen.«

Da hatten wir ein Problem, nicht wahr? Aber Gott veränderte Daves Willen auf dem Gebiet. Ich gebe zu, eine Weile versuchte ich ihn zu ändern, indem ich ihm ständig in den Ohren lag, argumentierte und nörgelte: »Du bringst gar nichts zustande. Wenn wir das hier machen, dann können wir vielen Leuten helfen.« Aber er blieb fest: »Ich will das nicht tun. Ich will einfach nicht.«

Schließlich sagte der Herr eines Tages zu mir: »Joyce, warum machst du nicht einfach das, was ich dir aufgetragen habe, und lässt Dave tun, was er tun will. Liebe ihn einfach und tu, was ich dir sage.« Dave hatte nie geäußert, er wolle mich davon abhalten. Er wollte nur nicht mitmachen.

Drei Wochen später kam Dave zu mir und sagte: »Seit drei Wochen wirkt Gott in mir.« (Sobald ich aufhörte, Dave zu bearbeiten, fing Gott damit an.) Er fuhr fort: »Ich glaube, dass du berufen bist, wie du es sagst. Du sollst wissen, dass ich dich ab heute darin unterstütze. Wenn du rausgehst und lehrst, werde ich mit dir gehen und dich in diesen Dingen unterstützen.«

Was ich sagen will, ist Folgendes: Daves Wille war in einer Richtung festgelegt, aber Gott lockte sein Herz, bis es mit seinem übereinstimmte. Wenn die beiden Menschen übereinstimmen wollen, wo es ihren Willen betrifft, werden sie die Dinge vor Gott bringen und sagen müssen: »Vater, wenn ich darin unrecht habe, dann ändere mein Denken oder ändere meinen Willen.« Gott ist derjenige, der Sie ins Einvernehmen bringt, und zwar mit seinem Willen und seiner Absicht für Ihr Leben. Sie müssen bereit sein, in dieses Einvernehmen mit dem anderen gebracht zu werden.

Die Bibel sagt, dass wir in Einheit leben sollen. Dave und ich haben Persönlichkeiten, die man sich gegensätzlicher nicht denken könnte. Und doch hat Gott uns einander immer näher gebracht, bis dahin, dass wir jeden Tag ähnlicher denken und mehr dasselbe wollen. Wir haben immer noch verschiedene Persönlichkeiten, aber jetzt können wir erkennen, dass Gott unsere Unterschiede mit Absicht zusammengestellt hat. Es war kein Zufall, denn Gott wusste, dass wir beide Stärken und Schwächen haben, die den anderen ergänzen, wenn wir eins werden.

Die Frage »Warum bist du nicht so wie ich?« lebt nicht mehr in uns. Wir erkennen, dass wir einander brauchen, um genau der zu sein, den Gott im Sinn hatte, als er uns schuf. Wir hacken nicht länger auf den Schwächen des anderen herum – stattdessen teilen wir unsere Stärken und freuen uns aneinander.

Wie können wir einer Meinung werden?

Amos 3,3: *Gehen etwa zwei miteinander, außer wenn sie zusammengekommen sind?*

Zwei Menschen, die in unterschiedlicher Richtung unterwegs sind, kann man nicht leicht vereinen. Matthäus 18,19 sagt: *Wenn zwei von euch auf der Erde übereinkommen [miteinander harmonieren, miteinander eine Symphonie bilden], irgendeine Sache zu erbit-*

ten, so wird sie ihnen werden von meinem Vater, der in den Himmeln ist.

Wenn Gott zwei Menschen auf der Erde findet, die eins sind, sagt er: »Alles, was diese zwei Leute erbitten, werde ich tun.« Er sagt nicht, dass man sich einfach über eine Sache, für die man Glauben hat, einigen kann; er spricht über einen Lebensstil der Übereinstimmung, wo Sie in Liebe und Einheit wandeln, sodass alles, was Sie erbitten, gewährt wird.

Für keine zwei Menschen ist es wichtiger übereinzustimmen als für ein Ehepaar. Gott hat für Dave und mich so viel getan, seit wir uns nicht mehr streiten und gelernt haben, uns bis dahin selbst zu erniedrigen, dass wir nicht immer recht haben müssen. Viele Kämpfe in Familien entstehen über irgendwelche völlig unwichtige Kleinigkeiten, zum Beispiel ob man rechts oder links aus der Unterführung herausfahren soll, wenn doch beide Straßen zum selben Geschäft führen.

Wenn Sie für Ihre Ehe und Ihr Gebetsleben Kraft wollen, dann müssen Sie sich von dem Geist des Streitens befreien, alle Spuren von ihm aus Ihrem Zuhause entfernen und sich entschließen, Ihren Weg zur Einheit zu finden. Sie können lernen, wie man sich fair auseinandersetzt, ohne in Streit zu geraten. Ich sage nicht, dass man exakt wie der andere denken muss, aber wenn Sie einander respektieren, dann können Sie höflich mit dem anderen umgehen: »Liebling, ich denke zwar anders über dieses Thema, aber wir müssen ja auch nicht immer einer Meinung sein.«

Wir haben ein Recht, für uns selbst zu denken. Wenn wir gute Beziehungen wollen, dann müssen wir die abweichenden Meinungen anderer respektieren. Eins unserer größten Beziehungsprobleme ist, dass wir unser eigenes kleines Bild entwerfen, mit unseren eigenen Vorstellungen über alles und jedes, und dass wir dann versuchen, alle anderen hineinzupressen.

Die große Frage ist, wie erreichen zwei Menschen, die nicht einer Meinung sind, diese Übereinstimmung? Der Wille, wie gesagt, verkörpert Ihre Wünsche, Ihr Verlangen, Ihr Begehren. Wenn Sie in Jesus wachsen, werden Sie immer weniger um sich selbst kreisen. Ohne Christus bleiben Sie Ihr Leben lang auf sich selbst fixiert, aber wenn Christus das Zentrum Ihres Herzens ist, dann werden Sie die Nöte anderer sehen und Mitleid verspüren und helfen wollen, ihnen auch ihre Wünsche zu erfüllen. Wenn Sie gute Beziehungen in Ihrem Zuhause wollen, müssen Sie lernen, Ihre persönlichen Wünsche dem Wohl der ganzen Familie unterzuordnen.

Dave hatte zum Beispiel einmal einen Z28. Mein Mann meinte, er müsse einen Sportwagen fahren, und er wollte einen Chevrolet Camaro Z28. Vielleicht war es die Midlife-Crisis, jedenfalls fühlte er sich wieder jung und wollte das Auto, solange er noch jung genug war, es zu genießen. Manche Männer ziehen los und sehen sich nach einer jüngeren Frau um, aber Dave wollte nur einen Sportwagen, und er wollte ihn mit Gangschaltung. Gott sei Dank hatten sie seine Farbe nicht mit Vierganggetriebe. Es war einfach keiner aufzutreiben, und so kaufte er den Wagen mit Automatikschaltung, aber das Herumschalten machte ihm so viel Spaß, dass es eigentlich nicht viel anders war als mit einer normalen Gangschaltung.

Stellen Sie sich also vor, wie Dave mich zu diesen Veranstaltungen fährt, wo ich predigen soll, und los geht's. Rrrrrrrrr, rrrrrrrrrr. Wir sausen um eine Kurve, und er schaltet in einen anderen Gang – rrrrrrrrrrr. Ich versuche zu beten und meine Bibel zu lesen, während ich vor- und zurückgeschleudert werde, weil Dave mit der automatischen Gangschaltung spielt.

Ich habe in diesem Auto das Gefühl, direkt auf dem Boden zu sitzen, und dann kommen wir am Veranstaltungsort an. Rrrrrr, rrrrrr, und jetzt muss ich meinen Körper wieder auseinanderfalten, um aus seinem Spielzeug auszusteigen. Ich hasste dieses Auto, wirklich. Unsere Familie passte nicht hinein, und Dave war übervorsichtig damit. Er wollte nicht, dass irgendwer was mit dem Auto machte.

Einmal fuhr ich mit dem Ding zum Einkaufen. Als ich ihn wieder in die Garage fuhr, streifte ich ein bisschen die Wand und der Lack kriegte einen kleinen Kratzer. Ich hatte solche Angst, es ihm zu sagen! Er hat es dann ganz gut aufgenommen, aber was ich sagen will, ist: Dave hatte etwas gekauft, was eigentlich nicht der ganzen Familie dienlich war. Es war etwas, was er wollte, und es kostete viel Geld. Die Raten waren hoch. Aber es passte nicht zu den Erfordernissen der Familie. Er hatte den Wagen ungefähr ein Jahr lang, und ich bat und bettelte, und schließlich verkaufte er ihn und wir kauften einen Kleinbus.

Jetzt sind viele Jahre vergangen, und Dave hat tatsächlich ein paar ältere Autos, die er im Lauf der Jahre gesammelt hat, schnelle Wagen, an denen er viel Spaß hat. Wir befinden uns jetzt in einem anderen Lebensabschnitt. Wir müssen unsere Kinder nicht mehr auf der Rückbank mitnehmen, und außerdem habe ich mein eigenes Auto, in das zur Not sechs Leute passen. Er fährt die Autos, die er gesammelt hat, und ich sitze kaum jemals in ihnen.

In gewissen Lebensphasen wollen wir vielleicht etwas, aber es ist nicht die richtige Zeit dafür. Heute kann Dave solche Autos viel besser fahren als damals, als er seinen ersten Sportwagen kaufte. Er hatte es sich immer sehr gewünscht, und ich möchte, dass er bekommt, was er sich wünscht.

Dave und ich stimmen jetzt, was die Autos angeht, überein; als er den Z28 hatte, war das nicht so. Wir brauchten ein Jahr, aber dann einigten wir uns. Solche Einigkeit ist der stärkste, sicherste Ort. Obwohl ich einen starken Willen habe, würde ich nichts tun, womit Dave nicht einverstanden ist, weil ich weiß, wie wichtig Einheit ist. Ich gehe nur dann mit etwas voran, mit dem er nicht einverstanden ist, wenn wir uns darin einig sind, dass wir ruhig unterschiedlicher Meinung sein können. Mit anderen Worten, es ist dann vielleicht nicht das, was er tun würde, aber er gestattet es mir und hat nichts dagegen. Wir brauchten lange, uns durch all diese verschiedenen Dinge durchzuarbeiten, aber Gott sei Dank haben wir es gemacht, und Sie können das genauso.

Einverständnis wird erreicht, wenn die Beteiligten aufhören, selbstsüchtig zu sein. Viele Christen haben immer noch mit Selbstsucht zu tun. Das ist im Grunde die Einstellung: »Ich will, was ich will und wann ich es will, und eigentlich kümmert es mich nicht, was du willst, denn ich will, was ich will.« Selbstsucht ist eine unreife Sicht von sich selbst.

Wenn wir alle lernen, unsere Wünsche zu äußern, uns aber dann für das entscheiden, was für alle in der Familie am besten ist, dann werden wir Frieden finden. Der Schlüssel ist, sich darum zu kümmern, was der andere braucht, und bereit zu sein, sich zu demütigen und zu tun, was wir können, um diesen Bedürfnissen zu entsprechen.

Ich fordere die Eltern unter Ihnen auf, auch die Meinungen und Wünsche Ihrer Kinder zu bedenken. Natürlich können wir nicht zulassen, dass unsere Kinder die ganze Haushaltsführung bestimmen, aber sie haben Wünsche, Vorlieben und Abneigungen, genauso wie Erwachsene. Als Erwachsener mögen Sie vielleicht fernöstliches Essen, aber Ihre Kinder verabscheuen es. Es wäre selbstsüchtig, darauf zu bestehen, immer in ein Chinarestaurant zu gehen. Ich glaube, es gefällt Gott, wenn wir auch die Wünsche der Kinder bedenken und respektieren. Wir sollten niemals die Einstellung haben: »Hier bin ich der Boss; halte den Mund und tu, was ich dir sage.«

Streben Sie immer eine Einigung an. Suchen Sie ein Restaurant, in dem sich jeder wohlfühlen kann. Dave und ich praktizieren das, wenn wir Möbel kaufen. Oft mögen wir nicht dasselbe, und wir haben uns geeinigt, dass wir nichts kaufen, was nur einem von uns gefällt; wir suchen so lange, bis wir etwas finden, was wir beide schön finden.

Es lohnt sich nicht, selbstsüchtig, ichbezogen zu leben. Aber wenn wir in Einigkeit mit anderen leben, haben wir grenzenlose Möglichkeiten. Gott verspricht dann, uns alles zu geben, worum wir bitten – was in seinem Willen ist.

KAPITEL 17

Die Logik der Liebe

Seid gleichgesinnt gegeneinander; sinnt nicht auf hohe Dinge [seid nicht eingebildet, hochnäsig], sondern haltet euch zu den Niedrigen [Menschen, Dingen]; seid nicht klug bei euch selbst! Wenn möglich, so viel an euch ist, lebt mit allen Menschen in Frieden!

Römer 12,16+18

Jesus sagte, in der Welt würden wir Schwierigkeiten bekommen, aber trotzdem könnten wir Frieden haben. Wir müssen einfach dem Plan Gottes für unser Leben vertrauen, uns darauf stützen und verlassen. Je mehr wir seinen Plan verstehen, je mehr wir verstehen, was er für unser Leben angeordnet hat, desto leichter ist es, den Frieden zu genießen, der höher ist als alle Vernunft. Gary Smalley schrieb ein Buch über die Sprache der Liebe[1] (*The Language of Love*), das ich solchen Paaren zu lesen empfehle, die mehr Frieden und Ordnung in ihren Beziehungen wollen. Dave und mir hat es Spaß gemacht, die Lektionen in seinen Büchern zu lernen.

Frieden kam in mein Leben, als ich verstand und akzeptierte, dass Dave die Dinge immer anders sehen würde als ich, weil Gott ihn mit Absicht anders geschaffen hat. Männer neigen zu mehr Logik, weil sie mehr von der linken Gehirnhälfte aus bestimmt werden, wo die Regeln gespeichert werden, und Frauen neigen eher dazu, mehrere kreative Optionen aus der rechten Hirnhälfte anzubieten als ihr Mann. Aus diesem Grund gehen Männer und Frauen im Allgemeinen unterschiedlich bei der Problemlösung vor. Das heißt, wenn sie dann zusammenkommen, finden sie gemeinsam bessere Entscheidungen, als wenn sie allein entscheiden. Dieser Prozess bewirkt, dass sie eins werden, wenn sie sich an den Stärken des anderen erfreuen.

Lieben ist Shoppen

Gary Smalley erzählt die folgende Geschichte[2] aus der Zeit, als er nach fünf Jahren Ehe von seiner Frau hörte, dass sie »die Hoffnung fast aufgegeben habe auf eine liebevolle, gesunde und dauernde Beziehung mit ...« ihm! »Scheidung kam für sie nicht infrage, und so resignierte sie und fand sich ab mit einem Leben, in dem für ihre Wünsche, Träume und Sehnsüchte nur wenig Raum war.«

Er erzählt Folgendes:

Ich hatte solche Geschichten schon öfter gehört. Jahrelang hatte ich regelmäßig Eheseelsorge gegeben, zahllose Stunden in Beratungsgesprächen verbracht, wo ich den Leuten half, ihre Beziehungen zu verbessern. Nur diesmal ... war die Frau gegenüber nicht irgendein Seelsorgefall – es war meine eigene Frau Norma!

An dem Tag entschied ich mich, herauszufinden, was in meiner Ehe los war – bzw. nicht los war ...

Nach dieser tränenreichen Sitzung mit meiner Frau beschloss ich, mich von ganzem Herzen darum zu bemühen, sie zu verstehen und unsere Beziehung zu pflegen. ... Ich konnte etwas ganz Abenteuerliches mit Norma unternehmen – zum Beispiel shoppen gehen!

Ich weiß nicht genau, welche emotionalen und psychologischen Veränderungen in meiner Frau in Gang gesetzt werden, wenn sie das Wort »Einkaufszentrum« hört, aber als ich ihr von meiner Idee erzählte, geschah ganz offensichtlich etwas Dramatisches. Ihre Augen leuchteten auf wie ein Weihnachtsbaum, und sie zitterte vor Aufregung – dieselbe Reaktion, die ich zeigen würde, wenn mir jemand zwei Karten für ein Playoff-Spiel der landesweiten Football-Liga schenkte.

... Sie brauchte eine neue Bluse. Nachdem wir also das Auto geparkt und in das erste Bekleidungsgeschäft gegangen waren, hielt sie eine Bluse hoch und fragte: »Na, was meinst du?«
»Toll«, sagte ich. »Kauf sie!« Aber in Wirklichkeit dachte ich: **Toll! Wenn sie sich beeilt und diese Bluse kauft, dann sind wir rechtzeitig wieder zu Hause, um das Spiel im Fernsehen zu sehen.**
Dann nahm sie eine andere Bluse in die Hand und fragte: »Wie gefällt dir diese hier?«
»Die ist auch toll!«, sagte ich. »Nimm die oder die andere. Ach was, nimm beide!«
Aber nachdem wir etliche Blusen an dem Ständer angesehen hatten, verließen wir das Geschäft mit leeren Händen. Dann betraten wir ein anderes Geschäft, und sie machte es genauso. Und dann ein weiteres Geschäft. Und noch eines. Und noch eines! ... Und dann passierte es.
Statt im nächsten Geschäft eine Bluse anzusehen, hielt sie ein Kleid in der Größe unserer Tochter hoch und fragte: »Wie fändest du das für Kari?«

Diese Prüfung war zu viel für meine arme sterbliche Willenskraft, ich konnte nicht mehr an mich halten und platzte heraus: »Was soll das heißen, ›wie fändest du das für Kari?‹? Wir sind doch hier, um eine Bluse für dich zu kaufen, nicht ein Kleid für Kari!«
Damals begann ich, einen klassischen Unterschied zwischen Männern und Frauen zu begreifen. Ich war nicht unterwegs, um Blusen zu kaufen – ich war **auf der Jagd** *nach Blusen! Ich wollte die Bluse erobern, in die Tasche stecken und dann wieder nach Hause kommen, wo mich Wichtiges erwartete – zum Beispiel mein Samstagnachmittag-Footballspiel im Fernsehen!*
Meine Frau hingegen betrachtete das Einkaufen vom extrem entgegengesetzten Standpunkt aus. Für sie bedeutete es mehr, als einfach nur eine Bluse zu kaufen. Es war ihre Art, Zeit mit mir zu verbringen, sich mit mir zu unterhalten und ein paar Stunden Abstand von den Kindern zu genießen – und vom Samstagnachmittag-Footballspiel im Fernsehen.

... Ich erinnerte mich an unser Einkaufserlebnis und meinen Entschluss, ein besserer Kommunikator zu werden. Als ich über diesen Nachmittag nachdachte, wurde mir klar, dass ich etwas Wichtiges übersehen hatte – die eingebauten Unterschiede zwischen Mann und Frau.

Die Logik eines Mannes kann sich seinem Herzen in den Weg stellen, wenn er seinem linksseitigen Denken zu sehr nachgibt. Er dachte, er ginge mit seiner Frau einkaufen, um eine Bluse zu erobern, aber für deren rechtsseitiges Denken hatte ihre gemeinsame Zeit viel mehr Potenzial. Dieses Wissen hilft mir zu verstehen, wovon Dave ausgeht, wenn er bestimmte Dinge tut.

Ich kann sagen: »Hier ist wieder deine linke Gehirnhälfte am Werk.«

Wenn ich mich über etwas aufrege, dann nickt er und sagt: »Hm. Das kommt aus der rechten Seite deines Hirns. Du solltest besser mal versuchen, die andere Seite ein bisschen dazuzuholen.«

Auf einer Reise will die linke Gehirnhälfte die Distanz erobern, die Anzahl Kilometer, die an dem Tag gefahren werden müssen. Die rechte Seite ist für Unterbrechungen zuständig, fährt rechts ran zum Ausruhen und um Sehenswürdigkeiten anzusehen. Die rechte Gehirnhälfte kümmert sich nicht die Bohne um Fußball- oder Hockeyspiele, außer bei persönlicher Bekanntschaft mit den Spielern oder ihren Frauen. Sie speichert und drückt Gefühle der Liebe aus, nicht nur die Definition davon, und würde eher People-Magazine lesen als nützliche Fachzeitschriften, weil es darin mehr um Beziehungen geht.

Männer neigen dazu, die linke Seite des Gehirns, wo die Logik operiert, zu favorisieren. Frauen sind beidseitig in ihrem Denken, was bedeutet, sie neigen dazu, beide Seiten ihres Gehirns gleichzeitig zu verwenden. Eine Frau favorisiert die rechte Gehirnhälfte, die den Bereich umfasst, der Beziehungen pflegt. Aber Gott hatte die Absicht, durch unsere Unterschiede Frieden und Ordnung in unsere Beziehungen zu bringen.

Logisch, oder?

Als Dave und ich unser neues Haus kauften, entfaltete sich Daves logisches Denken zu voller Blüte. Ich hatte am Waschbecken ein Wäschegestell hängen, und er sagte: »Häng das nicht dort hin!« «Warum nicht?«, fragte ich stirnrunzelnd. »Das ist doch das Waschbecken.«

Er antwortete: »Weil durch die Wäsche das Holz feucht wird und sich verzieht.«

Ein paar Tage später cremte ich meine Füße mit Lotion ein, und als ich gerade aufstehen und irgendwohin gehen wollte, hielt Dave mich auf und sagte: »Du solltest das Zeug nicht auf deine Füße schmieren und dann über den Fußboden gehen.«

Ich protestierte: »Ja, und wie soll ich dann irgendwohin kommen, wenn ich nicht über den Fußboden gehen kann?«

Er sagte: »Diese Lotion ist fettig und du verteilst das Zeug auf dem ganzen Teppich.«

Ich argumentierte: »Mein Leben lang creme ich mir die Füße mit Lotion ein, und unsere Teppiche sind überhaupt nicht fettig.« Aber Dave kommt die ganze Zeit mit solchen Dingen an. Die Erkenntnis, dass Gott ihm die Logik als eine Gabe gegeben hat und nicht, um mich zu ärgern, hilft mir.

Wenn ich ein Bild an einer bestimmten Stelle an der Wand aufhängen möchte, dann widersetzt er sich und sagt: »Das können wir nicht machen; da ist kein Balken.«

Ich sage: »Es ist mir völlig egal, ob da ein Balken ist oder nicht. Ich will das Bild in der Mitte der Wand hängen haben.«

»Du kannst das nicht in die Mitte der Wand hängen, es würde die Wand kaputt machen«, entgegnet er unbeeindruckt.

Ich versuche es mit Vernunft. »Dave, andere Leute haben doch auch alle irgendwas an den Wänden hängen und ihre Wände stürzen nicht ein.«

»Ist mir egal; du musst es an einen Balken hängen. Wir hängen es dort drüben hin.«

Auf manche Dinge kann ich mich nicht einlassen, also erkläre ich: »Ich will es nicht dort drüben. Das ist nicht in der Raummitte.«

»Lass uns die Couch rüberschieben«, bietet er an.

»Ich will die Couch nicht auf einer Seite. Ich will sie in der Raummitte und ich will das Bild in der Mitte über der Couch.«

Wie oft hatten Sie genau solche Diskussionen mit Ihrem Ehepartner?

Ich sage: »Weißt du was, ich würde gerne Gardinen für diese Fenster kaufen.«

Seine Antwort darauf: »Wir brauchen einen Schuppen.«

»Lass das Zeug noch in der Garage; eine Weile kann ja eins der Autos ruhig in der Auffahrt parken.«

Er: »Das will ich aber nicht.«

Ich, ebenso unbeirrt: »Und ich will Gardinen.«

Das Leben bietet endlose Gelegenheiten, uneins zu werden. Wenn wir nicht wissen, wie wir miteinander arbeiten können, kämpfen wir von morgens bis abends. Wir sind unterschiedlich, wir fühlen unterschiedlich, und wir wollen verschiedene Dinge, und doch gebietet uns Gott, zum Einvernehmen zu gelangen und eins zu werden. Dies wird nur erreicht durch Verständnis, durch Wertschätzung und durch Ehrerbietung. 1. Petrus 3,7 stellt die Maßstäbe für Ehemänner auf:

> *Ihr Männer, ebenso, wohnt bei ihnen [euren Frauen] mit Einsicht als bei einem [körperlich] schwächeren Gefäß, dem weiblichen, und gebt ihnen Ehre als solchen, die auch Miterben der Gnade [unverdienter Vorzug] des Lebens sind, damit eure Gebete nicht verhindert werden! [Sonst könnt ihr nicht effektiv beten.]*

Wir sollen die Unterschiede zwischen uns bedenken. Es hilft nichts, einer Frau zu sagen, sie soll nicht emotional sein. Es hilft nichts, einem Mann zu sagen, er soll nicht logisch sein. Gott schuf uns, damit wir so sind, zur Verbesserung und nicht, um einander wehzutun.

Wenn ich über irgendetwas verletzt bin, dann will ich nicht, dass Dave mich anpredigt, ich solle meine Sorgen auf den Herrn werfen. Ich will nur, dass er mich versteht, aber ich muss ihm helfen zu verstehen, was ich brauche. Er will mich nicht verletzt sehen, deshalb versucht er, mir meine schlechten Gefühle auszureden. Aber ich will nur, dass er mich liebt und mich in den Arm nimmt und mir sogar zeigt, dass er mit mir leidet.

Als ich einmal sehr verletzt war wegen etwas, was jemand gesagt hatte, wollte er mir erzählen, ich solle »meine Sorgen auf den Herrn werfen«. Ich sagte ihm, dass ich das nicht hören wolle. Schließlich schlug Dave vor, dass wir Golf spielen gingen, und als wir da auf dem Platz unser Spiel machten, sagte er: »Lass den Teufel nicht deinen Tag ruinieren. Sauge die Verletzung, die du fühlst, nicht auf.« Aber dann fügte er liebevoll hinzu: »Aber ich verstehe dich. Wirklich, ich verstehe, warum es schwer ist, nicht mehr über das nachzudenken, was dir wehgetan hat.«

Sobald er zeigte, dass er verstand, warum ich verletzt war, konnte ich in mir spüren, wie der Schmerz sich auflöste und verschwand.

Sofort entspannte ich mich und mein Geist öffnete sich wieder ihm gegenüber. Alles war in Ordnung, weil er mir gegeben hatte, was ich mehr als alles andere brauchte. Er hatte gesagt: »Ich verstehe deine Gefühle.«

Dieser Satz steckt voller Kraft, und wenn Ihnen dieses Buch nichts anderes bringt, dann werden schon die Worte »Ich verstehe deine Gefühle« viel Frucht in Ihrer Ehebeziehung tragen. Manchmal wollen wir keinen Vortrag, sondern einfach einen Freund. Und manchmal wollen wir jemanden, der mit uns leidet. Man muss nicht immer eine Predigt halten, oft muss man für jemanden in Not eine Predigt sein.

Verständnis stärkt die Familie

Wir sollen lernen, wie wir einander Respekt zeigen. Selbst wenn wir unterschiedlicher Meinung sind, muss ich mit Dave nicht reden, als stimme etwas nicht mit ihm, nur weil er nicht will, was ich will.

Die Frauen werden in 1. Petrus 3,1-2 angesprochen:

Ebenso ihr Frauen, ordnet euch den eigenen Männern unter [als abhängig von ihnen, und passt euch ihnen an], damit sie, wenn auch einige dem Wort [Gottes] nicht gehorchen, ohne Wort durch den [gottesfürchtigen] Wandel der Frauen gewonnen werden, indem sie euren in Furcht reinen Wandel angeschaut haben! [Furcht als Ehrerbietung gegenüber eurem Ehemann; ihr solltet ihm gegenüber alles fühlen, was Ehrerbietung umfasst: Respekt, Achtung, Verehrung – ihn ehren, schätzen und im menschlichen Sinn anbeten, das heißt bewundern, loben, ihm hingegeben sein, ihn tief lieben und genießen.]

Männer sollen ihren Frauen gegenüber rücksichtsvoll sein, und Frauen sollen ihre Männer ehrlich bewundern und sich an ihnen freuen. Wenn man die Bedeutung von all diesen Wörtern untersucht und sie mit der Art vergleicht, in der die meisten Menschen in ihren Familien leben, dann braucht man nicht lange, um zu verstehen, warum so vielen Familien die Frucht von Frieden und Freude fehlt.

Einer muss Gottes Plan in der Familie initiieren. Aber wer von Ihnen beiden fängt an? So wie ein rücksichtsvoller Mann seiner Frau Bewunderung abnötigt, wird eine hingegebene Frau, die tiefe Liebe zu ihrem Mann zeigt, in ihm »intelligente Anerkennung und Ehre« ihr gegenüber wecken. Gott sagt, dass Ehe eine zweiseitige Sache ist, und er hat Männern und Frauen Anweisungen gegeben. Beide sind nötig, damit die Sache gut funktioniert.

Epheser 5,33 wiederholt noch einmal die beiden Punkte:

Jedenfalls auch ihr – [ausnahmslos] jeder von euch liebe seine Frau so wie sich selbst; die Frau aber, dass sie Ehrfurcht vor dem Mann habe [dass sie ihn beachte, schätze, ehre, bevorzuge, lobe, liebe und sehr bewundere]!

Etwas Wunderbares hat sich für Dave und mich nach vielen Ehejahren ereignet. Ich kann ehrlich sagen, dass ich lieber mit meinem Mann zusammen bin als mit irgendwem sonst. Ich ziehe ihn vor. Er behandelt mich so gut, dass ich es einfach liebe, mit ihm zusammen zu sein. Es wäre furchtbar schwer, jemanden bevorzugen zu wollen, der auf mich herabsieht oder sich über mich lustig macht oder sich nicht um meine Bedürfnisse kümmert.

Ehe ist keine Einbahnstraße, und Dave und ich haben beide daran gearbeitet, Verständnis füreinander zu haben, und je mehr wir verstanden haben, woher der andere kommt, desto mehr scheinen wir einander zu lieben. Verständnis trägt gute Frucht in einer Ehe, weil sie uns dazu bringt, dass uns die Bedürfnisse des anderen ehrlich wichtig sind. Ich glaube, dass Menschen große Sehnsucht haben, verstanden zu werden und andere zu verstehen.

Verstehen erfordert Kommunikation, Zuhören, Zeit und Transparenz. Manchmal redet jemand, spürt aber, dass keiner zuhört. Wenn Sie Ihren Ehepartner verstehen wollen, müssen Sie sich Zeit zum Zuhören nehmen. Wir müssen uns darin schulen, wirklich zuzuhören. Ich bin von Natur aus ein Redner und kein guter Zuhörer. Wenn ich nicht aufpasse, dann lege ich mir in der Hälfte der Zeit, während Dave mit mir spricht, bereits meine Antwort auf etwas zurecht, was er eine ganze Weile vorher gesagt hat. Und ich höre nur zu, um eine Pause zu erwischen, in der ich mein Argument anbringen kann. Das ist eine meiner Schwächen, und ich musste mich selbst trainieren, dem, was er sagte, zuzuhören.

Jemandem volle Aufmerksamkeit zu widmen, ist eine Herausforderung. Aber es ist so wichtig, dem zuzuhören, was der eigene Ehepartner sagt. Lernen Sie, einander anzusehen, wenn Sie reden, und bringen Sie irgendwie zum Ausdruck, dass Sie hören, was gesagt wird. Sie können vielleicht sogar üben, das zu wiederholen, was Sie meinen, verstanden zu haben.

Transparenz fällt vielen von uns schwer. Eine Frau sagt nicht immer, was sie wirklich meint. Sie will oft etwas anderes, als sie sagt, aber sie würde eher Hinweise fallen lassen, als ihre Bedürfnisse rundheraus zu äußern. Zum Beispiel kommt eine Frau zu ihrem Mann, offensichtlich müde und frustriert, und sagt:

»Ich will Urlaub machen. Ich glaube, wir müssen mal eine Pause haben, und ich habe das Gefühl, ich brauche etwas Zeit allein mit dir und muss mal einen Gang zurückschalten. Der Familienalltag wird mir zu viel und macht mich verrückt. Ich muss einfach ausruhen und will mal eine Weile hier raus.«

Sie weiß ehrlich nicht, was mit ihr nicht stimmt, aber sie fühlt, dass sie so frustriert ist, dass sie irgendwohin fahren, etwas Besonderes essen oder etwas kaufen will, um das tägliche Einerlei zu durchbrechen, das sie verrückt macht. Deshalb geht sie zu ihrem Mann und bittet ihn um Hilfe, indem sie einen Urlaub vorschlägt.

Er reagiert von seiner linken Gehirnhälfte aus:

»Wir können uns keinen Urlaub leisten. Wir haben nur ein paar Hundert Dollar auf der Bank, und wir brauchen unbedingt einen neuen Rasenmäher.«

Ein Urlaub ist für ihn nicht logisch, da sie doch einen Rasenmäher brauchen. Deshalb legt er noch einmal nach.

»Du weißt, dass wir es uns nicht leisten können, in Urlaub zu fahren. Warum fragst du überhaupt, wenn du doch weißt, dass wir das Geld nicht haben?«

Seine Logik hat ihr emotionales Bedürfnis überhaupt nicht wahrgenommen. Jetzt fühlt sie sich ungeliebt, missverstanden und abgelehnt. Er glaubt, sie verstehe nicht, warum ein Urlaub sie finanziell unter Druck setzen würde, und so ist auch er jetzt frustriert. In der Rolle als ihr Versorger kommt er sich wie ein Versager vor, deshalb bräuchte er jetzt ihre Versicherung, dass sie nicht allzu enttäuscht ist von ihm. Aber sie zieht sich zurück, und er nimmt an, dass sie sauer auf ihn ist.

Kommt Ihnen die Szene bekannt vor? Keiner von beiden hat sich genug Zeit genommen, um den anderen zu verstehen. Wenn wir nur lernen könnten, unseren Ehepartner anzusehen und zu erkennen, wenn ihn etwas verletzt oder bedrückt, und dann herausfinden könnten, wie wir sein Selbstwertgefühl wieder aufbauen können! Wir müssen lernen, einander mehr zu vertrauen und nicht immer zu denken, dass die andere Person gegen uns eingestellt ist.

Die größten Probleme in Beziehungen stammen daher, dass wir zu viel von uns selbst im Kopf haben und dem anderen nicht genug Aufmerksamkeit widmen. Wir scheinen immer uns selbst im Sinn zu haben. Die Liebe legt Eigeninteresse beiseite, um sich der anderen Person zu widmen.

Ein Zeichen ehrlichen Interesses kann ein starker Baustein der Liebe sein. Beachten Sie einander, ermutigen Sie Kommunikation. Nehmen Sie sich Zeit, um nach der Wahrheit zu graben, untersuchen Sie, was wirklich nicht in Ordnung sein könnte. Jemand hat einmal errechnet, dass man fünfmal die Frage »Warum fühlst du so?« stellen muss, bevor man zu dem wirklichen Problem durchdringt. Bemühen Sie sich darum, dass Ihr Ehepartner sich öffnet, indem Sie wirkliches Interesse zeigen. Sie könnten einleitende Fragen stellen, wie zum Beispiel:

»Ist etwas nicht in Ordnung?«

»Hattest du einen schlechten Tag auf der Arbeit?«

»War der Verkehr schlimm?«

»Liebling, geht es dir nicht gut?«

Oder: »Kann ich irgendetwas für dich tun; kann ich irgendwas tun, damit du dich besser fühlst?«

Ich könnte fast garantieren, dass eine liebevolle Reaktion auf den Mann, der abends grimmig ins Haus tritt, zu 90 Prozent den ganzen Kurs des Abends ändert und zu etwas Schönem führt. *Eine sanfte Antwort wendet Grimm ab ...* (Sprüche 15,1). Wenn er aber schimpfend hereinkommt und sie ihm den Ball mit der gleichen Schroffheit zurückgibt, dann entfernen sie sich voneinander und verpassen das Beste, was Gott für sie hat.

Ich brauche einfach einen Freund

Jeder will Gesellschaft. Das Bedürfnis nach Herzensbeziehungen, die nur Kommunikation bauen kann, ist uns angeboren. Gehen Sie zusammen spazieren, verbringen Sie Zeit miteinander, indem Sie einfach nebeneinander sitzen. Gott hat in jeden von uns die Fähigkeit gelegt, Liebe zu geben.

Bitten Sie Gott, Ihnen zu zeigen, wie Sie miteinander kommunizieren können. Vergessen Sie nicht, dass mehr Zuhören und weniger Belehren zu glücklicheren Familien führt. Vielleicht muss Ihr Mann nur fünf Minuten dasitzen und Ihnen erzählen, wie frustriert er wegen einer bestimmten Situation auf der Arbeit ist. Wenn er sich Ihnen gegenüber öffnet, dann ist das nicht die Zeit, ihm zu sagen, er solle mal aufpassen, was er da sagt. Hören Sie einfach zu und versuchen Sie zu verstehen, was ihn stresst. Bitten Sie den Heiligen Geist, die Wahrheit in der Situation zu offenbaren, in dem Wissen, dass Wahrheit einen Menschen immer befreit.

Wenn die Frau in unserem Beispiel sagt, sie brauche Urlaub, sollte der Mann wenigstens sitzen bleiben und all das anhören, was sie gerade so fertigmacht. Er könnte sagen: »Okay, Liebling, erzähl es mir. Ich kann sehen, dass hier irgendetwas nicht richtig läuft. Ich will von dir hören, was nicht in Ordnung ist.« Auch wenn ein gemeinsamer Urlaub nicht möglich ist, kann er ihrem Bedürfnis nach Mitgefühl nachkommen und ihr versichern, dass alles wieder gut wird. Höchstwahrscheinlich ist das sowieso alles, was sie wollte.

Aber, meine Damen, wir leben nicht in einer perfekten Welt, und ich weiß wohl, dass dieses Buch weniger von Männern als von Frauen gelesen werden wird, die herausfinden wollen, was sie tun sollten. Sie müssen also Ihrem Ehemann Ihre Bedürfnisse mitteilen.

Gott hat uns schon gesagt, dass unsere Männer Hilfe brauchen. In 1. Mose 2,18 heißt es, dass Gott Adam eine Helferin gab: *Ich will ihm eine Hilfe machen.*

Das Wort für »Hilfe« bedeutet: jemand, der mit ihm Austausch hat, und jemand, der ihn vervollständigt.[3] Mit anderen Worten, bevor Gott Adam eine Hilfe gab, war der Mann ohne diese Frau nicht vollständig.

Wenn Ihnen also alles zu viel wird, und Sie sagen Ihrem Mann, dass Sie eine Pause brauchen, dann lassen Sie ihn wissen, was Sie wirklich brauchen. Machen Sie eine Liste und geben Sie sie ihm und erklären Sie:

»Das hier brauche ich von dir. Wenn du meinst, wir können uns keinen Urlaub leisten, dann habe ich das Bedürfnis, dass du dich zu mir setzt und dir anhörst, was mich hier alles wahnsinnig macht.

Dann brauche ich es, dass du mich in den Arm nimmst und sagst, es tue dir leid, dass es mir so schlecht geht. Sag mir, dass du genau verstehst, wie ich mich fühle, und dass du mir meine Frustration nicht zum Vorwurf machst.

Sag mir, wenn du in meiner Situation wärst, würdest du auch mal wegwollen. Und dass du in meiner Situation wahrscheinlich noch nicht einmal so gut klarkämst wie ich.

Dann nimm mich in den Arm und lass mich drei bis fünf Minuten an deiner Schulter weinen, und danach sage mir, dass du mich liebst und dass alles wieder gut wird.

Könntest du das für mich tun, mein Schatz?«

Wenn Paare anfangen, sich gegenseitig ihre Bedürfnisse zu nennen, würde viel Heilung geschehen. Dave und ich haben gelernt, erst die Gefühle des anderen zu bestätigen, wenn er niedergeschlagen ist, bevor wir versuchen, ihn wieder aufzurichten. Ehren und schätzen Sie einander, und Sie werden sehen, wie die Kraft des Einvernehmens zwischen Ihnen wächst.

Vergessen Sie nicht, Liebe hat ihre eigene Logik, die mit dem Herzen gefühlt werden muss. Seien Sie liebevoll, sanft, freundlich und nicht hart; seien Sie aufbauend und ermutigend. Etwas Wunderbares würde sich in der Ehebeziehung ereignen, wenn beide Partner sagen lernten: »Liebling, was kann ich tun, um dir mehr zu nutzen? Was kann ich tun, um dir mehr zu helfen?«

Epheser 4,29-32 erklärt, wie wir andere ehren und schätzen können. Hängen Sie diese Verse irgendwo in Ihrem Haus auf, wo jeder an diese praktischen Punkte der Liebe erinnert wird.

Kein faules Wort komme [je] aus eurem Mund, sondern nur eins, das gut ist zur notwendigen Erbauung, damit es den Hörenden Gnade [Gottes Gunst] gebe!
Und betrübt nicht den Heiligen Geist Gottes [kränkt oder bedrückt ihn nicht], mit dem ihr versiegelt [markiert, gebrandmarkt

als Gottes Eigentum, gesichert] worden seid auf den Tag der Erlösung [vom Bösen und den Konsequenzen der Sünde] hin!
Alle Bitterkeit und Wut und Zorn und Geschrei und Lästerung sei von euch weggetan, samt aller Bosheit [Gehässigkeit, Böswilligkeit, niedrige Gesinnung jeglicher Art]!
Seid aber zueinander gütig, mitleidig [barmherzig, verständnisvoll, von Herzen liebevoll] und vergebt einander [bereitwillig und freimütig], so wie auch Gott in Christus euch vergeben hat!

Wegen meines familiären Hintergrunds war ich äußerlich hart und rau, und es fiel mir schwer zu lernen, sanft und freundlich zu sein. Die Fähigkeit war in mir, aber ich hatte Angst, dass man mich ausnutzen würde, wenn ich sanfter wäre. Meine Stimme war so schroff, dass ich zwar die richtigen Worte zu Dave sagen konnte, aber es war klar, dass ich innerlich nicht damit übereinstimmte. Mein Ton ließ ihn wissen, dass ich tun würde, was ich tun sollte, dass aber mein Herz sich seiner Anweisung nicht unterordnete.

In Kolosser 3,8 lesen wir:

Jetzt aber legt auch ihr das alles [völlig] ab: Zorn, Wut, Bosheit, Lästerung, schändliches Reden aus eurem Mund.

An dem Morgen, als ich meine Füße eingecremt hatte und er mir gesagt hatte, ich solle nicht über den Fußboden gehen, widersprach ich Dave nicht, aber er sah meinen Gesichtsausdruck und hörte mich seufzen. Mein Gesichtsausdruck sagte ihm: »Meine Güte, was hast du denn für Probleme?« Alles zählt – Worte, Stimme und Gesichtsausdruck, alles ist so wichtig in einer Beziehung, denn wenn wir nicht die richtige Einstellung haben, dann ehren und schätzen wir den nicht, den zu lieben wir berufen sind.

In den Sprüchen steht (18,21):

Tod und Leben sind in der Gewalt der Zunge, und wer sie liebt, wird ihre Frucht essen [zum Tod oder zum Leben].

Und in Sprüche 15,4:

> *Gelassenheit der Zunge [mit ihrer heilenden Kraft] ist ein Baum des Lebens, aber Falschheit in ihr ist Zerbruch des Geistes.*

Alles, was Sie zu Ihrem Ehepartner sagen, wirkt sich auf ihn aus – entweder zum Leben oder zum Tod. Jeder einzelne Akt der Kommunikation durch Worte, Stimmlage, Gesichtsausdruck oder Körpersprache wirkt sich auf ihn aus – entweder zum Leben oder zum Tod. Das ist eine ziemlich große Verantwortung. Wählen Sie das Leben.

KAPITEL 18

Gewinnen und erhalten – wie macht man das?

Jagt dem Frieden mit allen nach und der Heiligung, ohne die niemand den Herrn schauen wird; und achtet darauf, dass nicht jemand an der Gnade Gottes Mangel leide, dass nicht irgendeine Wurzel der Bitterkeit aufsprosse und euch zur Last werde und durch sie viele verunreinigt werden.
Hebräer 12,14-5

Als Christen müssen wir die Qualitätsstandards in unsren Ehen verbessern. Der Prophet Daniel hatte einen großartigen Geist. Er entschied, sich nicht zu verunreinigen, indem er Dinge tat, von denen er wusste, dass sie Gott nicht gefielen. Wir alle müssen eine Grenze ziehen, und wir müssen aufhören, diese Grenze zu verschieben.

In meiner Beziehung zu Dave kam ich an einen Punkt, wo ich hervorragend sein wollte. Ich wollte ihm die hohe Qualität geben, von der ich wusste, dass sie Leben und Frieden und Freude in unsere Beziehung bringen würde. Ich wollte über die Mittelmäßigkeit hinauskommen, und so bat ich Gott um Integrität für unsere Ehe. Unsere Beziehung sollte Gottes biblischen Maßstäben für Eheleute entsprechen. Ich entdeckte, dass es egal ist, an welcher Stelle Ihrer Ehe Sie stehen: Gott liebt Sie und hat einen guten Plan für Ihr Leben. Auch wenn die Umstände negativ wirken, halten Sie Ihre Augen auf Gott gerichtet und vertrauen Sie ihm, dass er Sie da heraus und nach oben bringt.

Jesaja 61,7 enthält eine wunderbare Verheißung für die, die ihre Hoffnung auf Gott setzen:

> *Weil ihre Schande doppelt war und sie Schmach besaßen als ihr Erbteil, darum werden sie in ihrem Land das Doppelte [des Verlustes] besitzen; ewige Freude wird ihnen zuteil.*

Werden Sie nicht ungeduldig. Der Weg zur Vorzüglichkeit ist ein lebenslanger Prozess. Aber Gott sieht nicht auf die Person, und jeder, der ihm vertraut, zieht den gleichen Nutzen aus diesem Vertrauen. Gott will etwas Wunderbares in Ihrem Leben wirken. Er will Sie segnen, Ihnen Gutes tun und Sie lieben, bis Sie heil und ganz sind. In Psalm 103,4 heißt es: *Der dein Leben erlöst aus der Grube, der dich krönt mit Gnade und Erbarmen.*

Wir können darauf vertrauen, dass die Anweisungen, die Gott uns in seinem Wort gegeben hat, in unserer Ehe und unseren Beziehungen Frucht bringen. Seine Liebe ist heilender Balsam, und wenn wir einander Gottes Liebe zeigen, wird diese Heilungskraft unter uns freigesetzt und wirkt. Allzu oft versuchen wir zu viel von Menschen zu bekommen. Statt von Gott versuchen wir, Sicherheit und Bestätigung von unserem Ehepartner zu bekommen, und dann wundern wir uns, warum der uns nicht wirklich helfen kann. Wir müssen ganz erfüllt sein von der Liebe Gottes, und seine Liebe dann aus uns zu unserem Ehepartner fließen lassen. Davon lebt eine wirklich gute Ehe.

Wenn dieses Buch zum ersten Mal in Druck geht, werden Dave und ich über dreiunddreißig Jahre verheiratet sein. Ich denke, wir lieben einander jetzt mehr als je zuvor. Aber es ist uns klar, dass wir nicht alle Bedürfnisse des anderen erfüllen können. Ich muss zu Gott gehen, um heil und ganz zu bleiben. Gott wird uns nie ablehnen. Er gibt uns Schönheit statt Asche und er verspricht doppelten Segen für Verletzungen und Schmerzen aus der Vergangenheit.

Ich hoffe, unsere Geschichten zeigen, dass Gott die Kraft hat, Sie in Ihrer Beziehung von Hoffnungslosigkeit zum Sieg zu bringen. Ich war so negativ, als Dave und ich heirateten, und er war so positiv und voller Hoffnung auf Gott für unsere Zukunft. Indem ich Dave beobachtete und das Zeugnis seines Glaubens an Gott sah, lernte ich, über mich selbst hinauszukommen und meine Hoffnung auch auf Gott zu setzen. In meinem Leben hat sich so ein erstaunlicher Wandel vollzogen, dass ich jetzt alles mir Mögliche versuchen muss, um anderen zu helfen, dieses Glück auch zu finden. Es kommt daher, dass man seine Hoffnung in den Einzigen setzt, der die Sehnsucht im Herzen erfüllen kann. Nur Gott kann uns zeigen, wie man Liebe gibt und empfängt.

Sitzen Sie nicht Ihr Leben lang herum und bemitleiden sich wegen der Geschehnisse in Ihrer Vergangenheit. Hören Sie auf, über alles Verlorene Buch zu führen – zählen Sie, was Ihnen geblieben ist. Geben Sie Gott, was Sie haben, auch wenn das ein Nichts ist. Er kann sogar aus nichts etwas machen. Es ist nicht so kompliziert, dem Herrn zu folgen.

Ich sage Gott wahrscheinlich zweihundertmal am Tag: »Ich liebe dich. Ich liebe dich, Herr. Du bist so wunderbar, Gott. Danke. Danke, Gott, für das, was du in meinem Leben getan hast.«

Wenn Sie auf Gott hoffen und erkennen: Er möchte, dass Ihnen Gutes geschieht, dann sind Sie nicht so sehr davon abhängig, in welcher Stimmung Ihr Ehepartner ist. Wenn er deprimiert ist, dann geht es Ihnen dennoch gut, weil Sie dem Herrn gerade ein Liebeslied gesungen haben, und deshalb können Sie auch Ihrem Ehepartner eins singen. Achten Sie darauf, dass Ihr Herz immer voller Hoffnung ist. Wenn Sie das nicht machen, werden Sie bestimmt enttäuscht.

Die Bibel sagt, dass Abraham einmal fühlte, dass jeder menschliche Grund für Hoffnung verloren war, aber er hoffte im Glauben, dass er der Vater vieler Völker werden würde. Kein Zweifel und kein Unglaube ließen ihn bezüglich der Verheißungen Gottes unsicher werden. Einmal bat eine Frau um Gebet, weil ihr Mann sie nach fünfunddreißig Jahren Ehe verlassen hatte. Ich konnte ihr nicht versprechen, dass ihr Mann zurückkommen würde, wenn sie Gott vertraute, denn mit unseren Gebeten können wir nicht den Willen anderer Menschen manipulieren oder kontrollieren. Aber ich kann versprechen, dass Jesus, wenn sie auf ihn hofft, entweder diese Ehe heilen oder ihr jemand anderen geben will, der sie noch mehr liebt.

Wie Abraham kann sie Glauben in die Hoffnung haben, dass Gott sie segnen und sich um sie kümmern und sogar ein Ehemann für sie sein wird. Manchmal müssen wir Gott auch etwas Raum lassen, in dem er wirken kann. Wir können ihm nicht die Blaupause unserer Pläne geben und uns ärgern, wenn er es nicht so macht, wie wir gebetet haben, aber wir können ihm vertrauen, dass er uns Frieden und Freude gibt. Mit dieser Zuversicht sollten wir voller Erwartung und Begeisterung in unsere Zukunft sehen.

Jeden Tag sollten wir sagen: »Gott, ich bin gespannt zu sehen, was du heute tun wirst. Ich glaube, dass mir heute etwas Gutes passieren wird. Überall, wohin ich heute gehe, ist Gottes Gunst auf mir.«

Haben Sie Erwartungen an der falschen Stelle?

Die Bibel lehrt uns an vielen Stellen, unsere Erwartung und Hoffnung auf Gott zu setzen. Er ist unsere Quelle, die Quelle alles dessen, was wir nötig haben. Oft wirkt er durch Menschen, um unseren Bedürfnissen zu begegnen, aber das blocken wir ab, wenn wir unsere Erwartungen auf Menschen statt auf Gott setzen.

Manchmal erwarten wir, dass jemand etwas tut, wovon derjenige noch nicht einmal ahnt, dass wir es erwarten. Am Ende sind wir enttäuscht, aber das liegt an unserer Erwartung, nicht daran, dass der andere sie nicht erfüllt.

Es ist vorgekommen, dass ich meinem Wunschdenken freien Lauf gelassen und mich über ein paar Tage hinweg davon überzeugt habe, dass Dave mich ausführen sollte – zum Essen oder zum Shopping oder ins Kino. Ich erwartete dann, dass er mich bittet, irgendwohin auszugehen, und ich hatte mich selbst davon überzeugt, dass er das tun sollte.

Wenn er es nicht tat, wurde ich zornig und forderte, er solle mich ausführen. Dann antwortete er: »Du hast mir nicht gesagt, dass du ausgehen willst. Du weißt doch, dass ich überall mit dir hingehe, wenn du es willst.« Ich erwartete, dass er mich fragte, und er erwartete, dass ich es ihm sagte.

Ich glaube, viele Ehen scheitern an falschen Erwartungen. Viele Enttäuschungen kommen von diesen Erwartungen, die eigentlich fehl am Platz sind. Wir können nicht wirklich davon ausgehen, dass jemand unsere Gedanken liest. Wir müssen kommunizieren, und zwar deutlich. Wir können nicht erwarten, dass unser Ehepartner sich verhält wie der Ehepartner von jemand anderem. Das setzt ihn unfair unter Druck. Ein guter Freund von mir namens Don Clowers hat ein Buch über richtiges und falsches Denken geschrieben, das im Verlag *Harrison House* erscheinen soll. Ich empfehle es Ihnen von Herzen als eine Hilfe, Ihre Beziehungen zu verbessern.

Vorankommen im Do-it-yourself-Verfahren

Es ist erstaunlich, wie oft Jesu Antwort auf das Problem eines Menschen lautete: »Steh auf!« Jesus ging zu dem Mann, der seit 38 Jahren verkrüppelt war und am Teich von Bethesda lag und darauf wartete, dass ein Engel das Wasser bewegte, damit er ein Wunder erleben konnte (Johannes 5,1-9). Jesus fragte ihn: »Ist es dir ernst damit, dass du gesund werden willst? Möchtest du wirklich geheilt werden?«

Der Mann antwortete: »Ich habe niemanden, der mich in den Teich bringt, wenn der Engel kommt. Immer ist ein anderer schneller als ich.«

Jesus sah ihn an und sagte: »Steh auf! Nimm dein Bett und wandle!« Eine Version heißt: »Mache dein Bett zurecht«, was in mir das Bild entstehen lässt, dass man sein gegenwärtiges Chaos in Ordnung bringt, um sich aufzumachen zu irgendetwas Positivem hin. Seit 38 Jahre hatte er dort gelegen – sicher war ihm die Courage ausgegangen. Ich denke, in 38 Jahren hätte ich wohl irgendwie zum Rand des Teichs hinkriechen oder -rutschen und mich so nah an den Rand legen können, dass ich, wenn der Engel käme, einfach hineinfallen könnte mit den Worten: »Entweder du heilst mich oder ich ertrinke, aber so will ich nicht mehr weiterleben.«

Wenn Sie auf jemanden warten, der Sie in den Teich wirft – hier bin ich. Wenn Sie es bis hierhin in meinem Buch geschafft haben und sich immer noch fragen, ob Gott Ihre Ehe heilen kann oder nicht, dann lassen Sie mich diejenige sein, die Ihnen sagt: »Auf! Überwinden Sie die Vergangenheit, und lieben Sie den Menschen, den Sie geheiratet haben.«

Lassen Sie Ihr Selbstwertgefühl nicht länger durch das bestimmen, was andere Menschen denken. Was auch immer Sie noch zurückhält, entscheiden Sie sich, das Niveau zu erhöhen. Sagen Sie: »Ich bin die Verdammnisgefühle leid. Ich bin es leid, schlechte Gefühle über mich selbst zu haben. Ich bin den Schmerz der Ablehnung leid. Jesus liebt mich und wenn niemand anderer auf der ganzen Welt mich oder meine Persönlichkeit je lieben wird: Ich tue, was ich kann, und werde von jetzt an Gott dienen und andere Menschen lieben.«

Gott lieben und unseren Mitmenschen lieben: Nur diese beiden Gebote hat Gott uns im Austausch für all die Segnungen, die er uns schenken will, gegeben. Das ganze alttestamentliche Gesetz ist in diesen zwei Geboten erfüllt. Achten Sie darauf, was geschieht, wenn Sie morgens aus dem Bett kommen und schon anfangen, andere zu lieben, egal, ob sie Sie zurückzulieben scheinen oder nicht. Achten Sie darauf, was geschieht, wenn Sie sich entscheiden, Gefühle der Verletztheit, der Bitterkeit und des Ärgers zu überwinden. Überwinden Sie gleich auch alles andere, was Sie an den Feind verloren hatten, denn Gott kann alles, was uns genommen wurde, doppelt zurückgeben.

Es hört sich vielleicht hart und unsensibel an, aber die Wahrheit ist: Manchmal können wir mit der Vergangenheit nichts anderes machen, als sie hinter uns zu lassen! Ich musste mich schließlich und endlich dazu entscheiden, und wenn Sie zugelassen haben, dass Ihre Vergangenheit Ihre Zukunft bedroht, dann sollten Sie das auch versuchen. ***Steh auf, nimm dein Bett und wandle.***

Die Zusammenarbeit mit Gott muss beides umfassen: Einmal sollen wir den Sieg über Probleme und Bindungen gewinnen, und zweitens die gewonnene Freiheit und den errungenen Sieg behalten. Dazu dürfen wir nicht aufhören, der Führung des Heiligen Geistes folgen zu wollen. Galater 5,1 sagt: *Steht nun fest und lasst euch nicht wieder durch ein Joch der Sklaverei belasten!* Ja, wir müssen alle feststehen und das eingenommene Land halten.

Dave musste häufig festbleiben in den Jahren, in denen er geduldig darauf wartete, dass Gott mich veränderte.

Machen Sie sich zurecht, wie Sie es machen würden, wenn Sie noch nicht verheiratet wären und er Sie nach der Arbeit zu einem Rendezvous abholen käme. Vielleicht nicht ganz so, aber Sie verstehen sicher, was ich meine. Wenn Sie sich normalerweise schminken, dann schminken Sie sich auch für ihn. Tragen Sie nicht immer nur die Kleidung, in der Sie putzen, ziehen Sie sich für den Abend etwas Netteres an. Auch wenn Sie im Lauf der Jahre etwas zugenommen haben, können Sie trotzdem hübsch aussehen. Denken Sie daran, das Beste aus dem zu machen, was Sie haben.

Gott ist auf Ihrer Seite. Jesus kam, um die, die zerbrochenen Herzens sind, zu heilen, Gefängnistüren zu öffnen und die Gefangenen zu befreien. Er gibt uns Schönheit statt Asche, Freudenöl statt Trauer und ein Lobpreisgewand für einen betrübten Geist, damit wir Bäume der Gerechtigkeit heißen, die Pflanzung unseres Herrn. Warum? Nicht, weil wir es verdienen, sondern nur, weil er uns liebt, und andere werden durch unser Zeugnis die Herrlichkeit seiner Güte sehen.

Halten Sie alles Gute fest, das Gott Ihnen gegeben hat, und nehmen Sie sich vor, zu dem Besten, was Gott noch für Sie hat, vorzudringen. Wann immer Sie sehen, dass der Feind Ihren Frieden bedroht, nehmen Sie Autorität über Depression, Entmutigung, Verzweiflung, Angst und Hoffnungslosigkeit im Namen Jesu. Gebieten Sie diesen bösen Geistern in Jesu Namen, von Ihnen abzulassen, Ihr Denken loszulassen, Ihre Emotionen loszulassen. Werden Sie heil, und freuen Sie sich über all das, was Gott für Sie und Ihre Familie hat.

Sprechen Sie Ihren Umständen Leben zu. Sprechen Sie Ihrer Zukunft Leben zu. Sprechen Sie Ihrem Ehepartner und Ihrer Familie und Ihren Freunden Leben zu. Warten Sie nicht darauf, dass Sie irgendwer anderer in den Lebensteich wirft. Springen Sie einfach selbst hinein. Alles, was Sie brauchen, ist die Wahrheit des Wortes Gottes, um frei zu bleiben.

Matthäus 12,34-37 zeigt, wie wir im Glauben sprechen können, um Gottes Bestes in unser Leben zu holen:

> *Denn aus der Fülle [Überfluss] des Herzens redet der Mund. Der gute Mensch bringt aus dem guten Schatz Gutes hervor, und der böse Mensch bringt aus dem bösen Schatz Böses hervor. Ich sage euch aber, dass die Menschen von jedem unnützen [nichts bewirkenden] Wort, das sie reden werden, Rechenschaft geben müssen am Tag des Gerichts; denn aus deinen Worten wirst du gerechtfertigt werden, und aus deinen Worten wirst du verdammt werden.*

Wir sollen unsere Zunge im Zaum halten und unsere Worte unter der Herrschaft Jesu Christi disziplinieren. Unser Reden kann voll tödlichen Gifts sein. Die Bibel sagt, die Zunge sei ein winziges Körperglied, aber sie setze große Waldbrände in Gang. Mit Worten können wir eine Beziehung zerstören. Mit Worten können wir unsere Kinder davonjagen. Sprechen wir viel Falsches über uns, dann reden wir uns selbst in ein armseliges Selbstbild hinein. Man kann tratschen und lästern, aber so wie Zorn zu Streit führt, liegt in freundlichem Reden Heilungskraft.

Erwarten Sie keine gesunden Beziehungen, wenn Sie Ihre Zunge für Murren, Schimpfen und Beschwerden nutzen. Wenn Sie dem Leben positiv gegenüberstehen, bauen Sie Kraft auf, die Ihnen Gesundheit und Aufschwung bringt, sprechen Sie aber negative, leblose Worte, dann zapfen Sie Ihre Ressourcen an und gehen direkt Richtung »Nullleistung«.

Um in Ihrer Beziehung Boden zu gewinnen, müssen Sie verstehen, dass mehr als ein oder zwei positive Kommentare nötig sind, um die Dinge herumzureißen, wenn Sie jahrelang negativ geredet haben. Aber Sie werden vielleicht schon über die dankbare Reaktion auf auch nur ein paar gute Worte in einer trockenen und leblosen Beziehung überrascht sein. Ein oder zwei Tage nett sein wird nicht zwanzig Jahre Nörgeln und verletzte Gefühle aufheben, aber Worte des Lebens zu äußern ist die einzige Art und Weise, wie Sie Ihr Schiff wieder in die richtige Richtung manövrieren.

In 2. Timotheus 2,16 heißt es: »*Die unheiligen, leeren [nutzlosen] Geschwätze aber vermeide! Denn sie werden zu weiterer Gottlosigkeit fortschreiten.*« Wir können nicht verhindern, dass leere, nutzlose Gedanken unseren Kopf füllen. Der Feind kann nur feurige Pfeile auf uns schießen, die unser Denken gegen das Wort Gottes entzünden. Es ist unsere Verantwortung, diese eitlen, leeren Vorstellungen zu erkennen, die unser Erbe rauben wollen, und zu verhindern, dass sie sich in unserem Herzen festsetzen. Denn wir kontrollieren nicht, welche Gedanken in unseren Kopf kommen, aber wir können verhindern, dass gottlose Gedanken in unserem Herzen Wurzeln schlagen. Aus dem Herzen sprechen wir nämlich, was wir glauben.

Wir können leicht erkennen, was wir von jemandem halten, indem wir einfach darauf achten, was wir über ihn oder zu ihm sagen. Unsere Worte sollten Liebe zeigen, und wenn sie das nicht tun, müssen wir Gott bitten, uns ein reines Herz zu geben, damit wir unseren Ehepartner und unsere Lieben mit dem, was wir sagen, aufbauen können. Jesus hat niemals jemanden mit Worten niedergemacht. Er sagte die Wahrheit, aber er hat nie jemanden herabgesetzt oder sich über ihn lustig gemacht.

Göttlicher Einfluss

In Sprüche 14,1 steht: *Die Weisheit der Frauen baut ihr Haus, aber die Narrheit reißt es mit eigenen Händen nieder.* Obwohl der Mann Hohepriester und Haupt des Hauses sein soll, dürfen Frauen niemals ihren Einfluss auf ein Familienleben nach dem Willen Gottes unterschätzen.

In Titus 2,5 werden die Frauen »Hüter des Hauses«, »Haushalter« genannt [»keepers at home« in der englischen King-James-Bibel; d. Üs.]. Gott sei Dank steht das Wort *keeper* nicht nur für den, der das Haus sauber hält. Das griechische Wort im Urtext heißt nach der *Strong's Exhaustive Concordance of the Bible* »Wächter, Hüter«. Die Frau soll sich Gedanken über ihr Heim machen und es beschützen.

Ich fuhr unsere Beziehung immer schnell wieder auf »Nullleistung« herunter, wenn ich mich über etwas ärgerte. Ich brachte es fertig, zwei oder drei Wochen keinen Ton mit Dave zu reden. Das hört sich lange an. Aber Gott gab Dave wirklich Gnade in dieser Zeit, damit er mit meinen »Narrenhänden« umgehen konnte, die die ganze Zeit versuchten, das Haus einzureißen. Dave wusste, dass er Gott um Gnade bitten konnte, damit er seine gute Einstellung behielt und weiter Spaß haben konnte, trotz meines Verhaltens. Gottes Gnade, mit der er unser Leben und unsere Familie wieder aufbauen kann, ist sogar größer als unsere Fähigkeit, alles kaputt zu machen. Daves Glauben hielt unsere Ehe unter der Abdeckung von Gottes Segen, bis auch ich lernte, aus Gottes Weisheit zu schöpfen.

In diesen Zeiten, in denen ich törichterweise nicht mit Dave sprach, versuchte ich ihn auf mein Niveau herunterzuziehen. Es reizte mich, dass er im Herrn fröhlich bleiben konnte. Andererseits begann es mir gutzutun, und schließlich wollte ich diesen Frieden auch, den ich in ihm sah. Ich wollte glücklich sein wie er, trotz meiner Umstände. Ich wollte mein Leben auch genießen.

Gott befreite mich von der Rebellion und der Wut und dem Selbstmitleid, die in mir waren, und begann mich zu lehren, einen gewonnenen Sieg zu behalten und die Segnungen zu gewinnen, die noch für uns bereitlagen, wenn wir Gott vertrauten und taten, was er sagte.

Ist die Ehe eine Fünfzig-fünfzig-Angelegenheit?

Mir fällt auf, dass es so aussehen könnte, als habe nach meiner Darstellung die Frau die meiste Verantwortung für die Heilung von Beziehungen. Es liegt aber nicht mehr in der Verantwortung der Frau als in der des Mannes, allerdings werden wahrscheinlich viel mehr Frauen als Männer dieses Buch lesen. Einer muss den Ball ins Rollen bringen, und das muss der sein, der die Information und das nötige Wissen hat, um positive Veränderungen vorzunehmen. Erlauben Sie dem Teufel nicht, Sie am Vorankommen zu hindern, weil er Ihnen das Gefühl gibt, es sei unfair, dass immer Sie die ganze Arbeit hätten. Seien Sie einfach bereit anzufangen und sich noch nicht einmal darum zu kümmern, wer was tut.

Eins der häufigen Eheprobleme ergibt sich aus der Einstellung, Ehe sei eine Fünfzig-fünfzig-Angelegenheit. Ein Partner denkt: »Okay, ich komme dir auf halbem Weg entgegen, aber das ist alles.« Wenn er das Gefühl hat, eine faire Reaktion bliebe aus, dann weigert er sich, das Richtige zu tun, und liegt damit dann genauso falsch wie der andere. Daraus wird die Frage: »Was war zuerst da, das Huhn oder das Ei?« Bei vielen Eheproblemen ist es praktisch unmöglich zu sagen, womit es eigentlich angefangen hat. Ich habe gelernt: Wenn einer etwas falsch macht und ich mich auf sein Niveau begebe, um es ihm heimzuzahlen, dann benehme ich mich nicht besser als er, und ich bin ebenso verantwortlich für das Scheitern der Beziehung.

Wenn Sie reif genug sind, zu entscheiden, dass Sie bei der Lösung Ihrer wie auch immer gearteten Probleme Vorreiter sein wollen, seien Sie nicht entmutigt, wenn Ihr Partner sich nicht auf der Stelle ändert. Mit jeder Gelegenheit voranzukommen bekommen wir auch Widerstand vom Satan. Er hasst gute Beziehungen und fürchtet die Macht, die von ihnen ausgeht. Bereiten Sie sich auf einen Kampf vor. Wie Paulus in 1. Timotheus 6,12 sagt: *»Kämpfe den guten Kampf des Glaubens.«*

Ich sage immer, das Chaos in unserem Leben richten wir im Laufe von Jahren an, und wir dürfen uns nicht ärgern, wenn wir es nicht mit ein oder zwei guten Entscheidungen völlig überwinden. Wenn ein Ozeandampfer umdrehen und in die entgegengesetzte Richtung fahren soll, kann er auch nicht von jetzt auf gleich drehen; es braucht Zeit. Das sage ich nicht, um zu entmutigen, sondern um realistisch zu sein. Ich sage Ihnen lieber, wie es wirklich ist, um dann zu erleben, wie Sie die Ziellinie überqueren, als dass ich Sie emotional für Möglichkeiten begeistere, die nur selten sind. Es ist möglich, dass sich eine schlechte Ehe über Nacht in eine gute verwandelt, aber normalerweise geschieht das nicht so schnell.

Als Dave so weit war, dass er mir sagte, ich hätte ihn fast an dem Punkt, wo er mich nicht mehr ertragen könnte, gab es in ihm viele emotionale Wunden und Verletzungen, die Zeit zum Heilen brauchten. Ich erinnere mich, dass ich ihn einmal, als ich mich etwa ein Jahr lang nach meinem Gefühl bestens verhalten hatte, fragte, wie er mir gegenüber empfinde. Er sagte, er fühle sich besser, aber wir hätten noch einen langen Weg vor uns. Ich erinnere mich, dass ich davon entmutigt war und fast wütend auf ihn wurde, aber Gott sei Dank gab ich mir weiter Mühe, und Schritt für Schritt, Tag für Tag, »von Herrlichkeit zu Herrlichkeit« näherten wir uns dem Ziel und kamen schließlich an.

Auch Ihre Situation wird sich ändern, aber entschließen Sie sich, dass Sie jeden erforderlichen Prozentanteil des Weges gehen werden, um eine Ehe zu führen, die Gott verherrlicht. Lassen Sie nicht zu, dass die weltliche Fünfzig-fünfzig-Mentalität Sie aufgeben lässt, wenn Ihr Partner nicht so reagiert, wie Sie es wünschen.

Liebe beginnt mit Annahme, so wie Gott uns annimmt, wie wir sind. Dave akzeptierte mich und liebte mich, auch wenn ich nicht mit ihm sprach. Liebe verändert uns. Ein Haus können wir umgestalten, nicht aber den Partner.

In 1. Petrus 3,3-4 steht, dass Männer mehr durch den unvergänglichen Schmuck des sanften und stillen Geistes einer Frau beeinflusst werden als durch äußerlichen Schmuck, durch Frisuren, Goldketten oder schöne Kleider. Mit anderen Worten, wenn wir in unserer Beziehung etwas verändern wollen, dann sollten wir uns auf unser eigenes Verhalten konzentrieren. Das Wort

Gottes sagt, dass ein sanfter und stiller Geist in Gottes Augen großen Wert hat (siehe Vers 4). In den Versen 5 und 6 heißt es: *Denn so schmückten sich auch einst die heiligen Frauen, die ihre Hoffnung auf Gott setzten und sich ihren Männern unterordneten: wie Sara dem Abraham gehorchte und ihn Herr nannte, deren Kinder ihr geworden seid, indem ihr Gutes tut und keinerlei Schrecken fürchtet.*

Männer wollen häuslichen Frieden; sie wollen nach Hause kommen und eine friedliche, sanfte, ruhige Atmosphäre vorfinden. Den ganzen Tag waren sie draußen in der Welt, und sie wollen nach Hause kommen und Ruhe und Ordnung haben. Wenn Sie erleben möchten, wie Gott in Ihrem Leben und Ihrem Haus am stärksten an Einfluss gewinnt, dann bemühen Sie sich um diesen sanften, friedlichen Geist, der nicht ängstlich oder gereizt ist, sondern sehr kostbar in Gottes Augen.

Die Anziehungskraft sichtbarer Schönheit

Ich glaube, Frauen sollten Sanftheit zeigen, was für mich wahrscheinlich die schwierigste Übung war. Ich musste wirklich dafür beten, dass Gott an mir arbeitet und mich dahin bringt, dass ich sanft bin. Ich habe immer noch einen Weg vor mir, aber es hat sich schon sehr viel in mir verändert und ich vertraue Gott, dass er mich in diesem Bereich weiter lehrt.

Sanftheit ist von größerem Wert als alle Juwelen, mit denen wir uns behängen können. Es ist gut, so gut wie möglich auszusehen, doch wie viele Frauen malen ihr Äußeres an und lassen ihr Inneres im Chaos! Gott kümmert sich um unser Inneres.

Anziehungskraft gründet nicht auf natürlicher Schönheit, obwohl es offensichtlich ist, dass manche Leute von Natur aus »schöner« sind als andere, gemessen an den Modestandards der Welt. Natürliche Schönheit wird bewundert, aber innere Schönheit zieht bleibende Aufmerksamkeit auf sich. Diese Attraktivität einer verheirateten Frau reflektiert die Ehre ihres Mannes, und er, andersherum, reflektiert die Herrlichkeit Gottes, der am Ende alle Ehre für das Gute in unserm Leben bekommt.

Lassen Sie mich diese Aussage noch einmal von der anderen Seite her aufbauen. In 1. Korinther 11,7 heißt es, dass der Mann *Gottes Bild und Abglanz [seiner Herrlichkeit] ist [seine Funktion als Herrscher reflektiert die Majestät der göttlichen Ordnung], die Frau aber ist [Ausdruck von] des Mannes Abglanz [seiner Herrlichkeit, Majestät, hervorragenden Bedeutung]*.

Wenn ich sage, dass ein Ehemann es für sein Selbstwertgefühl braucht, dass seine Frau so gut wie möglich aussieht, dann meine ich damit nicht nur die natürliche, äußerliche Schönheit, sondern diese innere Anziehungskraft, die zu uns gehört. Eine glücklich verheiratete Frau mit einer ansprechenden, unverzagten Lebenseinstellung lässt ihren Mann in den Augen derer, die ihn kennen, gut dastehen. Wenn die Leute sehen, dass sie im Frieden mit sich selbst ist, gut angepasst an ihren Mann und ihre Familie, dann denken sie: **Ihr Mann muss wirklich gut für sie sein, dass sie so glücklich ist.**

Wenn sie sich ihren Mann ansehen, um herauszufinden, warum sein Heim voll Frieden ist und warum seine Frau so zuversichtlich und anmutig wirkt, dann denken sie: **Sein Gott muss gut zu ihm sein, denn sein Heim und seine Familie sind so gesegnet.**

Sowohl unser Äußeres (was andere sehen) als auch unser innerer Zustand (was Gott sieht) sollten Gott ehren durch das Zeugnis des Friedens, den er uns gegeben hat.

Weil die äußerliche Attraktivität das erste Zeugnis für andere ist, glaube ich, dass jede Frau ihre körperliche Erscheinung so gut wie möglich bewahren sollte. Äußerliche Schönheit gründet auf dem, was wir tun mit dem, was wir haben. Ich glaube, dass jeder attraktiv sein kann. Ich sehe immer ungefähr gleich aus. Im Haus laufe ich nicht in Stöckelschuhen und Kleidern herum, aber auch nicht allzu leger. Ich verstehe es so: Wenn ich gut aussehe, dann stehen auch mein Mann und mein Herr gut da, denn jeder kann den Segen erkennen, den Gottes Ordnung in mein Leben bringt.

Wenn eine Frau eine tiefere Beziehung mit ihrem Mann und

das Beste von Gott für ihre Ehe anstrebt, dann glaube ich, ist einer der größten Fehler, den sie machen kann, ihre körperliche Attraktivität zu ignorieren. Ich bin ein großer Verfechter von Make-up und Parfum. Wenn eine Frau den ganzen Tag geputzt hat und ihr die fettigen Haarsträhnen ins Gesicht hängen, sodass sie völlig abgespannt aussieht, dann ist es kein Wunder, wenn die Augen ihres Mannes mehr vom Fernsehen angezogen werden als von ihr. Nehmen Sie sich Zeit, sich zurechtzumachen, bevor er nach Hause kommt, und zeigen Sie ihm, dass Ihre Beziehung zu ihm eine Priorität in Ihrem Leben ist.

Ich kann schon die Argumente gegen diese Vorstellung hören. Manche Frauen sagen: »Also, dafür habe ich nun wirklich keine Zeit! Und ich muss mich schließlich auch noch um die Kinder kümmern.« Aber wenn sie wollten, dann könnten sie, und wenn nicht, dann sind sie nicht anders als die Frauen, die sich später beklagen, dass ihre Männer niemals ein persönliches Bemühen gezeigt haben, ihre Liebe und Zärtlichkeit zu gewinnen. Sie werden sich nach der Aufmerksamkeit sehnen, die sie ihren Männern vorenthalten haben. Attraktivität muss eine Priorität in Ihrem Leben sein, damit er sich auch attraktiv fühlt.

Genauso sollten sich natürlich auch Männer pflegen. Dave achtet um meinetwillen sehr auf sich. Ich schätze es, dass er gut aussehen will, wenn er mit mir zusammen ist. Wir haben Auswirkung aufeinander; wenn ich gut aussehe, dann fühlt er sich gut, weil ich zu ihm gehöre. Und ich fühle mich gut, wenn er gut aussieht. Noch einmal: Ich rede hier über »Attraktivität«, nicht über natürliche Schönheit.

Können Sie sich die Romanzen vorstellen, die beginnen würden, wenn alle Leserinnen dieses Buchs anfingen, sich jeden Abend für ihren Ehemann zurechtzumachen, wenn er nach Hause kommt? Verblüffte Ehemänner rund um den Globus würden fragen: »Warum hast du dich so schön gemacht?« Liebende Frauen würden sagen: »Für dich. Ich habe mich nur für dich zurechtgemacht. Ich liebe dich, und ich will für dich so gut wie möglich aussehen.« Oh, ich sage Ihnen, der Teufel mag diese Vorstellung gar nicht.

Von der klugen Hausfrau aus Sprüche 31 können wir einige wunderbare Dinge lernen. Sie war auf geistlicher Ebene klug und auf natürlicher Ebene geschickt. Sie machte sich Decken und Kissen und Teppiche. Ihre Kleidung war aus reinem, feinen Leinen und farbenfrohem Purpur, wie er auch für die Kleidung der Priester und für die geheiligten Tücher im Tempel verwendet wurde. Es wird nichts von »natürlicher Schönheit« gesagt, aber ihr Charakter und Fleiß zogen viele an.

Mit anderen Worten, diese Dame war sehr gut gekleidet und sie besaß ein paar schöne Sachen. Es ist nichts Verkehrtes daran, schöne Sachen zu haben. Diese Frau sorgt gut für sich und für ihre Familie. Sie ist bekannt für ihre geistliche Stärke und die Art, wie sie mit sich selbst umgeht. Ihr Mann ist berühmt wegen seiner großartigen Frau. Die Leute sagen: »Oh, er ist mit dieser tollen Frau verheiratet, die in Purpurrot gekleidet ist und die das Essen für ihre Familie im Importladen einkauft.«

Meine Damen, wir müssen tun, was wir können, um den Ruf unseres Mannes zu verbessern. So, wie wir es brauchen, dass unser Mann seinen Kindern ein guter Vater ist, ebenso braucht er unsere Bewunderung und die Gewissheit, dass wir uns auch um die Bedürfnisse der Familie kümmern. Ob Sie es glauben oder nicht, in den meisten Fällen macht er sich Gedanken um Ihren Erfolg und den seiner Kinder. Instinktiv weiß er, dass Ihr Wohlergehen seine Männlichkeit reflektiert und zeigt, dass er für Sie sorgen kann.

Die Liebe hebt uns dahin, wo Gott uns haben will

Ihre Bewunderung gibt ihm die Zuversicht, dass er Sie und die Kinder versorgen kann. Unterordnung ist ein Bild: Man geht unter jemanden, um ihn hochzuheben. Epheser 5,33 gibt eine detaillierte Liste, wie wir uns wahrhaftig unterordnen auf eine Art, die ihn zu Bekanntheit und der Position erhebt, die Gott für ihn will. Ich weiß, dass ich auf diesen Vers schon weiter vorn im Buch hingewiesen habe, aber ich hoffe, ich kann Frauen auf ihn aufmerksam machen, und zwar aus jedem nur möglichen Blickwinkel, bis die Kraft, die dieser Vers in sich hat, klar verständlich ist.

Jedenfalls auch ihr – [ausnahmslos] jeder von euch liebe seine Frau so wie sich selbst; die Frau aber, dass sie Ehrfurcht vor dem Mann habe [dass sie ihn beachte, schätze, ehre, bevorzuge, lobe, liebe und sehr bewundere]!

In der Praxis heißt das, dass Sie, wenn Sie zusammen mit anderen Leuten ausgehen, die Sie eine Weile nicht gesehen haben, nicht den ganzen Abend im Gespräch mit ihnen verbringen sollen, ohne Ihren Mann überhaupt zu beachten – und wenn Sie nur einfach ab und zu mal zu ihm gehen und seine Hand drücken. Es bedeutet, wenn er nach Hause kommt und sich vor den Fernseher setzt, dass Sie sich zu ihm setzen, und wenn es nur für ein paar Minuten ist, und ihn umarmen, damit er weiß, dass Sie ihn beachten und ihm den Vorzug vor den Pflichten des Familienlebens geben.

Das größte Hindernis auf dem Weg zu einer guten Ehe, die im Laufe der Jahre immer besser wird, ist ein Mangel an wirklicher Hingabe. Geben Sie sich Ihrem Partner hin. Entdecken Sie die Bedürfnisse des anderen, und finden Sie heraus, wie Sie diese Bedürfnissen erfüllen können.

Ich glaube, es gibt Dinge im Herzen von Menschen, die ausgedrückt werden müssen, und wenn wir Boden gewinnen wollen, dann müssen wir lernen zuzuhören, ohne persönlich beleidigt zu sein. Ich bitte Dave immer noch, mir zu sagen, ob ich vielleicht etwas tue, was er nicht will. Ich muss immer noch üben, seine Ehrlichkeit anzunehmen, ohne gekränkt zu sein.

Einmal sagte er mir: »Ich mag es wirklich nicht leiden, wenn ich dich um Entschuldigung bitte und du mir dann einen Vortrag hältst, was ich hätte tun sollen und welche Gefühle es in dir ausgelöst hat. Wenn ich mich bei dir entschuldige, dann will ich eigentlich, dass du nur sagst: ›Danke, ich weiß das zu schätzen, ich vergebe dir.‹«

Als er mir das sagte, tat es mir weh. Kein Mensch hört gerne, dass er etwas falsch macht. Aber unterm Strich war es ja so: Ich verletzte ihn. Wenn er schon erkannt hatte, dass er sich entschuldigen sollte, und es tat, hielt ich ihm erst einen ausführlichen Vortrag darüber, wie schrecklich er war, weil er mich verletzt hatte, statt ihm zu vergeben. Wir müssen über diese fleischlichen Gefühle hinauswachsen. Wir brauchen eine Herzenshingabe an die Aufgabe, unserem Ehepartner zu gefallen.

Sie machen sich Gedanken um Ihre Ehe, sonst hätten Sie dieses Buch nicht so weit gelesen. Ich bete mit Ihnen, dass Gott die Art, wie Sie miteinander umgehen, verändert. Selbst gute Ehen lassen sich verbessern, den Gefühlen seines Ehepartners kann man immer noch mehr Respekt und Ehre erweisen. Hingabe bedeutet, dass Sie sagen, was Sie tun wollen, und das dann tun. Bei Ihrer Heirat haben Sie Ihrem Partner ein Versprechen gegeben. Es ist leicht, diese Worte einfach so nachzusprechen, ohne auf ihren Inhalt zu achten. Bei unserer Hochzeit versprach ich, Dave zu lieben, zu ehren und ihm zu gehorchen, und ich verstand noch nicht einmal die Bedeutung dieser Worte.

Was haben Sie bei Ihrer Hochzeit versprochen? Ich glaube, Sie sagten so etwas wie »Ich verspreche, dich immer zu lieben, in guten und in bösen Tagen«. Ich glaube nicht, dass jemals jemand am Tag der Hochzeit sagte: »Ich werde dich lieben, bis es nicht mehr zu klappen scheint, dann haue ich ab.« Nein, ich glaube, dass sie wahrscheinlich sagten: »... bis dass der Tod uns scheidet.« Ehe ist totale Hingabe.

KAPITEL 19

Der Preis des Friedens

Die Weisheit von oben aber ist erstens rein, sodann friedvoll, milde, folgsam, voller Barmherzigkeit und guter Früchte, unparteiisch, ungeheuchelt. Die Frucht der Gerechtigkeit aber wird in Frieden denen gesät, die Frieden stiften.
Jakobus 3,17-18

Ich war früher emotional sehr labil. Ich konnte an einem Morgen völlig begeistert über das aufwachen, was ich vorhatte, und am nächsten Tag tieftraurig, weil es nichts gab, auf das ich mich freute. Meine Gefühle gingen rauf und runter und wechselten täglich, ja stündlich oder sogar minütlich, je nachdem wie sich meine Launen wandelten.

Mein Mann kam zum Beispiel an einem Abend nach Hause, und ich rannte ihm entgegen, schlang die Arme um ihn und küsste ihn. Wenn er am nächsten Tag hereinkam, konnte es sein, dass ich ihm am liebsten etwas an den Kopf werfen wollte. Meistens hatte meine Reaktion überhaupt nichts damit zu tun, was er getan oder nicht getan hatte. Sie wurde ganz und gar von meinem Gefühlszustand bestimmt.

Auch wenn Sie nie missbraucht wurden oder mental und emotional so labil sind, wie ich es war: Wir alle brauchen ständig Erneuerung, um die richtige Ausgewogenheit und Stabilität im Leben zu behalten. Welche Erfahrungen in der Vergangenheit oder welche Umstände im Moment Sie auch haben, unterwerfen Sie Ihren Verstand, Willen und Ihre Gefühle dem Herrn. Darüber habe ich ausführlich in meinem Buch *Richtig mit Gefühlen umgehen* geschrieben. Ich möchte Sie aber daran erinnern, dass Frieden die Frucht einer gerechten Beziehung mit Gott ist. Wenn wir Frieden mit Gott haben, dann haben wir auch Frieden miteinander.

Der Preis, den wir für Frieden zahlen, ist so gering, doch sein Nutzen in Ewigkeit immens. Wir empfangen einfach Frieden von Jesus durch die Kraft des Heiligen Geistes und stimmen zu, anderen Menschen ihre Sünden gegen uns zu vergeben. Johannes 20,21-23 bestätigt:

> *Jesus sprach nun wieder zu ihnen: Friede euch! Wie der Vater mich ausgesandt hat, sende ich auch euch.*
> *Und als er dies gesagt hatte, hauchte er sie an und spricht zu ihnen: Empfangt Heiligen Geist!*
> *Wenn ihr jemandem die Sünden vergebt, dem sind sie vergeben, wenn ihr sie jemandem behaltet, sind sie ihm behalten.*

Jesus gibt uns die Kraft, Frieden zu haben, indem er sein eigenes Leben, seinen Heiligen Geist, in uns haucht. Aber wenn wir anderen nicht vergeben, wird der Kummer über die gegen uns gerichtete Sünde immer in uns bleiben. Unser Preis ist gering, aber was Jesus für uns gezahlt hat, damit wir die Gabe des Heiligen Geistes haben können, ist unbegreiflich.

Jesus opferte sein Leben für uns

Als Judas ihn verriet, erkannte Jesus, was er tat, aber er stand einfach nur da und ließ Judas gewähren, der ihn grüßte, umarmte und küsste. Dann, in Matthäus 26,50, geht es weiter: *Jesus aber sprach zu ihm: Freund ...!* (Sie sollten das Wort »Freund« in Ihrer Bibel einkreisen.) Obwohl er wusste, dass Judas ihn verriet, nannte er ihn dennoch »Freund«. *Wozu bist du gekommen! Dann traten sie heran und legten die Hände an Jesus und ergriffen ihn.*

Petrus, der bereit war, Jesus zu verteidigen, zog das Schwert, hieb auf den Diener des Hohepriesters ein und trennte sein Ohr ab. Zack! Der alte, löwenähnliche Petrus war voll fleischlichen

Eifers. Er zog sein Schwert aus der Scheide und hieb dem Mann das Ohr ab. Wissen Sie, was Petrus dachte? **Jetzt reicht es aber, das brauchen wir uns nicht gefallen zu lassen**! Und zack! **Ihr legt euch mit Gottes Gesalbtem an**!

Aber Jesus sagte: *Lasst es soweit! Und er rührte sein Ohr an und heilte ihn* (Lukas 22,51). Dann sagte Jesus zu Petrus: *Stecke dein Schwert wieder an seinen Ort! Denn alle, die das Schwert nehmen, werden durchs Schwert umkommen* (Matthäus 26,52). Heute verstehe ich das besser denn je. Petrus' Schwertziehen steht für einen aggressiven Lebensstil. Mehr als nur ein Schwert, das aus der Scheide gezogen wird, war dies ein Symbol für eine bestimmte Verhaltensweise.

Petrus redete immer, wenn er nicht zu reden brauchte, und handelte immer, wenn er nicht zu handeln brauchte. Petrus musste lernen, wie man auf Gott wartet, und er musste Demut und Sanftheit lernen. Gott wollte ihn in gewaltiger Weise benutzen, aber wenn Petrus die Gute Nachricht predigen sollte, dann ging das nicht, indem er im Zorn sein Schwert nahm und Ohren abschlug.

Unsere aggressiven Worte können Hören verhindern, genauso wie Petrus' Schwert das Ohr des Knechtes abschlug. Wir können einfach nicht Leute angreifen, sobald wir das Gefühl haben, der Gerechtigkeit Genüge tun zu müssen. Wir müssen uns Gott unterordnen, und wenn er sagt: »Bleib still«, dann sollen wir dort stehen und die anderen denken lassen, sie seien im Recht, auch wenn wir wissen, dass das nicht stimmt. Wir müssen »Ja, Herr« sagen und akzeptieren, dass er uns noch nicht einmal eine Erklärung schuldig ist.

Jesus bittet uns, ihm zu vertrauen, weil er uns liebt. Er konnte seine Liebe nicht besser beweisen als dadurch, dass er sein Leben gab, um den Preis für die Sünde zu zahlen, die uns von den Segnungen Gottes trennte. Jesus war bereit, für uns zum Sündenbock zu werden; er war derjenige, der die Strafe für uns alle trug. Der Name von keinem Einzigen von uns wäre im Lebensbuch des Lammes aufgeschrieben, wenn Jesus sich nicht hingegeben hätte, oder wenn er den Mund aufgemacht hätte, wo er es nicht sollte.

Wie oft verhindern wir die Erlösung eines Menschen, weil wir unser Reden nicht unter Kontrolle haben? Wie oft verhindern wir geistliches Wachstum eines Menschen oder wie oft verhindern wir die Segnungen Gottes in unserem eigenen Leben, weil wir keine Kontrolle über die Worte haben, die aus unserm Mund kommen?

Als Jesus unsere Sünden auf sich nahm, brachte er sie in ein Land des Vergessens, damit wir die Freiheit einer Beziehung mit Gott genießen und die Frucht seines Geistes hervorbringen können, der in uns wohnt. Menschen, die Gott nicht kennen, verwechseln Sanftheit mit Schwäche. Aber als Gott sagte, die Sanftmütigen würden die Erde besitzen, sprach er über die geduldigen Gläubigen. Man muss sehr stark sein, um Verletzungen zu ertragen, ohne sich zu ärgern.

Weil ich unbedingt lernen wollte, was Sanftmut bedeutet, las ich die Definition des Wortes so oft in meinem Lexikon, dem *Vine's Dictionary*, nach, dass die Seite schließlich aus dem Buch fiel. Lange Zeit trug ich dieses Blatt zusammengefaltet im Portemonnaie mit mir herum und ich las es immer wieder durch. Eine Definition besagt, Sanftmut ist etwas anderes als Schwäche – sie ist »beherrschte Stärke«. Zuallererst heißt es, Sanftmut ist »eine eingewirkte Anmut der Seele«[1]. Dieses Wort »eingewirkt« bedeutet, es muss in uns eingearbeitet werden[2]. Mit anderen Worten, Sanftmut ist nicht einfach plötzlich da; sie muss in uns eingearbeitet werden. »Sie ist der Geisteszustand, in dem wir Gottes Handeln an uns als gut annehmen.«[3]

Gott machte mir klar, dass ich nicht die Befugnis zu rächen habe, wenn er sie mir nicht gibt. Stattdessen soll ich Gott vertrauen, dass er sich um die Situation kümmert. Gott wird uns rächen. Er verspricht: »Ich will es ihnen heimzahlen, ich werde die Waage der Gerechtigkeit ausgleichen.« So oft verpassen wir mögliche Wunder in unserem Leben, weil wir uns darauf einlassen, eine Sache selbst zu lösen, während wir doch warten und auf Gott vertrauen sollten.

Jesus war sanft. Im Garten Gethsemane hatte er die Stärke und Kraft, zwölf Legionen Engel zu rufen, aber er stellte sich niemandem entgegen, weil der Vater es ihm nicht erlaubt hatte. Manchmal bittet Gott uns einfach, für jemanden der Sündenbock zu sein, statt ihn mit der Gerechtigkeit zu konfrontieren.

Wer hat in letzter Zeit Ihre Schande getragen?

Vor einigen Jahren verhielt sich Dave einmal eindeutig falsch, und ich konnte ihn nicht dazu bewegen, zuzugeben, dass er falsch handelte. Schlimmer noch, er gab mir die Schuld für sein Verhalten. Ist es nicht hart, wenn jemand anderer etwas Falsches macht und das nicht zugibt, und dann auch noch Ihnen die Schuld dafür gibt? Ich war deswegen mehrere Tage lang sauer und klagte während dieser Tage sehr über die Situation.

»Gott«, beklagte ich mich, »das ist nicht in Ordnung; es ist einfach nicht fair.« Da führte Gott mich zu der Lehre über den Sündenbock in 3. Mose 16. Er zeigte mir, wie Aaron seine Hände auf den Bock legte und alle Sünden und Fehler Israels bekannte, bevor er ihn auf Gottes Altar opferte. Der unschuldige »Sündenbock« war ein Bild für das, was Jesus als das Lamm Gottes für uns tat.

Ich klagte auch die ganze Zeit, in der ich diese Illustration studierte, über Dave, und dann antwortete Gott. Er sagte: »Joyce, jahrelang war Dave dein Sündenbock.« Als Dave und ich jung verheiratet waren, hatte ich unendlich viele Probleme, aber Dave war von Gott berufen und gesalbt, mich zu heiraten. Gott wusste, dass der Ruf auf meinem Leben jemanden erforderte, der stark war im Herrn und mir beistehen und mein Sündenbock sein konnte, um mir die Agapeliebe Gottes zu erweisen. Ich wusste nicht, was Liebe war – ich hatte nur selbstsüchtige Gier kennengelernt –, bis Dave mich mit der bedingungslosen, annehmenden Liebe Gottes liebte.

Ich hatte mich immer durch Konflikte hindurchgeredet und versucht, andere so zu manipulieren, wie man mich versucht hatte zu beherrschen. Ich wurde wütend und blieb lange wütend.

Ich hatte schlechte Laune und versank tief in Selbstmitleid. Dave versuchte Spaß zu haben und ich wurde wütend, aber er richtete sich nie gegen mich. Er liebte den Frieden, und er nahm meine Launen einfach hin und konfrontierte mich nie. Oft gab ich ihm die Schuld, und er vertraute Gott, dass er mir die Wahrheit offenbaren werde.

Manchmal verlor ich deswegen den Respekt und dachte: **Warum sagst du mir nicht einfach, ich soll den Mund halten?** Aber Gott benutzte Dave, um seine eigene Geduld und Agapeliebe zu demonstrieren. Dann, nach mehreren Jahren, in denen er mich schimpfen ließ, wie schon gesagt, fing Dave ganz plötzlich an, mich zu konfrontieren. Ich konnte seine neue Herausforderung absolut nicht leiden. Lange, lange Zeit war ich mit meiner Art durchgekommen, und jetzt stellte mir Gott jemanden in den Weg, der mich konfrontierte. Auch wenn der geistliche Teil von mir es wollte, regte sich mein Fleisch furchtbar auf.

Ganz plötzlich fing Dave an, verschiedene Verantwortungsbereiche zu übernehmen, die ich bisher gerne selber unter Kontrolle gehabt hatte. Lange Zeit stand ich meinem gegenwärtigen Werk ganz allein vor, bis Dave seinen Beruf aufgab und in den Vorstand kam. Er übernahm die Finanzen und die halbe Zeit wusste ich nicht, wie viel Geld wir hatten, und ich sah nie meine Gehaltsschecks, weil er sie sofort zur Bank brachte. Er traf Entscheidungen, wo ich sprechen würde und wo nicht und welche Termine ich wahrnehmen würde und welche nicht, und so weiter und so fort.

Ich fühlte mich, als hätte ich auf einmal nichts mehr zu sagen, und er fing an mich zu konfrontieren und sagte: »Ich nehme das nicht länger hin.« Ich dachte bei mir: **Warum nicht? Das hast du doch gemacht, seit wir verheiratet sind.** Ich entschied immer, wo wir essen gehen würden, aber plötzlich fing er an zu sagen: »Nein, da will ich nicht hingehen. Ich möchte woanders hingehen.« Ich regte mich sofort wieder auf, weil ich nicht mehr essen gehen konnte, wo ich wollte.

Ich war furchtbar chaotisch, weit entfernt davon, Sanftmut oder Demut zu verstehen, aber ich brauchte diese Eigenschaften sehr dringend für den nächsten Level des Dienstes, zu dem Gott uns berief. Eines Tages sagte Dave zu mir: »Joyce, ich habe keine Wahl. Gott sagt mir, dass ich mich dir entgegenstellen muss.«

Er kaufte sogar ein Buch von David W. Augsburger mit dem Titel *Caring Enough to Confront*[4] und las es. Ich war nervös, als er es kaufte, aber noch viel nervöser, als ich merkte, dass er es auch las! Wie befürchtet, begann er seine neu erlernten Konfrontationsfähigkeiten bei mir anzuwenden.

Eines Abends hatten wir uns gut unterhalten, da fing er an: »Joyce, ich glaube, dass der Herr mir gezeigt hat, dass du mich verlassen hättest, wenn ich früher angefangen hätte, dich zu konfrontieren, weil du zum Zeitpunkt unserer Heirat so verletzt warst.«

Es stimmt, das hätte ich wahrscheinlich gemacht, nicht weil ich ihn nicht liebte, nicht weil ich ihn hätte verlassen wollen, aber wegen der Misshandlungen, die ich als Kind erlebt hatte; ich hätte keine andere Reaktion gekannt als wegzulaufen. In meinem Fleisch war so viel Rebellion, dass ich eine lange Zeit in Ruhe gelassen werden musste, damit Gott an mir arbeiten konnte.

Gott hat mir definitiv diesen Mann gesandt. Ich bin sicher, dass Gott auch Ihnen Menschen gesandt hat, um Ihnen zu Reife in ihm zu verhelfen. Oder vielleicht ist Gott bereit, Sie zu benutzen, um jemanden in der Erkenntnis seiner Fülle wachsen zu helfen oder jemanden in sein Reich zu führen. Wenn das so ist, dann könnte es sein, dass Sie der Sündenbock sein müssen, bis Gott sagt: »Es ist Zeit zu konfrontieren.«

Das ist es, was Dave für mich tat. Er liebte mich; er blieb einfach dran und liebte mich beständig und zeigte mir die Liebe Gottes. Wenn ich jetzt einmal unfreundlich zu Dave bin, dann sagt er: »Nun hör schon auf.« Aber so oft verhielt ich mich in einer Art, wie ich sie mir selber niemals hätte bieten lassen, und er übersah meine Fehler einfach, bis Gott ihm sagte, er solle sich mit mir befassen.

Er war wie Jesus und wartete wie ein Lamm, das zum Schlachter geführt wird. Er wurde misshandelt und ausgeschimpft, und ich kam damit einfach so durch, und nichts passierte, nichts änderte sich, aber Gott hatte einen Plan. Gott sieht, was wir sind und was wir werden.

Wenn Gott Sie bittet, in einer Situation der Sündenbock zu sein, dann deshalb, weil er versucht, dem anderen Menschen etwas Zeit zu verschaffen, damit er sich ändern kann. Er weiß, wer diese Person werden wird, und er braucht Sie, die Last für diese Person eine Weile zu tragen. Ebenso wie es wichtig war für Dave, die Konfrontation mit mir eine Weile zu vermeiden, war es auch wichtig zu handeln, als Gott sagte: »Jetzt ist es Zeit, sie zu konfrontieren.«

Dave sagte mir eines Abends: »Kann ich dir etwas sagen, Joyce? Eigentlich will ich dich mit diesen Dingen nicht herausfordern.« Er sagte: »Warum sollte ich mit dir die ganze Zeit kämpfen und streiten? Es ist mir wirklich egal, wo wir essen gehen. Es bedeutet mir überhaupt nicht viel, und ich würde genauso gern nach deinem Willen entscheiden.« Er erklärte: »Ich tue das, weil Gott mir sagt, dass ich das jetzt tun muss, wenn wir vorankommen und zu der Fülle gelangen wollen, die Gott für uns hat.«

Wenn jemand weit genug mit dem Herrn kommt, sollte er in der Lage sein, sich jeder Autorität unterzuordnen, die Gott in sein Leben stellt. Wenn ich mich an dem Punkt Daves Leitung widersetzt hätte, wäre ich heute nicht im Dienst. Wir würden nicht durchs Land fliegen und nicht im Fernsehen und Radio auf der ganzen Welt lehren. Wenn Sie Dinge auf Gottes Weise machen, wird Gott Sie ehren. Sie werden der »Löwenherzige« werden, aber nur, wenn Sie die Dinge auf Gottes Art machen.

Ordnen Sie sich der Salbung unter

Im Dienst lernt man schnell, dass man ohne Gottes Salbung nicht arbeiten kann. Und man lernt schnell, was Gott salbt und was nicht. Gott salbt Demut und Gehorsam. Um unsere Bereitschaft zum Gehorsam zu demonstrieren, muss es in unserem Leben Autorität geben. Wenn Gott in unserem Haus Autorität aufstellte, hatte er einen großen Plan. So wie Frauen Demut zeigen, die nötig ist, um sich ihren Männern unterzuordnen, müssen sich auch Männer demütigen und sich Gott unterordnen. Gott sagt ihnen, sie sollen ihre Frauen lieben, und so enden Frauen dann mit einer doppelten Portion Liebe, sowohl ihre Männer als auch der Herr kümmern sich um sie. Gottes Plan, dass jeder jemandem untergeordnet sein soll, wird in Römer 13,1-2 erklärt:

> *Jede Seele unterwerfe sich den übergeordneten staatlichen Mächten! Denn es ist keine staatliche Macht außer von Gott [mit seiner Erlaubnis, seiner Sanktion], und die bestehenden sind von Gott verordnet.*
> *Wer sich daher der staatlichen Macht widersetzt, widersteht der Anordnung Gottes; die aber widerstehen, werden ein Urteil empfangen.*

Wir sollen eine göttliche Furcht vor Autorität haben. Der Teufel kann einen Riesenschaden anrichten in Häusern, wo der Mann sich nicht Gott unterordnet, indem er seine Frau liebt, und die Frau sich nicht dem Mann unterordnet. In unseren Häusern soll Respekt fließen. Der Teufel arbeitet an Frauen, damit sie sich möglichst wie Fußabtreter fühlen. Aber das hebräische Wort für »Hilfe« in 1. Mose 2,18 lässt sich am besten mit »die andere Buchstütze« umschreiben. Eine Frau muss so stark sein wie ihr Mann und seine Mühen für die Familie ergänzen. Aber in ihrem Leben muss es Demut geben, dass sie sich ihrem Mann zuneigt, wie Gott es gebietet, und nicht etwas anderem, sonst wird alles, was Gott in der Familie zusammenhalten will, fallen.

Wir müssen in der Lage sein, Autorität zu respektieren, um mit der Macht, die mit der Salbung Gottes einhergeht, richtig umgehen zu können. Ich bin begabt zu lehren und zu predigen, aber deshalb habe ich noch lange nicht das Recht, das Haupt meiner Familie zu sein. Das Wort Gottes lehrt eindeutig, dass Autorität in unserem Leben als göttliche Ordnung und Rückhalt zu sehen ist, nicht als ein Hierarchiesystem von »besser« oder »minderwertig«. Im Kontext dessen, dass er Männern sagt, sie seien das

Haupt der Familie, erinnert Gott sie auch, dass sie von der Frau kommen und kein Leben hätten ohne sie. Gott hält alles in Balance.

Ich glaube, jede Frau, die in einem Dienst arbeiten, aber nicht unter der Autorität ihres Mannes sein will, wird die Salbung verpassen, die Gott für sie hat. Sie muss sich in die Ordnung Gottes für die Familie einfügen. Es ist egal, ob ihr Ehemann irgendetwas mit ihrem Dienst zu tun hat oder nicht. Sie muss in jedem Fall bereit sein, sich zu demütigen, um mit Gottes Prinzipien übereinzustimmen, wenn sie will, dass durch das Werk ihrer Hände Macht freigesetzt wird.

Über die Jahre hat Gott an mir gearbeitet in Dingen, die sich in mir verändern mussten. In seiner Gnade bedeckte er meine Fehler eine Zeit lang und ließ Dinge durchgehen. Wenn wir zu Jesus kommen, ist in jedem von uns so vieles falsch – wenn er alles sofort offenbaren würde, dann würden wir nur sagen: »Herr, vergiss es. Hol mich zu dir.«

Aber Gott deckt Dinge in uns auf, die sich verändern müssen, eins nach dem anderen. Seine Gnade gibt uns die Kraft, das Richtige zu tun, nachdem er uns gezeigt hat, wo wir wachsen müssen. Gott deckte Dinge in meiner Persönlichkeit auf, die er Schritt für Schritt geändert haben wollte. An dem Zeitpunkt in meinem Leben musste ich Gottes Ordnung und Autorität vertrauen, wenn ich auf die nächste Ebene in seinem Plan kommen wollte.

Wir gehen von Herrlichkeit zu Herrlichkeit zu Herrlichkeit. Der Gedanke ist gewaltig, dass alle diese schlimmen Sachen in unserem Leben in Herrlichkeiten verwandelt werden können – dass Gott jede unserer schlechten Gewohnheiten und schlechten Einstellungen nehmen und aus ihnen eine seiner vielen Geschichten von seiner Güte und Macht machen kann.

Gott hat einen langen Atem, und er sandte genau die richtige Person, um mir zu helfen, die Lektionen, die ich brauchte, zu lernen. Ich glaube, dass jedes Paar zusammengestellt wurde, um einander zu helfen, die Gemeinschaft mit Gott wieder neu zu gründen. Das ist unsere göttliche Aufgabe, einander zu helfen, wieder nach Hause zu kommen, geistlich, geistig und körperlich.

Sie wissen nicht, wozu Ihr Ehemann in der Lage ist. Sie kennen nicht die Talente und die Gaben in ihm, aber wenn Sie ihn lieben und ihm helfen, sein volles Potenzial zum Vorschein kommen zu lassen, werden Sie sich beide an Gottes Plan für Ihr Leben freuen.

Sich gegenseitig den Vorzug geben

Gott begann an mir zu arbeiten: Wenn ich mehr Salbung auf meinem Leben haben wollte, dann musste ich aufhören, grob zu sein. Grob und hart sein lag in meiner Natur. Ich konnte noch nicht einmal die Kinder bitten, den Abfalleimer auszuleeren, ohne wie ein Feldwebel zu klingen. Laut und deutlich sagte ich, was ich zu sagen hatte. »Okay, raus damit! Los, los, los! Beweg dich! Nimm den Abfall! Raus damit! Los, los, los!«

Es fiel mir sogar schwer zu bitten: »Liebling, würdest du mir bitte ein Glas Wasser holen?« Lieber sagte ich: »Gib mir ein Glas Wasser, ja? Mach schnell!« Das ist vielleicht etwas übertrieben, aber als Gott mir den Friedefürst vor Augen zu malen begann, erkannte ich viele Bereiche, in denen ich Demut brauchte.

Wenn Gott anfängt, Stolz in unserem Leben zu enttarnen, lässt er ihn uns in übertriebener Weise fühlen, sodass wir das ganze Gewicht dessen spüren, wie wir im Vergleich zu seiner Heiligkeit sind. Gott zeigte mir, dass ich nett und sanft und demütig, freundlich und bescheiden sein sollte. Er lehrte mich, »Bitte« und »Danke« zu sagen. Ich merkte, dass das eigentlich gar nicht so schwierig war.

Ein weiteres Gebiet, auf dem Gott mir eine Lektion in Demut beibrachte, war in unseren Finanzen. Ich glaube, dass sowohl der Mann als auch die Frau sich mit den Finanzen ihres Haushalts befassen sollten. Eine Weile hatte ich überhaupt keine Ahnung von unserem Geld, das ärgerte mich und ich fühlte mich ausgeschlossen. Jetzt weiß ich, wie die Rechnungen bezahlt werden, auch wenn sie in Daves Verantwortung fallen. Da wir beide darüber Bescheid wissen, sind wir bei großen Anschaffungen und finanziellen Zielen einer Meinung.

Wenn wir etwas Teures kaufen wollen, sprechen wir darüber und sehen zu, dass wir im Einvernehmen entscheiden. Können wir das absolut nicht erreichen, dann gehen wir davon aus, dass es vielleicht noch nicht die richtige Zeit für diese Anschaffung ist. Es gibt eine Zeit zu bekommen und eine Zeit zu verlieren. Wir können Gott vertrauen, dass er durch unser Einvernehmen deutlich macht, wann wir kaufen sollen.

Ich habe Gottes Salbung erlebt, wenn es Zeit ist, einkaufen zu gehen. Das hört sich merkwürdig an, ich weiß, aber wenn der richtige Zeitpunkt gekommen ist, dann brauche ich nur vielleicht eine Stunde, um fünf verschiedene Kleidungsstücke zu kaufen. Ich meine, alle fünf passen mir dann perfekt. Gottes Salbung ist darauf – es ist Gottes Timing, das Geld ist da, und alles ist in Ordnung. Es gab Zeiten, da bin ich vergeblich das Einkaufszentrum rauf und runter gelaufen, wurde selber ganz erschöpft und musste noch dazu Dave anhören, der sagte: »Können wir jetzt endlich nach Hause gehen? Ich bin kaputt.«

Ich hatte vielleicht den ganzen Tag und den halben Abend gesucht und am Schluss nichts gekauft außer ein Paar Schuhe, die ich noch nicht einmal mochte, und ein Kleid, das nicht richtig passte. Es ist besser einkaufen zu gehen, wenn Gott seinen Segen darauf legen will.

Wenn Sie versuchen, ein Haus zu bauen und Sie sind sich darüber nicht einig, dann ist es vielleicht nicht Gottes Timing. In einem Haus, in dem Gott geehrt wird, ist es das Wichtigste, Zwietracht zu vermeiden. Sie müssen Unfrieden aus Ihrem Leben verbannen. Und viel Unfrieden entsteht über Geld, weil der eine dies will und der andere jenes. Ich glaube, wenn Sie beide Gott suchen, dann können Sie zu einem Einvernehmen kommen.

Aber was, wenn wir Geld haben, um etwas zu kaufen, aber er will ein Boot kaufen und ich eine Couch? Oder er will Golfschläger kaufen und ich einen neuen Mantel? Wer gewinnt? Ich glaube, derjenige gewinnt, der als Erster nachgibt, und nicht der, der seinen Willen bekommt. Die Bibel sagt, geben ist seliger denn nehmen.

Dave und ich stritten einmal über irgendetwas; ich wollte das eine und er etwas anderes, und schließlich rang ich ihn mit Argumenten nieder und bekam, was ich wollte. Eine Minute lang war ich ziemlich selbstgefällig. Er ging sich einen Kaffee holen, und ich fühlte unerwartet die Gegenwart des Heiligen Geistes über mich kommen. Er sagte: »Weißt du, du hast nicht gewonnen, du hast verloren.« Er sagte: »In solch einer Situation gewinnt nicht der, der seinen Willen bekommt, Joyce, sondern der, der zuerst nachgibt.«

Wenn man dem Herzen Gottes so gehorsam sein kann, wenn man, nur um Gott zu ehren, den Wunsch des Ehepartners vorzieht, dann fließt der Frieden, der höher ist als die Vernunft, im Leben. Sie werden dann nicht sagen müssen: »Herr, ich denke nicht, dass das fair ist, aber um dich zu ehren, werde ich es durchgehen lassen.« Gott wird auf lange Sicht aufpassen, dass Sie bekommen, was Ihnen guttut. Gott wird Sie segnen, wenn Sie eine sanfte und demütige Haltung haben.

Frieden genießen

Lesen wir Matthäus 11, ab Vers 28: *Kommt her zu mir, alle ihr Mühseligen und Beladenen, und ich werde euch Ruhe geben [ich werde eure Seelen erleichtern und erfrischen]*. Wenn wir versuchen, in unserem Leben selber das Kommando zu übernehmen, alles nach unseren Vorstellungen durchzusetzen und uns etwa 50 bis 75 Prozent von all dem widersetzen, was uns über den Weg läuft, weil wir es nicht mögen oder nicht wollen oder es sich nicht gut anfühlt oder weil wir es nicht verstehen, dann genießen wir nicht die Ruhe, die durch Demut kommt.

Wenn Sie den Frieden Gottes nicht genießen, dann ruhen Sie nicht in Gott, und Sie sind wahrscheinlich mühselig und beladen. Jesus sagt: *Nehmt auf euch mein Joch, und lernt von mir! Denn ich bin sanftmütig [geduldig] und von Herzen demütig [bescheiden], und »ihr werdet Ruhe [Erleichterung und Erfrischung und Erholung und gesegnete Stille] finden für eure Seelen«; denn mein Joch ist sanft [gesund, nützlich, gut – nicht hart, scharf oder drückend] ...* (Matthäus 11,29-30). Hart, scharf und drückend ist die Art der Welt. Demütig, sanft, geduldig und bescheiden ist die Art des Reiches Gottes. Das ist ein Reich-Gottes-Gesetz.

Wenn ich über diese vier Wörter nachdenke – sanft, geduldig, demütig und bescheiden – denke ich als Erstes an »Schmerz«. Das Fleisch ist voller Widerstand gegen Demut, Sanftmut, Geduld und Bescheidenheit. Haben Sie es zum Beispiel gern, wenn man Sie verbessert? Die Bibel sagt, wer demütig ist, liebt Zurechtweisung.

Ich habe etwas gelernt, was mir viel, viel Frieden und Ruhe gebracht hat, nämlich: Gott ist souverän. Wir sind in Gottes Händen und er liebt uns und kümmert sich um uns. Wenn ich meine Augen auf ihn gerichtet halte, dann wird er alles zum Besten führen. Auch die Dinge, die mir jetzt nicht gefallen, wird er am Ende gut machen. Ich muss nur lernen, sanft, geduldig, demütig und bescheiden zu sein. In Kolosser 3,12 sagt die Bibel:

> *Zieht nun an als Auserwählte Gottes [seine eigenen, herausgerufenen Vertreter], als Heilige und Geliebte: herzliches Erbarmen, Güte, Demut, Milde, Langmut [die nicht müde wird und alles ertragen kann, was kommt, mit einer guten Einstellung]!*

Als Gottes Auserwählte haben wir die Kraft, alles, was kommt, mit einer guten Einstellung zu ertragen. Römer 8,28 sagt: *Wir wissen aber, dass denen, die Gott lieben, alle Dinge [als Teil eines Plans] zum Guten mitwirken, denen, die nach seinem Vorsatz berufen sind.*

In Epheser 1,11 heißt es: *Und in ihm haben wir auch ein Erbteil erlangt, die wir vorherbestimmt [vorher ausgewählt] waren nach dem Vorsatz dessen, der alles nach dem Rat seines Willens wirkt.*

Sie denken vielleicht, das schließe nicht ein, was Sie gerade durchleben, aber das Wort Gottes sagt: »der *alles* wirkt«. Nur weil sich etwas nicht gut anfühlt, heißt es nicht, dass es nicht gut ist. Und nur weil etwas im Moment furchtbar aussieht, heißt das nicht, dass es immer noch schrecklich aussehen wird, wenn sich später einmal erkennen lässt, wie Gott auch das Schlimmste in einen Plan zu unserem Besten einfügt.

Vertrauen heißt Gott zu vertrauen, wenn es überhaupt keinen Sinn ergibt und man sich gar nicht vorstellen kann, wie etwas zusammenpassen könnte. Dennoch zu sagen: »Gott, ich bin in deinen Händen. Ich habe mich im Glauben in deine Hände gelegt. Und ich glaube, denn du bist Gott, dass du es zu meinem Besten wirken wirst. Ich glaube das! Ich glaube, du wirst es wirken.«

Wir bekamen den Brief einer jungen Frau, die uns ein schönes Kompliment machte. Hier ist eine Zusammenfassung Ihres Schreibens:

> *Ich danke Gott für Ihr Werk, denn es füllt eine Lücke.*
> *... Ich könnte eine Predigtreihe über Wohlstand und Heilung halten, ebenso aber, Gott sei Dank, auch eine Predigtreihe über Leiden. Das gehört genauso zum Wort Gottes wie alles andere. Wenn wir diesen Teil auslassen, dann lassen wir zu, dass Menschen verwirrt sind, denn die Feuerprüfungen werden ja kommen, man wird Schwierigkeiten haben, man wird Schmerzen haben, man wird Leiden haben – weil die Bibel es so sagt.*
> *Die Bibel sagt, es gehört zu Gottes Plan, uns erwachsen zu machen. Es gehört zu Gottes Plan, uns an den Punkt zu bekommen, wo es uns nicht mehr kümmert, was los ist, wo wir immer gleich sind, weil wir nicht aufgrund dessen handeln, was draußen ist, sondern aufgrund dessen, was in uns vor sich geht [in unserem Herzen].*
> *Ich danke Gott für die Lehre, die ich über Glauben und Heilung und Wohlstand hörte, aber das funktionierte nicht losgelöst von der Lehre über das Dem-eigenen-Ich-Sterben! Ich überforderte mich die ganze Zeit! Ich war verwirrt, weil ich nicht verstand, warum ich nicht alles bekommen konnte, was ich wollte, wie ich es wollte, wann ich es wollte.*
> *Ich konnte nicht verstehen, was mit mir oder meinem Glauben nicht stimmte. Ich danke Gott für die Lehren, die ich über Glauben, Wohlstand, Heilung, Wort Gottes, Gebet und das Zurückweisen des Teufels gehört habe. Aber ich bin ihm auch dankbar, dass*

Sie die Lücken ausgefüllt haben. Wir brauchen den ganzen Ratschluss des Wortes Gottes.

Vor Jahren war die Gemeinde in anderer Richtung extrem. Alles, was Christen tun wollten, war leiden, leiden, leiden, leiden – aber wir leiden, damit wir wieder aufstehen können, nicht um einfach das ganze Leben lang auf demselben Gebiet weiterzuleiden! Wenn Gott an Ihnen in einem bestimmten Lebensbereich handelt, dann kommen Sie auf der anderen Seite frei heraus! Aber ich kann Ihnen natürlich auch gleich sagen, dass er immer an irgendeinem Bereich arbeiten wird.

Gott züchtigt die, die er liebt. Er liebt Sie mehr, als Sie je erfassen können. Ja, Gott will, dass es uns gut geht. Ja, er will uns mit gesundem Körper sehen. Ja, er will, dass unsere Ehen gelingen. Ja, er will, dass wir beliebt sind, denn wir sind diejenigen, die ihm auf dieser Erde Ehre bringen sollen, aber wir müssen willig sein, es auf Gottes Weise zu machen. Jesus sagte: »Folgt mir nach.« Die Bibel sagt: Der Mensch denkt, aber Gott lenkt. Legen Sie alles, was Sie betrifft, in Gottes Hände, er wird Ihnen geben, was recht ist.

In Philipper 4,6-7 lesen wir:

Seid um nichts besorgt, sondern in allem sollen durch Gebet und Flehen [eindeutige Bitten] mit Danksagung eure Anliegen vor Gott kundwerden; und der Friede Gottes [sei bei euch, dieser ruhige Zustand einer Seele, die ihres Heils durch Christus sicher ist und deshalb nichts von Gott fürchtet und die zufrieden ist mit ihrem irdischen Los, was auch immer das sein mag, dieser Friede], der allen Verstand übersteigt, wird eure Herzen und eure Gedanken bewahren in Christus Jesus.

Hier ein Beispiel, wie man alles, alle unsere Bedürfnisse, Gott bringt. Stellen wir uns vor, Dave beschließt, dass wir irgendwo hinfahren, und ich will es nicht.

Ich sage ihm: »Ich will da wirklich nicht hinfahren, Dave. Ich will einfach nicht! Können wir es nicht absagen?«

Er bleibt fest: »Nein, wir fahren.«

Ich gebe nach: »Okay, wir fahren.«

Und dann gehe ich zu Gott und sage: **Gott, ich will wirklich nicht da hin. Ich würde mich freuen, wenn du Daves Meinung ändern würdest. Ich will einfach nicht fahren. Aber ich lege mich in deine Hände, Gott, und wenn du uns dort haben willst, dann gehe ich, und wenn du uns dort nicht haben willst, dann änderst du Daves Meinung, das glaube ich.** Wie viele Kämpfe und Kriege würden nicht stattfinden, wenn wir unsere Wünsche vor Gott brächten und ihm vertrauten, dass er die Dinge für uns zurechtbringt? Ich staune immer wieder, was Gott für uns tun will, wenn wir ihn einfach bitten.

Gott lässt Sie nicht hängen. In 1. Petrus 5,10 lesen wir die Verheißung: *Der Gott aller Gnade aber [von dem jeder Segen und alles Wohlwollen kommt], der euch berufen hat zu seiner ewigen Herrlichkeit in Christus, er selbst wird euch, die ihr eine kurze Zeit gelitten habt, vollkommen machen, stärken, kräftigen, gründen.*

Wir können alles eine Weile aushalten, aber geben Sie nicht auf, bevor sein Werk vollendet ist. Lieben Sie Ihren Ehepartner immer weiter, bis Sie sehen, dass Sie eins geworden sind. Gehorchen Sie Gottes Wort, bis Sie seine Verheißungen in Ihrem Leben vollendet sehen. Gott will ein unglaubliches und nicht zu begreifendes Werk in unserem Leben tun.

KAPITEL 20

Hilfe – ich glaube, ich bin verliebt!

... ebenso die alten Frauen in ihrer Haltung dem Heiligen angemessen, nicht verleumderisch, nicht Sklavinnen von vielem Wein, Lehrerinnen des Guten; damit sie die jungen Frauen unterweisen, ihre Männer zu lieben, ihre Kinder zu lieben.

Titus 2,3-4

Vielleicht war der Tag, als ich zu Dave sagte: »Ich gebe auf – bring mir Golf spielen bei«, der Tag, an dem ich lernte, ihn wirklich zu lieben. Wir spielen jetzt schon viele Jahre so gerne miteinander Golf. Dann gehen wir gemeinsam weg und genießen die Einsamkeit des Golfplatzes, die frische Luft und die Bewegung.

Den ganzen Tag in einem Anglerboot zu hocken mag nicht Ihrer Vorstellung von einem perfekten Rendezvous mit Ihrem Mann entsprechen, aber vielleicht sind sie überrascht von der Freude, die es Ihnen macht, ihn in seinem Element zu erleben. Es tut Ihrer Beziehung vielleicht so gut, dass er sich bereit erklärt, am Wochenende darauf mit Ihnen eine Kunstausstellung zu besuchen. Wozu auch immer Ihr Mann Zuflucht nehmen kann, passen Sie sich ihm doch an und sagen Sie: »Weißt du was, Schatz, ich würde gerne einmal mit dir gehen.«

Vermutlich wird Ihr Mann ganz erstaunt sein: »Wirklich? Das würdest du tun?« Ich kann es kaum erwarten, Ihren Brief zu bekommen, in dem Sie mir erzählen, dass Sie die Herausforderung angenommen und mit ihm da hingegangen sind, wo er am liebsten hinwollte. Vielleicht wird es einfach ein Fußballspiel im Stadion sein, das Sie mit ihm ansehen, an seine Seite geschmiegt, seine Popcorntüte in der Hand. Vielleicht verbringen Sie einen Tag mit ihm in seiner Werkstatt und halten die Holzstücke fest, die er durchsägt.

Sicher werden Sie ähnlich empfinden wie viele andere Frauen, die ihrem Mann anbieten, dort einen Tag mit ihm zu verbringen, wo er am liebsten hingeht. Bestimmt werden Sie schreiben: »Wissen Sie, Joyce, ich denke, ich könnte bald noch einmal einen Tag mit ihm gehen.«

Wenn Sie diesen Tag mit ihm verbringen, nutzen Sie die Zeit und achten Sie einfach nur auf ihn, wie er Sie durch sein Abenteuer führt. Lassen Sie alle Ihre Termine, allen Groll, alle Rückzahlungspläne außen vor. Interessieren Sie sich für ihn, und erleben Sie, welche Überraschungen Gott durch Ihre Beziehung mit Ihrem Ehemann für Sie bereit hat.

Wir bemühen uns um eine Erfahrung mit Gott, wir suchen nach unserem »Dienst« und fragen uns, ob Gott uns wohl irgendwie gebrauchen kann, während Gott uns doch schon die ganze Zeit eine Aufgabe gegeben hat, nämlich unseren Mann »als den Herrn« zu lieben. Wir müssen anfangen, unserem Ehepartner Zeit, Aufmerksamkeit, Opfer und Dienst zu widmen.

Wenn Sie erst einmal gut darin sind, einander zu lieben, wird Gott Ihnen größere Aufgaben geben.

Als Ehepaar im Einvernehmen werden Sie zehn Mal so viel für Gott tun können, als Sie allein hätten tun können.

Es kommt oft vor, dass Dave Golf spielen geht, wenn ich keine Lust habe – mir bedeutet das Spiel nicht so viel wie ihm. Wenn ich ihm einmal sage, dass ich wirklich nicht mitgehen möchte, dann ist das in Ordnung. Aber wir haben schöne Erinnerungen an die Spiele, die wir gemeinsam gemacht haben. Man muss miteinander Spaß haben, man muss miteinander lachen.

Manchmal ringen Dave und ich miteinander. Obwohl wir nicht mehr so jung sind, jagen wir einander herum. Für mich ist das ein bisschen gefährlich, denn wenn wir erst einmal anfangen, dann wird er zum Eroberer, und er will unbedingt gewinnen. Ich sage ihm manchmal, es sei gefährlich, mit ihm herumzutoben, weil ich sicher bald voller blauer Flecken bin.

Vor vielleicht 25 Jahren jagten wir einander eines Abends durchs Haus und spielten Fangen. Ich lief und schlug ihn ab, rannte davon und schrie: »Fang mich!« Dann jagte er mich und rief: »Ich krieg dich!« Dann jagte ich ihn wieder und er jagte mich.

Na ja, und dann lief ich nach draußen, aus der Haustür hinaus, und durch unsere Sackgasse. Ich rannte so schnell ich konnte und wechselte dann die Richtung, zurück zum Haus. Das Garagentor stand halb offen, aber es war draußen dunkel, und ich konnte nicht erkennen, dass die dunkelbraune Tür nicht ganz bis oben hin offen war. Sie hing ein kleines Stück tiefer als die Decke, und ich knallte im vollen Lauf mit dem Kopf dagegen. Der Aufprall warf mich auf den Boden, und am Kopf klaffte eine Platzwunde.

Dave musste mich zum Nähen ins Krankenhaus bringen. Was Krankenschwestern und Ärzte als Erstes vermuten, ist Misshandlung. Da war ich also mit einem Loch im Kopf und sie versuchten, die Geschichte aus mir herauszuholen: »Möchten Sie uns erzählen, was passiert ist? Hat er Sie geschlagen?«

»Eigentlich haben wir Fangen gespielt.«

»*Was* haben Sie gemacht?«

Ich erklärte: »Wir haben Fangen gespielt. Ich habe ihn gejagt, er hat mich gejagt, wissen Sie, ›Abschlag, du bist dran – ich krieg dich‹ – so was. Dann rannte ich raus ...«

Die Schwester sagte: »Ich arbeite schon sehr lange hier, meine Liebe, und ich habe alle möglichen Situationen erlebt. Aber ›Ich krieg dich‹ – den Fall hatten wir noch nie.«

Im Ernst, Paare müssen jede Gelegenheit ergreifen, die ein Tag bietet, um zu lachen. Nutzen Sie den Moment und bringen Sie den anderen über irgendetwas zum Lachen. Ich war immer so ernst und nüchtern, eine grüblerische Denkerin, überlegte immer irgendetwas, versuchte immer irgendwelche Probleme zu lösen. In den letzten paar Jahren habe ich gelernt, mehr wie ein Kind zu sein und ein leichteres Herz zu haben.

Das, was mich früher an Daves Verhalten zwei oder drei Tage lang wütend gemacht hat, bringt mich heute zum Lachen. Genauso irritierte ihn vieles an mir, und jetzt schmunzeln wir, wenn wir auf diese Zeiten zurückschauen. Nehmen Sie jede Gelegenheit zum Lachen wahr.

Ihr Ehemann braucht eine Hilfe, nicht einen Nörgler, einen Boss, einen Kritiker, einen Lehrer, einen Töpfer, der ihn auf der Töpferscheibe immer wieder umformen will. Er braucht Sie nicht als seinen persönlichen Ratgeber, außer wenn er Sie darum bittet. Aber was er braucht, ist eine Freundin und einen Ort, an den er nach Hause kommen kann, wo er der Champion ist, egal was er während des Tages alles einstecken musste. Vielleicht will er die Stresssituationen des Tages nicht noch einmal durchleben, indem er Ihnen davon erzählt, aber mit Sicherheit wird er es genießen, in Ihre warme Umarmung zu fliehen, wenn er nach Hause kommt. Helfen Sie ihm zu erkennen, dass das Leben aus mehr besteht als aus seinen Erlebnissen auf der Arbeit.

Haben Sie Spaß! Planen Sie gemeinsame Spielzeiten ein. Entdecken Sie die Komik bestimmter Situationen. Machen Sie sich gegenseitig darauf aufmerksam. Seien Sie nicht immer so ernst. Lachen Sie über sich selbst!

Eine ganz liebe Dame kam während einer Konferenz zu mir und konnte kaum herausbringen, was sie mir sagen wollte, aber schließlich gab sie zu: »Ich wollte gar nicht herkommen. Ich war froh, als ich beim ersten Anruf hörte, dass die Veranstaltung ausverkauft war, aber dann gab uns jemand Eintrittskarten und deshalb bin ich nun doch gekommen.

Wir sind seit vierundzwanzig Jahren verheiratet und haben sieben Kinder. Ich kam ohne Hoffnung hierher – ich war so weit, dass ich aufgeben und mich scheiden lassen wollte.« Nun liefen ihr Tränen übers Gesicht, als sie sagte: »Ich weiß eigentlich gar nicht genau, warum, aber irgendwie hat an diesem Wochenende eine kleine Hoffnung den Weg in mein Herz gefunden.«

Sie senkte ihre Stimme: »Mein Mann und ich haben seit zwei Jahren nicht mehr miteinander geschlafen.« Dann beugte sie sich zu mir und flüsterte mir ins Ohr: »Aber heute Abend will ich es tun, wirklich.«

Gottes Wort verändert das Herz des Menschen. In Gott gibt es

Hoffnung und Hilfe. Menschen ohne den Herrn sind ohne Hoffnung, aber in Jesus Christus gibt es eine helle Zukunft.

Wie ein Ei dem anderen

Dave und ich sind eins und werden einander immer ähnlicher. Wenn ich mit Dave zusammen bin, dann ist es so, als wäre ich allein. Ich fühle mich so wohl mit ihm, ich kann einfach alles tun, wonach mir der Sinn steht, wenn wir zusammen sind. Ich muss nichts sagen, wenn mir nicht danach ist, und ich kann reden, wenn ich will. Manchmal sind Dave und ich unterwegs, und wir sitzen zwei oder drei Stunden im Auto, ohne ein Wort zu sagen. Aber trotzdem gibt es eine stille Kommunikation zwischen uns.

Ich möchte wirklich nicht vieles ohne meinen Mann machen. Ich bin einfach nicht gern viel von ihm getrennt. Dave geht mit mir einkaufen; wenn ich zum Lebensmittelladen gehe, kommt er mit. Ich muss immer noch aufpassen, dass er mich dort nicht mit den Waren bewirft, aber sogar diese Einkaufstouren sind voller wunderbarer Erinnerungen daran, wie wir mit den Kindern im Einkaufswagen durch den Laden liefen. Ich sehe Dave vor mir, wie er uns jagte, während ich versuchte, zu Sinn und Absicht dieser ernsthaften Expedition zurückzufinden und zu tun, weshalb wir eigentlich da waren.

Oft, wenn ich nicht Golf spielen will oder mich nicht danach fühle, möchte er gerne, dass ich trotzdem mitkomme und nur auf dem Wägelchen fahre. Er sagt: »Du kannst lesen oder studieren oder machen, was du willst.« Dave hält mich ausgewogen; er lässt mich die Welt aus neuen Blickwinkeln sehen, die ich sonst nicht genießen würde.

Natürlich ist auch jeder von uns manchmal ohne den anderen unterwegs. Ich will nicht einem Extrem das Wort reden, sondern ein geistliches Prinzip vermitteln. Wenn die Bibel sagt, man solle Vater und Mutter verlassen und einander anhängen, dann heißt das nicht, man soll heiraten und dann geht der Mann dreimal die

Woche zum Fußballtraining und an zwei Abenden kegeln und spielt wenigstens einmal nach seiner Sechzigstundenwoche Golf.

Vielen Ehen wird irreparabler Schaden zugefügt, weil der Mann die ganze Zeit weg ist und tut, was ihm gefällt, während seine Frau allein zu Hause sitzt und versucht, die Kinder großzuziehen. Noch einmal: Meiden Sie einander nicht.

Wenn Ihr Mann Ball spielen will, gehen Sie mit, setzen Sie sich in Ihren Campingstuhl an den Spielfeldrand und gucken Sie ihm zu. Sie brauchen es nicht von vorn bis hinten toll zu finden, aber sie müssen dort sein, *mit* ihm dort sein.

Laden Sie Ihren Mann ein, mit Ihnen zum Supermarkt zu kommen, und wenn er sagt, seine Zeit sei ihm zu schade für einen Einkauf, dann sagen Sie ihm, dass Sie seine Gesellschaft brauchen. Diese Gesten der Kameradschaft werden Ihr Liebesleben verändern.

Die Bibel sagt, ein Mann solle Vater und Mutter verlassen und seiner Frau anhängen. Und erinnern Sie sich, »anhängen« bedeutet, wie wir vorher sahen, »drangeklebt sein«, »dran bleiben«, »folgen«. Einer Person anzuhängen heißt, zu gehen, wohin sie geht, verbunden, hingegeben zu sein und als Ausdruck der Liebe sich aneinander festzuhalten. »Anhängen« bedeutet festgemacht sein, permanent zusammengefügt wie mit Klebstoff, zusammengelötet oder -geschweißt, zu einer festen und dichten oder loyalen und unerschütterlichen Verbindung.

Ich halte mich oft an Dave fest. »Was Gott zusammengefügt hat, soll der Mensch nicht trennen.« Ich glaube, die Ehe ist dazu da, stark zu machen, denn in der Bibel steht, dass einer Tausend in die Flucht schlagen kann, aber zwei Zehntausend (5. Mose 32,30).

Die Bibel sagt: *Gehen etwa zwei miteinander, außer wenn sie zusammengekommen sind?* (Amos 3,3).

Ich glaube, dass Gottes Absicht für die Ehe Genuss ist. Gott möchte, dass Sie einander genießen, so wie er möchte, dass Sie ihn genießen.

Satan arbeitet sehr gründlich an der Zerstörung von Ehen, indem er Zwietracht in Beziehungen bringt. Er muss etwas wissen, was wir nicht wissen. Die Stärke einer liebevollen Ehebeziehung, wo zwei Menschen in Einheit und Harmonie miteinander sind, bedroht den Teufel. Er weiß, dass Liebe nie versagt, und so ist seine einzige Hoffnung, die Liebe zwischen zwei Menschen zu zerstören.

Was glauben wir wirklich, was das Wort bedeutet: »Einer kann Tausend in die Flucht schlagen, aber zwei Zehntausend?« Wie viele Feinde, glauben Sie, haben Sie da draußen, die versuchen, Sie zu zerstören? Sie haben Stärke, wenn Sie im Einvernehmen leben. Einvernehmen ist der Schlüssel für Gebetserhörungen. Stärke kommt aus dem Einvernehmen. Die Bibel sagt, ein Haus, das mit sich selbst uneins ist, kann nicht bestehen. Wenn wir in Zwietracht leben, zerstören wir unsere Stärke.

Die Bibel sagt, wenn Männer ihre Frauen misshandeln, wird Gott ihre Gebete nicht erhören. Sehr viele Menschen erleben keine Gebetserhörungen, und ich denke, das liegt hauptsächlich an der Zwietracht in ihren Häusern.

Der Ausgleich der Liebe

Heute sind wir so ausgeglichen. Dave sagte mir immer, dass ich Gott vorausrennen würde, und ich konterte: »Ja klar, und du liegst zehn Meilen hinter ihm zurück.« Aber ich renne Gott nicht mehr voraus, und Dave liegt nicht mehr zurück. Einmal gab Gott Dave eine Vision von einem Gespann wilder weißer Pferde, die einen Wagen zogen, dessen Fahrer versuchte, sie zurückzuhalten. Die Pferde preschten wie verrückt vor, und der Typ im Wagen hatte die Bremse angezogen, sodass sie eine Furche in die Straße pflügten.

Der Herr sagte Dave: »Das seid du und Joyce. Sie ist wie die wilden Pferde, und du bist wie der Typ im Wagen, der versucht sie zurückzuhalten. Du versuchst das Tempo herauszunehmen, und sie versucht vorzupreschen.«

Und so brachte Gott uns zusammen und veränderte Daves Herz. Wir können das Herz unseres Ehemannes nicht verändern, aber Gott kann das. In Esra 7,27 sehen wir, wie Gott das Herz des Königs geändert hat, sodass es mit Gottes Plan übereinstimmte: *Gepriesen sei der Herr, der Gott unserer Väter, der solches in das Herz des Königs gegeben hat, um das Haus des Herrn herrlich zu machen, das in Jerusalem ist.* Der Herr sagte Dave: »Es ist mir wichtig, dass ihr zusammenarbeitet, damit ihr miteinander im Fluss sein könnt.«

Ich habe gelernt, Dave zu vertrauen. Ich weiß, er liebt mich, und er will mir nichts Böses. Ab und zu kann er immer noch verrückt sein oder eine Entscheidung treffen, die ich für unfair mir gegenüber halte, über Geld oder so, aber normalerweise bringt er es wieder in Ordnung, wenn ich nicht wütend werde und es zu einer Riesensache aufblase. Ich weiß, ich kann Gott vertrauen, dass so etwas entweder zurechtgerückt wird oder dass er mir die Gnade schenkt, es auf sich beruhen zu lassen.

Wenn Sie lange mit jemandem verheiratet sind, lernen Sie mit ihm zusammenzuarbeiten. Wenn Dave etwas sehr möchte, und ich sehe, dass unsere Debatte hitzig zu werden droht, dann lasse ich es einfach. Ist mir das Thema wirklich wichtig, dann versuche ich es vielleicht eine Woche später noch einmal.

Oft denkt er nach einer Woche anders, aber wenn er seinen Standpunkt dann immer noch so stark vertritt, dann erkenne ich, dass ich es auf sich beruhen lassen muss. Sobald ich zu Dave komme und sage: »Das hat Gott zu mir gesagt«, wird er mich immer tun lassen, was ich will. Aber das missbrauche ich niemals. Ich meine, ich sage das nie, wenn ich nicht wirklich, wirklich das Gefühl habe, dass Gott zu mir gesprochen hat.

Ich schätze die Freiheit, die Dave mir mit Gott zugesteht. Ich nehme an, das liegt daran, dass auch Dave weiß, wie er Gott vertrauen kann. Dave versucht nie, mir zu sagen, was ich auf der Kanzel tun soll. Er lässt mich die Versammlungen leiten und mischt sich nie in das ein, was ich vorhabe. Er versucht nie, mir zu sagen, wie man von Gott hört. Nun, wenn ich etwas falsch machen würde, dann würde er es mir sagen, aber er hat mich erst ein paar Mal bei irgendetwas korrigiert. Einmal sagte er: »Ich finde, du solltest das so nicht sagen.«

Wir haben jetzt eine wunderbare Beziehung. Aber wir kennen einander so gut und wir respektieren einander. Ich respektiere Daves Autorität und er respektiert die Gabe, die Gott in mich gelegt hat. Er mischt sich nicht in das ein, was Gott in mich gelegt hat, und erkennt die Autorität an, mit der Gott mich auf der Bühne salbt.

Wenn er gefragt wird, wie es für ihn ist, mich im Fokus unserer Organisation zu sehen, sagt er, dass Gott mich in diese Position gestellt hat, und dass er Frieden hat mit dem Werk Gottes in unserem Leben. Wenn er nicht einverstanden wäre, dann würde diese Organisation natürlich nicht in dem Segen vorangehen, der auf ihr liegt.

Aber wie ist es mit den Kindern?

Zu Beginn dieses Buchs betrachteten wir die Tatsache, dass Gott Ordnung und Ausgleich und Liebe zwischen Mann und Frau hin- und hergehen lassen will, damit sie göttliche Nachkommen haben. Ich bin überzeugt, dass viel von der Rebellion, die wir in Teenagern heutzutage sehen, an der Zwietracht zwischen ihren Eltern liegt.

Den besten Rat, den ich Paaren in Bezug auf ihre Elternschaft geben kann, ist, einander zu lieben und vor den eigenen Kindern zärtlich zu sein. Wenn Sie die ganze Zeit über streiten, dann wird das auf Ihre Kinder Einfluss haben. Früher waren unsere Kinder bei einem Streit zwischen Dave und mir verstört und verschwanden in ihr Zimmer und weinten. Nichts schmerzt ein Kind mehr als die Sorge, dass seine Eltern sich nicht lieben könnten. Aber es funktioniert nicht, nur um der Kinder willen gegenseitige Liebe vorzutäuschen.

Die Person, mit der wir verheiratet sind, ist die wichtigste Person in unserem Leben, neben dem Herrn, Jesus Christus. Ihr Ehepartner ist für Sie wichtiger als Ihre Kinder. Ihre Kinder werden aufwachsen und heiraten und wegziehen, um ihr eigenes Leben zu leben, und sie verlassen das Nest bald. Wir hatten vier Kinder bei uns, und innerhalb von zwölf Monaten haben zwei von ihnen geheiratet und ein drittes verlobte sich.

Wenn Sie Ihr ganzes Leben in Ihr Kind investieren, werden Sie das eines Tages vielleicht bedauern. Ihre Kinder sollten nicht vor Ihrem Ehepartner rangieren. Sorgen Sie gut für Ihre Kinder, aber stellen Sie sie nicht über Gott oder Ihre Ehe. Seien Sie großzügig Ihren Kindern gegenüber, solange sie bei Ihnen sind. Lehren Sie sie die Prinzipien des Gebens, indem Sie sie sehen lassen, wie Sie spenden und Ihren Mitchristen helfen, aber achten Sie darauf, dass diese Prinzipien auch den Kindern gegenüber eingehalten werden. Vor einigen Jahren überzeugte mich Gott, dass ich auch meinen Kindern geben sollte.

Ich kenne einen Mann, der kein Christ sein will, weil sein Vater alles Geld der Gemeinde gab und seine eigenen Kinder barfuß laufen ließ, sogar im Winter. Es war den Kindern beschwerlich und peinlich, ohne Schuhe zur Schule zu gehen, und in diesem Mann bewirkte das eine Bitterkeit, die er nie überwunden hat.

Wenn Sie den Zehnten und nach Gottes Führung Spenden geben, glaube ich, dass Sie immer mehr als genug haben werden, um die Bedürfnisse Ihrer Familie zu erfüllen. Aber die Bibel lehrt in den Sprüchen, weise und durchdacht zu handeln. Manchmal kann es uns eine persönliche Befriedigung sein, anderen Geld zu spenden, und wir sind darin so gefangen, dass wir unsere eigene Familie vergessen. In Jesaja 58 sagt die Bibel, wir sollen die Bedürfnisse des eigenen Fleisches und Blutes nicht vergessen.

Als ich anfing, die Prinzipien des Gebens zu lernen, spendete ich Geld und verschenkte Kleidung aus meinem Schrank und alles Mögliche aus unserem Haushalt. Ich wollte geben! Eines Tages regte der Herr den Gedanken in mir an: »Deine eigenen Kinder laufen mit Löchern in den Schuhen herum, und du bist die ganze Zeit damit beschäftigt, anderen Leuten alles zu schenken, was du hast.« Manchmal werden wir so religiös mit einem göttlichen Prinzip, dass wir es ausgerechnet auf die, mit denen wir zusammenleben, nicht anwenden.

Wir geben Fremden und segnen Menschen durch die Gemeinde, und damit fühlen wir uns gut. Wenn wir das tun, um von Menschen gemocht zu werden, die uns geben sehen, dann sind wir religiös und nicht gottesfürchtig. Wir müssen unserem eigenen Ehepartner und unseren Kindern geben, nur weil wir sie lieben, nicht um Anerkennung zu bekommen.

Ich ermutige Männer immer, sich auch um die Kindererziehung zu kümmern. Der Vater sollte für die Konsequenzen für Ungehorsam zuständig sein. Keine Frau wird ein Kind je so disziplinieren, wie ein Mann es kann, und kein Kind wird eine Mutter je richtig fürchten – und ich spreche über die richtige Art von Furcht – wie es seinen Vater fürchtet.

Mütter müssen vielleicht mithelfen, die Väter einzubeziehen, weil sie mehr Zeit mit den Kindern verbringen. Mein Sohn versuchte mich immer zu Sachen zu überreden und argumentierte und verhandelte, um mich zu überzeugen. Wenn das nicht funktionierte, dann weinte er und appellierte an meine Gefühle. Aber nicht mit Dave! Wenn Dave ihm etwas sagte, dann galt das, denn ein Mann ist mit Autorität gesegnet im Haus. Er soll mit Liebe in seiner Autorität wandeln, und die Frau soll sich ihr unterordnen und ihn darin unterstützen. Wenn die Kinder Ihre Einheit sehen, fühlen sie sich sicher und lernen auch, sich unterzuordnen.

Bedingungslose Liebe muss ausgeglichen sein mit Ermutigung für ein Kind, sein Bestes zu geben. Das Zuhause sollte nicht der Ort sein, wo Druck herrscht, wo Ihre Kinder glauben, etwas leisten zu müssen, um den Eltern ein gutes Gefühl zu geben. Ermutigen Sie Ihre Kinder, in der Schule ihr Bestes zu geben, aber vergleichen Sie sie niemals mit Geschwistern oder anderen Kindern.

Es ist ein Jammer, was manche Menschen durchmachen, bis sie erwachsen sind. Wir können unseren Kindern nichts Wichtigeres beibringen als das Pflegen gesunder, liebevoller Beziehungen. Sie müssen lernen, mit ihren Geschwistern klarzukommen und Menschen mit dem gleichen Respekt zu behandeln, den sie in der Beziehung ihrer Eltern sehen.

Wenn die Beziehungen bei Ihnen zu Hause wieder in Ordnung gebracht werden müssen: Gott ist im Heilungsgeschäft. Zurzeit ist ein starkes Wirken des Heiligen Geistes zu beobachten, er heilt

Verletzungen der Vergangenheit und gibt Ausrichtung für eine fruchtbare Zukunft.

Bauen Sie in Ihren Kindern Wertschätzung auf, indem Sie zuerst einander lieben. Dafür brauchen Sie Zeit allein, ohne Kinder. Verbringen Sie Zeit als Paar miteinander, verabreden Sie sich zum Rendezvous. Das hört sich vielleicht albern an, weil Sie verheiratet sind, aber Sie brauchen Rendezvous!

Ich kann mich erinnern, wie es war, als Dave und ich frisch verheiratet waren, und wir nicht viel Geld hatten. Vielleicht blieben uns am Ende des Monats vierzig Dollar übrig, und das auch nur, wenn nicht eine Autoreparatur anfiel oder irgendeine andere überraschende Ausgabe. Ab und zu gab jemand Dave Eintrittskarten für eine Show oder ein Spiel oder so etwas, damit wir miteinander ausgehen konnten. Den ganzen Tag lang bereitete ich mich darauf vor, mit Dave auszugehen. Alles, was dazugehörte – das Schaumbad, das Parfüm, das Schminken und Frisieren – baute in mir eine große Erwartung für unsere gemeinsame Zeit auf.

Eine gute Ehe ist kein Zufallsprodukt

Gute Ehen sind kein Zufallsprodukt. Wenn Sie eine tolle Beziehung mit jemandem haben wollen, müssen Sie bewusst daran arbeiten. Egal, ob es die Freundschaft mit einem Nachbarn ist, einem Verwandten, Ihrem Kind, Ihrem Ehepartner oder Gott, Sie müssen mit dem, den Sie lieben, kommunizieren – und zwar in beide Richtungen. Dieses Engagement lässt die Liebe zwischen Ihnen wachsen. *Durch Weisheit wird ein Haus [ein Leben, ein Heim, eine Familie] gebaut [auf guter, gesunder Grundlage], und durch Verstand wird es befestigt* (Sprüche 24,3).

Finden Sie heraus, was Ihrem Ehepartner Spaß machen würde, wenn Sie einen Abend ausgehen können. Engagieren Sie einen Babysitter, wenn Sie noch kleine Kinder zu Hause haben, und gehen Sie den Abend über außer Haus. Den Kindern wird es gut gehen. Sie würden Sie regieren, wenn Sie sie ließen! Aber sie werden heranwachsen und ihren eigenen Weg gehen und glücklich und zufrieden leben, während Sie beide bis an Ihr Ende miteinander leben werden! Arbeiten Sie jetzt daran, dass Sie später auf jeden Fall etwas haben, für das Sie leben wollen!

Gehen Sie essen und übernachten Sie vielleicht dann und wann einmal in einem netten Hotel, auch wenn es nicht weit nach Hause ist. Lassen Sie Ihr Leben nicht langweilig werden! So viele Menschen sind einfach gelangweilt von ihrem Leben. Tun Sie etwas gegen Langeweile! Seien Sie kreativ! Beten Sie, bitten Sie Gott um Ideen. Jeder sehnt sich nach Veränderung, auch wenn er sie fürchtet.

Schützen Sie dieses Ausgehen nur zu zweit. Achten Sie darauf, dass es häufig genug stattfindet, um immer mal Abwechslung in Ihr Leben zu bringen. Gehen Sie jede oder jede zweite Woche aus und entdecken Sie, wie es ist, ganz allein mit dem anderen zu sein. Halten Sie sich an der Hand, berühren Sie die Schultern des anderen, umarmen Sie sich und erweisen Sie einander Respekt. Zeigen Sie der Welt, wie Gottes Liebe zwischen zwei Leuten aussieht.

Unser Zeugnis

Offenbarung 12,11 sagt über Christen, die sich gegen den Ankläger wehren: *Und sie haben ihn überwunden wegen des Blutes des Lammes und wegen des Wortes ihres Zeugnisses, und sie haben ihr Leben nicht geliebt bis zum Tod!*

Jemanden lieben heißt, dem Ich zu sterben, aber nur wenn man dem eigenen Ich stirbt, kann man das Leben, das Gott für uns vorgesehen hat, gewinnen. Dave und ich haben das gemeinsame Zeugnis von Gottes Kraft, die das Wüten des Teufels gegen uns überwindet. Wir haben endlos viele Erinnerungen, über die wir reden können, selbst wenn wir zu alt sein werden, um an neue Orte reisen zu wollen. Wir verstehen, dass unsere Tage kurz und voller Aktivität und Ereignisse sind, aber jeden Tag ist es wieder ein Höhepunkt, zum anderen nach Hause zu kommen.

Das Wort Gottes verändert Menschen; mich hat es mit Sicherheit verändert. Radikale Veränderungen in allen Lebensbereichen stehen denen zur Verfügung, die ihre Hoffnung auf Gott setzen. Ich weiß wirklich nicht, wie Menschen ohne Jesus leben; ich kann mir kaum vorstellen, wie man durch einen Tag kommen kann, ohne dass der Herr unseren Weg zum Größten, was es gibt, erhellt – zur Liebe.

Zum Schluss denke ich, dass der Brief des Petrus an Sie, wie er in der Bibelübersetzung »Neues Leben« steht, dieses Zeugnis unserer Hoffnung in Gott am besten zusammenfasst:

Denn ihr wisst, dass Gott euch nicht mit vergänglichen Werten wie Silber oder Gold losgekauft hat von eurem früheren Leben, das ihr so gelebt habt wie schon Generationen vor euch.
Er bezahlte für euch mit dem kostbaren Blut von Jesus Christus, der rein und ohne Sünde zum Opferlamm Gottes wurde.
Schon vor Erschaffung der Welt wurde er dazu bestimmt, doch erst jetzt, am Ende der Zeiten, ist er für euch erschienen, so dass alle ihn sehen.
Durch Christus seid ihr zum Glauben an Gott gekommen. Und weil Gott ihn von den Toten auferweckt und ihm große Herrlichkeit gegeben hat, setzt ihr nun euren Glauben und eure Hoffnung auf Gott!
Jetzt könnt ihr einander aufrichtig lieben, denn ihr wurdet von eurer Schuld befreit, als ihr die Wahrheit Gottes angenommen habt. Deshalb sollt ihr euch wirklich von Herzen lieben.
Euer neues Leben hat keinen vergänglichen, sondern ewigen Ursprung, nämlich das lebendige und ewig bestehende Wort Gottes.
Der Prophet hat gesagt: »Menschen sind wie Gras, das verdorrt; ihre Schönheit verblasst so schnell wie die Schönheit wilder Blumen. Das Gras verdorrt und die Blumen welken. Aber das Wort des Herrn hat ewig Bestand.« Und dieses Wort ist die Botschaft, die euch verkündet wurde.

1. Petrus 1,18-25

Unser Leben sollte voller Lohn sein – ein Zeugnis der Kraft Gottes in unserem Leben. Petrus fuhr in seinem ersten Brief an die Gemeinde, Kapitel 2,15 (Neues Leben Bibel), fort, dass *Gott will, dass ihr durch euer gutes Leben die zum Schweigen bringt, die euch in ihrer Unwissenheit beschuldigen.*

Gott ist wunderbar. Er ist herrlich, und es ist das Größte, Gott zu kennen, erlöst zu sein und die Segnungen eines Lebens in seiner göttlichen Ordnung und Gnade zu genießen. Er hat uns nicht nur vor dem Tod und der Hölle gerettet; er bewahrt uns auch vor der Hölle auf Erden.

Gott kann das Zeugnis Ihrer gegenseitigen Liebe benutzen, um Menschen für sich zu gewinnen. Es ist ein großartiges Geheimnis, wie Gott Sie und Ihren Ehepartner in der Ehe in vollkommenem Einvernehmen ein Fleisch werden lässt. Doch in Ihrem Zeugnis, wie Gott dies geschehen lässt, liegt eine Offenbarung der Liebe Gottes für Sie und die Welt.

Gott ist der Autor der größten Liebesgeschichten des Lebens. Lassen Sie ihn die zu Ende schreiben, die Sie begonnen haben.

Noch ein Segen für Sie

Es gibt noch eine sehr wichtige Sache, die Sie wissen müssen.

Die Bibel nennt einen weiteren Segen, der Ihnen zusteht: die Taufe im Heiligen Geist. Matthäus 3,4-6 und 11 erzählt uns, dass Johannes sagte, als Jesus kam, Jesus würde die Menschen mit dem Heiligen Geist und mit Feuer taufen. Johannes hatte Menschen im Wasser getauft, und sie hatten ihre Sünden bereut, aber diese Taufe war im Heiligen Geist.

In Apostelgeschichte 1,5-8 redet Jesus über diese Geistestaufe. Er sagt, die Jünger würden Kraft empfangen (Fähigkeit, Effizienz und Macht), wenn der Heilige Geist auf sie kommen würde, und diese Kraft würde bewirken, dass sie zu Zeugen Jesu würden.

Als Sie Jesus empfingen, haben Sie den Heiligen Geist in Ihrem menschlichen Geist empfangen. Aber die Taufe des Geistes ist eine komplette Erfüllung. Er füllt Sie und Sie sind in ihn versetzt. Es ist so, als würde man den Geist bitten, Sie durch und durch mit der Kraft und Fähigkeit zu füllen, ein christliches Leben zu führen und Gott seinem Willen gemäß zu dienen.

Wenn Sie Kraft, Fähigkeit, Stärke und Wunder in Ihrem Leben brauchen, dann müssen Sie mit dem Heiligen Geist getauft werden.

Wie man die Taufe im Heiligen Geist empfängt

Bitten Sie Gott, Sie zu füllen und im Heiligen Geist zu taufen. Beten Sie einfach: *Vater, in Jesu Namen bitte ich dich, mich mit der Kraft des Heiligen Geistes zu taufen mit dem Zeichen, dass ich in Zungen rede.*

Seien Sie entspannt und fühlen Sie sich wohl in Gottes Gegenwart. Er liebt Sie und will, dass Sie sein Bestes bekommen. Warten Sie still auf ihn und glauben Sie, dass Sie empfangen werden. Glauben Sie, bevor Sie irgendeine Veränderung spüren. Vielleicht fühlen Sie, dass eine Veränderung stattfindet, aber vielleicht auch nicht. Lassen Sie sich nicht von Ihren Gefühlen leiten; seien Sie geleitet von Gottes Verheißungen.

Um in Zungen zu sprechen, öffnen Sie Ihren Mund, und wenn der Geist Ihnen etwas auszusprechen eingibt, sprechen Sie aus, was Sie aus Ihrem Inneren hochkommen hören. **Es kommt nicht aus Ihrem Kopf**. Vergessen Sie nicht: Ihr Verstand versteht dieses hier nicht.

Deshalb fällt es vielen Leuten so schwer. Wir sind gewöhnt, dass unser Denken das Leben für uns gestaltet. Dieses ganze Buch handelt vom geistlichen Leben und davon, geistlich und nicht natürlich leben zu lernen.

Sie werden Silben, Sätze, Klagen oder Äußerungen hören oder spüren, die ungewöhnlich oder ausländisch klingen für Sie. Machen Sie einen Schritt im Glauben und sprechen Sie sie aus; sprechen Sie sie laut aus. Apostelgeschichte 2,4 sagt: *Sie ... fingen an, in anderen Sprachen zu reden, wie der Geist ihnen gab auszusprechen.*

Jetzt dürfen Sie diese Sprache (die wachsen wird, wie auch Sie wachsen und diese Gabe ausüben werden) jederzeit einsetzen, wenn Sie beten, oder einfach nur, um sich zu erbauen. Sprechen Sie nicht in Zungen, wenn Sie mit Menschen zusammen sind, die das nicht verstehen. Zungenrede im Rahmen der Gemeinde sollte ausgelegt oder erklärt werden.

Genießen Sie Ihr neues Leben im Geist!

Gebet um Errettung

Gott liebt Sie und sehnt sich nach einer persönlichen Beziehung mit Ihnen. Sollten Sie Jesus noch nicht als Ihren Retter angenommen haben, dann können Sie das jetzt tun. Öffnen Sie ihm einfach Ihr Herz und sprechen Sie folgendes Gebet:

»Vater, ich weiß, dass ich gegen dich gesündigt habe. Bitte vergib mir. Mach du mich rein. Ich entscheide mich, mein Vertrauen auf Jesus, deinen Sohn, zu setzen. Ich glaube, dass er für mich gestorben ist. Er hat meine Sünden auf sich genommen, als er am Kreuz für mich starb. Ich glaube, dass er von den Toten auferstanden ist. Ich mache Jesus zum Herrn meines Lebens. Danke, Vater, für das Geschenk der Vergebung und des ewigen Lebens. Bitte hilf mir, für dich zu leben. In Jesu Namen, amen.«

Wenn Sie dieses Gebet von ganzem Herzen gesprochen habe, dann hat Gott Sie angenommen, Ihnen vergeben und Sie von der Gefangenschaft des geistlichen Todes befreit. Nehmen Sie sich etwas Zeit, um die folgenden Bibelstellen aufmerksam zu lesen. Bitten Sie Gott, zu Ihnen zu reden, während Sie anfangen, dieses neue Leben mit ihm zu gestalten.

Johannes 3,16	1. Johannes 1,9
1. Korinther 15,3-4	1. Johannes 4,14-15
Epheser 1,4	1. Johannes 5,1
Epheser 2,8-9	1. Johannes 5,12-13

Bitte beten Sie dafür, dass Gott Ihnen hilft, eine Gemeinde zu finden, die Sie darin unterstützt, in Ihrer Beziehung zu Jesus Christus zu wachsen. Er wird Sie in Ihrem Alltag begleiten und Ihnen zeigen, wie Sie zufrieden leben können, so wie er es sich für Sie gedacht hat. Wir empfehlen Ihnen, an einem Alpha Kurs in einer Kirchengemeinde in Ihrer Nähe teilzunehmen. In diesem überkonfessionell angebotenem Glaubenskurs können Sie in offener Atmosphäre Ihre Fragen zum Glauben stellen. Nebenbei lernen Sie andere Menschen kennen, die ebenso wie Sie am Anfang ihres spannenden Lebens mit Gott stehen. Wir helfen Ihnen gerne, einen Kurs in Ihrer Nähe zu finden. Rufen Sie uns einfach an:

Deutschland 040/88 88 4 11 11
Schweiz 0848/88 00 11

Herzliche Grüße,

Ihr Joyce Meyer Team

Anmerkungen

Kapitel 4

[1] »marriage« (Ehe/Heirat) Merriam-Webster OnLine:/WWWEbster Dictionary. 2000. http://www.m-w.com/dictionary.htm (7. August 2000).

Kapitel 10

[1] James E. Strong, »Greek Dictionary of the New Testament« in *Strong's Exhaustive Concordance of the Bible* (Nashville: Abingdon, 1890), S. 10, Eintrag #283, s. v. »undefiled«, (unbefleckt) Hebräer 13,4.

Kapitel 15

[1] Ein Test ist: C. Peter Wagner: *Finding Your Spiritual Gifts*: Wagner-Modified Houts Questionnaire. Gospel Light Publications, Ventura 1978, 1985, 1995.

Kapitel 17

[1] Gary A. Smalley, John T. Trent: *The Language of Love*. Focus on the Family Publishing, Colorado Springs 1991.

[2] »Shoooopping« in *Why Can't My Spouse Understand What I Say?* »Husbands & Wives«. http://www.family.org/married/comm/a0009640html

[3] Strong, »Hebrew and Chaldee Dictionary« S. 87, Eintrag #5828, »help meet« (Hilfe), 1. Mose 2,18. Basierend auf der Definition.

Kapitel 19

[1] W. E. Vine, *Vines' Complete Expository Dictionary of Old and New Testament Words* (Nashville: Thomas Nelson Inc., 1984), »An Expository Dictionary of New Testament Words«, S. 401, s. v. »MEEK, MEEKNESS« (sanft, Sanftmut).

[2] »in-wrought« (eingearbeitet). Merriam-Webster OnLine (6. August 2000). Based on the definition, »2: worked in especially as decoration« (eingearbeitet besonders als Dekoration).

[3] Vine, »New Testament Words«, s. v. »MEEK, MEEKNESS« (sanft, Sanftmut).

[4] David W. Augsburger: *Caring Enough to Confront*. Gospel Light Publications, Ventura 1980.

Literaturempfehlungen

Chapman, Gary: *Die fünf Sprachen der Liebe.* Francke Buchhandlung, Marburg 2008.

LaHaye, Tim: *Spirit-Controlled Temperament.* Tyndale House Publishers, Wheaton 1993.

Littauer, Florence: *Einfach typisch!: Die vier Temperamente unter der Lupe.* Gerth Medien, Asslar 2002.

Littauer, Florence: *Your Personality Tree.* Word Publishing, Nashville 1991.

Smalley, Gary A., John T. Trent: *The Language of Love.* Focus on the Family Publishing, Colorado Springs 1991.

Joyce Meyer

Joyce Meyer ist eine der weltweit bekanntesten Bibellehrerinnen. Als Bestsellerautorin hat sie mehr als 90 wegweisende Bücher geschrieben, unter anderem „Gib niemals auf", „Powergedanken" sowie „Das Schlachtfeld der Gedanken", wovon es eine Ausgabe für Erwachsene und eine für Teens gibt. Darüber hinaus hat sie Tausende von Lehrvorträgen auf CD und DVD herausgegeben. Joyce' Radio- und Fernsehprogramme *Enjoying Everyday Life (Das Leben genießen)* werden weltweit ausgestrahlt und Joyce bereist viele Länder, um dort Konferenzen abzuhalten. Sie und ihr Mann Dave haben vier erwachsene Kinder und leben in St. Louis, Missouri, USA.

Über Joyce Meyer Ministries (JMM)

Hand of Hope – der christliche Hilfsdienst von Joyce Meyer

Joyce und Dave Meyers zentrales Anliegen ist es, armen und verletzten Menschen in der ganzen Welt zu helfen. Es geht darum, nicht nur zu reden, sondern auch konkret zu handeln. Darum bringt Joyce Meyer Ministries (JMM) humanitäre Hilfe in verschiedene Krisenregionen der Welt. Dies geschieht mit 9 internationalen Büros und in Zusammenarbeit mit über 35 weltweit tätigen Missionsgesellschaften.

Auf diese Weise werden über 32 Millionen Mahlzeiten pro Jahr in den Hungerregionen der Welt ausgegeben, fast 40 Waisenheime in armen Ländern unterhalten, Dörfer mit sauberem Trinkwasser versorgt und Tausende von Gefängnisinsassen unterstützt. Außerdem gründet und fördert JMM Gemeinden in Ländern, wo Christen unter Verfolgung leiden, bietet medizinische Hilfe und hilft alten wie jungen Menschen in den „Gettos" von Großstädten, wie mit dem Dream Center in St. Louis. Mehr Infos unter **joyce-meyer.de/hand**

TV und Radio

Die *Enjoying Everyday Life (Das Leben genießen)* Sendungen in Radio und Fernsehen erreichen täglich Hunderttausende weltweit. Im September 1993 konnte das Programm wöchentlich auf zwei Kanälen empfangen werden. Heute wird *Enjoying Everyday Life* täglich und wöchentlich von rund 500 Fernsehsendern und nahezu 400 Radiosendern weltweit ausgestrahlt. Das Programm wird mittlerweile in 81 Sprachen übersetzt und kann sogar in der arabischen Welt empfangen werden.

Internet

Unter **joyce-meyer.de** können Sie die Sendung *Das Leben genießen* rund um die Uhr sehen. Außerdem erhalten Sie dort aktuelle Informationen, können Bücher, eBooks, DVDs und CDs bestellen oder Kontakt zu uns aufnehmen.
Vorträge von Joyce Meyer in anderen Sprachen finden Sie unter **tv.joycemeyer.org**

Werden Sie Fan von Joyce Meyer auf facebook. Lassen Sie sich täglich von ihr ermutigen und auf dem Laufenden halten:
facebook.com/joycemeyerdeutschland

Konferenzen

Konferenzen quer durch die USA (bis zu zwölf im Jahr) und auch im Ausland sind nach wie vor Joyce' Leidenschaft. Die Menschen kommen in Scharen und Joyce predigt das Wort Gottes und gibt praktische Lebenshilfe in der ihr eigenen direkten und humorvollen Art. Gleichzeitig werden diese Konferenzen für Fernsehsendungen aufgezeichnet.

Weitere Bücher & DVDs von Joyce Meyer

Themenwelt: Beziehungen gelingen lassen

The Love Revolution
Lebe, liebe, handle – und verändere die Welt
272 Seiten, Pb, EUR 11,– [D], 11,40 [A], CHF 15.50
ISBN 978-3-939627-20-3
Haben Sie die Nase voll vom Leid dieser Welt? Nichts wird sich an der Situation ändern. Außer Sie tun etwas! Die Welt braucht dringend Menschen, die eine Revolution der Liebe starten und nicht länger nur für sich selbst leben. Zusammen mit Gastautoren zeigt Joyce Meyer auf ihre unnachahmlich inspirierende, ermutigende und herausfordernde Art und Weise einen neuen Lebensstil echter Freundlichkeit und Hilfsbereitschaft auf, der nicht nur Ihr Umfeld, sondern auch Sie selbst radikal verändern wird.

Leben ohne Konflikte
Wie man gesunde Beziehungen aufbaut
240 Seiten, Pb, EUR 13,80 [D], 14,20 [A], CHF 19.30
ISBN 978-3-939627-34-0
Zwischenmenschliche Konflikte können große Schwierigkeiten bereiten, enormen Schaden in Beziehungen anrichten und den Alltag sehr belasten. Doch es ist möglich, den Streit aus allen Lebensbereichen herauszuhalten. Auf Basis von biblischen Wahrheiten und in ihrer gewohnt praktischen Art erklärt Joyce Meyer, wie das geht. Ein Arbeitsteil am Ende der Kapitel wird Ihnen außerdem helfen, die Ursachen für Ihre Konflikte zu erkennen und neue Wege einzuschlagen.

Sind deine Erwartungen realistisch?
DVD ca. 50 Minuten
EUR 10,– [D], 10,20 [A], CHF 14.–
Artikel-Nr. 446700727
Wenn es um das Thema Erwartungen geht, müssen wir uns fragen, was wir von wem erwarten können? Wer bereits viele Enttäuschungen erlebt hat, stellt oft keine großen Erwartungen mehr an sich und an das Leben. Doch Gott hat einen guten Plan für jeden von uns und kann mehr für uns tun, als wir erbitten oder erhoffen. Deshalb sollten wir lernen, unser Vertrauen ganz auf ihn zu setzen und große Erwartungen an ihn zu stellen.

Themenwelt: Seelischen Schmerz heilen

Schönheit statt Asche
Empfange Heilung für deine Gefühle
eBook, EUR 7,– [D], 7,– [A], CHF 10.–
ISBN 978-3-939627-84-5
Nur als **eBook** erhältlich!
Viele Menschen erwecken äußerlich den Eindruck, als wäre alles in bester Ordnung. In ihrem Inneren aber sind sie ein Wrack. Ihre Vergangenheit hat sie zerbrochen, erschüttert und verletzt. Joyce Meyer, die als Kind körperlich, emotional und sexuell missbraucht wurde, berichtet in diesem Mut machenden Buch, wie Jesus ihr Leben wiederherstellte.

Tu dir selbst einen Gefallen – vergib!
Lerne dein Leben durch Vergebung in den Griff zu bekommen
208 Seiten, Paperback, auch als **eBook** erhältlich
EUR 10,– [D], 10,20 [A], CHF 14.–
ISBN 978-3-939627-35-7
Warum sollten Sie vergeben, wenn Sie zutiefst verletzt worden sind? In diesem Buch erklärt Joyce Meyer, dass Vergebung der Schlüssel zur Freiheit von Aufruhr ist, den der Zorn hervorruft. Lassen Sie nicht länger zu, dass Wut und Unversöhnlichkeit Ihr Leben vergiften, sondern geben Sie Gott eine Chance, Ihren Schmerz zu heilen. Er wird Sie befähigen, eine vergebende Haltung einzunehmen und Ihre Verletzungen bewusst loszulassen.

Gott ist dein Arzt
DVD ca. 50 Minuten
EUR 10,– [D], 10,20 [A], CHF 14.–
Artikel-Nr. 446700732
Die Bibel spricht davon, dass Gott unser Arzt ist, dennoch plagen sich viele Christen mit Krankheiten herum, die ihnen ihre Lebenskraft nehmen. Sollten Sie dazu gehören, resignieren Sie nicht! Lassen Sie sich durch diese DVD ermutigen, Ihr Vertrauen ganz neu auf Gott zu setzen. Erfahren Sie außerdem, welche Schritte von Ihrer Seite notwendig sind, um den Heilungsprozess zu unterstützen.

Ein Leben
Joyce Meyer erzählt ihre Lebensgeschichte
DVD ca. 60 Minuten,
EUR 12,– [D], 12,40 [A], CHF 16.80
Artikel-Nr. 446700722
Auf dieser DVD erzählt Joyce sehr persönlich über ihre Erfahrungen mit massivem und wiederholtem Missbrauch als Jugendliche und wie Gott sie geheilt und wiederhergestellt hat. Dieses bewegende Zeugnis der Veränderung durch Gottes Eingreifen wird Ihr Herz berühren und Ihnen helfen zu erkennen, dass auch Sie wiederhergestellt werden und mit Ihrem einen Leben etwas Großartiges bewirken können.

Heilung für zerbrochene Herzen
Erlebe Wiederherstellung durch die Kraft des Wortes Gottes
96 Seiten, Paperback, auch als **eBook** erhältlich
EUR 4,80 [D], 5,– [A], CHF 6.80
(neue überarbeitete Auflage seit 12.2011)
ISBN 978-3-939627-30-2
Gott hat einen wunderbaren Plan für unser Leben, aber oft fällt es uns schwer, das zu glauben und zu erleben, weil uns Verletzungen aus der Vergangenheit plagen und uns gefangen halten. Lernen Sie, wie Gott Sie sieht. Sie werden erleben, wie seine Liebe Sie zur Ruhe bringt, Hoffnung für die Zukunft gibt und Ihr verwundetes Herz heilt.

Gut aussehen – Gut fühlen
12 Schlüssel für ein gesundes, erfülltes Leben
256 Seiten, Paperback, auch als **eBook** erhältlich
EUR 14,50 [D], 14,90 [A], CHF 20.–
ISBN 978-3-939627-09-8
Sie sind unendlich wertvoll für Gott! Dennoch haben viele Menschen ein niedriges Selbstwertgefühl und gehen auch entsprechend nachlässig mit ihrem Körper um. Joyce Meyers Zwölf-Schlüssel-Plan führt Sie durch überraschende biblische Erkenntnisse sowie praktische Tipps für einen gesunden, entspannten Lebensstil, damit Sie sich gut fühlen und obendrein noch gut aussehen.

Süchtig nach Anerkennung
Hör auf, allen gefallen zu wollen – Neuauflage
304 Seiten, Paperback, auch als **eBook** erhältlich
EUR 12,– [D], 12,40 [A], CHF 16.80
ISBN 978-3-939627-36-4
Brauchen Sie immer Bestätigung für das, was Sie tun? Beschäftigt es Sie, was die Leute über Sie denken? Hinter der Suche nach Anerkennung verbirgt sich oft der tiefe Wunsch, Gefühle von Ablehnung und geringer Selbstachtung zu überwinden. Diesem emotionalen Schmerz kann jedoch nur Gott mit seiner Liebe und Annahme angemessen begegnen. In diesem Buch beschreibt Joyce Meyer, wie man von der Sucht nach Anerkennung frei wird.

Vergeben und befreit leben
DVD ca. 70 Minuten, mit deutschen Untertiteln
EUR 5,– [D], 5,10 [A], CHF 7.–
Artikel-Nr. 446700723
Die meisten Menschen werden zu irgendeinem Zeitpunkt in ihrem Leben tief gekränkt oder bitter enttäuscht. Diese Situationen stellen häufig Wendepunkte dar – entweder zum Guten oder zum Schlechten. Alles hängt davon ab, wie wir auf das Geschehene reagieren. In diesem Vortrag spricht Joyce Meyer darüber, welche Schritte Sie gehen können, um Vergebungsbereitschaft zu entwickeln und welche Haltungen Ihnen helfen werden, mit erlebter Ungerechtigkeit fertig zu werden.

Einsamkeit und Trauer bewältigen
DVD ca. 60 Minuten
EUR 5,– [D], 5,10 [A], CHF 7.–
Artikel-Nr. 311307000
Sie fühlen sich einsam oder haben einen geliebten Menschen verloren? Frühere Freunde haben sich von Ihnen abgewendet, Sie wurden entlassen? Viele von uns haben derartige Verlustsituationen schon erlebt. Entscheidend für Ihren weiteren Weg ist es jedoch, wie Sie mit diesen Dingen umgehen. Versinken Sie nicht in Depressionen, sondern packen Sie das Leben neu an!

Themenwelt: Persönlichkeit stärken

Über den Gefühlen stehen
Wie Sie emotional nicht baden gehen
288 Seiten, Paperback, auch als **eBook** erhältlich
EUR 14,– [D], 14,50 [A], CHF 19.60
ISBN 978-3-939627-31-9

Gefühle können sehr stark sein und unsere Aufmerksamkeit fordern. Dennoch sollten wir uns nicht von ihnen kontrollieren lassen. Wer abwarten muss, wie ihm zumute ist, ehe er den Tag genießen kann, überlässt seinen Gefühlen die Herrschaft. In „Über den Gefühlen stehen" beschreibt Joyce Meyer, welche Gefühlsskala Menschen durchlaufen. Sie verbindet die Weisheit der Bibel mit psychologischen Erkenntnissen und gibt dem Leser Werkzeuge an die Hand, auf produktive Weise mit den eigenen Emotionen umzugehen.

Du darfst du selbst sein
Hab den Mut und erfülle deine Bestimmung
220 Seiten, Pb, EUR 13,80 [D], 14,– [A], CHF 19.30
ISBN 978-3-935703-49-9

Gehen Sie mit der nötigen Zuversicht an Ihren Alltag heran oder fühlen Sie sich von Zweifeln an Ihren Begabungen behindert? Lernen Sie, sich selbst anzunehmen und Unsicherheit zu überwinden. Dieses Buch ist für alle, die sich im Alltag irgendwie selbst verloren haben oder damit kämpfen, sie selbst sein zu können.

Der Weg zur Freiheit Teil 1+2
2 DVDs je ca. 60 Minuten
je EUR 5,– [D], 5,10 [A], CHF 11.–
Artikel-Nr. 311313000 (Teil 1)
Artikel-Nr. 311314000 (Teil 2)

Freiheit ist ein hohes Gut, dem jeder Mensch nachstreben sollte. Aber jede Freiheit hat ihren Preis. Oft stehen wir unserer Freiheit am meisten im Wege. In dieser Lehreinheit erklärt Joyce Meyer, wie wir durch konsequentes Anwenden des Wortes Gottes frei werden können. Lassen Sie sich von dieser herausfordernden Botschaft inspirieren.